高等教育“十四五”教材建设项目

商法实务

主　编　张　晶　　李旭升

副主编（按姓氏拼音排序）

柏钧辉　　贾　芳　　吉　立

李健智　　黎明钦　　李　攀

吴　潮　　周　玲　　邹　阳

主　审　高晋康　　陈　洲

西南交通大学出版社

·成　都·

图书在版编目（CIP）数据

商法实务 / 张晶，李旭升主编. —成都：西南交通大学出版社，2022.3（2024.7 重印）
ISBN 978-7-5643-8618-4

Ⅰ. ①商… Ⅱ. ①张… ②李… Ⅲ. ①商法－中国－高等学校－教材 Ⅳ. ①D923.99

中国版本图书馆 CIP 数据核字（2022）第 037090 号

Shangfa Shiwu
商法实务

主编　张晶　李旭升

责任编辑　赵玉婷
封面设计　原创动力

出版发行　西南交通大学出版社
（四川省成都市金牛区二环路北一段 111 号
西南交通大学创新大厦 21 楼）
邮政编码　610031
营销部电话　028-87600564　028-87600533
网址　http://www.xnjdcbs.com
印刷　四川森林印务有限责任公司

成品尺寸　185 mm × 260 mm
印张　20.75
字数　480 千
版次　2022 年 3 月第 1 版
印次　2024 年 7 月第 3 次
定价　50.00 元
书号　ISBN 978-7-5643-8618-4

课件咨询电话：028-81435775

序

商法是我国社会主义法律体系的重要组成部分。在新时代中国特色社会主义建设的新征程中，商事活动无处不在。从“动动手指”的网购到“爆量刷屏”的直播带货，从虚拟货币的“上蹿下跳”到证券市场的潮起潮落，人们深度参与其中，不少人却又不知如何应对相关的商事法律问题。本书作者在这种背景下努力回应社会现实需求，撰写了这本商法实务教材。

通观全书，作者在编排时颇费心思，各章节以总—分结构的形式开始，先介绍本部门法律的总体结构，再详细介绍条文和要点，便于读者掌握知识结构和逻辑层次；同时，在关键的知识点选用了相应的案例作为支撑，便于读者理解其内容。

教材与专著的写作范式是不同的。教材大多定位于知识的普及传播，专著一般侧重于学术探索与创新。编写教材重点在于尽量完备地介绍学科体系、普及学科知识。作者在本书商法内容的选择上，注重其中的逻辑联系，力求做到全面又深入浅出。另外，近几年国家对几部重要的商事法律进行了修订，本书对此也有所体现。

需要指出的是，近年来公司法、破产法、保险法等商事法律制定或修订后，最高人民法院都出台了相应的司法解释，本书吸收了部分新的司法解释。但司法解释更新很快，林林总总，体系庞杂，要将这些内容梳理出来需要大量的工作和精力投入，作者也许基于本书篇幅和内容取舍，未将部分司法解释的最新精神全面反映，建议下次修订该教材时能够有所弥补。

限于作者的学识和精力，有些方面难免力有不逮，但瑕不掩瑜，希望作者以此为机，在今后商法研究与教学中取得更大进步！

本书作者是我的学生及其朋友，作为曾经的老师，我为她（们）的努力上进感到高兴，故写下上述文字，表达对她（们）的嘉许。

是为序。

2022 年 1 月 11 日于成都兴隆湖畔

前言

"法者，治之端也"。社会主义市场经济本质上是法治经济，建立健全完备的法律规范体系，以良法保障善治，是全面依法治国的前提和基础。2021 年伊始实施的《中华人民共和国民法典》是新中国第一部以法典命名的法律，涉及社会和经济生活的方方面面，也引发诸如民商合一立法模式与现行商事法律制度的规范冲突，是贯彻和适用法律需要解决的问题。

本书依据最新规范性文件及司法裁判规则，针对商科的专业特色，注重抽象概念与具体法条、理论原则和实践操作、法律规范和商业惯例、文化传承和技术创新四个方面的结合，突破了传统法律体系的划分，注重对学生的法律意识和应用能力的培养。本书从实用的角度力求深入浅出地阐述立法原理，辅之以最新的、符合经济发展前沿的案例，以增加学生的学习兴趣，培养学生的法治理念和法律意识，树立法律信仰，为在以后工作中遇到具体问题，能够有的放矢地寻求解决方法和步骤打下基础。

全书共分十二章。第一章为经济法背景知识，简明扼要地介绍了作为通识教育必备的法律理论知识；第二章至第十一章为具体的法律制度介绍，包括公司法、合伙企业法、企业破产法、票据法、保险法、证券法、合同法、担保法和劳动法律制度；第十二章为经济纠纷的解决途径。本书作为西南交通大学双一流学科建设成果之一，旨在作为高等院校经管类等非法学专业本科生、专科生的教材使用，亦可作为上述专业研究生商法学习的参考用书。

本书是团队合作的成果。具体分工：李旭升、陈洲和张晶负责教材建设研究课题的立项工作；本书初稿由张晶编写，后分别由邹阳（第一章）、李健智（第二章）、吉立（第四章）、贾芳（第五章、第六章）、周玲（第七章）、柏钧辉（第八章）、李攀（第九章）、吴潮（第十章）和黎明钦（第十一章）参与编写完善；张晶、李旭升负责全书的统稿。感谢各位编者在工作百忙之中参与教材的编写！

感谢西南交通大学出版社编辑多年来对我们一如既往的支持和帮助，他们严谨、敬业和专业的态度使得本书更加完美！

在本书的编写过程中参考了大量国内外专家学者的教材、著作和论文，已在参考文献中列出，若有部分文献被遗漏的，特向该部分文献的作者表示歉意！

虽然我们的团队尽了很大的努力，但由于高校授课学时、成书篇幅等多方局限，加之成书时间仓促，难免挂一漏万。疏漏之处望不吝指正！

诚挚欢迎读者通过电子邮件（908910117@qq.com）与编者沟通交流。

张　晶

2022 年 1 月 1 日于西南交大犀浦

目录

第一章 商法背景知识

本章概要

- 商法背景知识
  - 第一节 法的基础理论
    - 一、法和法治
    - 二、法律体系
    - 三、法的渊源及效力位阶
  - 第二节 商事法律关系
    - 一、概念
    - 二、商事法律关系的构成要素
    - 三、法律事实
  - 第三节 商事法律责任
    - 一、概念
    - 二、商事法律责任的构成
    - 三、商事法律责任的承担方式
  - 第四节 代理制度
    - 一、概念和特征
    - 二、适用范围和种类
    - 三、行使代理权的原则
    - 四、滥用代理权
    - 五、复代理
    - 六、无权代理
    - 七、表见代理

第一节 法的基础理论

一、法和法治

（一）法的概念及产生

法是由国家制定或者认可并由国家强制力保证其实施的一种社会规范，是规定人们权利和义务的社会规范。法是阶级社会的产物，是阶级矛盾不可调和的产物和表现。

法不是从来就有的，它是一定历史阶段的产物。特殊公共权力系统即国家的产生、权利和义务观念的形成以及法律诉讼和司法的出现是法产生的主要标志。

法产生的根源：

（1）经济根源：适应调整商事关系的需要；

（2）阶级根源：适应调整阶级关系的需要；

（3）社会根源：适应管理社会公共事务的需要。

（二）法的本质

1. 国家性

法是由国家制定或者认可的并由国家强制力保证实施的正式的官方确定的行为规范。

2. 阶级性

阶级性是指在阶级对立的社会，法所体现的国家意志是统治阶级的整体意志，不反映单个人的意志，也不反映被统治阶级的意志，但是可以反映被统治阶级的某种要求或者愿望。

3. 物质制约性

物质制约性是指法的内容和法所体现的统治阶级意志最终是由一定的社会物质生活条件所决定的。

（三）法制和法治

法制，是一国法律制度的总和（静态），包括立法、执法、司法、守法、法律监督的合法性原则、制度、程序和过程。

法治，是用法律来治理国家（动态）。法治包含两个部分，即形式意义的法治和实质意义的法治，是两者的统一体。形式意义的法治，强调“以法治国”“依法办事”的治国方式、制度及其运行机制。实质意义的法治，强调“法律至上”“法律主治”“制约权力”“保障权利”的价值、原则和精神。形式意义的法治应当体现法治的价值、原则和精神，实质意义的法治也必须通过法律的形式化制度和运行机制予以实现，两者均不可或缺。

二者的关系：法制是指法律制度，与它相对应的是政治、经济、文化等制度，而法治是相对于人治而言的。在任何国家都存在法制，而在民主制国家才存在法治。就是说，有法制不一定有法治，但实行法治必须以存在法制为前提。

（四）中国特色社会主义法治理论

1. 现代法治国家的三种权利

自然法学派的杰出代表人物孟德斯鸠在《论法的精神》中明确提出“三权分立”理论，政府的三种权利——立法权、行政权、司法权，应当分别交给三个不同的国家机关管辖，既保持各自的权限，又要相互制约保持平衡。直到世界上第一部成文宪法《1787年美国宪法》的出现，“三权分立”理论进入政治实践层面。自此，“三权分立”成为资产阶级国家宪法的一条基本原则。

但是，我国作为社会主义国家，不施行“三权分立”制度而实行人民代表大会制度。《中华人民共和国宪法》第三条第二款、第三款规定：“全国人民代表大会和地方各级人民代表大会都由民主选举产生，对人民负责，受人民监督。国家行政机关、监察机关、审判机关、检察机关都由人民代表大会产生，对它负责，受它监督。”

2. 我国的国家结构形式和国家机构

根据我国宪法规定，我国是单一制国家，地方权力来自中央，中央领导地方。

我国的国家机构包括中央国家机关和地方国家机关。我国的人民代表大会制度决定了，无论是中央国家机关还是地方国家机关，最核心的国家机关都是人民代表大会。其他国家机关都是人民代表大会产生，对人民代表大会负责，受人民代表大会监督。

3. 全面依法治国的总目标

全面依法治国的总目标是建设中国特色社会主义法治体系，建设社会主义法治国家。这就是，在中国共产党领导下：坚持中国特色社会主义制度，贯彻中国特色社会主义法治理论，形成完备的法律规范体系、高效的法治实施体系、严密的法治监督体系、有力的法治保障体系，形成完善的党内法规体系，坚持依法治国、依法执政、依法行政共同推进，坚持法治国家、法治政府、法治社会一体建设，实现科学立法、严格执法、公正司法、全民守法，促进国家治理体系和治理能力现代化。

依法治国就是依照体现人民意志和社会发展规律的法律治理国家，而不是依照个人意志、主张治理国家；要求国家的政治、经济运作、社会各方面的活动通通依照法律进行，而不受任何个人意志的干预、阻碍或破坏。简而言之，依法治国就是依照宪法和法律来治理国家，是中国共产党领导人民治理国家的基本方略，是发展社会主义市场经济的客观需要，也是社会文明进步的显著标志，还是国家长治久安的必要保障。依法治国，建设社会主义法治国家，是人民当家做主的根本保证。

4. 全面依法治国的基本原则

（1）坚持中国共产党的领导。党的领导是中国特色社会主义最本质的特征，是社会主义法治最根本的保证。

（2）坚持人民主体地位。人民是依法治国的主体和力量源泉，人民代表大会制度是保证人民当家作主的根本政治制度。

（3）坚持法律面前人人平等。平等是社会主义法律的基本属性。任何组织和个人都必须尊重宪法法律权威，都必须在宪法法律范围内活动，都必须依照宪法法律行使权力或权利、履行职责或义务，都不得有超越宪法法律的特权。

（4）坚持依法治国和以德治国相结合。国家和社会治理需要法律和道德共同发挥作用。既重视发挥法律的规范作用，又重视发挥道德的教化作用。

（5）坚持从中国实际出发。中国特色社会主义道路、理论体系、制度是全面推进依法治国的根本遵循。

不能违法是底线的核心思维。

二、法律体系

法律体系也称为部门法体系，是指一国的全部现行法律规范，按照调整的方法或者社会关系的不同，划分为不同的法律部门而形成的内部和谐一致、有机联系的整体。

注意：构成一国法律体系的规范性文件，仅指国内法，不包括外国法和国际法；仅指现行法，不包括已经失效的和尚未生效的法律。

我国现行法律体系包括七个部门法，如图 1.1 所示。

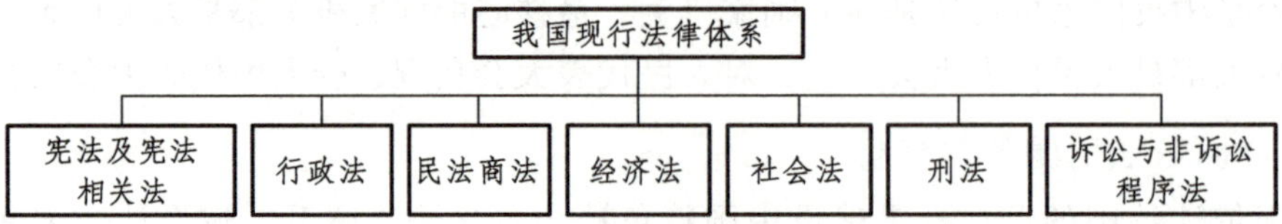

图 1.1　我国现行法律体系示意图

（一）宪法及宪法相关法

作为部门法的宪法，是指规定我国的各种基本制度、原则、方针、政策，公民的基本权利和义务，各主要国家机关的地位、职权和职责等的所有规范性文件。而宪法相关法是与宪法相配套、直接保障宪法实施和国家政权运作等方面并调整国家政治关系的所有规范性文件。具体包括《中华人民共和国宪法》《中华人民共和国全国人民代表大会组织法》《中华人民共和国国务院组织法》《中华人民共和国选举法》《中华人民共和国立法法》《中华人民共和国国籍法》等。

（二）行政法

作为部门法的行政法，是指调整国家行政管理活动中各种社会关系的法律规范的总和。它包括规定行政管理体制的规范，确定行政管理基本原则的规范，规定行政机关活动的方式、方法、程序的规范，规定国家公务员的规范等。具体包括《中华人民共和国行政复议法》《中华人民共和国行政处罚法》《中华人民共和国行政监察法》《中华人民共和国公务员法》《中华人民共和国食品卫生法》《中华人民共和国药品管理法》《中华人民共和国治安管理处罚法》《中华人民共和国集会游行示威法》《中华人民共和国环境保护法》等。

（三）民法商法

民法，是指调整作为平等主体的自然人、法人和非法人组织之间的人身关系和财产关系的所有规范性法律文件的总和。商法调整商事主体之间的商事关系，遵循民法的基本原则。2020 年 5 月 28 日第十三届全国人民代表大会第三次会议审议通过了《中华人民共和国民法典》，自 2021 年 1 月 1 日起施行。《中华人民共和国民法典》是同一部门法经过整理编订后所形成的系统性法律。它的内容包括了总则、物权、合同、人格权、婚姻家庭、继承、侵权责任及附则 7 编，也被称为社会生活的百科全书。除《中华人民共和国民法典》外，其他规定了民事商事活动的基本规则的单行民事法律还有《中华人民共和国商标法》《中华人民共和国专利法》《中华人民共和国著作权法》等。商事法律主要有《中华人民共和国公司法》《中华人民共和国合伙企业法》《中华人民共和国票据法》《中华人民共和国保险法》《中华人民共和国企业破产法》《中华人民共和国海商法》等。

此外还包括一些单行的民事商事法规，如《中华人民共和国著作权法实施条例》《中华人民共和国商标法实施条例》《中华人民共和国专利法实施细则》《外商投资法实施条例》等。

（四）经济法

作为部门法的经济法，是指调整国家在经济管理中发生的经济关系的所有规范性法律文件的总和。具体包括有关财政、金融和税务方面的法律、法规，如《中华人民共和国银行业监督管理法》《中华人民共和国反洗钱法》《中华人民共和国个人所得税法》《中华人民共和国税收征收管理法》《中华人民共和国契税法》等；有关宏观调控的法律、法规，如《中华人民共和国预算法》《中华人民共和国价格法》《中华人民共和国中国人民银行法》等；有关市场主体、市场秩序的法律、法规，如《中华人民共和国产品质量法》《中华人民共和国反不正当竞争法》《中华人民共和国消费者权益保护法》《中华人民共和国反垄断法》等；有关自然资源合理开发和利用的法律、法规，如《中华人民共和国森林法》《中华人民共和国矿产资源法》《中华人民共和国土地管理法》等。

（五）社会法

社会法是调整劳动关系、社会保障、社会福利和特殊群体权益保障等方面的法律规范的总和。具体包括有关用工制度和劳动合同方面的法律规范，有关职工参加企业管理、工作时间和劳动报酬方面的法律规范，有关劳动卫生和劳动安全的法律规范，有关劳动纪律和奖励办法的法律规范，有关劳动保险和社会福利方面的法律规范，有关社会保障方面的法律规范，有关特殊群体权益保护方面的法律规范，有关劳动争议的处理程序和办法的法律法规等。比如《中华人民共和国劳动法》《中华人民共和国劳动合同法》《中华人民共和国社会保险法》《中华人民共和国未成年人保护法》等。

（六）刑　法

刑法是规定犯罪和刑罚的法律。刑法这一法律部门中，占主导地位的规范性文件是《中华人民共和国刑法》，同时还包括《中华人民共和国国家安全法》等一些单行法律、法规以及涉及犯罪和刑罚的所有规范性法律文件。

（七）诉讼与非诉讼程序法

诉讼与非诉讼程序法是规范解决社会纠纷的诉讼活动与非诉讼活动的法律规范。诉讼法，又称诉讼程序法，是调整各种诉讼活动的所有规范性法律文件的总和。非诉讼程序法是调整仲裁机构或者人民调解组织解决社会纠纷的所有规范性法律文件的总和。诉讼与非诉讼程序法这一法律部门中的主要规范性文件为《中华人民共和国刑事诉讼法》《中华人民共和国民事诉讼法》《中华人民共和国行政诉讼法》和《中华人民共和国仲裁法》，还包括《中华人民共和国律师法》《中华人民共和国法官法》《中华人民共和国检察官法》等法律法规中涉及程序问题的规定。

三、法的渊源及效力位阶

（一）概　念

法的渊源即法的具体表现形式。当代中国法的渊源主要表现为：宪法、法律、行政法规、地方性法规、经济特区的规范性文件、特别行政区的法律法规、国际条约、国际惯例等。

所谓法律效力位阶，是指每一部规范性法律文本在法律体系中的纵向等级。下位阶的法律必须服从上位阶的法律，所有的法律必须服从最高位阶的法。

在中国，按照《中华人民共和国宪法》和《中华人民共和国立法法》（下文简称《立法法》）规定的立法体制，法律效力位阶从高到低依次是：根本法（宪法）、基本法（特别行政区法律）、普通法（法律）、行政法规、地方性法规和行政规章。

（二）我国正式的法的渊源及效力位阶

我国正式的法的渊源及效力位阶如图 1.2 所示。

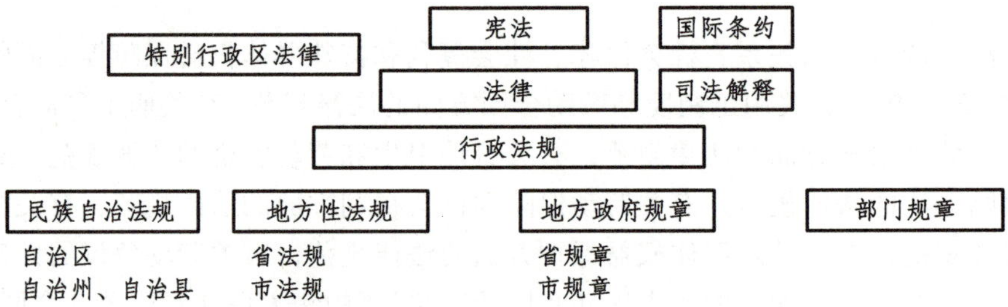

图 1.2　我国正式的法律渊源及效力位阶示意图

1. 宪　法

宪法是国家根本大法，其法律地位和效力是最高的。一切法律、行政法规和地方性法规都不得同宪法相抵触。

2. 法　律

法律有广义、狭义之分。广义的法律泛指一切规范性文件；狭义的法律仅指全国人大及其常委会制定的规范性文件。此处为狭义的法律。在当代中国法的渊源中，法律的地位和效力仅次于宪法。

根据《立法法》的规定，下列事项只能制定法律（即“法的绝对保留事项”）：犯罪和刑罚；对公民政治权利的剥夺、限制人身自由的强制措施和处罚；诉讼和仲裁制度等。

3. 行政法规

行政法规是指作为国家最高行政机关的国务院所制定的规范性文件，其法律地位和效力仅次于宪法和法律，即行政法规，不得与宪法和法律相抵触。因此，全国人大常委会有权撤销国务院制定的同宪法、法律相抵触的行政法规、决定和命令。

4. 地方性法规、民族自治法规、规章

（1）地方性法规是一定的地方国家权力机关，根据本行政区域的具体情况和实际需要，依法制定的在本行政区域内具有法律效力的规范性文件。

地方性法规的立法主体包括两大类：一是省、自治区和直辖市人大及其常委会；二是设区的市人大及其常委会。根据《立法法》的规定广东省东莞市和中山市、甘肃省嘉峪关市、海南省三沙市，比照适用设区的市地方立法权的规定。

（2）民族区域自治是我国的一项基本政治制度。民族自治地方的人民代表大会有权依照当地民族的政治、经济和文化的特点，制定自治条例和单行条例。自治区的自治条例和单行条例，报全国人民代表大会常务委员会批准后生效。自治州、自治县的自治条例和单行条例，报省、自治区、直辖市的人民代表大会常务委员会批准后生效。自治条例和单行条例可以变通上位法，但不得违背和变通法的基本原则和制度。

（3）规章。规章的制定主体有两类：一是省、自治区、直辖市和设区的市、自治州的人民政府，有权制定地方政府规章；二是国务院各部委、中国人民银行、审计署和具有行政管理职能的直属机构，有权制定部门规章。规章规定的事项应当属于执行法律或者行政法规的事项，且不能超过本部门的权限范围。

5. 特别行政区的法律

特别行政区的法律、法规在当代中国法的渊源中成为单独的一类。在特别行政区内实行的制度按照具体情况由全国人民代表大会以法律规定。根据特别行政区基本法的规定，特别行政区依法享有高度的自治权，除外交、国防事务属中央人民政府管理外，特别行政区享有行政管理权、立法权、独立的司法权和终审权。特别行政区保持原有的资本主义制度和生活方式，五十年不变。

6. 国际条约

我国缔结和参加的国际条约在中国的适用因条约的性质不同而有所区别。在民商事领域中，我国缔结或者参加的国际条约同我国的民商事法律有不同规定的，适用国际条约的规定，但我国声明保留的条款除外。若国际条约没有规定的，还可以适用国际惯例。

7. 司法解释

最高人民法院、最高人民检察院根据司法实践中的经验、教训，对法律所作的司法解释，在我国的司法实践中，也起着十分重要的作用。因此，也是重要的渊源之一。

此外，政策也是当代中国法的渊源之一。但是，由于我国目前不采用判例法制度，因此，司法判例不是法的正式渊源。

（三）解决法律冲突的原则

（1）上位法优于下位法。
（2）特别法优于一般法。
（3）新法优于旧法。

第二节　商事法律关系

一、概　念

（一）法律关系

法律关系是指法律规范调整的在社会关系的过程中所形成的人们之间的权利和义务关系。

注意：法律关系不同于社会关系。只有以法律上的权利义务为内容的社会关系，才是法律关系。并且，法律关系是以法律规范的存在为前提，没有法律规范，也就没有法律关系。比如，因结婚产生的婚姻法律关系、用人单位与劳动者之间的劳动法律关系、因订立抵押合同而成立的抵押法律关系……不属于法律规范调整的社会关系有同学关系、战友关系、恋人关系……任何法律关系都由三要素构成，即主体、内容和客体。

（二）商事法律关系

商事法律关系是指在国家调节或协调经济运行过程中，根据商法的规定在商事主体之间所形成的权利义务关系。

同理，商事法律关系不同于商事关系。商事关系是一定社会中通过市场经营活动而形成的平等主体之间以营利为目的的社会关系，它主要包括两个部分：商事组织关系和商事交易关系。而商事法律关系是人们根据商法的规定而形成的关系。并且，商事法律关系是以商法的存在作为前提的，没有商事法律规范，就没有商事法律关系。

二、商事法律关系的构成要素

（一）商事法律关系的主体

商事法律关系的主体，即商事法律关系的参加者，也就是在商事法律关系中一定权利的享有者和一定义务的承担者。主要包括：自然人、法人和其他组织。另外，国家可以成为法律关系的主体，比如，国家是国际公法关系中最主要的主体，但是在国内法中，国家直接以自己的名义参与民商事活动的情况不多，比如，发行国库券。在大多数情况下，国家是以其机关或者授权组织作为代表参加法律关系的。

1. 自然人

自然人是因自然出生而取得民事主体资格的人。自然人包括中国公民、外国公民、多重国籍人和无国籍人。

在我国，自然人主体还包括个体工商户和农村承包经营户。自然人依法经核准登记，在法定范围内从事工商业经营的，为个体工商户；农村集体经济组织的成员，在法律允许的范围内，按照承包合同规定从事商业经营的，为农村承包经营户。这里所谓的“户”可以是一个人，也可是家庭中的数人或全部成员。

个体工商户和农村承包经营户在商事法律关系中之所以作为自然人主体对待，是因为其法律地位和责任形式与自然人基本相同，依据我国法律规定，个体工商户和农村承包经营户为个人经营的，应以个人财产承担责任。如果以家庭财产投资，或者家庭成员共同经营，或者所得盈利全部或部分归家庭成员共同享用，应视为家庭经营，应由家庭财产承担责任。

2. 法　人

法人是指依法成立，具有民事权利能力和民事行为能力，依法独立享有民事权利和承担民事义务的社会组织。法人的实质，是一定社会组织在法律上的人格化。

根据法律规定，法人应当具备下列条件：

（1）依法成立；

（2）有必要的财产和经费；

（3）有自己的名称、组织机构和场所；

（4）能够独立承担民事责任。

根据《中华人民共和国民法典》（下文简称《民法典》）的规定，法人可分为三类：营利法人、非营利法人和特别法人。

营利法人是指以取得利润并分配给其他股东等出资人为目的而成立的法人，包括有限责任公司、股份有限公司和其他企业法人。

非营利法人是指为公益目的或者其他非营利目的成立，不向其出资人、设立人或者会员分配所取得利润的法人，包括事业单位、社会团体和捐助法人（如基金会、社会服务机构、宗教活动场所等）。

特别法人包括机关法人、农村集体经济组织法人、城镇农村的合作经济组织法人、基层群众性自治组织法人（居民委员会、村民委员会）。它们依法取得法人资格，可以从事为履行职能所需要的民事活动。

3. 其他组织

其他组织又称为非法人组织，是指合法成立，有一定的组织机构和财产，但又不具备法人资格的组织。比如，合伙企业、个人独资企业等。它们可以从事一定的商事活动，但不是独立的责任主体。

4. 法律关系主体的资格

能够成为法律关系的主体，并在其中享有权利和承担义务，就必须具有成为法律关系主体的资格，即具有民事权利能力和民事行为能力。

（1）民事权利能力，即法律赋予法律关系的主体享受民事权利、承担民事义务的资格。它是法律关系主体实际取得权利、承担义务的前提条件。

自然人的民事权利能力始于出生，终于死亡。民事权利能力是一国所有公民都具有的，是具有法律人格的基本条件，由法律赋予，不能被剥夺或解除。

法人的民事权利能力从法人成立时产生，到法人终止时消灭。其范围是由法人成立的宗旨和法律、行政法规的规定所决定，和法人的民事行为能力一致。但是受自身性质的限制，法人不能享有专属于自然人的权利（如生命权、健康权、身体权、肖像权、继承权、精神损害赔偿权）。

（2）民事行为能力，是指法律关系的主体通过自己的行为取得民事权利、承担民事义务的资格。

自然人的民事行为能力是自然人的意识能力在法律上的反映。确定自然人有无民事行为能力，其标准有二：一是能否认识自己行为的性质、意义和后果；二是能否控制自己的行为并对自己的行为负责，故自然人是否达到一定年龄、神智是否正常就成为自然人享有行为能力的标志。因此，自然人的民事行为能力分为三种情形：

① 完全民事行为能力人，是指达到一定法定年龄、智力健全、能够对自己的行为负完全责任的自然人。根据《民法典》的规定，在我国，十八周岁以上的公民是成年人，可以独立进行民事活动，是完全民事行为能力人。此外，十六周岁以上，不满十八周岁的未成年人，能以自己的劳动收入作为主要生活来源的人，也视为完全民事行为能力人。

② 限制民事行为能力人，是指行为能力受到一定限制，只具有部分行为能力的自然人。我国《民法典》规定，八周岁以上不满十八周岁的未成年人和不能完全辨认自己行为的成年人是限制民事行为能力人。根据我国法律规定，限制民事行为能力人能够独立实施的民事法律行为主要包括五种：一是纯粹获利行为，如接受赠与、奖励、被授予委托代理权等；二是与其生活、学习密切相关的行为，如购买学习用品；三是基于其智力成果而产生的行为，如出版其作品；四是经监护人同意并授权的行为；五是标的数额不大的行为。其他民事行为均应由其监护人代理实施。

③ 无民事行为能力人，是指完全不能以自己的行为行使权利、履行义务的自然人。在《民法典》的规定中，不满八周岁的未成年人、不能辨认自己行为的成年人、八周岁以上不满十八周岁且不能辨认自己行为的未成年人都是无民事行为能力人。无民事行为能力人原则上不能独立实施民事法律行为，其民事活动应由其法定代理人代理实施。未经法定代理人代理，无民事行为能力人独立实施的民事法律行为（包括纯获法律利益的法律行为），都属于无效民事行为。

法人组织也具有民事行为能力，但与自然人的民事行为能力不同。表现在：第一，自然人的民事行为能力有完全与不完全之分，而法人的行为能力只有“有”或“无”的问题，而不存在“限制民事行为能力”。但是，营利性法人违反法律、行政法规有关限制经营、特许经营或者禁止经营的规定，超越经营范围从事民事活动时，无民事行为能力。第二，自然人的行为能力和权利能力并不是同时存在的，即自然人具有权利能力却不一定同时具有行为能力，自然人丧失行为能力也并不意味着丧失权利能力。与此不同，法人的行为能力和权利能力却是同时产生和同时消灭的。法人一经依法成立，就同时具有权利能力和行为能力，法人一经依法注销，其权利能力和行为能力就同时消灭。

（二）商事法律关系的内容

商事法律关系的内容，是指商事法律关系的主体所享有的权利和承担的义务。比如，甲把手机卖给乙，在这样一个买卖合同法律关系中，主体是甲和乙。内容是甲通过卖手机负有交付手机的义务，同时享有收取手机货款的权利，而乙通过买手机，享有收取手机的权利，同时承担支付手机货款的义务。所有法律关系的内容都是一定的权利和一定的义务。

（三）商事法律关系的客体

商事法律关系的客体，是指商事法律关系的主体之间的权利义务所指向的对象，主要有行为、物、智力成果等。

1. 行　为

行为是人们有意识的活动。行为作为商事法律关系的客体，是指商事主体为实现一定经济目的而进行的有意识的活动。通常包括：① 经济管理行为，即商事主体为实施经济管理职能而依法进行的有意识、有目的的活动。② 完成工作的行为，即商事主体为满足他方主体的要求而进行的行为。这种行为主要表现为完成一定的工作任务或提供某种特定的物质成果的活动。③ 提供劳务的行为，即商事主体利用自己的劳动和设备为他方主体提供与自己劳动不可分离的某种成果的行为。

2. 物

物是指具有经济价值而又能够为人所控制和支配的物质财富。物作为商事法律关系的客体须具备下述特征：有用性、稀缺性、可支配性。由于货币和有价证券在实质上都代表了一定的物质财富，所以，广义的物还包括货币和有价证券。

3. 智力成果

智力成果是指人们脑力劳动创造的精神财富。智力成果作为商事法律关系的客体通常包括：专利、专有技术、商标、作品、经济信息等。

三、法律事实

（一）概　念

法律事实，就是法律规范所规定的，能够引起法律关系产生、变更和消灭的客观情况或现象。法律事实应具备两个基本条件：第一，须是法律规范规定的客观情况；第二，须是能产生一定法律后果的客观情况。

注意：法律规范、法律事实和法律关系三者的关系：法律规范是前提，法律事实是原因，商事法律关系是结果。

(二) 分　类

根据其发生是否与当事人的意志有关，可将法律事实划分为事件和行为两大类。

1. 事　件

事件是指不以当事人的主观意志为转移的，能够引起商事法律关系产生、变更和消灭的客观情况。事件包括自然现象和社会因素，如自然灾害的发生、自然人的出生与死亡、时间的经过、战争和罢工等。

事件的发生虽与当事人的意志无关，当事人亦无法预见和控制，但它可以引起特定法律关系的发生、变更或消灭，前提是必须由法律规定将它和一定的法律后果联系起来。

2. 行　为

行为是指以人的主观意志为转移而引起的商事法律关系发生、变更与消灭的法律事实。大多数商事法律关系的发生、变更与消灭，是由于行为所引起的。

按照不同的标准，行为有多种划分。其中，在商事法律关系中最重要的一类法律划分便是依据其所产生的法律效力的不同分为：法律行为，可变更、可撤销的行为，效力待定的行为和无效的行为。

（1）法律行为。

① 概念。法律行为，是指法律关系主体实施的、以意思表示为要素的、能够产生行为人预期法律后果的合法行为。

② 特征。

第一，以意思表示为构成要素。法律行为的行为人必须将其内心意思通过一定的方式表示于外部，才能被人感知，从而发生预期的法律后果。因此，意思表示是法律行为的构成要素。

第二，能产生行为人预期的法律后果。

法律行为是法律关系的主体以设立、变更或终止法律上的权利义务关系为目的的行为。因此，法律行为首先要具有法律上的效果性，即能够产生一定的法律后果。凡不具有效果性、不能产生法律后果的行为，比如，谈心约会、事务帮办等，均不属于法律行为。其次，法律行为所产生的法律后果还必须是行为人预期的法律后果，如果该行为产生的后果不是行为人所预期的法律后果，如签订无效合同后依法产生返还财产、赔偿损失的后果，那么该行为亦不属法律行为。

第三，是一种合法行为。这是法律行为不同于其他行为最主要的特征。

③ 构成要件。

第一，实质要件。

行为人合格，即实施法律行为的人（包括自然人、法人和其他组织等）必须具有相应的民事权利能力和民事行为能力，也就是要具有实施该行为的资格。另外，这个“资格”还包括拥有特定的权利。比如，以他人名义实施行为的，必须具有相应的代理权；处分他人财产的，必须拥有相应的处分权；从事经营活动的，必须具有相应的经营权；从事特种业务的，必须具有法定的许可证等。没有相应能力和资格的主体实施的行为，均不具备法律行为的有效条件。

意思表示真实。法律行为要产生行为人预期的法律后果，行为人的意思表示必须真实。该条件是商事法律关系中平等自愿原则的基本要求。如果当事人的意思表示存在欺诈、胁迫或重大误解，都不能成立合法有效的法律行为。

内容不违反法律和社会公共利益。只有合法行为才受法律保护，才能依法产生行为人预期的法律后果。

第二，形式要件。

比如，法律规定或者当事人约定的特定形式。司法实践中，如果欠缺法定形式要件，原则上应认定该行为无效。

（2）可变更、可撤销的行为。

① 概念。可变更、可撤销的行为，是指行为人意思表示不真实，可在法定期限内予以变更、撤销的行为。

② 特征。

第一，该行为的瑕疵在于意思表示不真实。这个“不真实”，可能是由于不自愿，比如受欺诈、受胁迫或对方乘人之危；也可能是自愿的，但是因为自己的重大误解或者轻率、无经验而违心所为。总之，就是与行为人内心的想法不一致。

第二，该行为成立后即可依法生效。因为，行为人意思表示有无瑕疵，外人往往难以知晓，为了促进并保障交易，只要当事人不要求变更或撤销，法律推定此类行为是有效的法律行为。

第三，该行为的变更权和撤销权仅归当事人（一般归受害的一方当事人）。意思表示真实作为法律行为的有效要件之一，根本目的在于保护行为人的意思自治和预期利益。因此，法律行为因意思表示不真实而产生瑕疵后，只有当事人才有权要求变更或撤销。其他任何人、任何组织均不得非法干预，人民法院或者仲裁机构亦不能依职权主动予以变更、撤销。另外，变更权与撤销权的行使由当事人选择，当事人要求变更的，人民法院或仲裁机构不得予以撤销。

第四，该行为须在法定期限内变更、撤销。既然可变更、可撤销的行为成立后即依法生效，其必将产生一定的法律后果。如果长期听任当事人变更、撤销，必然有害于交易安全。根据《民法典》的规定，当事人的变更权和撤销权受双重除斥期间限制，即自法律行为发生之日起五年内，以及当事人自知道或者应当知道变更、撤销事由之日起一年内（重大误解的当事人自知道或者应当知道撤销事由之日起九十日内）行使。如果当事人知道变更、撤销事由后明确表示或者以自己的行为放弃该权利的，该行为就不得再变更或撤销。

③ 种类。

第一，因重大误解而订立合同的。行为人因为对行为的性质、对方当事人、标的物的品种、质量、规格和数量等的错误认识，使行为的后果与自己的意思相悖，并造成较大损失的，可以认定为重大误解。

第二，在订立合同时显失公平的。一方当事人利用优势或者利用对方没有经验，致使双方的权利与义务明显违反公平、等价有偿原则的，可以认定为显失公平。

第三，一方以欺诈、胁迫的手段或者乘人之危，使对方在违背真实意思的情况下订立合同的。一方当事人故意告知对方虚假情况，或者故意隐瞒真实情况，诱使对方当事人作出错误意思表示的，可以认定为欺诈行为。

以给公民及其亲友的生命健康、荣誉、名誉、财产等造成损害或者以给法人的荣誉、名誉、财产等造成损害为要挟，迫使对方作出不真实的意思表示的，可以认定为胁迫行为。

一方当事人乘对方处于危难之机，为牟取不正当利益，迫使对方作出不真实的意思表示，严重损害对方利益的，可以认定为乘人之危。

（3）效力待定的行为。

① 概念。效力待定的行为，是指因行为主体不合格，必须经相关人追认后才能有效的行为。虽然此类行为因为行为人不合格而不能产生法律效力，但这类行为有可能经合格主体的追认而获得效力，所以，属于相对无效的行为。

② 特征。

第一，该行为的瑕疵为行为主体不合格。

第二，其成立后依法不能生效。由于行为主体不合格，其实施的行为不仅可能损害相关人的利益，还可能会损害自身的利益，所以该行为成立后依法不能生效，否则，将有害于交易安全，不利于社会经济秩序的稳定。

第三，须经合格主体追认后才能有效。效力待定的行为成立后虽暂不生效，但其并非永远不能生效。一旦经合格主体追认授权，该行为即为有效的法律行为，并且，可追溯到行为成立时起就具有法律约束力。

第四，相对人依法享有催告权和撤销权。效力待定的行为在合格主体追认前，其效力处于一种不确定状态。如果听任这种状态长期存在，势必不利于交易安全。所以，为了保护相对人利益，法律赋予相对人在一定条件下依法享有催告权和撤销权，以限制该行为不确定状态的存续期间。法律规定，相对人可以催告有权追认的合格主体在三十日内予以追认。合格主体未作表示的，视为拒绝追认。合同被追认前，善意相对人有撤销的权利。

③ 种类。

第一，限制民事行为能力人所为的。限制民事行为能力人依法只能实施与其年龄、智力和精神状况相适应的行为，其他行为应由其监护人代理或征得其监护人同意。否则，该行为即为效力待定的行为。

第二，无代理权人实施的。代理人以被代理人名义实施行为时，必须依法享有代理权。如果行为人没有代理权、超越代理权或者代理权终止后仍以被代理人的名义实施民事行为，该行为是效力待定的行为，其是否有效，取决于被代理人是否追认授权。

例外，表见代理（参见本章第四节）。

第三，无处分权人实施的。行为人实施处分行为，理应依法享有处分权。如果无处分权人处分他人的财产，其行为即为效力待定的行为。该行为的效力，取决于两种情况：其一，无处分权人事后依法取得了权利人的追认；其二，无处分权人事后依法取得了对该财产的处分权。否则，应为无效民事法律行为。

例外，善意取得。所谓善意取得，是指无处分权人将其受托占有的他人的财物转让给第三人的，如受让人在取得该动产时系出于善意，则受让人取得该物的所有权，原所有权人丧失所有权。

善意取得的构成要件：① 标的物须为法律允许流通的动产或者不动产；② 行为人对处分的动产或不动产无处分权；③ 受让人受让财产时须为善意；④ 受让人须支付合理的价格；⑤ 转让的动产或不动产已经交付或者登记；⑥ 无处分权人对该动产或者不动产为合法占有。

（4）无效的行为。

① 概念。无效的行为，是指内容违反国家法律，自始确定不能产生其预期效力的行为。

② 特征。

第一，自始确定无效。我国《民法典》第一百五十五条规定：“无效的或者被撤销的民事法律行为自始没有法律约束力。”

第二，当然绝对无效。无效的行为发生后，无论当事人是否主张其无效，也无论是否经人民法院或仲裁机构确认其无效，该行为均被视为当然自始无效。法院或仲裁机构对该行为效力的确认，只是对既定事实的确认而已，任何人、任何组织都不能以任何方式使一个无效的行为变为有效。

第三，任何人均可主张其无效。与可变更、可撤销的行为不同，对无效行为不仅当事人可以主张其无效，而且当事人外的其他人亦可主张其无效，其原因在于，该民事法律行为通常直接违反国家法律，严重损害国家、集体、他人或社会公共利益。

③ 种类。

第一，因行为人不具有相应民事行为能力的无效。无民事行为能力人实施的，既包括无民事行为能力的自然人实施的行为，也包括无民事主体资格的社会组织实施的行为。

第二，因意思表示不真实而无效。行为人与相对人以虚假的意思表示实施的民事法律行为无效。

第三，因违反法律、行政法规的强制性规定而无效。尽管民商事活动特别强调当事人意思自治，但是任何人的行为均不得违反国家法律和行政法规的禁止性、强制性规定。否则不仅国家和社会公共利益难以得到保护，而且社会秩序也难以得到保障。

第四，因违背公序良俗而无效。有些商事行为虽然并不违反国家法律或行政法规的强制性规定，但其行为后果却损害了社会公共利益。如果承认这种行为的效力，将与公序良俗等法律基本原则相悖。

第五，行为人与相对人恶意串通，损害他人合法权益的民事法律行为无效。恶意串通是违背善良风俗的一种特例，行为人和相对人虽然尽可以按照自愿原则处分自己的权益，但该“自愿”行为的法律后果也仅能由行为人和相对人承担，如果双方主观上的恶意导致第三方的合法权益受到伤害，那该行为理应无效。

第三节　商事法律责任

一、概　念

法律责任是指因违反了法定义务或约定义务而由行为人承担的不利后果。

在国家干预和调控经济的过程中，商事法律关系主体如果因为故意或者过失而违反商事法律、法规，给其他组织或个人造成损失的，也应当承担不利的后果。所以，商事法律责任是指在国家干预和调控社会经济过程中，因主体违反商事法律、法规而依法应承担的具有强制性的不利的法律后果。

二、商事法律责任的构成

一般认为，商事法律责任的构成包括责任主体、违法行为或违约行为、损害结果、因果关系、主观过错五个方面。

三、商事法律责任的承担方式

根据法律的规定，商事法律关系主体对其违法行为必须承担法律责任。由于法律是由国家制定的具有强制性的规范性文件，所以商事法律责任只能由国家通过对违法主体实施一定的强制性措施和强制要求其承担一定的不利后果而实现。概括起来，商事法律责任的承担方式主要有民事责任、行政责任和刑事责任三种。

（1）民事责任：包括返还财产，恢复原状，修理、重作、更换，赔偿损失，支付违约金等。

（2）行政责任：警告、罚款、没收违法所得、责令停产停业、暂扣或吊销许可证、暂扣或吊销执照、行政拘留、法律和行政法规规定的其他行政处罚。

（3）刑事责任：对于情节严重、构成违法犯罪的，要依法追究刑事责任。

第四节　代理制度

一、概念和特征

（一）概　念

代理，是指通过他人在“代理权限”范围内“独立”实施法律行为，而使自己“直接”或者“间接”承受该法律行为所产生的法律效果（民事权利和民事义务）的制度。

代理制度的作用在于，补充和扩展了法律关系的主体在民事行为能力上的欠缺或不足，从而拓宽了民事活动的范围。无、限制民事行为能力人的民事行为能力通过法定代理得到“补充”，同时，完全民事行为能力人的民事行为能力也能通过委托代理得以“扩展”。

代理制度包括三方法律关系：

① 代理人与被代理人之间的代理权关系，这决定着代理人代理权的有无及其范围；

② 代理人与第三人之间的代理行为关系，这决定着代理行为的效力；

③ 被代理人与第三人之间的代理后果关系，这决定了代理后果的归属。

（二）代理的特征

1. 代理是代理人以被代理人的名义所实施的行为

如果代理人以自己名义实施民事行为，那就不是代理行为而是行纪（或者信托）行为（行纪人是以自己的名义为委托人从事贸易活动，比如，商店寄售货物的行为，商店是以自己的名义销售，是货物名义上的所有人）。

2. 代理人实施的行为应是具有法律意义的行为

所谓具有法律意义的行为，就是通过这一行为，能为被代理人取得法律上的权利，或者为被代理人设定法律上的义务。比如，代签合同、代理诉讼。如果代替他人实施的行为不具有法律意义，比如，一般的代办行为（代抄文稿、代为整理文件……）就不属于代理行为，而仅仅是一种事实行为。

3. 代理人在代理权限内独立实施代理行为

该特征包含两层含义：一是代理人只能在被代理人授予的代理权限范围内实施代理行为。这要求代理人不仅要有代理权，而且实施代理行为时还不能超越代理权。二是代理人实施代理行为时能独立进行意思表示，以此区别于传达人、居间人、介绍人、见证人。

4. 代理的全部法律后果直接或者间接归属于被代理人

代理人受被代理人委托实施法律行为，其目的并非为自己，而是为被代理人取得权利、设定义务。为此，代理人实施代理行为应以被代理人的名义进行，由此产生的全部法律后果也应当直接或者间接由被代理人承担（注意：这里的“全部”包括有利后果和不利后果）。这充分体现了代理制度的价值所在，也是代理最重要的特征。

二、适用范围和种类

（一）适用范围

1. 可以适用的范围

（1）商事、民事法律行为。比如，代理签订合同，代理进行谈判。

（2）仲裁、诉讼行为。

（3）申请（专利）行为、申报（纳税）行为、登记（法人登记）行为。

2. 不得适用的范围

（1）依照法律规定应当由本人亲自实施的民事法律行为。比如，结婚和离婚的意思表示（离婚的意思表示原则上不得代理，但无民事行为能力人的配偶有虐待、遗弃等严重损害无民事行为能力一方的人身权利或者财产权益行为的，其他有监护资格的人可以依照特别程序要求变更监护关系后，由变更后的监护人代理提出离婚诉讼）；收养的法律行为；遗嘱的订立。

（2）依照当事人约定，应当由本人亲自实施的民事法律行为。

（3）依照民事法律行为的性质，应当由本人亲自实施的民事法律行为。比如，“协议监护等”身份行为、活体器官捐赠等与人格权或者人格利益相关的民事法律行为。

（二）种　类

根据代理权产生的依据不同，可将代理划分为法定代理和委托代理。

1. 法定代理

法定代理，是根据法律的直接规定而产生的代理，也包括因法律规定由有关机关或人民法院的指定而产生的代理。

由法律直接规定而产生的代理，其特点是：① 代理人的代理权直接根据法律的规定产生。② 被代理人为无民事行为能力人或者限制民事行为能力人，其代理人为其监护人。③ 代理权限为全权代理。

由有关机关或人民法院依据法律规定而指定产生的代理，其特点是：① 被代理人通常为无民事行为能力人或限制民事行为能力人，且其监护人未确定。② 代理人的代理权根据有关机关或人民法院的指定而产生。③ 代理人的代理权通常为特定事项的代理。该事项完成后，代理人的代理权即行终止。④ 代理人的代理权因代理事项完成或指定机关撤销指定而终止。

2. 委托代理

委托代理是基于被代理人的委托授权而产生的代理。

其特点是：① 代理人的代理权由被代理人单方授予。② 代理人的代理权限由被代理人决定，其可以是全权代理，也可以是部分代理。被代理人出具的委托授权书，对代理人的代理权限具有决定性意义。如果授权不明，代理行为的法律后果仍应由被代理人承担，但代理人应负连带责任。③ 代理关系可单方终止。委托代理关系不仅可因期限届满、事项完成而终止，而且代理人可单方辞去委托，被代理人亦可单方撤销授权。

另外，根据代理人是否以被代理人的名义实施法律行为，可将代理分为直接代理和间接代理。

直接代理是代理人在代理权限内须“以被代理人的名义”实施法律行为的代理，该法律行为的后果直接归属于被代理人。

间接代理是代理人以自己的名义，在代理权限内与第三人订立合同的代理行为。它又可分为显明间接代理和隐名间接代理。该代理行为的法律后果可分情况“间接”归属于被代理人。

三、行使代理权的原则

（一）依法行使代理权的原则

代理人必须依法行使代理权，禁止滥用代理权。如果代理人知道被代理人委托代理的事项违法仍然进行代理活动，或者代理人实施代理行为时违反法律关于禁止滥用代理权的规定，代理人均应依法承担相应的责任。

（二）依约行使代理权的原则

代理人必须在被代理人委托授权的范围、期限内以规定的方式行使代理权。没有代理权、超越代理权或者代理权终止后仍以被代理人的名义实施行为的，均属于无权代理。无权代理只有经被代理人追认后，才能变为有效代理，被代理人才会承担其后果。否则，所产生的后果应当由行为人自己承担。

（三）亲自行使代理权的原则

由于代理关系具有较强的人身信赖性，所以代理人接受委托后，一般应当亲自完成代理事务，不得擅自转托他人代理。因此，代理人将其代理权转托他人时，通常必须具备两个基本条件：第一，必须是为了保护被代理人的利益；第二，必须经被代理人同意。既可事先经被代理人同意，也可事后经被代理人认可。如果未经被代理人事先同意或事后认可，则代理人的行为后果应由其自己承担。但是《民法典》第一百六十九条规定，在紧急情况下，为了保护被代理人的利益而转托他人代理的，该复代理有效，其后果应由被代理人承担。这里所指的“紧急情况”，按照最高人民法院的解释，是指由于急病、通信联络中断等特殊原因。

（四）维护被代理人利益的原则

代理人实施代理行为必须尽心尽力、尽职尽责，一切从维护被代理人的利益出发。如果代理人滥用代理权或者不认真履行代理职责，给被代理人造成损失的，代理人应依法承担民事责任。

四、滥用代理权

在滥用代理权的情况下，代理人都是有代理权的，只是其行使代理权时违反了法律的规定或者有悖于被代理人的利益。

滥用代理权主要有以下几种情况：

（1）自己代理，是指代理人同时为代理关系中的代理人和第三人的情形。由于在此情况下，很难避免代理人为自己的利益而牺牲被代理人的利益，因此，自己代理属于滥用代理权，除非被代理人事先同意或者事后追认，否则属于无效代理。

（2）双方代理，或称同时代理，是指代理人同时作为交易双方的代理人来从事民事行为的情况。在交易中，双方当事人的利益总是相互冲突的，通过讨价还价，才能使双方的利益达到平衡。而由一个人同时代表两种利益，难免顾此失彼。因此，双方代理为滥用代理权，除非经过双方被代理人事先同意或者事后追认，否则属于无效代理。

（3）恶意通谋的代理，是指代理人与第三人恶意串通，损害被代理人利益的代理。由于其明显违反代理权行使的原则，直接以损害被代理人利益为目的，所以应属滥用代理权，为绝对无效的代理，因此给被代理人造成的损失，由代理人与相对人承担连带责任。

（4）违法代理，是指代理人实施代理行为时违法或者代理人知道被代理人委托代理的事项违法仍然实施代理行为的情形。凡是违法代理均应属于滥用代理权，属绝对无效的代理。

五、复代理

（一）概　念

复代理，又称为转委托，是指代理人为了被代理人的利益，将其代理事项的全部或部分又转托他人代理的一种代理类型。

（二）特　征

（1）代理人是以被代理人或自己的名义选定复代理人；

（2）复代理人的权限范围不得超过代理人的权限；

（3）复代理人是被代理人的代理人，而不是代理人的代理人，其实施代理行为的后果由被代理人承担。

（三）法律责任

1. 对第三人的责任

由债的相对性原则知，当由于代理人或者复代理人的代理行为给第三人造成损失的，第三人可以直接要求被代理人赔偿损失。被代理人承担责任后，可以向代理人追偿。复代理人有过错的，应当和代理人一起对被代理人负连带责任。

2. 代理人的责任

代理人的责任是指代理人对被代理人的责任。原则上，复代理一经成立，代理人并不需要对复代理人的行为负责，由复代理人对自己的代理行为向被代理人负责。

但有两种责任是代理人应向被代理人承担的：

（1）指示责任，即转委托授权不明的责任。

（2）选任责任，是指代理人以自己的名义为被代理人选任第三人作为复代理人时，应当担保该第三人：第一，人品可靠；第二，具备处理受托事务的基本技能。因此，如果是由于第三人人品道德问题或者缺乏基本技能致使被代理人受损的，代理人就应当对被代理人承担相应的赔偿责任。

六、无权代理

无权代理，是指没有代理权的代理。包括行为人没有代理权、超越代理权或者代理权终止后，未经被代理人追认仍然实施的代理行为。

注意：虽然无权代理人没有代理权，但是，他的这种行为具备代理行为的表面特征（以被代理人的名义进行活动），因为，如果连表面特征都不具备，那根本就不能叫“代理”。但是，他不具备代理的实质特征（代理行为的法律后果直接归属于被代理人），因此，是无权代理。

我国法律规定，无权代理属于效力待定的民事行为，是否产生法律效力要由被代理人和第三人在一定期限内予以确认。

《民法典》第一百七十一条规定，行为人没有代理权、超越代理权或者代理权终止后，仍然实施代理行为，未经被代理人追认的，对被代理人不发生效力。相对人可以催告被代理人自收到通知之日起三十日内予以追认。被代理人未作表示的，视为拒绝追认。行为人实施的行为被追认前，善意相对人有撤销的权利，撤销应当以通知的方式作出。行为人实施的行为未被追认的，善意相对人有权请求行为人履行债务或者就其受到的损害请求行为人赔偿。但是赔偿的范围不得超过被代理人追认时相对人所能获得的利益，相对人知道或者应当知道行为人无权代理的，相对人和行为人按照各自的过错承担责任。

七、表见代理

（一）概　念

表见代理，是指代理人实施代理行为时虽无代理权，但因权利外观，善意且无过失的相对人有理由相信代理人拥有代理权，为保护善意相对人的合理信赖，善意相对人有权主张该无权代理发生有权代理效果的制度。

《民法典》第一百七十二条规定，行为人没有代理权、超越代理权或者代理权终止后，仍然实施代理行为，相对人有理由相信行为人有代理权的，代理行为有效。该“代理行为有效”也就意味着在这种情况下，由被代理人承担民事责任。

（二）构成要件

表见代理属于广义的无权代理，但是法律规定这种无权代理将产生有权代理的法律后果。因此，它必须具有严格的构成要件。否则，该制度很可能被滥用。

我国法律规定，表见代理必须具备以下三个构成要件：

1. 客观上存在权利外观且该权利外观的形成可归责于被代理人

表见代理之所以应受法律保护，从客观上讲，必须存在使相对人相信代理人享有代理权的事实和理由。

通常包括以下几种情况：① 代理人持有具有代理证书性质的有关文书，如介绍信、工作证、身份证明或者加盖有被代理人公章或合同专用章的空白合同书等，交给行为人的；② 法人或者非法人组织对其工作人员的职权范围有限制，但相对人不知情的；③ 代理证书委托授权不明的；④ 行为人的代理权终止后，被代理人未采取必要措施公示其代理权终止的； ⑤ 被代理人知道行为人以自己的名义实施行为而未表示反对的；⑥ 行为人与被代理人有某种特殊身份关系（夫妻、子女）的，使第三人误以为行为人有代理权。

以下情形，权利外观的形成不可归责于被代理人，不成立表见代理：① 行为人伪造他人的公章、合同书或者授权委托书等，假冒他人的名义实施民事法律行为的；② 被代理人的公章、合同书或者授权委托书等遗失、被盗，或者与行为人特定职务关系已经终止，并且已经以合理方式公告或者通知，相对人应当知悉的。

2. 相对人为善意且无过失

这是表见代理构成的主观要件。在上述各种客观情况下，相对人确实不知道行为人没有代理权，由于相对人基于对上述权利外观事实的信赖，误以为行为人有代理权，所以其主观上并无过错。法律为了保障交易安全、维护社会经济秩序，才会保护善意第三人的利益。所以，第三人对行为人无代理权不知情是表见代理构成的必要条件。

3. 无权代理人同第三人之间所实施的民事行为，具备民事法律行为的一般生效要件和代理行为的表面特征

民事法律行为的一般生效要件为：行为人合格；意思表示真实；不违反法律和社会公共利益；符合形式要件。代理行为的表面特征即以被代理人的名义进行活动。

（三）法律后果

相对人有权主张表见代理发生有权代理的效果。相对人有权主张，并且无须被代理人追认，代理实施的法律行为直接归属于被代理人承受，即该代理行为对被代理人发生效力。同时，被代理人因此遭受的损失，有权向无权代理人追偿。

相对人享有选择权。相对人既可以主张有权代理的效果，也可以在被代理人的追认生效前，行使撤销权，撤销与被代理人之间的合同。

课后复习

【案例分析一】

甲和乙是中学同学，关系较好，但多年未见。一日偶遇，相聊甚欢。甲现为一家化妆品有限公司的营销部经理，乙则是一个做服装生意的个体户。两人互留联系方式。

两个星期后，乙找到甲，称其想购买一套商品房，但因生意资金周转不灵，故商品房的首付还缺2万元，想请甲帮忙，借期6个月。甲答应，说几天后给回复。

第二天，甲找到自己的舅舅丙，称自己急需用钱，要借2万元。丙说他手头有现金1.5万元可以借给他。甲收下钱后，又去找女友丁借。丁不在，但其不满15岁的妹妹在。甲称自己因炒股急需些钱，丁的妹妹从家中柜子里取出5 000元借给了准姐夫，次日，甲电话告知丁，丁未表示反对。随后，甲将借到的2万元交给乙，乙写了一张借据。

转眼6个月过去了，甲见乙还未与自己联系还钱，就找上门去。

乙的妻子戊告诉他，乙在3个月前的一次进货中被歹徒袭击伤及头部，现已不能辨认和控制自己的行为。甲拿出借据，戊表示现在手头紧再宽限几天。甲同意了。

丙打电话给甲要求他还钱。甲找到其姐姐已，已向丙保证说，弟弟若不还钱则由她来还。

后不知何故，甲与丁分手，丁要甲立即还钱。甲提出用他与丁一起购买的一套音响来抵债（音响价值1.1万元，购买时两人各出了一半），丁同意。

事后，甲又来到乙家，看到的却是乙的遗像。乙遇车祸身亡，且未留有遗嘱。乙留下一套商品房及一批服装等物。

根据上述条件，请回答：

1. 该案中有几个法律关系？
2. 其中的法律事实有哪些？哪些属于行为？哪些属于事件？
3. 假如乙借钱是为了赌博，而甲知晓，法律关系是否成立？为什么？
4. 假如甲未给丁电话，告知借钱一事，法律关系是否成立？为什么？
5. 其中哪些法律关系已经终止？为什么？
6. 案中涉及的哪些法律关系变更了？
7. 这笔2万元的借款由谁来偿还？
8. 如果乙之妻拒还，怎么办？

【案例分析二】

甲服装公司产品积压，急于推销产品，便号召公司职工销售服装，并按销售量给予奖励。该公司职工A有一位朋友B在乙百货公司当业务员，于是A找B帮忙。

乙百货公司管理制度规定，凡进货都得经过领导批准。但B为了显示自己有本事，利用自己保留的盖过章的空白合同书与甲服装公司签订了一份购买甲公司7万元服装的买卖合同。A向公司交差后，领到一大笔奖金。

不久，甲公司按这份合同给乙公司发去价值7万元的服装，并通知银行托收货款。

乙公司负责人得知此事后，认为其从未授权B购买此批货，所以他们不能对此负责，并通知银行拒付货款。甲公司则认为，合同上盖有乙公司的章，坚持要求乙公司付款。双方协商未果，甲公司诉至法院。

请问：本案如何处理？

【案例分析三】

甲公司业务经理乙长期在丙餐厅签单招待客户，餐费由公司按月结清。后乙因故辞职，月底餐厅前去结账时，甲公司认为，乙当月的几次用餐都是招待私人朋友，因而拒付乙所签单的餐费。

请问：

1. 乙是否有权要求甲公司付款？为什么？
2. 如果甲公司需要付款，是否可以要求乙承担连带责任？

【案例分析四】

吴某是甲公司员工，持有甲公司授权委托书。吴某与温某签订了借款合同，该合同由温某签字、吴某使用甲公司合同专用章盖章。后温某要求甲公司还款。

请问：

下列哪些情形有助于甲公司否定吴某的行为构成表见代理？

A. 温某明知借款合同上的盖章是甲公司合同专用章而非甲公司公章，未表示反对。

B. 温某未与甲公司核实，即将借款交给吴某。

C. 吴某出示的甲公司授权委托书载明甲公司仅授权吴某参加投标活动。

D. 吴某出示的甲公司空白授权委托书已届期。

【思考题】

1. 什么是法？
2. 法制和法治的区别是什么？
3. 简述我国的法律体系。
4. 简述法律渊源及其效力位阶。
5. 试述商事法律关系的构成要素。
6. 什么是法律事实？行为和事件有何不同？
7. 法律责任的承担方式有哪些？
8. 简述代理的特征和种类。
9. 什么是复代理？
10. 简述表见代理及其构成要素。

第二章 公司法律制度

本章概要

- 公司法律制度
  - 第一节 公司法总论
    - 一、公司的概念
    - 二、公司的特征
    - 三、公司的权利能力和行为能力
    - 四、公司的分类
  - 第二节 公司的一般规定
    - 一、公司的设立
    - 二、公司的章程
    - 三、公司资本三原则
    - 四、公司债券
  - 第三节 一般的有限责任公司
    - 一、有限责任公司的设立
    - 二、有限责任公司的组织机构
    - 三、有限责任公司的股权转让
  - 第四节 特殊的有限责任公司
    - 一、一人有限责任公司
    - 二、国有独资公司
  - 第五节 股份有限公司
    - 一、股份有限公司的设立
    - 二、股份有限公司的组织机构
    - 三、上市公司组织机构的特别规定
    - 四、股份有限公司的股份转让
  - 第六节 公司的董事、监事和高级管理人员
    - 一、公司高级管理人员的（消极）任职资格条件
    - 二、公司董事、监事、高级管理人员的忠实和勤勉义务
    - 三、董事、监事、高级管理人员对公司负有的其他义务和责任
  - 第七节 公司其他
    - 一、公司的财务、会计
    - 二、公司的合并、分立和增资、减资
    - 三、公司的解散和清算
    - 四、外国公司的分支机构

第一节　公司法总论

我国现行的《中华人民共和国公司法》（以下简称《公司法》）是 1993 年 12 月 29 日第八届全国人民代表大会常务委员会第五次会议通过，先后经历了 1999 年、2004 年、2013 年和 2018 年四次修正，于 2018 年 10 月 26 日起施行。

一、公司的概念

公司是依照法律规定，以营利为目的，由股东投资而设立的企业法人。《公司法》

第二条："本法所称公司是指依照本法在中国境内设立的有限责任公司和股份有限公司。"

《公司法》是规定各类公司的设立、运行、解散及其他对外关系的法律规范的总称，是市场的主体法。

注意：《公司法》第二百一十七条："外商投资的有限责任公司和股份有限公司适用本法；有关外商投资的法律另有规定的，适用其规定。"

二、公司的特征

（一）公司具有法人资格

公司属于法人的范畴，《民法典》第五十七条规定："法人是具有民事权利能力和民事行为能力，依法独立享有民事权利和承担民事义务的组织。"民商事主体，主要包括自然人、法人和非法人组织三类。我国现行《公司法》只对有限公司进行了规定，有限公司法人资格的取得必须满足以下几点：

1. 依法设立

依法设立是指设立公司应当依法向公司登记机关申请设立登记。法律、行政法规规定设立公司必须报经批准的，应当在公司登记前依法办理批准手续。为了保护交易安全，公众可以向公司登记机关申请查询公司登记事项，公司登记机关应当提供查询服务。依法设立的公司，由公司登记机关发给公司营业执照。公司营业执照签发日期为公司成立日期。公司营业执照应当载明公司的名称、住所、注册资本、经营范围、法定代表人姓名等事项。公司营业执照记载的事项发生变更的，公司应当依法办理变更登记，由公司登记机关换发营业执照。

2. 独立财产

独立财产是指公司作为一个以营利为目的的法人，必须有其可控制、可支配的财产，以从事经营活动。公司的原始财产由股东的出资构成，股东一旦履行了出资义务，其出资标的物的所有权即转移至公司，构成公司的财产，公司对其享有"法人财产权"，股东则对公司享有"股权"，即享有资产收益、参与重大决策和选择管理者等权利。公司的财产与股东个人的财产相分离。

3. 独立责任

独立责任是指公司必须在自主经营的基础上自负盈亏，用其全部法人财产对公司债务独立承担责任。公司独立承担责任，意味着"股东有限责任"，即股东仅以其出资额或者所持有的股份为限对公司承担责任。因此，公司这种责任形式降低了投资的风险，保护了股东的利益。这也是公司与合伙企业、个体工商户的本质区别。

【公司人格否认制度】　公司的独立人格和股东的有限责任体现的是对股东利益的保护，却对公司的债权人有失公平，它可能成为股东谋取不正当利益侵害债权人合法权益的工具和手段。有鉴于此，我国《公司法》引入了"公司人格否认制度"。

（1）概念。

公司人格否认制度起源于 1905 年美国联邦政府诉密尔沃基冷藏公司的判例。它是指为阻止公司独立法人人格的滥用和保护公司债权人利益及社会公共利益，就具体法律关系中的特定事实，否认公司与其背后的股东各自独立的人格及股东的有限责任，责令公司的股东对公司的债权或公共利益直接负责的一种法律措施。后被其他国家承认或仿效，成为两大法系共同承认的一项判例原则。大陆法系把它称为“否认公司人格”，英美法系形象地称之为“揭开公司面纱”（lifting the veil of the corporation）或“刺破公司面纱”（piercing the corporation’s veil）。

公司人格否认制度，是典型的个案否认，效力仅限于特定的法律关系中，是对公司独立责任原则的补充和修正。

（2）法律条文。

《公司法》第二十条规定：“公司股东应当遵守法律、行政法规和公司章程，依法行使股东权利，不得滥用股东权利损害公司或者其他股东的利益；不得滥用公司法人独立地位和股东有限责任损害公司债权人的利益。

公司股东滥用股东权利给公司或者其他股东造成损失的，应当依法承担赔偿责任。

公司股东滥用公司法人独立地位和股东有限责任，逃避债务，严重损害公司债权人利益的，应当对公司债务承担连带责任。”

（3）应用要件。

对公司人格否认原则的适用，需要具备下列条件：

① 主体要件：公司设立合法有效，并且已取得独立法人人格。

公司人格否认原则适用的对象只能是具有合法有效的独立人格的公司，只有这样的公司，其人格才有被滥用的可能，才有适用公司人格否认原则的前提条件。

② 行为要件：存在股东滥用对公司控制权的行为。

滥用公司控制权，进行不正当行为，是适用公司人格否认原则的必要条件。2019 年 11 月 8 日最高人民法院发布的《全国法院民商事审判工作会议纪要》（简称《九民纪要》）将“滥用行为”概括为人格混同、过度支配与控制、资本显著不足等三类情形。

③ 结果要件：客观上损害了债权人利益或社会公共利益。

④ 因果关系。这是指公司外部关系人利益受损的事实及其与股东滥用控制权行为之间的因果关系。

（二）公司是社团组织，具有社团性

依法人内部组织基础的不同，可将法人分为社团法人和财团法人，传统观念公司属于社团法人。公司的社团性表现为它通常由两个或两个以上的股东出资组成，通过产权的多元化实现股东间的利益制衡。

《公司法》中的例外是一人有限责任公司和国有独资公司，前者是指只有一个自然人股东或者一个法人股东的有限责任公司；后者则由国家授权投资的机构或者国家授权的部门单独投资设立。

（三）公司以营利为目的，具有营利性

公司以营利为目的，是指设立公司的目的及公司的运作，都是为了谋求经济利益。公司的营利性是公司区别于非营利性法人组织的重要特征。

三、公司的权利能力和行为能力

公司的权利能力是指公司作为法律主体依法享有权利和承担义务的资格。公司的行为能力是指公司基于自己的意思表示，以自己的行为独立取得权利和承担义务的能力。

（一）公司权利能力的起始与终止

公司具有权利能力，与自然人不同，公司的权利能力起于成立，即营业执照签发，终于营业执照的注销登记。

（二）公司权利能力的限制

1. 经营范围的限制

公司将其所从事经营活动的业务范围记载于公司章程，登记于公司营业执照，称为经营范围。

公司的经营范围是由公司章程规定的，并且必须依法登记。当然，公司也可以修改公司章程，改变经营范围，但是相应的也应该办理变更登记。并且，公司的经营范围中属于法律、行政法规规定须经批准的项目，还必须依法经过批准。

2. 投资能力和担保能力的限制

公司可以向其他企业投资，但是，除法律另有规定外，不得成为对所投资企业的债务承担连带责任的出资人（《公司法》第十五条）。

公司向其他企业投资或者为他人提供担保，按照公司章程的规定，由董事会或者股东会、股东大会决议；公司章程对投资或者担保的总额及单项投资或者担保的数额有限额规定的，不得超过规定的限额。公司为公司股东或者实际控制人提供担保的，必须经股东会或者股东大会决议。

前款规定的股东（即被担保的股东）或者受实际控制人支配的股东，不得参加前款规定事项（即对该担保事项进行）的表决。该项表决由出席会议的其他股东所持表决权的过半数通过（《公司法》第十六条）。

3. 公司行为能力的含义和实现方式

公司的行为能力是指公司基于自己的意思表示，以自己的行为独立取得权利和承担义务的能力。它与公司的权利能力同时产生，同时终止，范围和内容也与权利能力相一致。

公司行为能力的实现有以下两个阶段：

首先，公司的意思能力通过公司的法人机关来形成和表示，公司的法人机关由股东会（股东大会）、董事会和监事会组成。公司股东会或者股东大会、董事会的决议内容违

反法律、行政法规的无效。股东会或者股东大会、董事会的会议召集程序、表决方式违反法律、行政法规或者公司章程，或者决议内容违反公司章程的，股东可以自决议作出之日起 60 日内，请求人民法院撤销。股东依照上述规定提起诉讼的，人民法院可以应公司的请求，要求股东提供相应担保。公司根据股东会或者股东大会、董事会决议已办理变更登记的，人民法院宣告该决议无效或者撤销该决议后，公司应当向公司登记机关申请撤销变更登记。

其次，公司的行为能力由公司的法定代表人实现。公司法定代表人依照公司章程的规定，由董事长、执行董事或者经理担任，并依法登记（《公司法》第十三条）。公司法定代表人变更，应当办理变更登记。法定代表人所实施的法律行为就是公司的法律行为，法定代表人所享有的权利和承担的义务就是公司的权利和义务。

当公司侵权或者犯罪的时候，代表公司为意思表示的人就不限于公司的法定代表人，普通雇员也可以。公司雇员的职务行为是公司的行为，构成侵权的，是公司的侵权行为。产品责任、环境污染等都是公司的侵权行为甚至犯罪行为。[①]《公司法》第二百一十五条规定："违反本法规定，构成犯罪的，依法追究刑事责任。"

四、公司的分类

（一）以公司股东的责任范围为标准进行划分

以公司股东的责任范围为标准进行划分可将公司分为无限责任公司、两合公司、股份两合公司、有限责任公司和股份有限公司。

无限责任公司是指由两个以上股东组成，全体股东对公司债务负连带无限责任的公司。在我国，对应的就是普通合伙企业。

两合公司是指由部分无限责任股东和部分有限责任股东共同组成，对公司债务前者负连带无限责任，后者仅以出资额为限承担责任的公司。在我国，对应的就是有限合伙企业。

股份两合公司是指由部分对公司债务负连带无限责任的股东和部分仅以所持股份对公司债务承担有限责任的股东共同组建的公司。我国没有此类型的企业。

有限责任公司是指股东仅以其认缴的出资额为限对公司承担责任，公司以其全部资产对公司债务承担责任的公司。

股份有限公司是指由一定以上人数组成，公司全部资本分为等额股份，股东以其所认购的股份为限对公司承担责任，公司以其全部资产对公司的债务承担责任的公司。

后两类公司是我国现行公司法规定的基本类型，两者之间可以进行变更，有限责任公司变更为股份有限公司，应当符合公司法规定的股份有限公司的条件，折合的实收股本总额不得高于公司净资产额。例如，有限公司现有资产 600 万元，其中负债为 50 万元。若转为股份公司，实收股本总额不得高于公司净资产额，即 550 万元。股份有限公司变更为有限责任公司，应当符合公司法规定的有限责任公司的条件。

① 朱锦清著：《公司法学》，清华大学出版社 2019 年版。

有限责任公司和股份有限公司的异同：

（1）两类公司的相同点：

有限责任公司和股份有限公司最主要的相同点就是股东责任均为有限，即股东对公司债务以所持股份或出资为限承担责任，而公司则是以其全部资产对公司债务承担责任。

（2）两类公司的不同点：

① 有限责任公司具有人合兼资合性，而股份有限公司仅具有资合性。

② 有限责任公司的资本可以分为均等的份额，也可以不分成均等的份额；而股份有限公司的资本则必须划分成等额的“股份”。

③ 有限责任公司股东出资后，由成立后的公司向股东签发证明其已经履行出资义务的法律凭证，叫出资证明书，其性质为证权证书。而股份有限公司与之相对的叫股票，其性质为证权证券。

（二）以公司之间的组织关系为标准进行划分

以公司之间的组织关系为标准进行划分可将公司分为总公司与分公司、母公司与子公司。《公司法》规定，公司可以设立分公司。设立分公司，应当向公司登记机关申请登记，领取营业执照。分公司不具有法人资格，其民事责任由总公司承担。

公司可以设立子公司，子公司具有法人资格，依法独立承担民事责任。

总分公司的划分，是以公司内部组织关系为标准的划分。总公司又称本公司，是指依法设立并管辖公司全部组织的具有企业法人资格的总机构。分公司是指在业务、资金、人事等方面受本公司管辖而不具有独立法人资格的分支机构，其民事责任由总公司承担。公司设立分公司的，应当向分公司所在地的公司登记机关申请登记，领取营业执照。分公司有公司之名，无公司之实，即它只是总公司的一部分。分公司可以根据总公司的授权而对外缔结合同，且分公司有独立的民事诉讼主体资格，但是无独立的民事责任能力。

母子公司的划分，是以公司外部关系为标准进行的。母公司是指拥有其他公司一定数额的股份，或根据协议能够控制、支配其他公司的人事、财务、业务等事项的公司。子公司是指一定数额的股份被另一公司控制或依照协议被另一公司实际控制、支配的公司。子公司具有企业法人资格，依法独立承担民事责任。

（三）以公司的信用基础为标准进行划分

以公司的信用基础为标准分类可将公司分为人合公司与资合公司以及人合兼资合公司。

人合公司，是指公司的经营活动以股东个人信用而非公司资本的多寡为基础的公司。无限责任公司是典型的人合公司，在我国称为合伙企业。

资合公司，是指公司的经营活动以公司的资本规模而非股东个人信用为基础的公司。股份有限公司是典型的“资合”公司。

人合兼资合公司，是指公司的设立和经营同时依赖于股东个人信用和公司资本规模，兼有上述两类公司的特点。有限责任公司是“人合”兼“资合”公司。

（四）以股权流通性为标准进行划分

以股权流通性为标准分类可以将公司分为封闭式公司与开放式公司。

封闭式公司是指公司股本全部由设立公司的股东拥有，且其股份不能在证券市场上自由转让的公司。有限责任公司属于封闭式公司。

开放式公司是指可以按法定程序公开招股，股东人数无法定限制，股份可以在证券市场公开自由转让的公司。股份有限公司即属此类。

第二节　公司的一般规定

公司的一般规定是指《公司法》对各种公司的共同规定。

一、公司的设立

（一）公司设立的含义

公司设立是指公司设立人依照法定的条件和程序，为组建公司并取得法人资格而必须采取和完成的民事法律行为。我国法律规定，我国的自然人和法人都可以成为设立公司的股东，除此之外，没有法人资格的集体企业或者合伙企业也可以投资公司，成为公司的股东。外国的公民和法人遵守我国法律规定条件的，也可以成为中国公司的股东。

注意：公司的设立≠公司的成立。公司设立是指发起人创建公司的一系列活动，是一种过程行为。而公司成立是指公司取得了法人资格，取得了依法进行生产经营活动的权利能力和行为能力，是一种结果行为。可以说，公司设立是公司成立的前提，而公司成立则是公司设立的目标和结果。

（二）公司设立的立法原则

公司设立有四种不同的原则，即自由设立原则、特许设立原则、核准设立原则和准则设立原则。在公司法学中，这四个原则被分别概括为自由设立主义、特许设立主义、核准主义和准则主义。公司设立原则的不同，决定了公司这种市场主体设立的基本程序不同，实际上也就形成了不同的市场主体准入制度。自由设立主义指政府对公司的设立不施加任何干预，公司设立完全依设立者的主观意愿进行。特许设立主义是指公司须经特别立法或基于国家元首的命令方可设立。核准主义指公司需首先经过政府行政机关的审批许可，然后再经政府登记机关登记注册方可设立。准则主义是指法律规定公司设立要件，公司只要符合这些要件，经登记机关依法登记即可成立，而无须政府行政机关的事先审批或核准。近些年对该原则也进行了完善，实行所谓的严格准则主义，如进一步严格规定公司的设立要件，加重公司发起人的设立责任，增强公示要求等。

（三）公司设立的方式

公司设立的方式基本为两种，即发起设立和募集设立。发起设立，是指由发起人认购公司应发行的全部股份而设立公司。募集设立，是指由发起人认购公司应发行股份的一部分，其余股份向社会公开募集或者向特定对象募集而设立公司。

有限责任公司采取发起设立方式，股份有限公司的设立，既可以采取发起设立的方式也可以采取募集设立的方式。

（四）公司设立登记

公司设立应当向公司登记机关（我国的公司登记机关是市场监督管理局）提出申请，办理登记。

1. 公司的名称

（1）公司名称的预先核准制度。我国对公司名称登记管理实行预先核准制度，即公司在申请设立登记之前，都必须先申请名称预先核准，以此避免名称的重复。申请名称预先核准，应当提交下列文件：有限责任公司的全体股东或者股份有限公司的全体发起人签署的公司名称预先核准申请书；全体股东或者发起人指定代表或者共同委托代理人的证明；国家市场监督管理总局规定要求提交的其他文件。企业登记机关对通过企业名称申报系统提交完成的企业名称予以保留，保留期为 2 个月。设立企业依法应当报经批准或者企业经营范围中有在登记前须经批准的项目的，保留期为 1 年。预先核准的公司名称在保留期内，不得用于从事经营活动，不得转让。

公司的名称相当于自然人的姓名，一个公司只能有一个名称。在同一公司登记机关的辖区内，同一行业的公司不允许有相同或类似的名称。

（2）公司名称的组成。规范的公司名称应当由四部分组成：行政区划、字号（商号）、行业或经营特点、组织形式。

首先，公司名称应当冠以公司所在地行政区划名称。比如，××省××公司、××市××公司等。当然，根据《企业名称登记管理规定》，企业名称冠以“中国”“中华”“中央”“全国”“国家”等字词，应当按照有关规定从严审核，并报国务院批准。国务院市场监督管理部门负责制定具体管理办法。使用外国投资者字号的外商独资或者控股的外商投资企业，企业名称中可以含有“（中国）”字样。

其次，公司可以选择字号。这是公司自己唯一可以自由选择的内容。字号应当由两个以上的字组成。公司有正当理由可以使用本地或者异地地名作字号，但除字号驰名的企业以外，一般不得使用县以上行政区划名称作字号。私营公司可以使用投资人姓名作字号。

再次，公司应当根据其主营业务，依照国家行业分类标准划分的类别，在公司名称中标明所属行业或者经营特点。

最后，公司应当根据其组织结构或者责任形式，在公司名称中标明组织形式。比如，有限责任公司，必须在公司名称中标明“有限责任公司”或者“有限公司”字样。股份有限公司，必须在公司名称中标明“股份有限公司”或者“股份公司”字样。

例如，成都娇子商贸有限责任公司、成都美登高食品有限公司、四川新希望农业股份有限公司、四川全兴股份有限公司、烟台张裕集团有限公司、江苏春兰制冷设备股份有限公司……

2. 公司设立登记程序

设立有限责任公司，应当由全体股东指定的代表或者共同委托的代理人向公司登记机关申请设立登记。设立国有独资公司，应当由国务院或者地方人民政府授权的本级人民政府国有资产监督管理机构作为申请人，申请设立登记。设立股份有限公司，应由董事会作为申请人。法律、行政法规或者国务院决定规定设立有限责任公司必须报经批准的，应当自批准之日起 90 日内向公司登记机关申请设立登记；逾期申请设立登记的，申请人应当报批准机关确认原批准文件的效力或者另行报批。

根据《中华人民共和国公司登记管理条例》，提出申请时，有限责任公司应提交下列文件：公司法定代表人签署的设立登记申请书；全体股东指定代表或者共同委托代理人的证明；公司章程；股东的主体资格证明或者自然人身份证明；载明公司董事、监事、经理的姓名、住所的文件以及有关委派、选举或者聘用的证明；公司法定代表人任职文件和身份证明；企业名称预先核准通知书；公司住所证明；国家市场监督管理总局规定要求提交的其他文件。

法律、行政法规或者国务院决定规定设立有限责任公司必须报经批准的，还应当提交有关批准文件。

设立股份有限公司，应当由董事会向公司登记机关申请设立登记。以募集方式设立股份有限公司的，应当于创立大会结束后 30 日内向公司登记机关申请设立登记。

股份有限公司应提交下列文件：公司法定代表人签署的设立登记申请书；董事会指定代表或者共同委托代理人的证明；公司章程；发起人的主体资格证明或者自然人身份证明；载明公司董事、监事、经理姓名、住所的文件以及有关委派、选举或者聘用的证明；公司法定代表人任职文件和身份证明；企业名称预先核准通知书；公司住所证明；国家市场监督管理总局规定要求提交的其他文件。

以募集方式设立股份有限公司的，还应当提交创立大会的会议记录以及依法设立的验资机构出具的验资证明；以募集方式设立股份有限公司公开发行股票的，还应当提交国务院证券监督管理机构的核准文件。

法律、行政法规或者国务院决定规定设立股份有限公司必须报经批准的，还应当提交有关批准文件。

二、公司的章程

（一）公司章程的概念与特点

设立公司必须依法制定公司章程。章程是公司必备的，是规定公司名称、宗旨、资本、组织机构等对内对外事务的基本法律文件。

章程具有“自治性”，由公司依法自行制定，由公司自己来执行，公司章程对公司、股东、董事、监事、高级管理人员具有约束力。公司章程作为公司内部规章，效力仅及于公司和相关当事人，而不具有普遍的约束力，也就是说对公司以外的人不具有约束力。

公司章程具有“公开性”（主要对股份有限公司而言），公司章程的内容要对投资人以及包括债权人在内的一般社会公众公开。

（二）公司章程的订立与变更

1. 公司章程的订立

公司章程的订立通常有两种方式：一是共同订立，是指由全体股东或发起人共同起草、协商制定公司章程，否则，公司章程不得生效；二是部分订立，是指由股东或发起人中的部分成员负责起草、制定公司章程，而后再经其他股东或发起人签字同意的制定方式。

公司章程必须采取书面形式，经全体股东或发起人同意并在章程上签名盖章，才能生效。

2. 公司章程的变更

公司章程的变更是指已经生效的公司章程的修改，变更程序如下：首先，由董事会提出修改公司章程的提议；其次，将该提议通知其他股东；再次，由股东会（股东大会）表决通过。根据《公司法》的规定，公司章程的变更适用股东（大）会特别议事规则，即有限责任公司股东会会议作出修改公司章程的决议必须经代表 2/3 以上表决权的股东通过；股份有限公司股东大会作出修改公司章程的决议，必须经出席会议的股东所持表决权的 2/3 以上通过。章程变更后，董事会应向工商行政管理机关申请变更登记。公司章程的订立或变更并非以工商登记为生效要件，而为对抗要件。

三、公司资本三原则

公司资本也称为股本，狭义的公司资本是指由公司章程确定并载明的、全体股东的出资总额。

（一）公司资本的具体形态

注册资本：公司在设立时筹集的、由章程载明的、经公司登记机关登记注册的资本。有限责任公司的注册资本为在公司登记机关登记的全体股东认缴的出资额。股份有限公司采取发起设立方式设立的，注册资本为在公司登记机关登记的全体发起人认购的股本总额；股份有限公司采取募集设立方式设立的，注册资本为在公司登记机关登记的实收股本总额。

认缴资本（发行资本）：公司实际上已向股东发行的股本总额。

认购资本：出资人同意缴付的出资总额。

实缴资本（实收资本）：全体股东或者发起人实际交付并经公司登记机关依法登记的出资额或者股本总额。

有限责任公司和股份有限公司作为资合公司，其信用基础在于资本的真实和稳定，这样才能保障交易安全，维护债权人的利益。

（二）资本三原则

1. 资本确定原则

资本确定原则是指公司设立时应在章程中载明的公司资本总额，并由发起人认足或缴足，否则公司不能成立。

我国目前对公司设立的资本确定采取较为宽松的认缴资本制。2013 年的《公司法》将注册资本实缴制改为认缴制，允许股东在首次出资额为零的情况下依法注册成立公司。依据现行《公司法》第二十六条规定：有限责任公司的注册资本为在公司登记机关登记的全体股东认缴的出资额。法律、行政法规以及国务院决定对有限公司注册资本实缴、注册资本最低限额另有规定的，从其规定。第八十条规定：股份有限公司采取发起设立方式设立的，注册资本为在公司登记机关登记的全体发起人认购的股本总额。在发起人认购的股份缴足前，不得向他人募集股份。股份有限公司采取募集方式设立的，注册资本为在公司登记机关登记的实收股本总额。法律、行政法规以及国务院决定对股份有限公司注册资本实缴、注册资本最低限额另有规定的，从其规定。

现行《公司法》取消了原《公司法》中关于公司股东（发起人）应自公司成立之日起两年内缴足出资，投资公司在五年内缴足出资的规定；取消了一人有限责任公司股东应一次足额缴纳出资的规定。转而采取公司股东（发起人）自主约定认缴出资额、出资方式、出资期限等，并记载于公司章程的方式。同时，放宽注册资本登记条件。除对公司注册资本最低限额有另行规定的以外，取消了有限责任公司、一人有限责任公司、股份有限公司最低注册资本分别应达 3 万元、10 万元、500 万元的限制；不再限制公司设立时股东（发起人）的首次出资比例以及货币出资比例。

虽然，实收资本已不再是公司登记的记载事项。但这并不意味着公司资本确定原则失去意义。需要注意的是，有限公司的股东仍然需要按照其认缴的出资额承担有限责任，即注册资本的大小依然从某个方面决定了这家公司的资金实力和可以对外承担民事责任的能力。

2. 资本维持原则

资本维持原则是指公司在其存续过程中，应当经常保持与其资本额相当的财产。公司成立后，股东不得抽逃出资。这是资本确定原则的延伸。

该原则具体体现在下列规则上：

（1）《公司法》第三十五条规定，有限责任公司的股东在公司登记成立后不得抽逃出资；《公司法》第九十一条规定，股份有限公司的发起人、认股人缴纳股款或者交付抵作股款的出资后，除未按期募足股份、发起人未按期召开创立大会或者创立大会决议不设立公司的情形外，不得抽回其股本。

（2）《公司法》第一百二十七条规定，股票发行价格可以按票面金额，也可以超过票面金额，但不得低于票面金额。

（3）《公司法》第一百四十二条规定：股份有限公司不得收购本公司的股份，但是，有下列情形之一的除外：

① 减少公司注册资本。公司的资本代表着公司的资信和偿债能力。因此，为保障

债权人的利益，公司资本在一般情况下是不得减少的。但是，当公司面临以下情况，就应当减少注册资本：第一，公司因经营不善而造成严重亏损的。由于公司的过度亏损会使公司的注册资本数额与实有资产严重不符，如果再维持实际虚无的资本，只可能对债权人或者投资者造成误导和欺骗，所以，为了使公司的资本与资产相当，需要减资。第二，公司资本严重过剩的。这是因为，在这种情况下，由于公司的经营范围或经营规模发生变化，使得资本的实际需求量远远小于公司的注册资本数。如果维持这种过量的资本，势必会造成资本的闲置和浪费，适当减少公司资本会使公司股东和公司都能受益。

注意：由于公司减资将直接影响到债权人的利益，也直接涉及公司股东的权益。因此，《公司法》对公司的减资作了严格的程序限定，且减资与增资一样，属于股东（大）会特别决议事项。有限责任公司必须由代表公司 2/3 以上表决权的股东通过；股份有限公司必须经出席股东大会会议的股东所持表决权的 2/3 以上通过。公司依照此规定收购本公司股份后，应当自收购之日起 10 日内注销。

② 与持有本公司股份的其他公司合并。其应当经公司股东大会的特别决议程序通过，所收购的股份应当在 6 个月内转让或者注销。

③ 将股份用于员工持股计划或者股权激励。公司按照此规定收购的本公司股份，也应当经公司股东大会的特别决议程序通过，并不得超过本公司已发行股份总额的 10%；用于收购的资金应当从公司的税后利润中支出，所收购的股份应当在 3 年内转让给职工。

④ 股东因对股东大会作出的公司合并、分立决议持异议，要求公司收购其股份的。所收购的股份应当在 6 个月内转让或者注销。

⑤ 将股份用于转换上市公司发行的可转换为股票的公司债券。

⑥ 上市公司为维护公司价值及股东权益所必需。

属于第③项、第⑤项、第⑥项规定情形的，公司合计持有的本公司股份数不得超过本公司已发行股份总额的百分之十，并应当在三年内转让或者注销，并通过公开的集中交易方式进行。

为防止造成公司回购本公司股票的后果，公司不得接受本公司的股票作为质押权的标的。

3. 资本不变原则

资本不变原则是指公司资本总额一旦确定，非经法定程序，不得任意增减。

《公司法》对公司增加注册资本实行股东自治，有限责任公司增资决议须经代表 2/3 以上表决权的股东通过（《公司法》第四十三条）；而对股份有限公司减少注册资本则实行严格的限制。公司的法定减资程序请参见本章第七节。

四、公司债券

公司债券是指公司依照法定条件和程序发行的，约定在一定期限内还本付息的有价证券（《公司法》第一百五十三条第一款）。公司债券必须要还本付息，这是公司债券与股票最大的区别。股票反映的是股权法律关系，股东依此可以享有对公司重大事项的决策权、选择公司管理者以及投资收益权，同时，股东也要承担相应的投资风险。但是，公司债券所反映的是债权债务关系，债券的持有人不享有对公司重大事务的决策权，也不承担投资的风险，他享有的是要求公司到期还本付息的权利。当然，有关公司发行债券的条件另由《中华人民共和国证券法》(下文简称《证券法》)规定。

(一)公司债券发行的条件

《公司法》第一百五十三条第二款要求公司发行债券符合《证券法》规定的发行条件。《证券法》第十五条规定："公开发行公司债券，应当符合下列条件：

(一)具备健全且运行良好的组织机构；

(二)最近三年平均可分配利润足以支付公司债券一年的利息；

(三)国务院规定的其他条件。

公开发行公司债券筹集的资金，必须按照公司债券募集办法所列资金用途使用；改变资金用途，必须经债券持有人会议作出决议。公开发行公司债券筹集的资金，不得用于弥补亏损和非生产性支出。

上市公司发行可转换为股票的公司债券，除应当符合第一款规定的条件外，还应当遵守本法第十二条第二款的规定。但是，按照公司债券募集办法，上市公司通过收购本公司股份的方式进行公司债券转换的除外。"

《证券法》第十七条禁止失信的发债公司再次公开发行债券。凡是有下列情形之一的，不得再次公开发行公司债券：(1)对已经公开发行的公司债券或者其他债务有违约或者延迟支付本息的事实，仍处于继续状态。(2)违反本法规定，改变公开发行公司债券所募资金的用途。

(二)公司债券的主要种类

根据是否在公司债券上记载公司债券持有人的姓名或者名称，可以将公司债券分为记名债券与无记名债券。

根据公司债券和公司股份的联系，可以将公司债券分为可转换成股票的公司债券(简称"可转债")、不可转换公司转换成股票的公司债券(简称"不可转债")和带股票买入权的公司债券。

可转债是指公司债券的债权人可根据自己的意志在一定期限内将公司债券转换为公司股份的公司债券，一经转换，原公司债券债权人的资格即丧失，而取得公司股东的资格，公司债券所代表的公司负债则转换为公司股本。上市公司经股东大会决议可以发行可转换为股票的公司债券，并在公司债券募集办法中规定具体的转换办法。

上市公司发行可转债，应当报国务院证券监督管理机构核准，并应当在债券上标明可转换公司债券字样，并在公司债券存根簿上载明可转债的数额。持有可转债的人对转换股票或者不转换股票享有选择权，可以在一定时期内向公司办理转换手续，由债权人变为股东。

不可转债是指不可转换为公司股份的公司债券，这种债券的债权人只有定期得到还本付息的权利。

带股票买入权的公司债券，是指债券持有人有权在一定条件下从发行债券的公司买入较优惠股票的公司债券，这种公司债券的债券持有人可以另行投资以优惠价买入该公司的股票，成为公司股东，从而获得公司债权人和公司股东的双重身份。

（三）公司债券的转让

公司债券可以转让，包括在证券交易场所之内的集中竞价交易与证券交易场所之外的分散协议转让。公司债券在证券交易所上市交易的，按照证券交易所的交易规则转让；《公司法》第一百五十九条规定：在证券交易场所之外协议转让的，转让价格由转让人与受让人约定。

记名公司债券，由债券持有人以背书方式或者法律、行政法规规定的其他方式转让。转让后由公司将受让人的姓名或者名称及住所记载于公司债券存根簿。

无记名公司债券的转让，由债券持有人将该债券交付给受让人后即发生转让的效力。

第三节　一般的有限责任公司

有限责任公司是指股东以其认缴的出资额为限对公司承担责任，公司以其全部资产对公司债务承担责任的企业法人。

公司本质上属于社团法人，一般要求投资者为 2 人以上，但《公司法》特别规定了投资者为单一主体的特殊的有限责任公司。为区别起见，本节专门介绍投资者为 2 人以上的一般的有限责任公司，重点了解其“设立”“组织机构”以及“股权转让”。

一、有限责任公司的设立

公司设立是指设立人依照法定的条件和程序，为组建公司并取得法人资格而必须采取和完成的法律行为。公司设立不同于公司的设立登记，后者仅是公司设立行为的最后阶段；公司设立也不同于公司成立，后者不是一种法律行为，而是设立人取得公司法人资格的一种事实状态或设立人设立公司行为的法律后果。

我国有限责任公司的设立采取严格准则主义，即规定有限责任公司的设立条件，只要符合这些条件即可申请登记成立公司，而无须行政机关的审批。

（一）有限责任公司的设立条件

1. 股东符合法定人数

有限责任公司由 50 个以下股东出资设立，股东可以是自然人、法人或非法人组织。

2. 有符合公司章程规定的全体股东认缴的出资额

有限责任公司的注册资本为在公司登记机关登记的全体股东认缴的出资额。有限公司不再设法定最低注册资本。当然，法律、行政法规以及国务院决定对有限责任公司注册资本实缴、注册资本最低限额另有规定的，从其规定。比如，《证券法》对证券公司最低注册资本的规定、《中华人民共和国商业银行法》对设立商业银行最低注册资本的规定、《中华人民共和国保险法》对保险公司最低注册资本的要求、《中华人民共和国国际货物运输代理业管理规定》有关设立国际货运代理公司最低注册资本的要求等。

股东可以用货币出资，也可以用实物、知识产权、土地使用权等可以用货币估价并可以依法转让的非货币财产作价出资。

注意："土地使用权"必须是出让土地使用权。根据《公司法司法解释（三）》的规定，出资人以划拨土地使用权出资，或者以设定权利负担的土地使用权出资，公司、其他股东或者公司债权人主张认定出资人未履行出资义务的，人民法院应当责令当事人在指定的合理期间内办理土地变更手续或者解除权利负担；逾期未办理或者未解除的，人民法院应当认定出资人未依法全面履行出资义务。

并且，股东不得以劳务、信用、自然人姓名、商誉、特许经营权或者设定担保的财产等作价出资。原因在于，这些财产或者权利要么是无法或者难以用货币估价的，要么是不能转让的，或者权利存在瑕疵。比如，特许经营权和设定担保的财产就属于权利有瑕疵，而劳务则是由于无法转移所有权。但是，根据《中华人民共和国合伙企业法》的规定，普通合伙人是可以用劳务出资的，这是因为，普通合伙人对合伙企业的债务承担的是无限连带责任，因此，法律没有将合伙人必须要投入多少资金作为其设立的条件。而公司的股东是以出资额（或者所持有的股份）为限对公司承担有限责任，为了保障债权人的利益，法律规定了设立公司必须要达到一个法定资本的最低限额，并且要求这些实物或者权利必须转移给公司所有。因此，劳务不能成为公司股东的出资方式。另外，对作为出资的非货币财产应当评估作价，核实财产，不得高估或者低估作价。

3. 股东共同制定公司章程

公司章程是指规范公司的组织行为，规定公司与股东之间、股东与股东之间权利义务关系的法律文件。《公司法》规定，有限责任公司的公司章程应当由全体股东共同制定。这主要是因为公司章程所规定的内容关系到股东的切身利益，并且由于有限责任公司的股东人数最多不超过 50 人，召集全体股东制定公司章程也是现实的。而对于股份有限公司则没有要求要由全体股东共同制定公司章程，因为股份有限公司的股东人数没有上限，因此，只规定由发起人制定公司章程，但必须经创立大会的通过，才具有法律效力。

有限责任公司的章程应当载明下列事项：公司名称和住所；公司经营范围；公司注册资本；股东的姓名或者名称；股东的出资方式、出资额和出资时间；公司的机构及其产生办法、职权、议事规则；公司法定代表人；股东会会议认为需要规定的其他事项。股东应当在公司章程上签名、盖章。

4. 其他条件

例如，有公司名称，并建立符合法律规定的组织机构；有公司住所。

（二）有限责任公司设立过程中的法律责任

《公司法》规定，股东应当按期足额缴纳公司章程中规定的各自所认缴的出资额。股东以货币出资的，应当将货币出资足额存入有限责任公司在银行开设的账户；以非货币财产出资的，应当依法办理其财产权的转移手续。股东不按照上述规定缴纳出资的，除应当向公司足额缴纳外，还应当向已按期足额缴纳出资的股东承担违约责任。

《公司法》规定，有限责任公司成立后，发现作为设立公司出资的非货币财产的实际价额显著低于公司章程所定价额的，应当由交付该出资的股东补足其差额；公司设立时的其他股东承担连带责任。例如，甲、乙共同发起设立一家有限责任公司，甲以一台机器设备作价 20 万元作为出资，而该机器设备实际价值只值 12 万元。那么，首先应当由甲补缴 8 万元的差额，并且对公司以外的债权人而言，就应当由甲和乙一起对这 8 万元承担连带责任。当然，如果公司成立后又加入的股东，就不必承担这一连带责任。

（三）股权的取得与证明

取得：股东出资即取得股权，其出资的资金来源不影响股权的取得。

证明：有限责任公司成立后，应当向股东签发出资证明书。有限责任公司应当置备股东名册，所谓股东名册，是指有限责任公司依照法律规定登记对本公司进行投资的股东及其出资情况的簿册。记载于股东名册的股东，可以依股东名册主张行使股东权利。公司应当将股东的姓名或者名称及其出资额向公司登记机关登记；登记事项发生变更的，应当办理变更登记。未经登记或者变更登记的，不得对抗第三人。

例如，国有企业 A 商业大楼于 1998 年拟定改制计划：将资产评估后作价 150 万元出售，其中 105 万元出售给管理层人员（共 4 人），45 万元出售给其余 45 名职工，将企业改制为 B 百货有限公司，注册资本 150 万元。该改制计划于同年 12 月经有关部门批准实施。原管理层人员宋某认购 45 万元，李某、王某、周某各认购 20 万元，其余职工各认购 1 万元。公司成立后，分别向各认购人签发了出资证明书。2003 年 5 月，B 公司因涉嫌偷税被立案侦查。侦查发现：除王某外，宋某、周某、李某在 1998 年改制时所获得的股权均是挪用原 A 商业大楼的资金购买。问，宋某、周某、李某、王某在 1998 年改制时所取得的股权是否有效？为什么？

股权有效。理由：第一，股东取得股权仅以出资为条件，其出资的资金来源不影响股权的取得；第二，根据公司法的资本充实原则，股东出资不得退回（除非有法定事由），如果出资取得的股权因资金来源违法而无效，必然导致出资返还，影响公司资本充实和利害关系人的利益；第三，在股东以非法挪用的资金出资的情况下，除追究其刑事责任外，可以收缴其股权用于偿还被挪用资金，但此时只涉及股权转让问题，而不是股权无效。

（四）股东的基本权利

1. 知情权

《公司法》规定，股东有权查阅和复制公司章程、股东会会议记录、董事会会议决议、监事会会议决议和财务会计报告。股东可以要求查阅公司会计账簿。股东要求查阅公司会计账簿的，应当向公司提出书面请求，说明目的。公司有合理根据认为股东查阅会计账簿有不正当目的，可能损害公司合法利益的，可以拒绝提供查阅，并应当自股东提出书面请求之日起 15 日内书面答复股东并说明理由。公司拒绝提供查阅的，股东可以请求人民法院要求公司提供查阅。

2. 获取收益权和优先认缴出资权

《公司法》规定，股东按照实缴的出资比例分取红利；公司新增资本时，股东有权优先按照实缴的出资比例认缴出资。但是，全体股东约定不按照出资比例分取红利或者不按照出资比例优先认缴出资的除外。

二、有限责任公司的组织机构

公司的组织机构包括三部分：股东会（股份有限公司则为股东大会）、董事会及经理、监事会，即权力机构、执行机构和监察机构。它们就是公司的法人机关或意思机关。

（一）股东会

1. 组成和职权

有限责任公司股东会由公司全体股东组成，是公司的最高权力机关，对公司的重大事项作出决议。股东会行使下列职权：决定公司的经营方针和投资计划；选举和更换非由职工代表担任的董事、监事，决定有关董事、监事的报酬事项；审议批准董事会的报告；审议批准监事会或者监事的报告；审议批准公司的年度财务预算方案、决算方案；审议批准公司的利润分配方案和弥补亏损方案；对公司增加或者减少注册资本作出决议；对发行公司债券作出决议；对公司合并、分立、变更公司形式、解散和清算等事项作出决议；修改公司章程；公司章程规定的其他职权。股东会作出决议原则上采取召集会议的方式，但股东以书面形式一致表示同意的，可以不召开股东会会议，直接作出决定，并由全体股东在决定文件上签名、盖章。

2. 股东会会议的召开

股东会会议分为定期会议和临时会议。定期会议按照公司章程的规定按时召开。代表 1/10 以上表决权的股东、1/3 以上的董事、监事会或者不设监事会的公司的监事提议召开临时会议的，应当召开临时会议。

股东会会议的召集人，除首次会议由出资最多的股东召集和主持外，应由董事会召集，董事长主持。董事长不能履行职务或者不履行职务的，由副董事长主持；副董事长不能履行职务或者不履行职务的，由半数以上董事共同推举一名董事主持。有限责任公司不设董事会的，股东会会议由执行董事召集和主持。董事会或者执行董事不能履行或者不履行召集股东会会议职责的，由监事会或者不设监事会的公司的监事召集和主持；监事会或者监事不召集和主持的，代表 1/10 以上表决权的股东可以自行召集和主持。

除公司章程另有规定或全体股东另有约定的以外，召开股东会会议，应于会议召开 15 日以前通知全体股东。

股东会应当对所议事项的决定作成会议记录，凡出席会议的股东均应在会议记录上签名。

3. 表决程序

股东会会议除公司章程另有规定的以外，一般由股东按照出资比例行使表决权，即“资本多数决”。股东会的议事方式和表决程序，除《公司法》另有规定的外，由公司章程规定。但是，对公司增加或者减少注册资本、分立、合并、解散或者变更公司形式以及修改公司章程的决议，必须经代表2/3以上的表决权的股东通过。

（二）董事会（执行董事）及经理

1. 董事会的组成、任期和职权

有限责任公司的董事会成员为3～13人。

两个以上的国有企业或者其他两个以上的国有投资主体投资设立的有限责任公司，其董事会成员中应当有公司职工代表；其他有限责任公司董事会成员中也可以有公司职工代表。董事会中的职工代表由公司职工通过职工代表大会、职工大会或者其他形式民主选举产生。

董事会是公司业务的执行机关，对股东会负责。

股东人数较少或者规模较小的有限责任公司，可以设一名执行董事，不设立董事会。执行董事可以兼任公司经理，执行董事的职权由公司章程规定。

董事任期由公司章程规定，但每届任期不得超过3年。董事任期届满，连选可以连任。

董事会设董事长1人，可以设副董事长。董事长、副董事长的产生办法由公司章程规定。

2. 董事会会议的召开和议事规则

董事会会议由董事长召集和主持；董事长不能履行职务或者不履行职务的，由副董事长召集和主持；副董事长不能履行职务或者不履行职务的，由半数以上董事共同推举一名董事召集和主持。

董事会的议事方式和表决程序，除《公司法》另有规定的外，由公司章程规定。

董事会应当对所议事项的决定作成会议记录，出席会议的董事应当在会议记录上签名。董事会决议的表决，实行一人一票。

3. 经　理

有限责任公司可以设经理，性质上是董事会的执行机构，由董事会决定聘任或者解聘。经理对董事会负责，具体的职权范围由法律和公司章程确定。经理列席董事会会议。

（三）监事会（监事）

1. 监事会的组成和任期

有限责任公司设立监事会，其成员不得少于3人。股东人数较少或者规模较小的有限责任公司，可以设 1～2 名监事，不设立监事会。

监事会应当包括股东代表和适当比例的公司职工代表，其中职工代表的比例不得低于 1/3，具体比例由公司章程规定。监事会中的职工代表由公司职工通过职工代表大会、职工大会或者其他形式民主选举产生。

监事会设主席一人，由全体监事过半数选举产生。监事会主席召集和主持监事会会议；监事会主席不能履行职务或者不履行职务的，由半数以上监事共同推举一名监事召集和主持监事会会议。

董事、高级管理人员不得兼任监事。

监事的任期每届为 3 年。监事任期届满，连选可以连任。

2. 监事会（监事）的职权

（1）检查公司财务；

（2）对董事、高级管理人员执行公司职务的行为进行监督，对违反法律、行政法规、公司章程或者股东会决议的董事、高级管理人员提出罢免的建议；

（3）当董事、高级管理人员的行为损害公司的利益时，要求董事、高级管理人员予以纠正；

（4）提议召开临时股东会会议，在董事会不履行《公司法》规定的召集和主持股东会会议职责时召集和主持股东会会议；

（5）向股东会会议提出提案；

（6）依照《公司法》有关规定，对董事、高级管理人员提起诉讼；

（7）列席董事会会议，并对董事会决议事项提出质询或者建议；

（8）发现公司经营情况异常，可以进行调查，必要时，可以聘请会计师事务所等协助其工作，费用由公司承担；

（9）公司章程规定的其他职权。

监事会、不设监事会的公司的监事行使职权所必需的费用，由公司承担。

3. 监事会议事规则

监事会每年度至少召开一次会议，监事可以提议召开临时监事会会议。

监事会的议事方式和表决程序，除《公司法》有规定的外，由公司章程规定。

监事会决议应当经半数以上监事通过。

监事会应当对所议事项的决定作成会议记录，出席会议的监事应当在会议记录上签名。

三、有限责任公司的股权转让

（一）股权转让的一般规则和手续

1. 股东之间转让

有限责任公司的股东之间可以相互转让其全部或者部分股权。因为，股东之间的转让属于内部转让，不影响有限责任公司的人合性，因此，没有通知、同意、保障优先购买权等义务，转让双方之外的其他股东均不享有优先购买权，除非公司章程另有规定或协议另有约定。

注意：有限责任公司的自然人股东因继承发生变化时，其他股东主张根据《公司法》第七十一条第三款规定行使优先购买权的，人民法院不予支持，但公司章程另有规定或者全体股东另有约定的除外。

2. 向股东以外的人转让

因为股权是财产权，不能丧失转让性。因此，股东对外转让股权也是自由的。只是，为了保障有限责任公司的人合性，股东向股东以外的人转让股权，应当经其他股东过半数同意，转让股东回避表决。并且，表决实行人头主义，非按出资比例。股东应就其股权转让事项书面通知其他股东征求同意，其他股东自接到书面通知之日起满 30 日未答复的，视为同意转让。其他股东半数以上不同意转让的，不同意的股东应当购买该转让的股权；不购买的，视为同意转让。

有限责任公司的股东在转让股权时，未履行或者未全面履行出资义务，如果受让人不知道该股权尚未出资，由原股东向公司履行出资义务；如果受让人对此知道或者应当知道，公司有权请求该股东履行出资义务、受让人对此承担连带责任的。当然，受让人承担责任后，有权向该未履行或者未全面履行出资义务的股东进行追偿。但是，当事人另有约定的除外。

经股东同意转让的股权，在同等条件下，其他股东有优先购买权。行使优先购买权的前提是同意要转让股权的股东退出。两个以上股东主张行使优先购买权的，协商确定各自的购买比例；协商不成的，按照转让时各自的出资比例行使优先购买权。

公司章程对股权转让另有规定的，从其规定。这就体现了有限责任公司人合性为主的特点，尊重当事人的意思自治。

注意："同等条件"，应当考虑转让股权的数量、价格、支付方式及期限等因素。不能把"同等条件"简单理解为同等价格。《公司法司法解释（四）》第十八条的规定，就是避免发生出让股东与受让人恶意串通，虚报不合理交易条件，以排斥其他股东行使优先购买权的乱象。

3. 人民法院依法强制执行转让股份

人民法院依照法律规定强制执行程序转让股东的股权时，应当通知公司及全体股东，其他股东在同等条件下有优先购买权。其他股东自人民法院通知之日起满 20 日不行使优先购买权的，视为放弃优先购买权。

4. 转让股权后应当履行的手续

依照上述三种规则转让股权后，公司应当注销原股东的出资证明书，向新股东签发出资证明书，并相应修改公司章程和股东名册中有关股东及其出资额的记载，对公司章程的该项修改不需再由股东会表决。并且，公司应当就上述事项向公司登记机关办理变更登记，否则，不得对抗第三人。

（二）异议股东的股权回购请求权

异议股东的股权回购请求权，不是对外转让，而是退还给公司。因此，该权利叫"退股权”，也叫“用脚投票制度”。根据《公司法》的规定，有下列情形之一的，对股东会该项决议投反对票的股东可以请求公司按照合理的价格收购其股权：

（1）公司连续5年不向股东分配利润，而公司5年连续盈利，并且符合《公司法》规定的分配利润条件的；

（2）公司合并、分立、转让主要财产的；

（3）公司章程规定的营业期限届满或者章程规定的其他解散事由出现，股东会会议通过决议修改章程使公司存续的。

自股东会会议决议通过之日起 60 日内，股东与公司不能达成股权收购协议的，股东可以自股东会会议决议通过之日起90日内向人民法院提起诉讼。起诉期90天和协议期60天都是同一起始日——决议通过之日。原告是异议股东，被告是公司。其中第一个情形，只需要股东在第5年投反对票即可，不需要连续5年投反对票。

有限责任公司的股东只有在上述三种法定情形下才能行使退股权；在股份公司中，则只存在第（2）个情形“公司合并、分立、转让主要财产的”，投反对票的股东，才能行使退股权。除了这些法定情况，股东均不得退股，否则为非法抽逃出资。

（三）自然人股东资格的继承

自然人股东死亡后，除公司章程另有规定外，其合法继承人可以继承股东资格。

第四节　特殊的有限责任公司

公司一般要求投资者为2人以上，但从实际情况看，一个股东的出资额占公司资本的绝大多数而其他股东只占象征性的极少数，或者一个股东拉上自己的亲朋好友作挂名股东的有限责任公司，即实质上的一人公司是客观存在，也很难禁止的。因此，在符合客观情况，并研究借鉴国外通行做法的基础上，在2005年修订《公司法》的时候就将一人公司正式写入法律中加以规范。

本节着重介绍一人有限公司和国有独资公司不同于一般的有限责任公司的特殊之处，未论及的地方仍适用前文一般的有限责任公司的规定。

一、一人有限责任公司

一人有限责任公司是指只有一个自然人股东或者一个法人股东的有限责任公司。注意：一人公司的股东只能是人，包括自然人和法人，不能是非法人组织或国家。比如，合伙、分公司等不能成为一人公司的股东。国家独资办的叫“国有独资公司”。

目前，公司法已经取消了一人公司最低注册资本的门槛限制，设立公司更加容易，在制度层面上鼓励进行创业。

（一）章程与组织机构

一人有限责任公司章程由股东制定。

一人有限责任公司不设股东会。股东行使公司法所列一般有限责任公司股东会职权时，应当采用书面形式，并由股东签字后置备于公司。股东除了享有一般股东权外，还享有股东会、董事会、监事会甚至经理的权利。

（二）对一人有限责任公司的风险防范措施

一人公司，尤其是一个自然人设立的一人公司，由于缺乏股东之间的相互制约，一人股东可以“为所欲为”地将公司的财产与股东本人的财产相混同，将公司的财产变为股东自己的财产。如将公司财产挪作私用，给自己支付巨额报酬，同公司进行自我交易，以公司名义为自己担保或借贷，甚至行欺诈之事逃避法定义务、契约义务或侵权责任等。因此，《公司法》通过一系列的制度措施，对风险加以防范。

1. 投资人的限制

一个自然人只能投资设立一个一人有限责任公司。该一人有限责任公司不能投资设立新的一人有限责任公司。法人不受此款限制。当然，自然人可以在举办一人公司的同时到别人的公司中当股东之一。并且，自然人举办的一人公司也可以参股其他公司。

2. 身份公示制度

一人有限责任公司应当在公司登记中注明自然人独资或者法人独资，并在公司营业执照中载明。一般而言，法人独资的公司要比自然人独资的公司信用更可靠，更有实力，因此，法律要求亮明，以便外人与公司打交道时评估风险。

3. 强制审计制度

一人有限责任公司应当在每一会计年度终了时编制财务会计报告，并经会计师事务所审计。目的是确认公司财产与股东财产各自独立。当然，其他的有限责任公司、股份有限公司、上市公司等也都要求进行年度的财务审计。因此，这一条并非一人公司的特别规定。这条规定的特殊是相对于个人独资企业而言的，因为，个人独资企业不具有独立人格，其投资人对企业的债务承担无限连带责任，他们的财产不用分开独立，因此，是不进行年度财务审计的。

4. 组织机构简化

一人公司肯定没有股东会，也可以不设董事会和监事会。唯一的股东可以同时行使股东会和董事会的权利，但不能行使监事会的职权。实务中，一般是由职工监事行使。

5. 推定混同制度

当发生债务纠纷时，一人公司的股东有责任证明公司的财产与股东自己财产是相互独立的，如果股东不能证明公司的财产独立于股东个人的财产，股东即丧失只以其对公司的出资承担有限责任的权利，必须对公司的债务承担无限连带清偿责任，即一人公司的人格否认制度。债权人起诉时，把股东和公司作为共同被告，让他们承担连带责任。实行举证责任倒置，由股东举证，撇清公司财产独立于他个人的财产，否则，和公司一起对债权人承担连带责任。

二、国有独资公司

国有独资公司是指国家单独出资、由国务院或者地方人民政府委托本级人民政府国有资产监督管理机构履行出资人职责的有限责任公司。

（一）章　程

国有独资公司章程由国有资产监督管理机构制定，或者由董事会制定报国有资产监督管理机构批准。

（二）特殊的组织机构

1. 股　东

国有独资公司不设股东会，由国有资产监督管理机构行使股东会职权。国有资产监督管理机构可以授权公司董事会行使股东会的部分职权，决定公司的重大事项，但公司的合并、分立、解散、增减注册资本和发行公司债券，必须由国有资产监督管理机构决定；其中，重要的国有独资公司合并、分立、解散、申请破产的，应当由国有资产监督管理机构审核后，报本级人民政府批准。

2. 董事会、经理

国有独资公司设立董事会，依照国有资产监督管理机构的授权和《公司法》对一般有限责任公司董事会职权的规定行使职权。董事每届任期不得超过 3 年。董事会成员中应当有公司职工代表，董事会成员由国有资产监督管理机构委派；但是，董事会成员中的职工代表由公司职工代表大会选举产生。董事会设董事长一人，可以设副董事长。董事长、副董事长由国有资产监督管理机构从董事会成员中指定。

国有独资公司设经理，由董事会聘任或者解聘。经理依照《公司法》对一般有限责任公司经理职权的规定行使职权。经国有资产监督管理机构同意，董事会成员可以兼任经理。

国有独资公司的董事长、副董事长、董事、高级管理人员，未经国有资产监督管理机构同意，不得在其他有限责任公司、股份有限公司或者其他经济组织兼职。

3. 监事会

监事会是公司的监督机构，但同一般的有限责任公司的监事会不同，它不是设立于公司内部，而是设立于公司外部。国有独资公司监事会成员不得少于 5 人，其中职工代表的比例不得低于 1/3，具体比例由公司章程规定。

监事会成员由国有资产监督管理机构委派；但是，监事会中的职工代表由公司职工代表大会选举产生。监事会主席由国有资产监督管理机构从监事会成员中指定。

监事会行使的职权如下：

（1）检查公司财务；

（2）对董事、高级管理人员执行公司职务的行为进行监督，对违反法律、行政法规、公司章程或者股东会决议的董事、高级管理人员提出罢免的建议；

（3）当董事、高级管理人员的行为损害公司的利益时，要求董事、高级管理人员予以纠正；

（4）国务院规定的其他职权。

第五节　股份有限公司

股份有限公司，简称股份公司，是指其全部资本分为等额股份，股东以其所认购的股份为限对公司承担责任，公司以其全部资产对公司的债务承担责任的企业法人。

股份有限公司起源于 17 世纪，与有限责任公司相比，它具有集资方便、迅速等优点，更有利于对社会资金的运用，从而扩大公司的规模。现在的世界 500 强企业，其组织机构无一不是股份有限公司的形式。

股份公司与有限公司最主要的区别在于有限公司为人合兼资合性，而股份公司仅具有资合性。当然，股份公司在股东（发起人）人数以及设立方式上也与有限公司有所不同。

本节着重介绍其“设立”“组织机构”和“股份的发行与转让”。

一、股份有限公司的设立

我国股份有限公司的设立与有限责任公司相同，亦采取严格准则主义。也就是说，通常情况下，只要符合法律规定的股份有限公司的设立条件，就可申请登记成立公司，而无须行政机关的审批。关于股份有限公司的设立方式，法律规定可以采取发起设立或者募集设立的方式。所谓发起设立，是指由发起人认购公司应发行的全部股份而设立公司。实践中，通常采用发起设立的方式设立公司。其办法主要是：利用银行财团充当股份公司的发起人，认足第一次发行的股份，经过一段时间后，再把股票出售给公众。所谓募集设立，是指由发起人认购公司应发行股份的一部分，其余股份向社会公开募集或者向特定对象募集而设立公司。

在股份有限公司的设立过程中，由发起人承担公司的筹办事务。当然，发起人之间应当签订“发起人协议”——相当于合伙协议，从而明确各自在公司设立过程中的权利和义务。

（一）设立条件

1. 发起人符合法定人数

发起人是指依法订立发起人协议、提出设立公司申请、认购公司股份并对公司设立承担责任的人。

《公司法》第七十八条规定设立股份有限公司，应当有 2 人以上 200 人以下为发起人，其中须有半数以上的发起人在中国境内有住所。（注意：仅仅是有住所即可，国籍不限。）

2. 有符合公司章程规定的全体发起人认购的股本总额或者募集的实收股本总额

股份有限公司采取发起设立方式设立的，注册资本为在公司登记机关登记的全体发起人认购的股本总额。在发起人认购的股份缴足前，不得向他人募集股份。这是因为股份公司发起设立时需要考虑后续融资的可能性，在发起人未缴足前不得再次募资，即不能引入其他股东。并且，发起人应当书面认足公司章程规定其认购的股份，并按照公司章程规定缴纳出资。以非货币财产出资的，应当依法办理其财产权的转移手续。发起人不依照规定缴纳出资的，应当按照发起人协议承担违约责任。

股份有限公司采取募集方式设立的，注册资本为在公司登记机关登记的实收股本总额。除法律、行政法规另有规定的以外，以募集设立方式设立股份有限公司的，发起人认购的股份不得少于公司股份总数的 35%。

法律、行政法规以及国务院决定对股份有限公司注册资本实缴、注册资本最低限额另有规定的，从其规定。

3. 股份发行、筹办事项符合法律规定

对于股份有限公司发行股份募集资本的法律要件和法律程序，《公司法》及相关行政法规都有明确而严格的规定。公司发起人必须严格按照法律的规定完成筹办事项，公司才能获得成立。

首先，发起人向社会公开募集股份，必须公告招股说明书，并制作认股书。认股书应当载明发起人认购的股份数；每股的票面金额和发行价格；无记名股票的发行总数；募集资金的用途；认股人的权利、义务；本次募股的起止期限及逾期未募足时认股人可以撤回所认股份的说明等事项，由认股人填写认购股数、金额、住所，并签名、盖章。认股人按照所认购股数缴纳股款。

其次，应当由依法设立的证券公司承销，签订承销协议。

再次，发起人向社会公开募集股份，应当同银行签订代收股款协议。代收股款的银行应当按照协议代收和保存股款，向缴纳股款的认股人出具收款单据，并负有向有关部门出具收款证明的义务。

发行股份的股款缴足后，必须经依法设立的验资机构验资并出具证明。发起人应当在 30 日内主持召开公司创立大会。创立大会由发起人、认股人组成。发行的股份超过招股说明书规定的截止期限尚未募足的，或者发行股份的股款缴足后，发起人在 30 日内未召开创立大会的，认股人可以按照所缴股款并加算银行同期存款利息，要求发起人返还。

最后，董事会应于创立大会结束后 30 日内，向公司登记机关申请设立登记，并报送下列文件：公司登记申请书；创立大会的会议记录；公司章程；验资证明；法定代表人、董事、监事的任职文件及其身份证明；发起人的法人资格证明或者自然人身份证明；公司住所证明等。以募集方式设立股份有限公司公开发行股票的，还应当向公司登记机关报送国务院证券监督管理机构的核准文件。

4. 发起人制订公司章程，采用募集方式设立的经创立大会通过

有限责任公司的公司章程是由全体股东共同制定的，而股份有限公司的章程由发起人制定。这是由于，股份有限公司的股东人数众多，尤其是募集设立的股份有限公司，

它的股东的无限性决定了股份有限公司章程不可能由全体股东共同制定，而只能由全体发起人制定。当然，对于发起设立的，由全体发起人共同制定了公司章程，也就通过了；而对于募集方式设立的，由于发起人自身的局限性，不一定能够充分代表全体股东的利益，所以为了更好地保护发起人之外的股东的利益，公司章程还必须经由认股人组成的创立大会的通过，才能生效。发起人应当在创立大会召开 15 日前将会议日期通知各认股人或者予以公告。创立大会应有代表股份总数过半数的认股人出席，方可举行。

5. 其　他

有公司名称，建立符合股份有限公司要求的组织机构。

有公司住所。

（二）设立程序

股份有限公司的设立方式有发起设立和募集设立两种，不同方式下的设立程序也有所不同。

1. 发起设立方式

公司名称预准→认购股份→缴清股款→召开创立大会选举董事会、监事会→董事会申请设立登记→公告成立。

2. 募集设立方式

（1）办理公司名称预先核准。

（2）发起人认购股份。

（3）制作招股说明书。

（4）签订承销协议和代收股款协议。发起人应当同证券公司签订承销协议，并且同银行签订代收股款协议。

（5）申请批准募股。发起人向社会公开募集股份时，必须向国务院证券管理部门递交募股申请，并报送下列主要文件：公司章程；发起人协议；发起人姓名或者名称，发起人认购的股份数、出资种类及验资证明；招股说明书；代收股款银行的名称及地址；承销机构名称及有关的协议。证券法规定聘请保荐人的，还应当报送保荐人出具的发行保荐书。法律、行政法规规定设立公司必须报经批准的，还应当提交相应的批准文件。

（6）公开募股。发起人获准募股后，应当公告招股说明书，并制作认股书。认股人按照所认股款缴纳股款。发行股份的股款缴足后，必须经法定验资机构验资并出具证明。

（7）召开创立大会。认股人缴清股款并验资完毕后，发起人应当在 30 日内主持召开公司创立大会；发起人应于创立大会召开 15 日前通知或公告会议日期。会议应有代表股份总数过半数的发起人、认股人出席，方可举行。创立大会的职权为：审议发起人关于公司筹办情况的报告；通过公司章程；选举董事会成员；选举监事会成员；对公司的设立费用进行审核；对发起人用于抵作股款的财产的作价进行审核；发生不可抗力或者经营条件发生重大变化直接影响公司设立的，可以作出不设立公司的决议。

创立大会就上述事项作出决议，必须经出席会议的认股人所持表决权过半数通过。

（8）申请设立登记。董事会应于创立大会结束后 30 日内，申请设立登记。

（9）公司成立。

（三）股份有限公司发起人的义务和责任

1. 发起人的出资义务与责任

（1）以发起设立方式设立股份有限公司的，发起人应当书面认足公司章程规定其认购的股份；一次缴纳的，在设立时，应缴纳全部出资；分期缴纳的，在设立时，应缴纳首期出资。以非货币财产出资的，应当依法办理其财产权的转移手续。发起人不按照上述规定缴纳出资的，应当按照发起人协议的约定承担违约责任。

（2）以募集设立方式设立股份有限公司的，除法律、行政法规另有规定的以外，发起人认购的股份不得少于公司股份总数的 35%；但是，法律、行政法规另有规定的，从其规定。

（3）股份有限公司成立后，发起人未按照公司章程的规定缴足出资的，应当补缴；其他发起人承担连带责任。股份有限公司成立后，发现作为设立公司出资的非货币财产的实际价额显著低于公司章程所定价额的，应当由交付该出资的发起人补足其差额，其他发起人承担连带责任。

2. 发起人的其他责任

（1）公司不能成立时，对设立行为所产生的债务和费用负连带责任；

（2）公司不能成立时，对认股人已缴纳的股款，负返还股款并加算银行同期存款利息的连带责任；

（3）在公司设立过程中，由于发起人的过失致使公司利益受到损害的，应当对公司承担赔偿责任。

二、股份有限公司的组织机构

股份有限公司的组织机构由股东大会、董事会和经理、监事会组成。

（一）股东大会

1. 组成和职权

股份有限公司股东大会由全体股东组成，股东大会是公司的权力机构，股份有限公司股东大会的职权同有限责任公司股东大会相同，具体的职权范围见《公司法》。

2. 股东大会的召开

股东大会会议可分为年会和临时会议。年会每年一次，临时股东大会在有下列情形之一时，应当在 2 个月内召开：

（1）董事人数不足本法规定人数或者公司章程所定人数的 2/3 时；

（2）公司未弥补的亏损达实收股本总额 1/3 时；

（3）单独或者合计持有公司 10% 以上股份的股东请求时；

（4）董事会认为必要时；
（5）监事会提议召开时；
（6）公司章程规定的其他情形。

3. 股东大会的召集和主持

股东大会会议由董事会召集，董事长主持；董事长不能履行职务或者不履行职务的，由副董事长主持；副董事长不能履行职务或者不履行职务的，由半数以上董事共同推举一名董事主持。董事会不能履行或者不履行召集股东大会会议职责的，监事会应当及时召集和主持；监事会不召集和主持的，连续 90 日以上单独或者合计持有公司 10% 以上股份的股东可以自行召集和主持。

4. 股东大会的保障措施

召开股东大会会议，应当将会议召开的时间、地点和审议的事项于会议召开 20 日前通知各股东；临时股东大会应当于会议召开 15 日前通知各股东；发行无记名股票的，应当于会议召开 30 日前公告会议召开的时间、地点和审议事项。

单独或者合计持有公司 3% 以上股份的股东，可以在股东大会召开 10 日前提出临时提案并书面提交董事会；董事会应当在收到提案后 2 日内通知其他股东，并将该临时提案提交股东大会审议。临时提案的内容应当属于股东大会职权范围，并有明确议题和具体决议事项。

股东大会不得对上述通知中未列明的事项作出决议。

无记名股票持有人出席股东大会会议的，应当于会议召开 5 日前至股东大会闭会时将股票交存于公司。

5. 表决程序与规则

股东出席股东大会会议，所持每一股份有一表决权。但是，公司持有的本公司股份没有表决权。股东大会作出决议，必须经出席会议的股东所持表决权过半数通过。但是，股东大会作出修改公司章程、增加或者减少注册资本的决议，以及公司合并、分立、解散或者变更公司形式的决议，必须经出席会议的股东所持表决权的 2/3 以上通过。

公司法和公司章程规定公司转让、受让重大资产或者对外提供担保等事项必须经股东大会作出决议的，董事会应当及时召集股东大会会议，由股东大会就上述事项进行表决。

股东大会选举董事、监事，可以根据公司章程的规定或者股东大会的决议，实行累积投票制。所谓累积投票制，是指股东大会选举董事或者监事时，每一股份拥有与应选董事或者监事人数相同的表决权，股东拥有的表决权可以集中使用。累积投票制与普通投票制的区别，主要在于公司股东可以把自己拥有的表决权集中使用于待选董事中的一人或多人。该制度的适用范围极其狭窄，只有选董事、监事时才适用。并且，在应选董事、监事人数与小股东所持有的股份的乘积小于大股东的股份数的情况下，累积投票制就失效了。

另外，法律还规定，股东可以委托代理人出席股东大会会议，代理人应当向公司提交股东授权委托书，并在授权范围内行使表决权。

股东大会应当对所议事项的决定作成会议记录，主持人、出席会议的董事应当在会议记录上签名。会议记录应当与出席股东的签名册及代理出席的委托书一并保存。

（二）董事会及经理

1. 董事会的组成、任期和职权

股份有限公司设董事会，其成员为 5 ~ 19 人。董事会成员中可以有公司职工代表。董事会中的职工代表由公司职工通过职工代表大会、职工大会或者其他形式民主选举产生。股份有限公司董事任期的规定和董事会职权的规定同有限责任公司。

董事会设董事长 1 人，可以设副董事长。董事长和副董事长由董事会以全体董事的过半数选举产生。

董事长召集和主持董事会会议，检查董事会决议的实施情况。副董事长协助董事长工作，董事长不能履行职务或者不履行职务的，由副董事长履行职务；副董事长不能履行职务或者不履行职务的，由半数以上董事共同推举一名董事履行职务。

2. 董事会会议的召开

董事会每年度至少召开两次会议，每次会议应当于会议召开 10 日前通知全体董事和监事。代表 1/10 以上表决权的股东、1/3 以上董事或者监事会，可以提议召开董事会临时会议。董事长应当自接到提议后 10 日内，召集和主持董事会会议。董事会召开临时会议，可以另定召集董事会的通知方式和通知时限。

3. 董事会表决规则

董事会会议应有过半数的董事出席方可举行。董事会作出决议，必须经全体董事的过半数通过。

董事会决议的表决，实行一人一票。

董事会会议，应由董事本人出席；董事因故不能出席，可以书面委托其他董事代为出席，委托书中应载明授权范围。

董事会应当对会议所议事项的决定作成会议记录，出席会议的董事应当在会议记录上签名。董事应当对董事会的决议承担责任。董事会的决议违反法律、行政法规或者公司章程、股东大会决议，致使公司遭受严重损失的，参与决议的董事对公司负赔偿责任。但经证明在表决时曾表明异议并记载于会议记录的，该董事可以免除责任。

4. 经　理

股份有限公司设经理，由董事会决定聘任或者解聘。《公司法》关于有限责任公司经理职权的规定，适用于股份有限公司经理。

公司董事会可以决定由董事会成员兼任经理。

（三）监事会

股份有限公司设立监事会，其成员不得少于 3 人。

监事会应当包括股东代表和适当比例的公司职工代表，其中职工代表的比例不得低于 1/3，具体比例由公司章程规定。监事会中的职工代表由公司职工通过职工代表大会、职工大会或者其他形式民主选举产生。监事会设主席 1 人，可以设副主席。监事会主席和副主席由全体监事过半数选举产生。监事会主席召集和主持监事会会议；监事会主席不能履行职务或者不履行职务的，由监事会副主席召集和主持监事会会议；监事会副主席不能履行职务或者不履行职务的，由半数以上监事共同推举 1 名监事召集和主持监事会会议。

董事、高级管理人员不得兼任监事。

《公司法》关于有限责任公司监事任期和监事会职权的规定，适用于股份有限公司的监事和监事会，监事会行使职权所必需的费用，由公司承担。

监事会每 6 个月至少召开一次会议。监事可以提议召开临时监事会会议。

监事会的议事方式和表决程序，除《公司法》有规定的外，由公司章程规定。监事会应当对所议事项的决定作成会议记录，出席会议的监事应当在会议记录上签名。

三、上市公司组织机构的特别规定

上市公司是指其股票在证券交易所上市交易的股份有限公司。

因为上市公司已经向公众公开发行股票并上市交易，为了防范风险，保证广大投资者的利益，公司法对上市公司治理规定了若干特别制度。

（一）上市公司重大事项决策制度

上市公司在 1 年内购买、出售重大资产或者担保金额超过公司资产总额 30% 的，应当由股东大会作出决议，并经出席会议的股东所持表决权的 2/3 以上通过。即上市公司股东大会的特别决议事项（即必须经出席会议的股东所持表决权的 2/3 以上通过的决议事项）不仅包括修改公司章程、增加或者减少注册资本、公司合并、分立、解散或者变更公司形式，还包括上市公司在 1 年内购买、出售重大资产或者担保金额超过公司资产总额 30% 这两项。

（二）独立董事制度

上市公司应当设立独立董事，具体办法由国务院规定。

所谓上市公司独立董事，是指不在公司担任除董事外的其他职务，并与其所受聘的上市公司及其主要股东不存在可能妨碍其进行独立客观判断的关系的董事。属于董事会的内部监督机制，但与一般董事是由公司股东（大）会选举产生不同，独立董事是从公司外部聘请的，以保证其中立立场，且兼职不超过 5 家单位，连任不得超过 6 年。对一家上市公司而言，独立董事的人数不低于董事会人数的 1/3。

独立董事对上市公司及全体股东负有诚信与勤勉义务。独立董事应当按照相关法律法规和公司章程的要求，认真履行职责，维护公司整体利益，尤其要关注中小股东的合法权益不受损害。

独立董事应当独立履行职责，不受上市公司主要股东、实际控制人，或者其他与上市公司存在利害关系的单位或个人的影响。

（三）董事会秘书制度

上市公司设立董事会秘书，董事会秘书是公司高级管理人员，由董事会委任，对董事会负责。

董事会秘书的主要职责是：

（1）负责公司股东大会和董事会会议的筹备、文件保管，即按照法定程序筹备股东大会和董事会会议，准备和提交有关会议文件和资料；

（2）负责保管公司股东名册、董事名册，大股东及董事、监事和高级管理人员持有本公司股票的资料，股东大会、董事会会议文件和会议记录等；

（3）负责公司股权管理，如协调公司与投资者之间的关系，接待投资者来访，回答投资者咨询，向投资者提供公司披露的资料；

（4）负责办理公司信息披露事务，保证公司信息披露的及时、准确、合法、真实和完整。

（四）上市公司的财务披露义务

上市公司必须依照法律、行政法规的规定，公开其财务状况、经营情况及重大诉讼，在每会计年度内半年公布一次财务会计报告。中期财报 8 月底之前公布，年终财报次年 4 月底之前公布。

（五）“关联董事”的回避制度

上市公司董事与董事会会议决议事项所涉及的企业有关联关系的，不得对该项决议行使表决权，也不得代理其他董事行使表决权。该董事会会议由过半数的无关联关系董事出席即可举行，董事会会议所作决议须经无关联关系董事过半数通过。出席董事会的无关联关系董事人数不足 3 人的，应将该事项提交上市公司股东大会审议。

四、股份有限公司的股份转让

（一）股份转让的限制

（1）发起人持有的本公司股份，自公司成立之日起 1 年内不得转让。

（2）公司公开发行股份前已发行的股份，自公司股票在证券交易所上市交易之日起 1 年内不得转让。

（3）公司董事、监事、高级管理人员应当向公司申报所持有的本公司的股份及其变动情况，在任职期间每年转让的股份不得超过其所持有本公司股份总数的 25%；所持本公司股份自公司股票上市交易之日起 1 年内不得转让。上述人员离职后半年内，不得转让其所持有的本公司股份。公司章程可以对公司董事、监事、高级管理人员转让其所持有的本公司股份作出其他限制性规定。

（4）上市公司董事、监事、高级管理人员、持有上市公司股份 5% 以上的股东，将其持有的该公司的股票在买入后 6 个月内卖出，或者在卖出后 6 个月内又买入，由此所得收益归该公司所有，公司董事会应当收回其所得收益。但是，证券公司因包销购入售后剩余股票而持有 5% 以上股份的，卖出该股票不受 6 个月时间限制。

公司董事会不按照前款规定执行的，股东有权要求董事会在 30 日内执行。公司董事会未在上述期限内执行的，股东有权为了公司的利益以自己的名义直接向人民法院提起诉讼。公司董事会不按照前款规定执行的，负有责任的董事依法承担连带责任。

（二）股份公司收购本公司股份的限制

公司不得收购本公司股份。但是，有下列情形之一的除外：

（1）减少公司注册资本。减资首先要经股东大会决议，该决议须经出席会议的股东所持表决权的 2/3 以上通过，然后公司从市面上回购已发行的股份，并于 10 日内注销。

（2）与持有本公司股份的其他公司合并。公司合并也应当经股东大会决议，该决议也须经出席会议的股东所持表决权的 2/3 以上通过，该股份应当在 6 个月内转让或者注销。

（3）将股份用于员工持股计划或者股权激励。

（4）股东因对股东大会作出的公司合并、分立决议持异议，要求公司收购其股份的。该股份应当在六个月内转让或者注销。

（5）将股份用于转换上市公司发行的可转换为股票的公司债券。

（6）上市公司为维护公司价值及股东权益必需。

当存在第（3）（5）（6）项公司回购股份的情形时，公司可以依照公司章程的规定或者股东大会的授权，经三分之二以上董事出席的董事会会议决议；公司应当通过公开的集中交易方式进行回购；公司合计持有的本公司股份数不得超过本公司已发行股份总额的 10%；所收购的股份应当在三年内转让或者注销。

注意：公司不得接受本公司的股票作为质押权的标的。原因在于，当公司行使质权处分质物时，转让该本公司股票，就构成内幕交易，是违法的、被禁止的。但是，公司可以接受其他公司的股票作为质押标的。

第六节　公司的董事、监事和高级管理人员

公司的董事、监事、经理、副经理、财务负责人，上市公司董事会秘书和公司章程规定的其他人员是公司业务的实际执行者，负责公司的经营和运作。为确保这些主体能够胜任法律和公司交付的各项职责，并使其行为与公司的利益保持一致，公司法规定了这些人员的任职资格条件和忠实义务与勤勉义务。

一、公司高级管理人员的（消极）任职资格条件

具有法律规定的下列情形之一者不得担任公司的董事、监事、高级管理人员，包括：

（1）无民事行为能力或者限制民事行为能力；

（2）因贪污、贿赂、侵占财产、挪用财产或者破坏社会主义市场经济秩序，被判处刑罚，执行期满未逾 5 年，或者因犯罪被剥夺政治权利，执行期满未逾 5 年；

（3）担任破产清算的公司、企业的董事或者厂长、经理，对该公司、企业的破产负有个人责任的，自该公司、企业破产清算完结之日起未逾 3 年；

（4）担任因违法被吊销营业执照、责令关闭的公司、企业的法定代表人，并负有个人责任的，自该公司、企业被吊销营业执照之日起未逾 3 年；

（5）个人所负数额较大的债务到期未清偿。

公司违反上述规定选举、委派董事、监事或者聘任高级管理人员的，该选举、委派或者聘任无效。

董事、监事、高级管理人员在任职期间出现无民事行为能力或者限制民事行为能力的情况，公司应当解除其职务。

二、公司董事、监事、高级管理人员的忠实和勤勉义务

公司董事、监事、高级管理人员应当遵守法律、行政法规和公司章程，对公司负有忠实义务（duty of loyalty）和勤勉义务（duty of care）。所谓忠实，就是不谋私利。所谓勤勉，就是积极作为。这是董事、监事、高级管理人员所负义务的两个方面，前者主要是道德品行方面的要求，后者主要是能力方面的要求。在此项义务的要求之下，董事、监事、高级管理人员不得利用职权收受贿赂或者其他非法收入，不得侵占公司的财产。

1. 公司中董事、高级管理人员负有的义务

董事、高级管理人员（注意：不含监事）不得有下列行为：

（1）挪用公司资金；

（2）将公司资金以其个人名义或者以其他个人名义开立账户存储；

（3）违反公司章程的规定，未经股东会、股东大会或者董事会同意，将公司资金借贷给他人或者以公司财产为他人提供担保；

（4）违反公司章程的规定或者未经股东会、股东大会同意，与本公司订立合同或者进行交易；

（5）未经股东会或者股东大会同意，利用职务便利为自己或者他人谋取属于公司的商业机会，自营或者为他人经营与所任职公司同类的业务；

（6）接受他人与公司交易的佣金归为己有；

（7）擅自披露公司秘密；

（8）违反对公司忠实义务的其他行为。

董事、高级管理人员违反上述规定所得的收入应当归公司所有。

2. 股份有限公司中董事、监事、高级管理人员的特别忠实义务

由于股份有限公司的特殊性质——纯“资合性公司”，股东之间除了资金的联系之外，几乎没有任何可以彼此约束的关系，加上股份有限公司通常股东人数众多，如果不从法

律上对股份有限公司的高级管理人员作出制度上的约束，就很难避免这些人利用职务之便，损害公司或者其他股东，特别是中小股东的利益。因此，《公司法》针对股份有限公司的特殊性质，专门制定了两条规范其高级管理人员的规定：

（1）公司不得直接或者通过子公司向董事、监事、高级管理人员提供借款。

（2）公司应当定期向股东披露董事、监事、高级管理人员从公司获得报酬的情况。

3. 董事、监事、高级管理人员对公司的赔偿责任

董事、监事、高级管理人员执行公司职务时违反法律、行政法规或者公司章程的规定，给公司造成损失的，应当承担赔偿责任。

三、董事、监事、高级管理人员对公司负有的其他义务和责任

1. 列席会议、接受质询、提供资料

股东会或者股东大会要求董事、监事、高级管理人员列席会议的，董事、监事、高级管理人员应当列席并接受股东的质询。

董事、高级管理人员应当如实向监事会或者不设监事会的有限责任公司的监事提供有关情况和资料，不得妨碍监事会或者监事行使职权。

2. 股东针对董事、监事、高级管理人员的维权机制

（1）通过监事会或者监事提起诉讼维权。

董事、高级管理人员执行公司职务时违反法律、行政法规或者公司章程的规定，给公司造成损失的，有限责任公司的股东、股份有限公司连续 180 日以上单独或者合计持有公司1%以上股份的股东，可以书面请求监事会或者不设监事会的有限责任公司的监事向人民法院提起诉讼。

（2）通过董事会或者董事提起诉讼维权。

监事执行公司职务时违反法律、行政法规或者公司章程的规定，给公司造成损失的，有限责任公司的股东、股份有限公司连续 180 日以上单独或者合计持有公司 1% 以上股份的股东可以书面请求董事会或者不设董事会的有限责任公司的执行董事向人民法院提起诉讼。

（3）股东直接维权（代表诉讼，亦称派生诉讼）。

监事会、不设监事会的有限责任公司的监事，或者董事会、执行董事收到有限责任公司的股东、股份有限公司连续 180 日以上单独或者合计持有公司 1% 以上股份的股东书面请求后拒绝提起诉讼，或者自收到请求之日起 30 日内未提起诉讼，或者情况紧急、不立即提起诉讼将会使公司利益受到难以弥补的损害的，上述规定的股东有权为了公司的利益以自己的名义直接向人民法院提起诉讼。

他人侵犯公司合法权益，给公司造成损失的，有限责任公司的股东、股份有限公司连续 180 日以上单独或者合计持有公司 1% 以上股份的股东可以遵照前文规定向人民法院提起诉讼。

3. 股东直接起诉董事、高级管理人员

董事、高级管理人员违反法律、行政法规或者公司章程的规定，损害股东利益的，股东可以向人民法院提起诉讼。

第七节　公司其他

本节主要讲解“公司的财务会计”“公司的合并、分立、增资、减资”“公司的解散与清算”以及“外国公司的分支机构”。这些内容也属于各种公司的共同规定，是各种公司在经营运作过程中必然要涉及的问题。

一、公司的财务、会计

财务管理是在一定的整体目标下，关于资产的购置（投资），资本的融通（筹资）和经营中现金流量（营运资金），以及利润分配的管理。财务管理是企业管理的一个组成部分，它是根据财经法规制度，按照财务管理的原则，组织企业财务活动，处理财务关系的一项经济管理工作。

公司应当依照法律、行政法规和国务院财政部门的规定建立本公司的财务、会计制度。

所谓财务制度，是指公司资金管理、成本费用的计算、营业收入的分配、货币的管理、公司的财务报告、公司的清算及公司纳税等方面的规程。

所谓会计制度，是指会计记账、会计核算等方面的规程。公司的财务制度是通过会计制度来实现的。

本章侧重讲解财务会计报告制度、资本公积和其他留存收益、公司与中介机构的关系三个方面。

（一）公司的财务会计报告

财务报告包括财务报表和其他应当在财务报告中披露的相关信息和资料。公司应当在每一会计年度终了时（公历 12 月 31 日）制作完成，并依法经会计师事务所审计。

有限责任公司应当按照公司章程规定的期限将财务会计报告送交各股东。

股份有限公司的财务会计报告应当在召开股东大会年会的 20 日前置备于本公司，供股东查阅；公开发行股票的股份有限公司必须公告其财务会计报告，其目的在于保证股东获得有关公司经营和财务的信息。

财务报表至少应当包括下列组成部分：

（1）资产负债表，反映的是某一特定日期的财务状况。它反映企业在某一特定日期所拥有或控制的经济资源、所承担的现时义务和所有者对净资产的要求权，其平衡公式是：资产总额 = 负债总额 + 所有者权益（净资产）总额。

（2）利润表，反映公司一定期间的经营成果及其分配情况。它向人们提供一定期间内的动态公司营业盈亏的实际情况。

（3）现金流量表，反映公司在一定会计期间现金和现金等价物流入和流出的情况。

（4）所有者权益变动表（或股东权益），反映公司所有者权益的各组成部分当期的增减变动情况。

（5）附注，是对财务会计报表所反映的公司财务情况做进一步说明和补充的文书。

（二）资本公积和其他留存收益

盈余公积金和资本公积金：① 盈余公积金是指企业依法或依企业章程从企业的利润中提取的公积金。② 资本公积金是指直接由资本、资产或其收益所形成的公积金。

资本公积包括资本（或股本）溢价以及其他资本公积。

盈余公积是指企业按照规定从净利润中提取的各种积累资金。公司制企业的盈余公积包括法定盈余公积和任意盈余公积。

根据公积金的提留是否为法律上的强制性规定，可以将其分为法定公积金和任意公积金。其中法定公积金是指按照规定的比例从税后利润中提取的盈余公积，企业章程和股东会对其提留条件和方式不得予以变更。法律对企业的积累进行规范，甚至作强制性规定，目的在于防止出资者或股东追求利润分配最大化而可能影响企业的发展，同时也损害出资者或股东的共同利益和长远利益，并可能损害债权人的利益。

1. 盈余公积的提取

公司分配当年税后利润时，应当提取利润的 10% 列入公司法定盈余公积。公司法定盈余公积累计额为公司注册资本的 50% 以上的，可以不再提取。

公司的法定盈余公积不足以弥补以前年度亏损的，在依照上述规定提取法定公积金之前，应当先用当年利润弥补亏损。

公司从税后利润中提取法定盈余公积后，经股东会或者股东大会决议，还可以从税后利润中提取任意盈余公积。

2. 资本公积的构成

股份有限公司以超过股票票面金额的发行价格发行股份所得的溢价款以及国务院财政部门规定列入资本公积金的其他收入，如法定财产重估增值、接受现金捐赠等，应当列为公司资本公积。

3. 公积金的用途

公司的公积金用于弥补公司的亏损、扩大公司生产经营或者转为增加公司资本。但是，资本公积不得用于弥补公司的亏损。

法定盈余公积转为资本时，所留存的该项公积金不得少于转增前公司注册资本的 25%。

（三）公司与中介机构的关系

1. 聘请、解聘程序

公司聘用、解聘承办公司审计业务的会计师事务所，依照公司章程的规定，由股东会、股东大会或者董事会决定，就解聘会计师事务所进行表决时，应当允许会计师事务所陈述意见。

2. 赔偿责任

承担资产评估、验资或者验证的机构因其出具的评估结果、验资或者验证证明不实，给公司债权人造成损失的，除能够证明自己没有过错的外，在其评估或者证明不实的金额范围内承担赔偿责任。

二、公司的合并、分立和增资、减资

（一）公司合并与分立的方式

1. 公司合并

（1）吸收合并，即一个公司吸收其他公司，吸收方保留，被吸收方解散。

（2）新设合并，即两个以上公司合并设立一个新的公司，合并各方解散。

2. 公司分立

（1）新设分立，即原公司解散，原公司分为两个以上的新的企业法人。

（2）派生分立，即原公司继续存在，由其中分离出来的部分形成新的法人。

（二）公司合并与分立的程序

1. 合并的程序

（1）合并协议和决议。由合并各方签订合并协议，并编制资产负债表及财产清单，然后由股东大会（或股东会）作出批准与否的决议。各方股东大会批准后，合并协议始得生效。

（2）通知和公告。合并各方应当自合并决议生效之日起 10 日内通知其债权人，并于 30 日内在报纸上公告。

（3）清偿债务或提供担保。债权人自接到通知书之日起 30 日内，未接到通知书的自公告之日起 45 日内，有权要求公司清偿债务或者提供相应的担保。

（4）登记。完成以上程序后，应向公司登记机关办理登记：合并后继续存续的公司，办理变更登记；因合并而解散的公司，办理注销登记；因合并而新设立的公司，办理设立登记。

（5）债务承担。公司合并时，合并各方的债权、债务，应当由合并后存续的公司或者新设的公司承继。

2. 分立的程序

（1）分立协议和决议。由分立各方签订分立协议，并分割财产及编制资产负债表和财产清单，然后由股东大会（或股东会）作出批准与否的决议。各方股东大会批准后，分立协议始得生效。

（2）通知和公告。分立各方应当自分立决议生效之日起 10 日内通知其债权人，并于 30 日内在报纸上公告。

（3）登记。完成以上程序后，应向公司登记机关办理登记：分立后继续存续的公司，办理变更登记；因分立而解散的公司，办理注销登记；因分立而新设立的公司，办理设立登记。

（4）债务承担。公司分立前的债务由分立后的公司承担连带责任。但是，公司在分立前与债权人就债务清偿达成的书面协议另有约定的除外。

（三）公司增减注册资本的程序

1. 减资程序

由于公司的资本代表着公司的资信和偿债能力。因此，为保障债权人的利益，公司资本在一般情况下是不得减少的。这也是“资本三原则”的要求。但在符合法定条件的情况下，公司还是可以减资的，只是由于公司减资将直接影响到债权人的利益，也直接涉及公司股东的权益。因此，公司法对公司的减资作了严格的程序限定。

应当由董事会（执行董事）制订方案，提交股东会决议，并且减资与增资一样，属于股东（大）会特别决议事项。有限责任公司必须由代表公司 2/3 以上表决权的股东通过（《公司法》第四十三条）；股份有限公司必须经出席股东大会会议的股东所持表决权的 2/3 以上通过（《公司法》第一百零三条）。另外，根据《公司法》第一百四十二条规定，公司不得收购本公司股份。但是减少本公司注册资本除外。减资的具体流程如下：

（1）编制资产负债表及财产清单。

（2）通知和公告。公司应当自作出减资决议之日起 10 日内通知债权人，并于 30 日内在报纸上公告。债权人自接到通知书之日起 30 日内，未接到通知书的自公告之日起 45 日内，有权要求公司清偿债务或者提供相应担保。

（3）办理变更登记。

2. 增资程序

由于增资只会提高公司的资信水平和偿债能力，不会对公司债权人造成不良影响，所以，各国公司法对公司增资一般不作过多限制，程序也相对简单。

（1）有限责任公司增加注册资本时，股东认缴新增资本的出资，依照公司法设立有限责任公司缴纳出资的有关规定执行。

（2）股份有限公司为增加注册资本发行新股时，股东认购新股，依照公司法设立股份有限公司缴纳股款的有关规定执行。

三、公司的解散和清算

（一）公司解散

公司解散是指公司因发生章程规定或法律规定的解散事由而停止业务活动，最终失去法律人格的法律行为。

1. 公司解散的原因

（1）公司章程规定的营业期限届满或者公司章程规定的其他解散事由出现；

（2）股东会或者股东大会决议解散；

（3）因公司合并或者分立需要解散；

以上三项，属于“自动解散”。

（4）公司违反法律、行政法规的规定被吊销营业执照、责令关闭或者被撤销，如依据《公司法》第二百一十一条规定：公司成立后无正当理由超过六个月未开业的，或者开业后自行停业连续六个月以上的，可以由公司登记机关吊销营业执照。这属于行政强制解散。

（5）股东请求法院解散公司。公司经营管理发生严重困难，继续存续会使股东利益受到重大损失，通过其他途径不能解决的，持有公司全部股东表决权 10% 以上的股东，可以请求人民法院解散公司。这属于司法强制解散（《公司法》第一百八十二条）。

2. 公司免于解散而存续

公司章程规定的营业期限届满或者公司章程规定的其他解散事由出现时，可以通过修改公司章程而存续。对此种章程修改，有限责任公司须经持有 2/3 以上表决权的股东通过，股份有限公司须经出席股东大会会议的股东所持表决权的 2/3 以上通过。

3. 公司解散的法律后果

（1）除合并、分立和破产的外，解散的公司应当依照公司法规定的程序进行清算。

（2）解散的公司，其法人资格仍然存在，但公司的权利能力仅限于清算活动必要的范围内。《公司法》第一百八十六条第三款明确规定：“清算期间，公司存续，但不得开展与清算无关的经营活动。”与该条款配合的《中华人民共和国公司登记管理条例》第六十九条第三款规定：“公司在清算期间开展与清算无关的经营活动的，由公司登记机关予以警告，没收违法所得。”

（3）公司原有的法定代表人和业务执行机关丧失权力，由清算人接替。具体来说，清算组行使清算中公司的代表及执行机关的职能，对内执行清算事务，履行对内的决策和管理行为；对外代表公司了结债权债务，参与民事诉讼活动。

（二）公司的清算

除公司合并、分立豁免清算外，其他公司解散的情形都需清算。

公司清算是指解散的公司清理债权债务、分配剩余财产、了结公司的法律关系，从而使公司归于消灭的程序。

公司清算分为破产清算程序和非破产清算程序。前者适用《破产法》规定的程序，破产清算的清算组由人民法院依法组建；后者适用《公司法》规定的程序。

我国《公司法》规定的清算程序如下：

1. 成立清算组

公司应当在解散事由出现之日起 15 日内成立清算组，开始清算。清算组是指在公司清算期间负责清算事务执行的法定机构。有限责任公司的清算组由股东组成，股份有限公司的清算组由董事或者股东大会确定的人员组成。逾期不成立清算组进行清算的，债权人可以申请人民法院指定有关人员组成清算组进行清算。人民法院应当受理该申请，并及时组织清算组进行清算。

2. 清算组的职权、义务和责任

（1）清算组的职权：

清理公司财产，分别编制资产负债表和财产清单；通知、公告债权人；处理与清算有关的公司未了结的业务；清缴所欠税款以及清算过程中产生的税款；清理债权、债务；处理公司清偿债务后的剩余财产；代表公司参与民事诉讼活动（这里的民事诉讼活动应做广义理解，既包括参与民事诉讼活动，也包括参与行政诉讼活动、行政复议活动和仲裁活动）。

（2）清算组的义务和责任。

清算组应尽到忠实义务和勤勉义务。清算组成员应当忠于职守，依法履行清算义务；清算组成员不得利用职权收受贿赂或者其他非法收入，不得侵占公司财产；清算组成员因故意或者重大过失给公司或者债权人造成损失的，应当承担赔偿责任。

3. 清算程序

公司的清算程序，指整理、终结被解散公司所发生的法律关系，并依法定条件和顺序分配其财产的法律的程序。

（1）通知和公告。

清算组应当自成立之日起 10 日内通知债权人，并于 60 日内在报纸上公告。债权人应当自接到通知书之日起 30 日内，未接到通知书的自公告之日起 45 日内，向清算组申报其债权。

债权人申报债权，应当说明债权的有关事项，并提供证明材料。清算组应当对债权进行登记。在申报债权期间，清算组不得对债权人进行清偿。

如出现债权人漏报债权的情况，根据《公司法司法解释（二）》第十三条规定：债权人在规定的期限内未申报债权，在公司清算程序终结前补充申报的，清算组予以登记。但债权人因重大过错未在规定期限内申报债权的除外（《公司法司法解释[二]》第十四条第一款）。

（2）制订清算方案和处分公司财产。

清算组在清理公司财产、编制资产负债表和财产清单后，应当制订清算方案，并报股东会、股东大会或者人民法院确认。

公司财产在分别支付清算费用、职工的工资、社会保险费用和法定补偿金，缴纳所欠税款，清偿公司债务后的剩余财产，有限责任公司按照股东的出资比例分配，股份有限公司按照股东持有的股份比例分配。

（3）清算结束。

公司清算结束后，清算组应当制作清算报告，报股东会、股东大会或者人民法院确认，并报送公司登记机关，申请注销公司登记，公告公司终止。根据《公司法司法解释（二）》第十六条，人民法院组织清算的，清算组应当自成立之日起6个月内清算完毕；因特殊情况无法在6个月内完成清算的，清算组应当向法院申请延长。

四、外国公司的分支机构

（1）外国公司（依照外国法律在我国境外设立的公司）在中国境内设立分支机构，必须向中国主管机关提出申请，并提交其公司章程、所属国的公司登记证书等有关文件，经批准后，向公司登记机关依法办理登记，领取营业执照。

（2）外国公司在中国境内设立分支机构，必须在中国境内指定负责该分支机构的代表人或者代理人，并向该分支机构拨付与其所从事的经营活动相适应的资金。

（3）外国公司的分支机构应当在其名称中标明该外国公司的国籍及责任形式。外国公司的分支机构应当在本机构中置备该外国公司章程。

（4）外国公司在中国境内设立的分支机构不具有中国法人资格。外国公司对其分支机构在中国境内进行经营活动承担民事责任。

（5）外国公司撤销其在中国境内的分支机构时，必须依法清偿债务，依照《公司法》有关公司清算程序的规定进行清算。未清偿债务之前，不得将其分支机构的财产移至中国境外。

课后复习

【案例分析一】

甲食品有限公司（以下简称甲公司）购买乙奶制品有限公司（以下简称乙公司）20吨奶粉。合同约定货款40万元，预付10万元，到货后10日内付清30万元余款。乙公司按期交货，但是甲公司久拖不付剩余30万元货款。在此期间，甲公司控股股东陈某利用甲公司资金进行投资，与丙公司组建丁公司，原来的甲公司成了空壳。乙公司起诉，要求甲公司履行付款义务，法院判决支持乙公司诉讼请求，但因为陈某已将甲公司的资产转移，甲公司实际已没有可执行的财产。

请问：甲公司控股股东陈某是否对甲公司的债务承担责任？

【案例分析二】

大雅有限责任公司成立于2012年，股东分别为王某和邓某。公司章程规定注册资本150万元，王某以房产评估作价出资100万元，邓某出资50万元现金，各股东应当在公司成立后1年内缴清全部出资。公司注册后，王某的房产评估后实际交付大雅公司使用并办理了过户登记。公司成立两年后，邓某实际支付30万元现金，剩余20万元迟迟没有到位。

请问：如何评价两名股东的出资行为和法律后果

【案例分析三】

2016年许某欲入股大雅公司，现股东王某、邓某均表示同意，并召开股东会产生了股东会决议。许某以现金出资50万元，公司出具了收款凭证，但是没有办理股东变更登记。许某还从公司领取了2016年和2017年两年的红利共计10万元，也参加了公司的股东会。

2018年，大雅公司经营出现困难，许某提出，自己没有进入股东名册，2016年出资的50万元是给公司的借款。

请问：许某和大雅公司是什么法律关系？为什么？

【案例分析四】

2013年7月18日，A公司经某市某区市场监督管理局核准成立。2015年11月10日，尤某与叶某签订股权转让协议，约定将叶某年在A公司名下的35%的股权以350万元的价格转让给尤某。同日，A公司股东会决议通过股权转让及股东变更，公司股东出资情况为周某出资510万元（出资比例51%），B有限公司出资50万元（出资比例5%），C有限公司出资50万元（出资比例5%），郝某出资40万元（出资比例4%），尤某出资350万元（出资比例35%），法定代表人变更为周某。2015年12月2日，尤某经工商登记备案为A公司股东。

2016年8月16日，尤某向A公司邮寄了《请求书》一份，要求A公司在7日内提供：1．公司成立起历年财务报告及2016年1-7月财务报告；2．公司2015年度股东会报告；3．2016年7月前公司经营状况及资产负债资料；4．公司其他股东注册资金交付资料；5．公司债权债务；6．合作公司、政府机构的名称及有关协议；7．员工劳动合同及工资表；8．项目运营状况；9．现有公司资产（包括知识产权）。A公司未进行答复，亦未提供财务账簿、财务会计报告等资料供尤某查阅。

2016年9月13日，尤某诉至法院。诉讼中，尤某为证明A公司已收到上述函件，向法院提供了EMS快递单及快递流转信息单，快递单上载明收件人为周某，邮寄地址为周某家庭住址，该信件于2016年8月18日妥投。

请问：

1. 股东出资与否对股东资格及股东知情权的行使有无影响？
2. 尤某起诉内容是否均属于股东应享有的知情权内容？

【案例分析五】

A物流有限公司（以下简称原告）与B科技发展有限公司债权纠纷一案，法院经审理后作出生效判决，判决B科技发展有限公司偿还原告1 000万，判决生效后，B科技发展有限公司（即被执行人）拒不履行生效判决，原告向法院申请强制执行，但被执行人公司账户无可供执行的财产。法院查明基本情况为：被执行人B科技发展有限公司仍处于正常经营状态；张某是被执行人唯一股东；会计师事务所出具的审计报告保留意见的事项注明，由于客观条件限制，会计师事务所未能对现金实施监盘，也无法实施其他审计程序以获取充分、适当的审计证据。原告向法院申请调取了被执行人公司基本账户交易流水。被执行人在与原告合作期间流水显示张某累计从公司支取金额高达 1 800 多万元。而会计师事务所出具的被执行人资产负债表却显示，公司账户现金仅 3 万元左右且无其他资产。

请问：张某是否应当对被执行人债务承担连带清偿责任？

【案例分析六】

根据江西铜业股份有限公司（股票代码 600362.SH，以下简称“江西铜业”）于 2019 年 3 月 5 日披露的《江西铜业股份有限公司对外投资公告》。2019 年 3 月 4 日，江西铜业与烟台恒邦集团有限公司（以下简称“恒邦集团”）、王信恩、王家好、张吉学和高正林签署了《山东恒邦冶炼股份有限公司之股份转让协议》，江西铜业拟通过协议转让方式收购恒邦集团、王信恩、王家好、张吉学和高正林合计持有的山东恒邦冶炼股份有限公司（股票代码 002237.SZ，以下简称“标的公司”或“恒邦股份”）273 028 960 股人民币普通股股份（以下简称“标的股份”），约占恒邦股份总股份的 29.99%，标的股份的转让价格为人民币 2 976 015 664 元（以下简称“本次交易”）。本次交易完成后，江西铜业将持有恒邦股份 273 028 960 股股份，占恒邦股份总股本的 29.99%，成为恒邦股份控股股东。

请问：江西铜业作为上市公司如何回避关联交易问题？

【案例分析七】

2009 年 1 月，甲、乙、丙、丁、戊共同投资设立鑫荣新材料有限公司（以下简称鑫荣公司），从事保温隔热高新建材的研发与生产。该公司注册资本 2 000 万元，各股东认缴的出资比例分别为 44%、32%、13%、6%、5%。其中，丙将其对大都房地产开发有限公司所持股权折价成 260 万元作为出资方式，经验资后办理了股权转让手续。甲任鑫荣公司董事长与法定代表人，乙任公司总经理。

鑫荣公司成立后业绩不佳，股东之间的分歧日益加剧。当年 12 月 18 日，该公司召开股东会，在乙的策动下，乙、丙、丁、戊一致同意，限制甲对外签约合同金额在 100 万元以下，如超出 100 万元，甲须事先取得股东会同意。甲拒绝在决议上签字。此后公司再也没有召开股东会。

2010 年 12 月，甲认为产品研发要想取得实质进展，必须引进隆泰公司的一项新技术。甲未与其他股东商量，即以鑫荣公司法定代表人的身份，与隆泰公司签订了金额为 200 万元的技术转让合同。

请问：

1. 2009 年 12 月 18 日股东大会决议的效力如何？为什么？
2. 甲以鑫荣公司名义与隆泰公司签订的技术转让合同效力如何？为什么？

【案例分析八】

甲与乙分别出资 60 万元和 240 万元共同设立新雨开发有限公司（以下简称“新雨公司”），由乙任执行董事并负责公司经营管理，甲任监事。乙同时为其个人投资的东风有限责任公司（以下简称“东风公司”）的总经理，东风公司需要租用仓库，乙擅自决定将新雨公司的一处房屋以低廉的价格出租给东风公司。

甲知悉上述情况后，向乙提议召开一次股东会以解决问题，乙以业务太忙为由迟迟未答应开会。

请问：

针对乙将新雨公司的房屋低价出租给东风公司的行为，甲可以采取什么法律措施？

【案例分析九】

A有限公司由甲、乙、丙三方股东设立，甲担任公司董事长，丙担任公司经理。2019年1月，公司董事会以丙未完成董事会制订的业绩要求为由，作出解聘丙经理职务的决议。2019年2月，丙向法院起诉，认为公司解除其职务事由违法：丙已经完成当年业绩要求，实际原因系甲公报私仇，要求撤销上述董事会决议。丁于2019年2月加入A有限公司，发现2019年1月的董事会会议未按照公司章程规定提前通知各位董事。丁于2月15日向法院起诉，要求撤销该董事会决议。

请问：

1. 丙要求撤销2019年1月的董事会决议，应当以何种身份提起诉讼，股东还是经理？
2. 丙的诉讼请求能否得到法院支持？为什么？
3. 丁是否有权请求法院撤销董事会决议？

【案例分析十】

A有限责任公司作为发起人之一，与其他人共同设立了一家股份有限公司。为了将来工作方便，从市工商局请一位副局长担任公司董事。

公司设监事会，由两名监事组成，其中一个监事由A有限责任公司的董事长自己兼任，另一个监事由股东B出任，负责日常监事事务。

公司如期募集股份成功然后设立。

请问：本案存在哪些不符合法律规定之处？

【案例分析十一】

2003年夏季，A市出现罕见的大雨，雨衣供不应求。王某是A市甲百货商厦的董事兼总经理，王某以朋友的乙商城的名义从B市购进一批总价为10万元的雨衣。王某将该批雨衣销售给丙公司，获利2万元。

甲百货商厦董事会得知信息后，认为王某身为甲百货商厦董事兼总经理，应当忠实履行其职责，有竞业禁止的义务，不得经营与本公司同类的业务。王某的行为违反了公司法。甲百货商厦董事会做出决议，责成王某取消合同，并由甲百货商厦将此批雨衣买下。

丙公司认为，该批雨衣的买卖，是在丙公司和乙商城之间进行的，与甲百货商厦没有关系，两公司之间签订的合同是双方当事人一致意思的表示，合同内容合法。双方签订的合同是有效的。

请问：本案如何处理？

【案例分析十二】

某股份有限公司注册资金为 6 000 万元，1995 年以募集方式设立。在设立过程中，经国务院证券管理部门批准，以超过股票票面金额 1.5 倍的价格发行，因此实际募集到 9 000 万元，超过票面金额发行股票所得溢价款为 3 000 万元，该溢价款在当年经董事会决定被作为股利分配。

因为经营管理不善，到 1999 年该公司亏损了 1 000 万元。后公司转换经营机制，调整经营策略，经过一年的经营，2000 年盈利 800 万元，公司考虑股东这几年来因为公司亏损一直没有分配股利，于是将该利润拿出 200 万元作为经营资本，其余 600 万元分配给股东。此后，该公司年年盈利，不仅弥补了多年的亏损，且逐年提取了法定公积金和法定公益金，累计提取的法定公积金占注册资本 48%，法定公益金占注册资本的 45%，公司决定不再提取法定公积金和法定公益金。

2001 年，公司经股东大会决定把全部法定公积金转为公司资本，按股东原持有股份的比例派送给股东。

请问：本案存在哪些不符合法律规定之处？

【思考题】

1. 简述公司的特征。
2. 分析有限责任公司和股份有限公司的区别。
3. 分析母公司和子公司、分公司和总公司的关系。
4. 论述公司的资本三原则。
5. 对比有限责任公司和股份有限公司设立的程序、组织机构和股权转让的区别。
6. 简述一人公司的风险防范措施。
7. 简述关于上市公司的法律特别规定。
8. 对比公司合并、分立和增资、减资的程序。
9. 试述公司解散的原因。

第三章 合伙企业法律制度

本章概要

合伙企业法律制度

- 第一节 概述
  - 一、概念
  - 二、合伙企业的种类
  - 三、普通合伙人和有限合伙人的概念
  - 四、合伙企业的特征及优缺点
  - 五、设立合伙企业的程序
  - 六、合伙协议
- 第二节 普通合伙企业
  - 一、普通合伙企业的设立
  - 二、合伙财产
  - 三、合伙事务的执行
  - 四、合伙的债务清偿规则
  - 五、入伙与退伙
  - 六、特殊的普通合伙企业
- 第三节 有限合伙企业
  - 一、概念和特征
  - 二、有限合伙企业的特殊规定
  - 三、有限合伙人的权利
  - 四、合伙人责任性质的转换
  - 五、有限合伙企业债务承担规则
- 第四节 合伙企业的终止
  - 一、合伙企业的解散事由
  - 二、清算规则

第一节 概 述

我国现行的《中华人民共和国合伙企业法》(以下简称《合伙企业法》)于 1997 年 2 月 23 日第八届全国人民代表大会常务委员会第二十四次会议通过，2006 年 8 月 27 日第十届全国人民代表大会常务委员会第二十三次会议修订，自 2007 年 6 月 1 日起施行。

一、概 念

合伙企业是指自然人、法人和其他组织依照《中华人民共和国合伙企业法》在中国境内设立的普通合伙企业和有限合伙企业。

合伙制度起源于罗马法，是指两个以上的人为着共同目的，相互约定共同出资、合伙经营、共享收益、共担风险的自愿联合，是一种合同关系。合伙企业是两个人以上为了共同目的，共同出资，在合伙协议基础上组建的一种企业组织形式。

二、合伙企业的种类

我国《合伙企业法》规定的合伙企业类型（如图 3.1）：

- 合伙
  - 普通合伙企业
    - 一般的普通合伙企业
    - 特殊的普通合伙企业
  - 有限合伙企业

图 3.1　合伙企业的种类

1. 普通合伙企业

普通合伙企业由普通合伙人组成，合伙人对合伙企业债务承担无限连带责任。

2. 有限合伙企业

有限合伙企业由普通合伙人和有限合伙人组成。有限合伙企业强调两合性，普通合伙人对合伙企业债务承担无限连带责任，有限合伙人以其认缴的出资额为限对合伙企业债务承担责任。

3. 特殊的普通合伙企业

特殊的普通合伙企业是指以专门知识和专门技能为客户提供有偿服务的专业服务机构。关于特殊的普通合伙企业，其特殊性就在于债务承担与一般的普通合伙企业不同。对于一般的债务（即合伙人在执业活动中非因故意或者重大过失造成的合伙企业债务以及合伙企业的其他债务），由全体合伙人承担无限连带责任。对于特殊的债务（即一个合伙人或者数个合伙人在执业活动中因故意或者重大过失造成的合伙企业债务），由合伙企业承担清偿责任，过错合伙人对此债务承担无限责任或无限连带责任；其他合伙人仅以其在合伙企业中的财产份额为限承担责任。且以合伙企业财产对外承担责任后，过错合伙人应当按照合伙协议的约定对给合伙企业造成的损失承担赔偿责任。

三、普通合伙人和有限合伙人的概念

合伙企业的合伙人包括自然人、法人和其他组织。合伙人不得从事损害本合伙企业利益的活动，不得自营或者同他人合作经营与本合伙企业相竞争的业务。除合伙协议另有约定或者经全体合伙人一致同意外，合伙人不得同本合伙企业进行交易。

根据对合伙企业债务承担责任的不同，合伙人可以分为普通合伙人和有限合伙人。

（1）普通合伙人（General Partners，GP）：对合伙企业债务承担无限连带责任。注意：如果普通合伙人为自然人的须为完全民事行为能力人。

（2）有限合伙人（Limited Partners，LP）：以其认缴的出资额为限对合伙企业债务承担责任。对有限合伙人没有行为能力的限制。

国有独资公司、国有企业、上市公司以及公益性的事业单位、社会团体不得成为普通合伙人，但可以成为有限合伙人。

四、合伙企业的特征及优缺点

（一）合伙企业的特征

1. 契约性

合伙企业以合伙协议为其前提或基础，需要合伙人对合伙事项意思表示一致。

2. 人合性

合伙是人的联合，须有两个或两个以上合伙人组成。合伙本质上是人的结合而非资本的结合，合伙人之间的信用是合伙企业存续的基础，因此，入伙、退伙有严格的限制，人员结构相对稳定。

3. 合伙性

共同出资、共同经营、共享受益、共担风险。

4. 责任的无限连带性

合伙企业财产不足以清偿其债务时，合伙人应以其出资之外的财产清偿债务。每一个普通合伙人均有清偿义务，债权人可向任何一个合伙人要求全部偿还。

（二）合伙企业的优点

（1）合伙企业的资本来源比较广。

（2）合伙企业的风险和责任相对于独资企业更分散。

（3）无需缴纳企业所得税。合伙企业的生产经营所得和其他所得，按照国家有关税收规定，由合伙人分别缴纳所得税。也就是说，对合伙企业不征收企业所得税，但是，合伙企业在生产经营活动中应当缴纳的其他税收，如营业税、增值税等均应依法缴纳。国家对合伙企业和合伙人的所得实行一次性征收的制度。这与公司不同，公司缴纳企业所得税，公司的股东从公司的税后利润中取得的股息、红利等也需要缴纳所得税。

（4）法律对合伙关系的干预和限制较少。

（三）合伙企业的缺点

（1）合伙企业不能发行股票和债券，这限制了合伙企业的发展规模。

（2）合伙人之间的连带责任，使得合伙人的责任比公司股东的责任大，合伙人需要对其他合伙人的经营行为负责，加重了合伙人的风险。

（3）由于合伙企业具有浓重的人合性，任何一个合伙人破产、死亡或退伙都有可能导致合伙企业解散，因而其存续期限不可能很长。

五、设立合伙企业的程序

设立合伙企业的程序如图 3.2 所示。

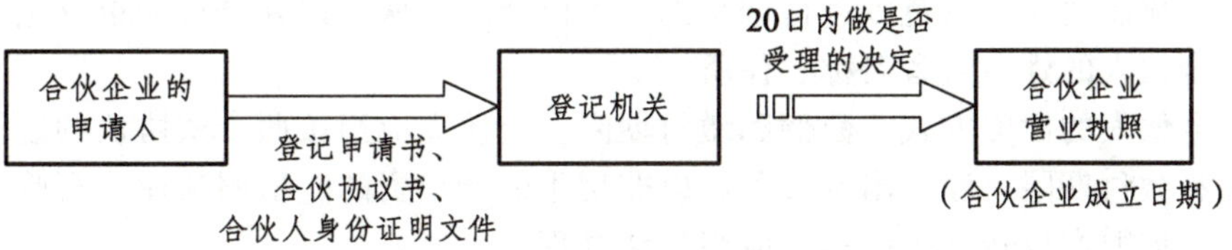

图 3.2　合伙企业的设立流程示意图

注意：

（1）合伙企业领取营业执照前，合伙人不得以合伙企业名义从事合伙业务。

（2）合伙企业设立分支机构，应当向分支机构所在地的企业登记机关申请登记，领取营业执照。

（3）合伙企业登记事项发生变更的，执行合伙事务的合伙人应当自作出变更决定或者发生变更事由之日起 15 日内，向企业登记机关申请办理变更登记。

六、合伙协议

（一）概　念

合伙协议是设立合伙企业的基础和前提，依法由全体合伙人遵循自愿、平等、公平、诚实信用的原则，协商一致、以书面形式订立，是设立、变更、终止合伙人之间民事权利义务关系的合意，对合伙人和合伙企业都具有约束力。

（二）合伙协议的实质要件和形式要件

（1）合伙协议的实质要件是指订立合伙协议必须由全体合伙人协商一致达成合意。登记对抗第三人。

（2）合伙协议的形式要件是指订立合伙协议必须采用书面形式。

（3）订立合伙协议、设立合伙企业，应当遵循自愿、平等、公平、诚实信用原则。

（三）合伙协议的内容

1. 一般内容

合伙协议是调整合伙关系，规范合伙人之间权利义务的法律文件，是合伙企业设立和从事经营管理活动的基本依据。根据《合伙企业法》的规定，合伙协议应当包括但不限于下列事项：

（1）合伙企业的名称和主要经营场所的地点。合伙企业协议确定企业名称时，应根据其类型的不同，在其名称中标明“普通合伙”“特殊普通合伙”“有限合伙”字样。主要经营场所即合伙企业从事经营活动的主要处所，一般为企业的注册地。

（2）合伙目的和合伙经营范围。合伙目的即各合伙人设立合伙企业的目的。合伙企业的经营范围是指设立合伙企业从事经营活动的范围。合伙企业经营范围由合伙人在协议中协商确定。合伙企业的经营范围中有属于法律、行政法规规定在登记前须经批准的项目的，该项经营业务应当依法经过批准，并在登记时提交批准文件。在经营过程中，如果情况变化需要对经营范围进行调整的，可以修改合伙协议并进行变更登记。

（3）合伙人的姓名或者名称、住所。

（4）合伙人的出资方式、数额和缴付期限。合伙人应当按照合伙协议约定的出资方式、数额和缴付期限，履行出资义务。以非货币财产出资的，依照法律、行政法规的规定，需要办理财产权转移手续的，应当依法办理。

（5）利润分配、亏损分担方式。利润分配是指对企业经营收益在各合伙人中进行分配的方式，包括分配比例、分配次数、计算分配额的方法等，是合伙人受领企业经营效益成果的基本依据；亏损分担方式即企业发生经营亏损时由各合伙人进行分担的具体办法，虽然合伙企业中的普通合伙人对企业债务承担无限连带责任，但在合伙人之间仍要根据协议进行分担。

（6）合伙事务的执行。

（7）入伙与退伙。入伙与退伙是合伙企业增加或减少合伙人的途径，在协议中规定入伙与退伙的内容，即要对入伙与退伙的条件，入伙与退伙时对企业财产的清理，向退伙人清退财产，入伙与退伙当时以及以后一个时期所发生的债务的责任承担等作出约定，当入伙与退伙情形出现，即可按照约定的方式处理入伙与退伙的相关事宜。

（8）争议解决办法。

（9）合伙企业的解散与清算。合伙企业的解散与清算，指合伙企业无法或不必要继续经营下去，通过一定的程序解散组织，清理财产，偿还债务，分配剩余财产，使企业归于终止。合伙协议约定企业的解散清算一是要约定解散事由，二是要约定合伙企业解散或破产后对其债权债务的清理清偿事宜。

（10）违约责任。

合伙协议可以载明合伙企业的经营期限和合伙人争议的解决方式。

2. 特殊内容

有限合伙企业的合伙协议除了应有上述内容以外，还应当载明下列事项：

（1）普通合伙人和有限合伙人的姓名或者名称、住所；

（2）执行事务合伙人应具备的条件和选择程序；

（3）执行事务合伙人的权限与违约处理办法；

（4）执行事务合伙人的除名条件和更换程序；

（5）有限合伙人入伙、退伙的条件、程序以及相关责任；

（6）有限合伙人和普通合伙人相互转变程序。

（四）合伙协议的效力

合伙协议经全体合伙人签名、盖章后生效。修改或者补充合伙协议，应当经全体合伙人一致同意。但是，合伙协议另有约定的除外。合伙协议未约定或者约定不明确的事项，由合伙人协商决定；协商不成的，依照《合伙企业法》和其他有关法律、行政法规的规定处理。

第二节　普通合伙企业

一、普通合伙企业的设立

普通合伙企业是纯人合性的，应当具备下列条件：

1. 有两个以上合伙人

合伙人为自然人的，应当具有完全民事行为能力。因为合伙人负无限连带责任，所以合伙企业一般都是家族企业。而有限合伙人因为仅负有限责任，故有限合伙人若为自然人的则可以是无民事行为能力人或者限制民事行为能力人。

国有独资公司、国有企业、上市公司、公益性事业单位和社会团体不可以为普通合伙人。因为，这五类主体都涉及国家利益、公共利益，不能让国家和公众利益担负过重的责任。除此之外的其他主体，都可以担任普通合伙人。当然，这五类主体担任有限合伙人不受限制。另外，法律法规禁止从事经营的人，比如国家公务员、法官、检察官、警察不能成为合伙人。

2. 有书面合伙协议

详见本章第一节“六、合伙协议”。

3. 有合伙人认缴或者实际缴付的出资

（1）货币。

（2）实物。实物出资的范围较广，既可以是厂房、设备、专门设施，也可以是仓库、运输工具以及其他生产资料。

第一，实物出资要由全体合伙人协商确定或者委托法定的评估机构进行评估；

第二，合伙人用以出资的实物必须为自己的或可在合伙企业经营期间完全由自己支配的实物财产。

（3）知识产权。其评估办法由全体合伙人协商确定，也可由全体合伙人委托法定评估机构评估。

（4）土地使用权。合伙人以土地使用权出资的，应当遵守国家法律的有关规定，一是必须作价出资，使用国有土地的，其土地使用权价格由县级以上人民政府土地管理部门组织评估，并报县级以上人民政府审核批准。使用集体所有土地的，由国家按照国家建设征用土地的规定进行评估作价。二是应依法办理土地使用权的转移手续，包括缴纳有关费用，进行使用权转让登记等。

（5）劳务。合伙人以劳务出资的，其评估办法由全体合伙人协商确定，并要在合伙协议中载明。这是普通合伙人独有的出资方式，公司股东和有限合伙人均不得以劳务出资。

除上述出资方式之外，股权、债权、信托受益权、矿产资源开发权、林地使用权等，合伙人也可以用来进行出资。

合伙人应当按照合伙协议约定的出资方式、数额和缴付期限，履行出资义务。以非货币财产出资的，依照法律、行政法规的规定。需要办理财产权转移手续的，如房地产、股权、知识产权等，应当依法办理。

4. 有合伙企业的名称和生产经营场所

合伙企业名称中应当注明“普通合伙”“特殊的普通合伙”或“有限合伙”的字样。合伙可以在企业名称中使用“公司”字样，但是，普通合伙不得使用“有限”或者“有限责任”字样。

有经营场所和从事合伙经营的必要条件。

二、合伙财产

（一）合伙财产的构成

合伙财产的构成如图 3.3 所示。

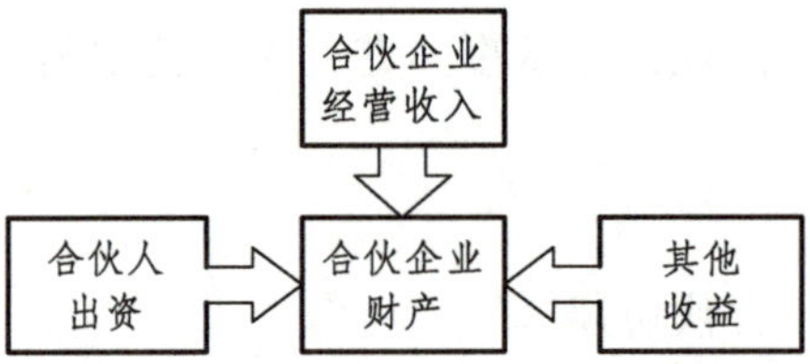

图 3.3　合伙企业财产构成示意图

（二）合伙人财产份额的转让

1. 内部转让

内部转让，即合伙人将自己持有的本合伙企业的财产份额，部分或者全部转让给本企业中其他合伙人的情形。由于这种转让属内部关系，只关联到各合伙人财产份额的变化，不影响企业的人合性，故不需征得其他合伙人的同意，只需通知即可。

2. 对外转让

对外转让，即合伙人向其他合伙人以外的人转让财产份额。合伙人的转让行为要经其他合伙人一致同意。在同等条件下，其他合伙人有优先购买权。

合伙人的财产份额不论是对内转让，还是对外转让，合伙协议对此有不同于法律规定的，合伙协议优先。

（三）合伙财产份额质押

非经全体合伙人一致同意，合伙人不得以其在合伙企业中的财产份额对外出质。否则，出质无效，合伙企业对此行为不负责，由该出质合伙人对第三人进行赔偿，性质为缔约过失责任。

（四）其他禁止事项

（1）除法律另有规定，合伙人在合伙企业清算前，不得请求分割合伙企业财产。

（2）合伙人在合伙企业清算前私自转移或者处分企业财产的，合伙企业不得以此对抗善意第三人。

三、合伙事务的执行

（一）一般规则及表决方式

1. 合伙人的事务执行权

普通合伙人有同等的事务执行权，但具体事务执行规则可由合伙协议约定。按照合伙协议的约定或者经全体合伙人决定，可以委托一个或者数个合伙人对外代表合伙企业，执行合伙事务。作为合伙人的法人、其他组织执行合伙事务的，由其委派的代表执行。数个合伙人执行合伙事务的，其他合伙人不再执行合伙事务，但如果非执行人代表合伙企业对外签署了合同，判定合同效力时要保护善意第三人。不执行合伙事务的合伙人有权监督执行事务合伙人执行合伙事务的情况。

2. 合伙人的忠诚、勤勉义务

执行事务的合伙人负有忠诚、勤勉义务，应当定期向其他合伙人报告事务执行情况以及合伙企业的经营和财务状况，其执行事务所产生收益归合伙企业，所产生的费用和亏损由合伙企业承担。如果执行人侵占合伙财产要退还，造成损失应赔偿。同时，合伙人为了解合伙企业的经营状况和财务状况，有权查阅合伙企业会计账簿等财务资料。

3. 合伙人的异议权和撤销权

合伙人分别执行合伙事务的，执行事务合伙人可以对其他合伙人执行的事务提出异议。提出异议时，应当暂停该项事务的执行。受委托执行合伙事务的合伙人不按照合伙协议或者全体合伙人的决定执行事务的，其他合伙人可以决定撤销该委托。

4. 合伙事务表决方式

合伙人对合伙企业有关事项作出决议，按照合伙协议约定的表决办法办理。合伙协议未约定或者约定不明确的，实行合伙人一人一票并经全体合伙人过半数通过的表决办法。

5. 须全体合伙人一致同意的事务

除合伙协议另有约定外，合伙企业的下列事项应当经全体合伙人一致同意：

（1）改变合伙企业的名称；

（2）改变合伙企业的经营范围、主要经营场所的地点；

（3）处分合伙企业的不动产；

（4）转让或者处分合伙企业的知识产权和其他财产权利；

（5）以合伙企业名义为他人提供担保；

（6）聘任合伙人以外的人担任合伙企业的经营管理人员；

（7）合伙人按照合伙协议的约定或者经全体合伙人决定，可以增加或者减少对合伙企业的出资；

（8）入伙、退伙、出质、对外转让份额。

上述事项如果没有经过全体合伙人一致同意，仍然有效。原因在于，上述事项是可以通过合伙协议的约定改变表决方式，因此，第三人无法从外部做出判断，故应当推定对外有效，企业应负责保障善意第三人的利益。

（二）第三人经营管理

除合伙协议另有约定外，经全体合伙人一致同意，可聘任合伙人以外的人担任合伙企业的经营管理人员。

被聘任的合伙企业的经营管理人员应当在合伙企业授权范围内履行职务。

合伙企业对经营管理者的权利限制，不能对抗善意第三人。

（三）合伙人的义务和责任

合伙人的义务和责任有：

（1）合伙人不得从事损坏本合伙企业利益的活动。

（2）合伙人不得自营或者同他人合作经营与本合伙企业相竞争的业务。对于有限合伙人有约定按约定，无约定则不限制。

（3）除合伙协议另有约定或者经全体合伙人一致同意外，合伙人不得同本合伙企业进行交易。对于有限合伙人有约定按约定，无约定则不限制。

（4）合伙人违反《合伙企业法》规定或者合伙协议的约定，从事与本合伙企业相竞争的业务或者与本合伙企业进行交易的，该收益归合伙企业所有；给合伙企业或者其他合伙人造成损失的，依法承担赔偿责任。

（四）合伙企业的利润分配、亏损分担

（1）合伙企业的利润分配和亏损分担按照合伙协议的约定办理；合伙协议未约定或者约定不明确的，由合伙人协商决定；协商不成的，由合伙人按照实缴出资比例分配、分担；无法确定出资比例的，由合伙人平均分配、分担。

（2）合伙协议不得约定将全部利润分配给部分合伙人或者由部分合伙人承担全部亏损。

四、合伙的债务清偿规则

（一）合伙企业的债务清偿规则

（1）合伙企业对其债务，应先以其全部财产进行清偿。

（2）合伙企业不能清偿到期债务的，由普通合伙人承担无限连带责任。注意：合伙企业合伙人的无限连带责任是补充无限连带责任，即合伙人为第二顺位的债务人，拥有先诉抗辩权。

（3）有限合伙人转变为普通合伙人的，对其作为有限合伙人期间有限合伙企业发生的债务承担无限连带责任。

（4）合伙人执业活动中因故意或者重大过失造成的合伙企业债务，以合伙企业财产对外承担责任后，该合伙人应当按照合伙协议的约定对给合伙企业造成的损失承担赔偿责任。

（5）退伙人对基于其退伙前的原因发生的合伙企业债务，承担无限连带责任。有限合伙人退伙后，对基于其退伙前的原因发生的有限合伙企业债务，以其退伙时从有限合伙企业中取回的财产承担责任。

（6）合伙企业注销后，原普通合伙人对合伙企业存续期间的债务仍应承担无限连带责任。

（7）合伙企业不能清偿到期债务的，债权人可以依法向人民法院提出破产清算申请，也可以要求普通合伙人清偿。合伙企业依法被宣告破产的，普通合伙人对合伙企业债务仍应承担无限连带责任。

（二）合伙人的债务清偿规则

（1）合伙人的个人债权人，同时又是合伙企业的债务人，不能抵销，也不得代位行使合伙人在企业里面的权利。因为，合伙企业与合伙人是两个主体，各自相对独立。

（2）合伙人的自有财产不足清偿其与合伙企业无关的债务时，该合伙人可以以其从合伙企业中分取的收益用于清偿；债权人也可以依法请求人民法院强制执行该合伙人在合伙企业中的财产份额用于清偿。

（3）人民法院强制执行合伙人的财产份额时，应当通知全体合伙人，其他合伙人有优先购买权；其他合伙人未购买，又不同意将该财产份额转让给他人的，依照《合伙企业法》规定为该合伙人办理退伙结算，或者办理削减该合伙人相应财产份额的结算。

五、入伙与退伙

（一）入　伙

入伙，是指在合伙企业存续期间，合伙人以外的第三人加入合伙企业并取得合伙人资格的行为。

1. 入伙的程序

普通合伙人入伙，应具备下列条件：

（1）一致同意+书面协议。新合伙人入伙，除合伙协议另有约定外，应当经全体合伙人一致同意，并依法订立书面入伙协议。

（2）无限连带责任。新合伙人对入伙前合伙企业的债务承担无限连带责任，目的是保护债权人利益。故要求原合伙人应当向拟入伙的人如实告知原合伙企业的经营状况和财务状况。当然，可以通过入伙协议约定，新合伙人在承担了入伙前的债务后有权进行内部追偿。

2. 入伙的法律后果

（1）资格问题：入伙人取得合伙人的资格。

（2）权利问题：入伙的新合伙人与原合伙人享有同等权利，承担同等责任。入伙协议另有约定的，从其约定。

（3）责任问题：新合伙人对入伙前合伙企业的债务承担无限连带责任。

（二）退 伙

退伙包括以下四种情形：

1. 协议退伙

合伙协议约定合伙期限的，在合伙企业存续期间，有下列情形之一的，合伙人可以退伙：

（1）合伙协议约定的退伙事由出现；

（2）经全体合伙人一致同意；

（3）发生合伙人难以继续参加合伙的事由；

（4）其他合伙人严重违反合伙协议约定的义务。

2. 单方通知退伙

声明退伙是指基于退伙人的单方意思表示而退伙。

合伙协议未约定合伙期限的，合伙人在不给合伙企业事务执行造成不利影响的情况下，可以退伙，但应当提前 30 日通知其他合伙人。

合伙人违反上述的规定退伙的，应当赔偿由此给合伙企业造成的损失。

3. 当然退伙（事件导致）

退伙事由实际发生之日为退伙生效日。合伙人有下列情形之一的，当然退伙：

（1）作为合伙人的自然人死亡或者被依法宣告死亡；

（2）个人丧失偿债能力；

（3）作为合伙人的法人或者其他组织依法被吊销营业执照、责令关闭、撤销，或者被宣告破产；

（4）法律规定或者合伙协议约定合伙人必须具有相关资格而丧失该资格，比如，丧失了行为能力或者被录用为公务员等；

（5）合伙人在合伙企业中的全部财产份额被人民法院强制执行。

4. 除名退伙（过错导致）

除名退伙，即开除。合伙人有下列情形之一的，经其他合伙人一致同意，可以决议将其除名：

（1）未履行出资义务；

（2）因故意或者重大过失给合伙企业造成损失；

（3）执行合伙事务时有不正当行为；

（4）发生合伙协议约定的事由。

对合伙人的除名决议应当书面通知被除名人。被除名人接到除名通知之日起，除名生效，被除名人退伙。被除名人对除名决议有异议的，可以自接到除名通知之日起 30 日内，向人民法院起诉。

（三）退伙的后果

（1）合伙人死亡或者被依法宣告死亡的，对该合伙人在合伙企业中的财产份额享有合法继承权的继承人，按照合伙协议的约定或者经全体合伙人一致同意，从继承开始之日起，取得该合伙企业的合伙人资格。名为继承，实为新入伙。

（2）有下列情形之一的，合伙企业应当向合伙人的继承人退还被继承合伙人的财产份额（合伙人的身份是不能继承的，但财产权利可以继承）：

① 继承人不愿意成为合伙人；

② 法律规定或者合伙协议约定合伙人必须具有相关资格，而该继承人未取得该资格；

③ 合伙协议约定不能成为合伙人的其他情形。

（3）合伙人的继承人为无民事行为能力人或者限制民事行为能力人时：

① 经全体合伙人一致同意，可以依法成为有限合伙人，普通合伙企业依法转为有限合伙企业。

② 全体合伙人未能一致同意的，合伙企业应当将被继承合伙人的财产份额退还该继承人。

（4）退伙人对基于其退伙前的原因发生的合伙企业债务，承担无限连带责任。即下列两种情况，退伙人都负无限连带责任：

① 退伙前的债；

② 退伙后的债，但产生债的原因发生在退伙前的。比如，附条件之债，成立在退伙前，生效在退伙后。

六、特殊的普通合伙企业

特殊的普通合伙企业适用于以专业知识和专门技能为客户提供有偿服务的机构。比如，律师事务所、会计师事务所、资产评估师事务所、建筑师事务所等，即非专业服务机构不能采取特殊的普通合伙企业形式。这些领域因为专业性强，合伙人在向客户提供专业服务时，个人的知识、技能、职业道德、经验等往往起着决定性的作用，合伙人个人的独立性极强。而其他合伙人对该合伙人的业务可能并不熟悉，所以机械地采用“合伙人承担无限连带责任”不符合现实需求。

（1）特殊的普通合伙企业名称中应当标明“特殊普通合伙”字样，从而明确合伙人的责任形式。

（2）特殊的普通合伙企业应当建立执业风险基金、办理职业保险。执业风险基金用于偿付合伙人执业活动产生的债务。执业风险基金应当单独立户管理，具体管理办法由国务院规定。

（3）特殊普通合伙企业合伙人的责任。

特殊的普通合伙企业的合伙人责任承担采用特殊规则，但在执行合伙事务、合伙人与第三人关系、入伙、退伙等方面，都与普通合伙企业的规定相同。

另外，非企业专业服务机构依据有关法律采取合伙制（非合伙企业形式）的，其合伙人承担责任的形式可以适用《合伙企业法》关于特殊的普通合伙企业合伙人承担责任的规定。

特殊的普通合伙企业的债务承担，需要遵循以下规则：

（1）合伙企业债务，先以合伙企业财产承担。即，合伙人执业活动中因故意或者重大过失造成的合伙企业债务，以合伙企业财产对外承担责任后，该合伙人应当按照合伙协议的约定对给合伙企业造成的损失承担赔偿责任。

（2）对合伙企业财产不足清偿的债务部分，合伙人按照下列规则承担责任：

① 一个合伙人或者数个合伙人在执业活动中因故意或者重大过失造成合伙企业债务的，应当承担无限责任或者无限连带责任，其他合伙人以其在合伙企业中的财产份额为限承担责任。

② 合伙人在执业活动中非因故意或者重大过失造成的合伙企业债务以及合伙企业的其他债务，由全体合伙人承担无限连带责任。

第三节　有限合伙企业

一、概念和特征

1. 概　念

有限合伙，即在至少有一名合伙人承担无限责任的基础上，允许其他合伙人承担有限责任的合伙企业。在国外又被称为“两合公司”，是一种历史悠久的企业类型。兼具合伙不需要注册资本和有限公司的股东承担有限责任的优势。

2. 特　征

（1）除法律另有规定的以外，有限合伙企业由 2 个以上 50 个以下合伙人设立。其中，至少有一个普通合伙人，否则，就不是合伙企业了。

（2）普通合伙人承担无限连带责任，行使合伙事务执行权，负责企业的经营管理。国有独资公司、国有企业、上市公司以及公益性的事业单位、社会团体可以成为有限合伙人，但不能成为普通合伙人。

（3）有限合伙人以其认缴的出资额为限承担责任。有限合伙人应当按照合伙协议的约定按期足额缴纳出资；未按期足额缴纳的，应当承担补缴义务，并对其他合伙人承担违约责任。

（4）有限合伙企业的合伙协议，除需要记载普通合伙企业协议应当载明的事项外，还需载明下列特殊事项：① 有限合伙人入伙、退伙的条件、程序以及相关责任；② 有限合伙人和普通合伙人相互转变的程序。

（5）有限合伙人的出资包括货币、实物、知识产权、土地使用权或者其他财产权利应作价，并在企业登记事项中予以载明，但不能以劳务出资。

（6）名称中应当标明“有限合伙”字样。

二、有限合伙企业的特殊规定

1. 有限合伙企业由普通合伙人执行合伙事务

只有普通合伙人才能作为事务执行人，才能对外代表合伙企业。执行事务合伙人可以要求在合伙协议中确定执行事务的报酬及报酬提取方式。

2. 有限合伙人不得执行合伙企业事务

有限合伙人不得执行合伙企业事务，不得对外代表有限合伙企业。因此，有限合伙人不要求必须是完全民事行为能力人。

但是，有限合伙人的下列行为，不视为执行合伙事务：

（1）参与决定普通合伙人入伙、退伙；

（2）对企业的经营管理提出建议；

（3）参与选择承办有限合伙企业审计业务的会计师事务所；

（4）获取经审计的有限合伙企业财务会计报告；

（5）对涉及自身利益的情况，查阅有限合伙企业财务会计账簿等财务资料；

（6）在有限合伙企业中的利益受到侵害时，向有责任的合伙人主张权利或者提起诉讼；

（7）执行事务合伙人怠于行使权利时，督促其行使权利或者为了本企业的利益以自己的名义提起诉讼；

（8）依法为本企业提供担保。

3. 除合伙协议另有约定外，有限合伙企业不得将全部利润分配给部分合伙人

将全部利润分配给部分合伙人在普通合伙企业中是绝对禁止的，但在有限合伙中只是相对禁止，有约定即可。

4. 表见普通合伙人

所谓表见普通合伙人，其实是有限合伙人，但给交易对方造成他是普通合伙人的表面现象。

（1）对外的法律责任：第三人有理由相信有限合伙人为普通合伙人并与其交易的，该有限合伙人对该笔交易承担与普通合伙人同样的责任，即无限连带责任。

① 对外而言，连带责任的主体是“该有限合伙人+普通合伙人”。排除了“其他有限合伙人”，因为其他有限合伙人并非企业事务执行人，对企业的经营无管理权，所以仍承担“有限责任”。

② 上述连带责任只针对“该笔交易”，该有限合伙人承担无限连带责任。换言之，对该有限合伙人没有插手的其他交易，该有限合伙人仍旧承担有限责任。

（2）对内的法律责任：该有限合伙人未经授权以有限合伙企业名义与他人进行交易，给有限合伙企业或者其他合伙人造成损失的，该有限合伙人应当承担赔偿责任。

5. 新入伙的有限合伙人

新入伙的有限合伙人对入伙前有限合伙企业的债务，以其认缴的出资额为限承担责任。

三、有限合伙人的权利

有限合伙人的权利分为以下几个方面：

1. 自己交易自由及其例外

有限合伙人可以同本有限合伙企业进行交易，但是，合伙协议另有约定的除外。

2. 竞业自由及其例外

有限合伙人可以自营或者同他人合作经营与本有限合伙企业相竞争的业务，但是，合伙协议另有约定的除外。对此，普通合伙人是绝对禁止的。

3. 出质自由及其例外

有限合伙人可以将其在有限合伙企业中的财产份额出质，但是，合伙协议另有约定的除外。

4. 对外转让份额自由

有限合伙人可以按照合伙协议的约定向合伙人以外的人转让其在有限合伙企业中的财产份额，不需要其他合伙人的同意，但应当提前30日通知其他合伙人。

注意：本项自由是有合伙协议的约定才有；如果没有约定，就不自由，就得经其他合伙人同意，就得保障其他合伙人的优先购买权。

5. 当然继承

作为有限合伙人的自然人死亡、被依法宣告死亡或者作为有限合伙人的法人及其他组织终止时，其继承人或者权利承受人可以依法取得该有限合伙人在有限合伙企业中的资格。

作为有限合伙人的自然人在有限合伙企业存续期间丧失民事行为能力的，其他合伙人不得因此要求其退伙。

四、合伙人责任性质的转换

（1）除合伙协议另有约定外，普通合伙人转变为有限合伙人，或者有限合伙人转变为普通合伙人，应当经全体合伙人一致同意。因为，合伙人身份的转变就导致责任的转变。

（2）普通合伙人与有限合伙人的相互转换，对于原来的债务均承担无限连带责任，对于此后的债则按照新身份负责。

（3）有限合伙只剩下普通合伙人的转为普通合伙，只剩下有限合伙人的，应解散。

五、有限合伙企业债务承担规则

（一）合伙企业的债务清偿

有限合伙企业的债务应先以其全部财产进行清偿。当合伙财产不足以清偿合伙债务时，由普通合伙人承担无限连带责任；有限合伙人以其认缴的出资额为限对合伙企业债务承担责任。即有限合伙人不承担无限连带责任。

（二）有限合伙人的债务清偿

（1）有限合伙人退伙后，对基于其退伙前的原因发生的有限合伙企业债务，以其退伙时从有限合伙企业中取回的财产承担责任。

（2）有限合伙人出现下列情形，当然退伙：

① 死亡或被依法宣告死亡；

② 依法被吊销营业执照、责令关闭、撤销，或者被宣告破产；

③ 丧失法律规定或协议约定的必备资格；

④ 全部财产份额被法院强制执行。

（3）作为有限合伙人的自然人在有限合伙企业存续期间丧失民事行为能力的，其他合伙人不得因此要求其退伙。

（4）作为有限合伙人的自然人死亡，其继承人可以依法取得该有限合伙人在有限合伙企业中的资格。

（5）有限合伙人个人丧失偿债能力的，不得退伙。而普通合伙人个人丧失偿债能力的，应当退伙。有限合伙人自有财产不足清偿与合伙企业无关的债务时，可以将其从企业中分取的收益用于清偿；债权人也可请求法院强制执行其财产份额用于清偿。强制执行财产份额时，通知全体合伙人。在同等条件下，其他合伙人有优先购买权。

（6）有限合伙人未经授权以有限合伙企业名义与他人进行交易，给有限合伙企业或者其他合伙人造成损失的，该有限合伙人应当承担赔偿责任。

第四节　合伙企业的终止

一、合伙企业的解散事由

（1）合伙期限届满，合伙人决定不再经营；

（2）合伙协议约定的解散事由出现；

（3）全体合伙人决定解散；

（4）合伙人已不具备法定人数满 30 天；

（5）合伙协议约定的合伙目的已经实现或者无法实现；

（6）依法被吊销营业执照、责令关闭或者被撤销；

（7）法律、行政法规规定的其他原因。

二、清算规则

清算期间，合伙企业存续，但不得开展与清算无关的经营活动。清算结束，清算人应当编制清算报告，经全体合伙人签名、盖章后，在 15 日内向企业登记机关报送清算报告，申请办理合伙企业注销登记。

（一）清算人的产生

（1）全体合伙人担任。

（2）全体合伙人过半数同意，可自解散事由出现后 15 日内指定一个或者数个合伙人担任，或委托第三人担任。

（3）解散事由出现之日起 15 日内未确定清算人的，合伙人或者其他利害关系人可申请人民法院指定。

（二）债权保护

清算人自被确定之日起 10 日内将合伙企业解散事项通知债权人，并于 60 日内在报纸上公告。债权人应当自接到通知书之日起 30 日内，未接到通知书的自公告之日起 45 日内，向清算人申报债权。

（三）清偿顺序

合伙企业财产在支付清算费用和职工工资、社会保险费用、法定补偿金以及缴纳所欠税款、清偿债务后的剩余财产，依照《合伙企业法》第三十三条第一款的规定进行分配。清偿顺序示意如图 3.4 所示。

图 3.4　清偿顺序示意图

（四）合伙企业注销后债务的承担

（1）合伙企业注销后，原普通合伙人对合伙企业存续期间的债务仍应承担无限连带责任。

（2）合伙企业不能清偿到期债务的，债权人可以依法向人民法院提出破产清算申请，也可以要求普通合伙人清偿。

（3）合伙企业依法被宣告破产的，普通合伙人对合伙企业债务仍应承担无限连带责任。“破产”制度以前只适用于法人，2006 年修订的《合伙企业法》将其纳入。合伙企业不能清偿到期债务的，债权人可以依法向人民法院提出破产清算申请，也可以要求普通合伙人清偿。合伙企业依法被宣告破产的，普通合伙人对合伙企业债务仍应承担无限连带责任。即合伙企业只用破产程序制度，不适用破产免责制度。

课后复习

【案例分析一】

甲、乙、丙设立一家普通合伙企业，合伙协议约定，合伙的全部利润由甲和乙按7:3分配，2017年，合伙企业盈利100万。请问：

应按合伙协议约定分配还是直接平均分配给各合伙人？

【案例分析二】

2010年1月，甲、乙、丙共同设立一合伙企业。合伙协议约定：甲以现金人民币5万元出资，乙以房屋作价人民币8万元出资，丙以劳务作价人民币4万元出资，各合伙人按相同比例分配盈利、分担亏损。合伙企业成立后，为扩大经营，于2010年6月向银行贷款人民币5万元，期限为1年。2010年8月，甲提出退伙，鉴于当时合伙企业盈利，乙、丙表示同意。同月，甲办理了退伙结算手续。2010年9月，丁入伙。丁入伙后，因经营环境变化，企业严重亏损。2011年5月，乙、丙、丁决定解散合伙企业，并将合伙企业现有财产价值人民币3万元予以分配，但对未到期的银行贷款未予清偿。2011年6月，银行贷款到期后，银行找合伙企业清偿债务，发现该企业已经解散，遂向甲要求偿还全部贷款，甲称自己早已退伙，不负责清偿债务。银行向丁要求偿还全部贷款，丁称该笔贷款是在自己入伙前发生的，不负责清偿。银行向乙要求偿还全部贷款，乙表示只按照合伙协议约定的比例清偿相应数额。银行向丙要求偿还全部贷款，丙则表示自己是以劳务出资的，不承担偿还贷款义务。请问：

1. 甲、乙、丙、丁各自的主张能否成立？并说明理由。
2. 合伙企业所欠银行贷款应如何清偿？

【案例分析三】

假设2013年3月，甲、乙、丙、丁按照《中华人民共和国合伙企业法》的规定，共同投资设立一从事商品流通的有限合伙企业。合伙协议约定了以下事项：

1. 甲以现金5万元出资，乙以厂房作价8万元出资，丙以劳务作价4万元出资，另外以商标权作价5万元出资，丁以现金10万元出资；
2. 丁为普通合伙人，甲、乙、丙均为有限合伙人；
3. 各合伙人按相同比例分配盈利、分担亏损；
4. 合伙企业的事务由丙和丁执行，甲和乙不执行合伙企业事务，也不对外代表合伙企业；
5. 普通合伙人向合伙人以外的人转让财产份额的，不需要经过其他合伙人同意；
6. 合伙企业名称为“顺达物流合伙企业”。

根据以上事实，回答下列问题，并分别说明理由：

1. 合伙人丙以劳务作价出资的做法是否符合规定？
2. 合伙企业事务执行方式是否符合规定？

3. 关于合伙人转让出资的约定是否符合法律规定?
4. 合伙企业名称是否符合规定?
5. 各合伙人按照相同比例分配盈利、分担亏损的约定是否符合规定?

【思考题】

1. 简述合伙企业的种类、特征及优缺点。
2. 对比有限合伙人与普通合伙人在权利、义务上的区别。
3. 阐述合伙协议的主要内容。
4. 分析退伙的情形及其法律后果。
5. 简述特殊普通合伙企业合伙人的责任。
6. 简述合伙企业解散的事由及其法律后果。

第四章 物权法律制度

本章概要

物权法律制度

- 第一节 物权和物权法概述
  - 一、物权概述
  - 二、物权的分类
  - 三、物权法的基本原则
  - 四、物权的变动
  - 五、物权的保护
- 第二节 所有权
  - 一、所有权概述
  - 二、业主的建筑物区分所有权
  - 三、相邻关系
  - 四、共有
  - 五、所有权的特殊取得
- 第三节 用益物权
  - 一、用益物权概述
  - 二、土地承包经营权
  - 三、建设用地使用权
  - 四、宅基地使用权
  - 五、居住权
  - 六、地役权
- 第四节 占有
  - 一、占有概述
  - 二、占有的分类
  - 三、占有的效力
  - 四、占有的保护
  - 五、占有的消灭

物权是民事主体依法享有的重要财产权。物权法律制度调整因物的归属和利用而产生的民事关系，是最重要的民事基本制度之一。2007 年 3 月 16 日第十届全国人民代表大会第五次会议通过了《中华人民共和国物权法》(下文简称《物权法》)。《民法典》第二编“物权”在物权法的基础上，按照党中央提出的完善产权保护制度，健全归属清晰、权责明确、保护严格、流转顺畅的现代产权制度的要求，结合现实需要，进一步完善了物权法律制度。

第一节 物权和物权法概述

本节介绍物权制度基础性规范，包括平等保护等物权基本原则，物权变动的具体规则，以及物权保护制度等内容。

一、物权概述

（一）物权的概念和特征

“物权”一词最早起源于罗马法。中世纪注释法学家在解释罗马法时，曾经从对物之诉和对人之诉中，引申出“物权”和“债权”的概念。《民法典》第二百零五条规定：“本编调整因物的归属和利用产生的民事关系。”因物的归属和利用而产生的民事关系，属于物权法律关系。物权法律关系所称“物”，包括不动产和动产。法律规定权利作为物权客体的，依照其规定。物权法律关系所称“物权”，是指权利人依法对特定的物享有直接支配和排他的权利，包括所有权、用益物权和担保物权。

物权主要具有如下法律特征：在权利性质上，物权为支配权，权利人无需借助于他人的行为就能行使其权利，并通过对标的物的直接管理和支配实现自己的利益；在权利效力范围上，物权为绝对权；在权利客体上，物权的客体是物；在权利效力上，物权具有优先力和追及力；在权利的发生上，物权的设定采取法定主义，当事人不得任意创设新的物权，也不能任意变更物权的内容；在权利的保护方法上，物权的保护以恢复权利人对于物的支配为主要目的，故偏重于“物上请求权”的方法。

（二）物权和债权的区别

物权与债权的区分不仅关系到物权独立存在的必要性以及制定物权法的价值，而且还决定了物权法的内容以及体系的构建。按照通说，财产权是以财产利益为客体的民事权利，它可以分为物权与债权。物权是和债权相对应的一种民事权利，它们共同组成民法中最基本的财产形式，二者的联系十分密切，但存在以下区别：

1. 主体不同

物权的权利主体为特定的人，义务主体为权利主体以外的不特定的任何人；而债权债务关系的权利主体和义务主体，皆为特定的人，称为债权人和债务人。

2. 客体不同

物权的客体由其性质决定，原则上只能是独立物、特定物和有体物。电力、燃气、热力、光和各种能量、能源等，仅在可以管理的范围内，方可成为物权的客体；权利，则仅在法律有规定的情况下方能成为物权（如权利质权、权利抵押权）的客体。债权的客体既不是物，也不是债务人的人身，而是债务人为一定行为或不为一定行为。为一定行为者，称为给付，不为一定行为者，称为不作为。给付的情形，其对象又多数是“物”，称为给付物。因此，物是民法乃至商法的最重要的客体。

3. 权利效力不同

物权的效力为对标的物的支配力，债权的效力为请求他人为一定行为或不为一定行为的请求力。基于物权的支配力，物权有排他效力、优先效力和追及效力。因债权的效力为请求力，故同一标的物上可以并存两个或两个以上的债权，各债权平等，且均不具有排他效力、优先效力，债权也无追及效力。当债务人的责任财产被第三人占有时，无论该第三人的占有是否合法，债权人皆不能请求该第三人返还。

二、物权的分类

根据不同的分类标准，物权可分为完全物权和定限物权；动产物权、不动产物权和权利物权；用益物权和担保物权。

（一）所有权和定限物权

此系以对标的物的支配范围为标准所作的界分。所有权，又称为完全物权，指于法律限制的范围内对所有物为全面支配的物权，又称为完全物权。

定限物权，是指所有权以外的仅可于一定范围内对物进行支配的物权，因系成立于他人之物上，故又被称为他物权。换言之，定限物权包括用益物权与担保物权。

（二）动产物权、不动产物权和权利物权

此系以标的物的种类为标准所作的区分。以动产为标的物的物权，为动产物权，其包括动产所有权、动产质权、动产抵押权和留置权；以不动产为标的物的物权，为不动产物权，其包括不动产所有权、土地承包经营权、建设用地使用权、宅基地使用权、居住权、地役权等；以权利为标的的物权，为权利物权，其包括权利质权与权利抵押权。

（三）用益物权和担保物权

此系对定限物权（他物权）所作的再分类。用益物权，指以物的利用价值为内容的物权，着重于对他人之物的物权方式的使用和收益，其包括土地承包经营权、建设用地使用权、宅基地使用权、居住权、地役权等；担保物权，系以支配物的交换价值为内容的物权，即通过支配他人之物的交换价值而授予他人以信用或融资。以抵押权、质权、留置权为其典型。

二者区别有二：（1）用益物权的权利人可对标的物依其性质为使用、收益，因此同一物上有用益物权存在时，即不能再设立另一用益物权（但地役权和大多数取水权除外）；而担保物权，其设立人系以标的物供债权的担保，权利人仅就卖得价金优先受债权的清偿，故而系支配标的物的交换价值而促使债务人清偿（自己的债务），由此，同一标的物上可同时存在两个或两个以上的担保物权。（2）同一标的物上设立用益物权后，还可设定担保物权。担保物权中的不动产抵押权设立后，复可以该物设立用益物权（如以出让方式获得的建设用地使用权设立抵押权后，复可于该建设用地上设立地役权）。

三、物权法的基本原则

（一）平等保护原则

《民法典》物权编第二百零七条规定："国家、集体、私人的物权和其他权利人的物权受法律平等保护，任何组织或者个人不得侵犯。"我们称之为"平等保护原则"，这是对《物权法》第四条的继承。对这个曾经在新中国立法史上引发巨大争论的法律规定的继承，就是党和国家对坚持中国特色社会主义经济制度、实行社会主义市场经济、平等保护各类市场主体的最好承诺。

因为,《物权法》确立“平等保护原则”，经历五年八次审议，在新中国立法史上绝无仅有。回顾这段历史，有助于我们更好理解和实施《民法典》。

（二）物权法定原则

物权法定原则指物权的类型和内容由民法和其他法律明文规定，当事人不得任意创设物权，也不得更易民法或其他法律所定的物权的内容。《民法典》第一百一十六条规定：“物权的种类和内容，由法律规定。”此处所称的“法律”，除《民法典》外，根据《立法法》的规定，还指全国人民代表大会及其常务委员会制定的其他法律规范。

（三）公示公信原则

物权的公示公信原则，实际上是物权变动的公示原则和公信原则。

物权公示，指物权享有与变动的可取信于社会公众的外部表现方式，凡物权的享有与变动，均须进行公示。公示的目的在于使人“知”。

物权法定原则是关于物权法的一项基本架构原则。物权的享有既然以登记或占有为其表征，则信赖该表征而有所作为者，即使其表征与实质的权利不符，对于信赖该表征的人也无任何影响，称为公信原则。

易言之，物权的变动，因登记或交付的公示方法而产生公信力，对于信赖公示方法而从事交易的善意第三人，法律应对其信赖予以保护，如动产所有权的善意取得或不动产登记的公信力。

四、物权的变动

物权的变动，即物权的设立、变更、转移和消灭。引起物权变动的法律事实具有多样性。民事法律行为、事实行为及事件均可能引起物权的变动。

所谓基于民事法律行为的物权变动，是指当事人基于合意或者其他民事法律行为，并在践行一定的公示方法之后，完成一定的物权变动。此种变动模式是物权变动的常态。它包括两方面内容：一是合意，即当事人就是否设定物权以及物权的内容等方面达成一致的意思表示。合意是依民事法律行为变动物权的基础。二是公示，物权的公示方法包括不动产的登记和动产的交付。

不动产物权非基于民事法律行为而发生变动，具有特殊性，因此《民法典》物权编将其于第二章“物权的设立、变更、转让和消灭”的第三节“其他规定”中作单独规定。该节规定了因人民法院、仲裁机构的法律文书，人民政府的征收决定，继承，合法建造或拆除房屋等法律事实而引起的物权变动，不经登记即发生效力；但是，处分这些物权时，依照法律规定需要办理登记的，未经登记，不发生物权效力。换言之，非因法律行为而取得不动产物权的，不以登记为物权取得的生效条件，但非经登记，不得处分所取得的不动产物权。也就是说，欲处分自己的不动产物权的，须先登记为权利人。

动产物权非依法律行为而发生变动者，除了继承、强制执行和法院判决外，还有因无主物先占、取得时效、遗失物拾得、埋藏物、漂流物发现及添附等事实行为而引起的物权变动。此等动产物权的变动因较复杂，具有特殊性，故将在“所有权的特别取得”中讨论。

《民法典》第二百零九条规定："不动产物权的设立、变更、转移和消灭，经依法登记，发生效力；未经登记，不发生效力，但法律另有规定的除外。"《民法典》第二百二十四条规定："动产物权的设立和转让，自交付时发生效力，但法律另有规定的除外。"可见，我国物权变动采用的是合意加公示的模式，实际上确立了一种以债权形式主义为原则，以公示对抗主义为例外的二元物权变动模式。

（一）不动产登记

不动产登记是指国家登记机构将不动产物权变动的事项记载于不动产登记簿并供公众查阅。物权的公示原则要求当事人应当将物权设立、移转的事实通过一定的公示方法向社会公开，从而使第三人知道物权存在和变动的情况。不动产登记是不动产物权设立和变动的主要公示方法。不动产登记的效力表现为：

一是物权变动的效力。一般来说，以民事法律行为发生的不动产物权变动，都是从登记之日起发生物权变动的效果。凡是依法需要办理登记的，其不动产物权的变动，都需要依法办理登记，只有从办理登记时起才发生物权的设立和变动。

二是权利推定的效力。所谓权利推定的效力，就是说登记记载的权利人应当被推定为法律上的权利人。在登记没有更正也没有异议登记的情况下，推定登记记载的权利人就是物权人。《民法典》第二百一十六条确认了此种登记的效力。当然，登记可能发生错误，但在未更正错误之前，只能依据登记记载的权利人作出权利人的推定。

三是善意保护的效力。它是指登记记载的权利人在法律上被推定为真正的权利人，即便以后事实证明登记记载的物权不存在或存有瑕疵，对于信赖该物权的存在并已完成了物权交易的人，法律仍然承认其行为具有与真实的物权相同的法律效果。在登记申请人办理了登记之后，任何人因为信赖登记，而与登记权利人就登记的财产从事了交易行为，符合善意取得的构成要件，应当受到善意取得制度的保护，取得该不动产的所有权。

《民法典》第二百一十五条规定："当事人之间订立有关设立、变更、转让和消灭不动产物权的合同，除法律另有规定或者当事人另有约定外，自合同成立时生效；未办理物权登记的，不影响合同效力。"该条在民法上称为"区分原则"，即区分合同效力和物权变动的效力。该条主要适用于不动产物权的变动，但对于动产物权的变动也具有重要的参照意义。依据区分原则，未办理物权登记的，不影响合同效力，主要原因在于：一方面，登记直接指向的是物权的变动，而非合同的效力。另一方面，合同是否有效，应当依据法律行为有效要件进行判断。只要当事人之间的合同符合合同成立和生效的要件，该合同就应当是有效的，当事人是否办理登记，不应当影响该合同的效力。

（二）动产交付

动产物权，以占有和交付作为其公示方法。其中，占有是动产物权享有（静态）的公示方法，交付（占有的移转）是动产物权变动（动态）的公示方法。

交付是转让动产物权的公示方法。交付通常指的是现实交付，此为交付的常态。现实交付，指动产物权的出让人，将其对于动产的现实的直接的支配（管领）力，移转于受让人。换言之，指移转出卖人对于动产的现实的管领力于受让人，使受让人可领管动产。

对动产的事实管领力是否移转，应依社会一般观念或交易观念而定。观念交付，包括简易交付、指示交付、占有改定等。观念交付包括以下三种方式：

1. 简易交付

它是指动产物权设立和转让前，如果权利人已经依法占有了该动产，就无须再进行实际交付，从法律行为发生效力时起直接发生物权变动的效力。例如，出让人在转让动产物权之前，受让人已通过委托、租赁、使用借贷等方式而实际占有了该动产，则从移转标的物所有权的合同生效之时起，视为交付已经完成。

2. 指示交付

所谓指示交付，是指当事人在动产物权设立和转让时，如果该动产已经由第三人占有，负有交付义务的人可以将其对第三人的返还请求权转让给新的权利人，以代替物的实际交付。例如，出让人将其动产交付第三人保管，后出让人又将该动产转让，则一旦出让人将其对第三人的返还请求权转让给受让人，即完成了交付。当然，如果转让人不能实际行使返还原物的请求权的，也就不能通过指示交付发生物权的变动。

3. 占有改定

所谓占有改定，也称为继续占有，是指在动产物权转让时，如果转让人希望继续占有该动产，当事人双方可以订立合同，特别约定由转让人继续占有该动产，而受让人因此取得对标的物的间接占有以代替标的物的实际交付。例如，出让人在转让动产时，如果需要继续使用该动产，则可与受让人约定，由其继续占有该动产，则在该约定达成时，即完成了交付。

（三）特殊动产物权的变动

《民法典》第二百二十五条规定："船舶、航空器和机动车等物权的设立、变更、转让和消灭，未经登记，不得对抗善意第三人。"所谓特殊动产，是指船舶、航空器和机动车等动产。船舶、航空器和机动车等特殊动产物权的设立、变更、转让和消灭，可以不经登记而发生物权的变动，适用登记对抗主义，也即当事人双方就船舶、飞行器和机动车等物权的设立、变更、转让和消灭达成协议的，只要出让人将标的物交付买受人，即使没有办理登记手续，在当事人之间仍然可以发生物权变动的效果。如果涉及物权的转让，则受让人可以依法取得物权，只是此种物权不能对抗善意第三人（见表 4.1）。

表 4.1　交通工具所有权变动模式

买卖合同	交　付	登　记
债权效力	物权效力	对抗第三人

五、物权的保护

物权的民法保护方法包括：请求确认物权、请求返还原物、请求排除妨害或消除危险、请求恢复原状和请求赔偿损失。但是要注意恢复原状保护方法的适用，应有一定的限制：（1）被损坏之物必须存在修复的可能性。这一点，应根据社会一般观念，必要时参照相关专业标准确定。（2）恢复原状在经济上应当合理，若其费用超出原物价值，即不宜采取。但如果分割人为恶意或恢复原状对于物权人有特殊利益，则不应过分强调其经济上的合理性。请求赔偿损失也是一种救济途径。

（一）物权的确认请求权

所谓物权确认请求权，是指利害关系人在物权归属和内容发生争议时，有权请求确认物权归属、明确权利内容。行使物权确认请求权必须向有关机关或人民法院提出请求，并最终由人民法院确权。

对物权的确认请求权规定在《民法典》第二百三十四条："因物权的归属、内容发生争议的，利害关系人可以请求确认权利。"物权确认请求权包括两方面的内容：一是对物权归属的确认。物权确认请求权是保护所有权的前提，因为返还所有物、排除妨害等请求权都以所有权的确认为前提。同时，物权确认请求权也适用于对他物权的确认。例如，土地使用权因登记错误发生争议，真正的权利人有权请求法院确认土地使用权的归属。二是对物权内容的确认。所谓物权内容的确认，就是指当事人对物权的内容发生争议以后，请求人民法院对物权的内容加以确认。例如，登记机构将他人的房屋面积登记错误，或者将抵押权所担保的债权数额记载错误，权利人向登记机构提出更正登记遭到拒绝后，可以请求法院确认其物权。

（二）物权请求权

物权请求权是指基于物权而产生的请求权，也就是说，当物权人在其物被侵害或者有可能遭受侵害时，便有权请求恢复物权的圆满状态，或者防止侵害。这类请求权，不以侵害人具有过错为要件，属于物权法上的特有保护方法。

1. 返还原物请求权

返还原物请求权指权利人对无权占有或侵夺其物的人，有权请求其返还占有物。

2. 排除妨害请求权

排除妨害请求权指当物权的享有和行使受到以占有以外的方式的妨害时，物权人对妨害人享有请求其排除妨害，从而使自己的权利恢复到圆满状况的权利。

3. 消除危险请求权

消除危险请求权指行为人的行为可能造成对他人的妨害，并且构成一定的危险时，物权人有权请求消除已经存在的危险。

4. 恢复原状请求权

恢复原状请求权指物在遭受侵害之后，如果能够通过修理、重作等方式恢复原状，应当采用各种方法使这些物恢复到原有状况，从而使得权利人恢复对物的圆满的权利状态。

第二节　所有权

所有权是物权的基础，是所有人对自己的不动产或者动产依法享有占有、使用、收益和处分的权利。本节介绍所有权制度，包括所有权人的权利，征收和征用规则，国家、集体和私人的所有权，相邻关系、共有等所有权基本制度。

一、所有权概述

所有权，指所有人在法律限制的范围内，对于所有物为全面支配的物权，抑或指所有人在法律限制的范围内，对于标的物为永久、全面与整体支配的物权。

（一）所有权的权能

所有权是物权中最完整、最全面的权利。所有权具有全面性、整体性、弹力性、排他性、恒久性。所有权的积极权能包括占有权、使用权、收益权和处分权；所有权的消极权能是指排除他人干涉的权能。此项权能，是所有权绝对性的体现，也是实现所有权的各项积极权能的必要条件。

1. 占　有

占有权能，指特定的所有人对标的物为管领的事实。所有权的行使，大抵均以占有为前提，且通常的情形是，所有与占有皆合二为一，占有人皆被推定为所有人。

2. 使　用

使用权能，指依所有物的性能或用途，于不毁损所有物本体或变更其特性的情形下对物加以利用，以满足生产和生活需要的权能。

3. 收　益

收益权能，指收取由原物所生的新增经济价值的权能，抑或指就所有物收取天然孳息与法定孳息。而所谓新增经济价值，包括原物衍生的果实（天然孳息），以及因利用原物进行生产经营活动而产生的利润等。

4. 处　分

处分权能，指依法对物进行处置，从而决定物的命运的权能。处分权能为所有权核心内容，系所有权最重要、最基本的权能。

（二）所有权的种类

1. 国家所有权

国家所有权是我国社会主义全民所有制于法律上的表现，是国家对国有财产的占有、使用、收益和处分的权利，或者说是国家以民事主体的身份对依法归其所有的物所享有的所有权。主要包括国家土地所有权、海域所有权、矿产资源所有权、水资源所有权，建筑物、构筑物及其附属设施的所有权，以及各种动产所有权等。

2. 集体所有权

集体所有权是我国公有制的另一种法律形态。“集体”是一个很难从民法上加以定义的概念，它本身不一定构成一个法人。[①]根据《民法典》第二百六十一条、第二百六十三条的规定，集体所有权是指集体全体成员或集体组织对集体所有的不动产和动产享有占有、使用、收益和处分的权利。集体所有权的主体，首先指的是集体全体成员；其次指的是集体组织，即劳动群众集体，包括农村劳动群众集体和城镇劳动群众集体。集体全体成员与集体组织同为集体财产的所有权人，此即集体所有权主体的复合结构。

3. 私人所有权

私人所有权是民法上所有权的常态，除《民法典》规定专属于国家或者集体所有的财产外，私人可享有对一切物的所有权。尽管如此，《民法典》第二百六十六条还是宣示性地规定：“私人对其合法的收入、房屋、生活用品、生产工具、原材料等不动产和动产享有所有权。”并于第二百六十七条明确规定对私人所有权的保护：“私人的合法财产受法律保护，禁止任何组织或者个人侵占、哄抢、破坏。”

（三）所有权的取得

所有权的取得方式包括原始取得和继受取得。

1. 所有权的原始取得

所有权的原始取得方式包括劳动生产、收取孳息、先占、添附、拾得遗失物、发现埋藏物、善意取得、时效取得等。需要注意的是，我国物权法律制度是承认善意取得制度的。但是，根据我国法律和司法实践，对于赃物不适用善意取得。

2. 所有权的继受取得

所有权的继受取得方式包括买卖、互易、赠与、继承遗产、接受遗赠、征收和其他合法方式。

二、业主的建筑物区分所有权

建筑物区分所有权是指根据使用功能，将一栋建筑物在结构上区分为各个所有人独自使用的部分和由多个所有人共同使用的共同部分时，每一个所有人享有的对其专有部分的专有权、对共有部分的共有权以及各个所有人之间基于其共同关系而产生的成员权的结合。建筑物区分所有权具有复合性、整体性、专有权的主导性和客体的多元性特征。

（一）专有权

业主对建筑物的专有部分享有专有权。业主对其建筑物专有部分享有占有、使用、收益和处分的权利，但不得危及建筑物的安全，不得损害其他业主的合法权益。业主不

---

① 刘家安著：《物权法论》，中国政法大学出版社2009年版，第94页。

得违反法律、法规以及管理规约，将住宅改为经营性用房。业主将住宅改为经营性用房的，除遵守法律、法规和管理规约外，应当经有利害关系的业主同意。

（二）共有权

业主对建筑物的共有部分享有共有权。具体是指区分所有人依据法律、合同以及区分所有人之间的规约，对建筑物的共有部分、基地使用权，小区的公共场所和公共设施等所共同享有的财产权利。建筑区划内的道路，属于业主共有，但属于城镇公共道路的除外。建筑区划内的绿地，属于业主共有，但属于城镇公共绿地或者明示属于个人的除外。建筑区划内的物业服务用房，属于业主共有。占用业主共有的道路或其他场所用于停放汽车的车位，属于业主共有。

（三）共同管理权

业主作为建筑物管理团体的成员而享有成员权。为订立规约，管理日常事务，并解决因使用专有部分、共有部分而产生的纠纷，业主可以设立业主大会，选举业主委员会。

三、相邻关系

相邻关系是指相互毗邻的不动产的所有人或使用人因对不动产行使所有权或使用权而发生的权利义务关系。其目的是实现利益衡平，兼顾所有权人的自由用益或排除他人干涉所有权人之权利的需求。相邻关系具有五个特征：

第一，相邻关系是法定关系，而非约定关系。

第二，相邻关系的主体必须是两个或两个以上的人。

第三，相邻关系是因为民事主体所有或使用的不动产相邻而发生的。

第四，相邻关系的内容十分复杂。基本上可以概括为两个方面：一是相邻一方有权要求他方提供必要的便利，他方应当给予此种便利。二是指相邻各方行使权利，不得损害他方的合法权益。

第五，相邻关系的客体主要是行使不动产权利所体现的利益。

（一）相邻关系的类型

几种主要的相邻关系有：相邻土地通行或占用关系，相邻用水、排水关系，相邻建筑物利用关系、相邻不可量物侵害防免关系。

相邻关系通常可分为以下六种类型：

第一，因用水、排水产生的相邻关系。

第二，因通行所产生的相邻关系。例如，因袋地或准袋地而造成的通行问题。

第三，因建造、修缮建筑以及铺设管线所形成的相邻关系。

第四，因通风、采光而产生的相邻关系。

第五，因保护环境所产生的相邻关系。

第六，因挖掘土地、建造建筑物等发生的相邻关系。

（二）处理相邻关系的原则

相邻关系的处理原则包括：有利于生产、方便生活、团结互助、公平合理。

关于违反相邻关系的后果，《民法典》第二百九十六条规定：“不动产权利人因用水、排水、通行、铺设管线等利用相邻不动产的，应当尽量避免对相邻的不动产权利人造成损害。”该条没有像《物权法》的相应条款那样强调“造成损害的，应当给予赔偿”是因为造成损害的，应当按照《民法典·侵权责任编》的相关条款来解决。

四、共　有

共有是所有权的特殊形态，指某项财产由两个或两个以上的权利主体共同享有同一所有权，换言之，是指多个权利主体对一物共同享有所有权。例如，夫妻二人共同所有的一套房屋，三位合伙人共同所有的一台机器。

共有的主体称为共有人，客体称为共有财产或共有物。各共有人之间因财产共有形成的权利义务关系，称为共有关系。

（一）按份共有

按份共有，又称分别共有，是指两个或两个以上的共有人按照各自的份额分别对共有财产享有权利和承担义务的一种共有关系。《民法典》第二百九十八条规定，按份共有人对共有的不动产或者动产按照其份额享有所有权。例如，甲、乙合购一套房屋，甲出资 100 万元，乙出资 50 万元，则甲、乙各按出资的份额对房屋享有权利。

1. 按份共有的特征

（1）各共有人对共有物按份额享有不同的权利，这种份额又称应有份额；（2）各个共有人对共有财产享有权利和承担义务是依据其不同的份额确定的；（3）尽管在按份共有的情况下，各个共有人依据其份额享有权利并承担义务，但按份共有并不是分别所有，各个共有人的权利并不局限于共有财产的某一具体部分，或就某一具体部分单独享有所有权，而是及于该财产的全部。例如，在前述案例中，甲占有 2/3 的份额，乙占有 1/3 的份额，但两人是对全部房屋依据份额行使权利，而不是把房屋划分成三部分，分别行使权利。

2. 按份共有人的权利

（1）按份共有人有权依其份额对共有财产享有占有、使用和收益权；（2）按份共有人有权按照约定管理其共有财产；（3）按份共有人享有物权请求权；（4）按份共有人有权转让其应有份额，包括分出和转让这两种方式的处分权。

3. 按份共有人的义务

主要是指对共有物的管理费用和其他负担。例如，承担共有物的保存费用、改良费用，以及因共有物给他人造成损害时的责任。除共有人另有约定外，各共有人按照各自份额予以承担。

（二）共同共有

共同共有，是指两个或两个以上的公民或法人，根据某种共同关系而对某项财产不分份额地共同享有权利并承担义务。共同共有是共有的另一种形式。共同共有人的权利和义务由法律规定或按照共同共有人之间的约定，共同共有人享有物上请求权，并负有维护共有财产的完整的义务。

1. 共同共有的特征

（1）共同共有根据共同关系而产生，必须以共同关系的存在为前提；（2）在共同共有中，财产不分份额；（3）在共同共有中，各共有人平等地享受权利和承担义务。

2. 共同共有与按份共有的区别

（1）各共有人对共有物所享有的权利因共有关系的性质不同而存在区别。在按份共有关系中，各共有人依其份额享有权利并承担义务，在共同共有关系中，各共有人则不分份额共同地享有权利、承担义务。（2）关于共有物的处分，在按份共有关系中，原则上只需要占份额 2/3 以上的按份共有人多数同意；在共同共有关系中，需要全体共有人的一致同意才能处分共有物。（3）按份共有人可以转让其享有的共有的不动产或者动产份额，其他共有人在同等条件下享有优先购买的权利。但在共同共有的情况下，不存在优先购买权的行使问题。（4）关于共有财产的分割，在没有约定或者约定不明确的情况下，按份共有人可以随时请求分割共有财产，共同共有人在共有的基础丧失或者有重大理由需要分割时可以请求分割。例如，夫妻双方在婚姻关系存续期间购买了一栋房产，对其归属未加以特别约定，则在婚姻关系存续期内应当认为是共同共有，不得请求分割。但如果婚姻关系解除，则一方可以请求进行分割。

在我国司法实践中，如果共有人对共有性质发生争议，部分共有人主张按份共有，部分共有人主张共同共有又无法查清的，或者在按份共有中各共有人的份额不明的，可以按共同共有处理。这种处理办法既简便易行，又能使案件的处理公平合理。

3. 共同共有的基本形式

共同共有的基本形式包括夫妻共同共有、家庭共同共有、遗产共同共有。此外，各合伙人对合伙财产的共有也应当属于共同共有。

（三）共有财产的分割

所谓共有财产的分割，是指在共有关系存续期间内，共有人请求按照一定的份额或者均等地分割共有财产为每个共有人所有。分割共有财产应当尊重共有人意愿，最大程度地发挥物的效用。在分割共有财产时，共有人应当遵守法律的规定，不能把他人的财产当作共有财产分割。在分割财产时，按份共有人一般只能取得属于自己份额的财产，不能取得属于其他共有人份额的财产，否则应作为不当得利，返还给其他共有人。此外，共有人在分割共有财产时，特别是在分割家庭共有财产和夫妻共有财产时，应当体现男女平等、保护妇女和未成年子女利益的精神。在确定各共有人应分得的份额时，对于负担抚养、赡养、扶养其他家庭成员义务的共有人应当适当考虑多分。

五、所有权的特殊取得

所有权的特殊取得对应《民法典·物权编》第二分编“所有权”第九章“所有权取得的特别规定”，都是非基于法律行为而发生的物权变动。这六种取得所有权的特别规定分别是征收、善意取得、拾得遗失物、拾得漂流物、发现埋藏物和隐藏物、孳息的取得以及添附。

1. 征　收

征收，是指国家基于公共利益，通过行使征收权，在依法支付一定补偿的前提下，将组织或者个人的财产移转给国家所有。《民法典》第二百四十三条第一款与第二百四十五条，区分征收与征用。

征收的条件：第一，要基于公共利益的需要；第二，符合法律规定的权限和程序；第三，依法作出补偿。

2. 善意取得

善意取得又称即时取得，是指无处分权人将其动产或不动产转让给受让人，如果受让人取得该财产时出于善意，则受让人将依法取得对该财产的所有权或其他物权。

善意取得制度在物权人的物权与善意取得人的善意之间选择保护后者，有利于市场经济的有序发展，促进交易流通，维护交易安全。

善意取得的构成要件：第一，无权处分人处分他人财产；第二，受让人取得财产时出于善意；第三，以合理的价格有偿转让；第四，必须实际支付对价；第五，完成了法定的公示方法。

善意取得是原始取得，受让人即时取得标的物的所有权。标的物之上原先存在的负担因此发生消灭。例如甲将其电脑抵押给乙，但未办理抵押登记手续。后来甲又将该电脑出卖给丙。如果丙在受让该电脑时并不知道该电脑被抵押的事实，并且没有重大过错，那么乙的抵押权应当消灭。丙取得无负担的所有权。

3. 遗失物的拾得

所谓遗失物，是指他人丢失的动产。遗失物的拾得，是指发现并占有遗失物。遗失物并非无主物，也并非所有权人抛弃或因他人的侵害而丢失的物，而是所有权人、占有人不慎丢失的动产。因此拾得遗失物之后，应当将其返还给失主。

构成遗失物必须具有以下三个条件：第一，必须是占有人不慎丧失占有的动产；第二，必须是无人占有的动产；第三，必须是拾得人拾得的动产。

拾得人的义务：第一，及时通知义务；第二，妥善保管遗失物的义务；第三，返还遗失物的义务。

《民法典》第三百一十八条规定，遗失物自发布招领公告之日起一年内无人认领的，归国家所有。

4. 漂流物的拾得、埋藏物和隐藏物的发现

《民法典》第三百一十九条规定，拾得漂流物、发现埋藏物或者隐藏物的，参照适用拾得遗失物的有关规定，法律另有规定的，依照其规定。

漂流物，是指在水上漂流的动产。埋藏物，是指埋藏于地下，而所有权人不明的动产。隐藏物，是指隐匿于他物之中的物。

5. 孳息的取得

孳息是指由原物所生的物或收益，换言之，是指民事主体通过合法途径而取得的物质利益，包括天然孳息和法定孳息。

天然孳息，是指原物因自然规律而产生的，或者按物的用法而收获的物，如母鸡生的蛋、树上结的果实。天然孳息可以是自然的，也可以是人工的，比如从奶牛身上挤出来的牛乳。但是人工产生的物必须是没有对出产物进行过改造加工的，例如，用牛乳制成的奶酪就不是天然孳息。

法定孳息，是指根据法律规定，由法律关系所产生的收益，如出租房屋的租金、借贷的利息。法定孳息是由他人使用原物而产生的。自己利用财产所得到的收益以及劳务报酬等，不是法定孳息。

《民法典》第三百二十一条规定，天然孳息，由所有权人取得；既有所有权人又有用益物权人的，由用益物权人取得。当事人另有约定的，按照其约定。法定孳息，当事人有约定的，按照约定取得；没有约定或者约定不明确的，按照交易习惯取得。

6. 添　附

添附，是对加工、附合以及混合的总称，系指不同所有权人的物通过附合、混合被结合在一起成为一个新物，或者利用他人之物进行加工，从而形成新物。

《民法典》第三百二十二条规定，因加工、附合、混合而产生的物的归属，有约定的，按照约定；没有约定或者约定不明确的，依照法律规定；法律没有规定的，按照充分发挥物的效用以及保护无过错当事人的原则确定。因一方当事人的过错或者确定物的归属造成另一方当事人损害的，应当给予赔偿或者补偿。

第三节　用益物权

用益物权是物权的一种重要类型。本节介绍用益物权制度，明确用益物权人的基本权利和义务，以及建设用地使用权、宅基地使用权、居住权、地役权等用益物权。

一、用益物权概述

用益物权是指权利人依法对他人的物享有占有、使用和收益的权利。用益物权着重于物之静态使用利益，强调的是用益物权人对他人所有的不动产或者动产，依法享有的占有、使用和收益的权利。

用益物权具有如下特征：（1）用益物权是他物权；（2）用益物权的客体包括不动产和动产；（3）用益物权的内容是占有、使用和收益。

二、土地承包经营权

土地承包经营权，是指用地人向农村集体经济组织缴纳承包费，依法对所承包的耕地、林地、草地以及其他用于农业的土地，从事种植业、林业、畜牧业等农业生产的用益物权。

土地承包经营权依土地承包经营合同而设立。发包人为农村集体经济组织，承包人为本集体经济组织的农户或其他承包人。

土地承包经营权自土地承包经营权合同生效时设立，并同时获得对抗第三人的效力。县级以上地方政府向土地承包经营权人发放土地承包经营权证、林权证、草原使用权证，并登记造册，确认土地承包经营权的行为，性质为纯粹的行政管理手段，既非土地承包经营权的设立条件，也非土地承包经营权的对抗条件。

土地承包经营权采取转包、互换、转让等方式流转。流转的期限不得超过承包期的剩余期限。未经依法批准，不得将承包地用于非农建设。土地承包经营权人将土地承包经营权互换、转让，当事人要求登记的，应当向县级以上地方人民政府申请土地承包经营权变更登记；未经登记，不得对抗善意第三人。

三、建设用地使用权

建设用地使用权，是指自然人、法人享有的，依法对国家所有的土地占有、使用和收益，并利用该土地建造建筑物、构筑物及其附属设施的用益物权。

建设用地使用权，可以采取出让或者划拨等方式设立，自登记时成立。采取招标、拍卖、协议等出让方式设立建设用地使用权的，当事人应当采取书面形式订立建设用地使用权出让合同。建设用地使用权转让、互换、出资、赠与或者抵押的，当事人应当采取书面形式订立相应的合同，应当向登记机构申请变更登记。建设用地使用权转让、互换、出资或者赠与的，附着于该土地上的建筑物、构筑物及其附属设施一并处分；建筑物、构筑物及其附属设施转让、互换、出资或者赠与的，该建筑物、构筑物及其附属设施占用范围内的建设用地使用权一并处分。

四、宅基地使用权

宅基地使用权人依法对集体所有的土地享有占有和使用的权利，有权依法利用该土地建造住宅及其附属设施。集体经济组织成员一户只能拥有一处宅基地。宅基地因自然灾害等原因灭失的，宅基地使用权消灭。对失去宅基地的村民，应当重新分配宅基地。

宅基地可以在同一集体经济组织内部的成员之间转让。征得集体经济组织同意后，没有住房和宅基地且符合宅基地使用权分配条件的成员可以受让宅基地。需要注意的是，宅基地使用权不得单独转让，必须与合法建造的住房一并转让。宅基地使用权转让后，转让人不得再次申请宅基地。

五、居住权

（一）居住权概述

居住权是《民法典》新规定的典型用益物权，之前的《物权法》没有规定它。居住权的创立，对于丰富满足居住需求的制度供给意义重大。

居住权，是指自然人依照合同或者遗嘱，对他人的住宅享有占有、使用的权利。居住权具有如下特征：第一，居住权是为特定自然人基于生活用途而设立的用益物权。第二，居住权具有人身性，或者说，专属性；第三，居住权具有长期性，甚至可终生有效；第四，居住权以无偿为原则，以有偿为例外。

（二）居住权的设立与限制

居住权可依合同而设立，也可依遗嘱而设立。无论是基于合同设立居住权，还是基于遗嘱设立居住权，均采取强制公示的物权变动模式，即登记生效主义。

因居住权以满足权利人生活需要为目的，故居住权不得转让、继承，且除当事人另有约定外，设立居住权的住宅不得出租。

（三）居住权的消灭

居住权具有如下消灭事由：（1）居住权人死亡；（2）期限届满；（3）居住权人放弃权利；（4）房屋被征收；（5）房屋灭失；（6）约定的消灭条件成就。

六、地役权

（一）地役权概述

地役权是按照合同约定，利用他人的不动产，以提高自己的不动产的效益的权利。地役权关系涉及“接受服务”和“提供服务”的两块土地。其中，“接受服务”的土地为需役地，“提供服务”的土地为供役地。

（二）地役权的设立

地役权应当采取书面合同形式，自地役权合同生效时设立。未经登记，不得对抗善意第三人。地役权的设立，采取任意公示的物权变动模式，即地役权合同生效，就产生地役权设立的物权变动效力；地役权经过登记后，就获得了对抗第三人的效力。

地役权不得单独转让或抵押，土地承包经营权、建设用地使用权等转让或抵押的，地役权一并转让或抵押，但合同另有约定的除外。

（三）地役权与相邻关系

地役权与相邻关系，均为满足一方不动产支配的需要，而对他方不动产支配予以限制的法律制度。两者的区别主要表现为：第一，地役权是一种用益物权，而相邻关系中的相邻权仅仅是权利人在自己土地上的权利的适当扩张；第二，地役权以当事人之间的合意为条件，而相邻关系则直接基于法律规范而成立；第三，地役权所满足的土地支配需求为高级需求，而相邻权所满足的需求为基本需求。

第四节 占 有

民法上的占有分两种，第一种是指所有权的占有、使用、收益、处分四项权能之一的占有权能，第二种则是指民事主体对于物进行控制的事实的占有，是一种事实状态。后者就是我国《民法典·物权编》第五分编“占有”所规制的内容。

占有是指对不动产或者动产事实上的控制与支配。本节介绍占有的调整范围、无权占有情形下的损害赔偿责任、原物及孳息的返还以及占有保护等内容。

一、占有概述

（一）概 念

占有指的是占有人对物的事实上的控制与支配状态。

（二）特 征

（1）占有的主体是实施占有的人。自然人、法人、非法人组织均无不可，且不限于物的所有人。由于占有是一种事实状态，无民事行为能力人、限制民事行为能力人也可以成为占有人。

（2）占有的客体是物，包括动产和不动产。

（3）占有的内容是对物在事实上的控制与支配。占有是否存在权利基础，是否具有正当性，都不影响占有的成立。（对于偷来的物、抢来的物，也不妨成立占有。）上述“事实上的控制和支配”被称为占有的体素；对物的控制和支配必须是现实的、确定的，且须具有一定的外观，能够为人所识别。除此之外，占有人还要有占有的意思，也就是心素。所谓“占有意思”是指占有人意识到自己正在占有某物，如果对自己占有某物毫无意识，或者意识到或者应当意识到自己是在为他人占有某物，则不具有占有意识。因此，无意识的占有、占有辅助人的占有都不构成占有。体素与心素均具备，占有才成立。

（三）占有与相关概念的比较

1. 占有与持有

（1）持有的概念：持有是人对物的单纯的实际接触，关于占有与持有的区别有主观说和客观说之争，这两种学说都承认占有需要有主观状态。但主观说认为占有必须具备体素和心素两个要件，也就是说，占有不仅要求形成对物事实上的控制，还要求主观上有据为己有的意思。只有对物事实上的控制，却没有据为己有的心态，那么就只是持有；

客观说则认为，占有并不需要有据为已有的意思，只要有占有的意思即可。如果不光没有据为已有的意思，连占有的意思都不具备、只是纯粹的对物的事实控制，则只能称为持有。虽然大陆法系民法大多采纳客观说，但持有并非我国民法中采纳的法定概念，虽然民法确实有所涉及。

（2）持有与占有的不同：占有是民法上的重要制度，持有仅仅是对事实状态的简单描述；占有依抽象状态可以形成双重占有，即直接占有和间接占有。例如，质权人直接占有质押财产，出质人间接占有它。而持有只是一种实际控制状态，不存在双重状态；占有的客体为流通物，不包括限制流通物和禁止流通物；而持有的客体可以为限制流通物与禁止流通物，例如，持有毒品；占有具有权利推定的效力，占有人在占有物上行使权利，推定其对占有物行使的权利合法，持有并无此类效力；占有依法定事实可以移转和继承，持有则不能被移转和继承。

2. 占有与占有权

占有是一种事实状态，但占有构成所有权和其它物权的外观，因此具有一定的效力，受到法律保护。当民事主体对特定的物享有占有的事实状态时，民法承认民事主体对物享有占有权。因此，占有事实的存在与否，决定着占有权的取得与丧失。占有人的占有可以基于其享有的本权，也可能并无本权支撑，但法律均赋予各种占有权一定的法律效力，只不过其效力强度、强弱、程度不同而已。如果占有人没有本权作为支撑，则其占有权不能对抗本权。

3. 占有与所有权的占有权能

（1）联系：所有权具有占有、使用、收益、处分四大权能，其中的占有权能与占有十分相似，二者都是权利主体对于物的事实管理和控制的状态。同时，占有也具有保护所有权的功能，是所有权保护的第一道防线。如果占有背后的本权是所有权，那么此时的占有与占有权能就发生了重合。

（2）区别：但是，占有背后的本权不限于所有权，还包括其它物权甚至债权，而所有权中的占有权也可以和所有权发生分离，而让渡给他人行使，为他人创设占有权。

（3）因此，占有与占有权既相互区分，又紧密联系。

二、占有的分类

（一）有权占有与无权占有

根据占有人是否具有本权，可将占有分为有权占有和无权占有。有权占有人无需承担返还标的物的义务，而无权占有人应当承担返还标的物的义务。

本权作为占有的合法性基础，既包括物权，也包括债权。因作为本权的物权是绝对权，债权是相对权，有权占有也具有绝对性和相对性的差异。以物权为本权的有权占有，也具有绝对性。以物权为本权的占有人，可以对任何人主张自己为有权占有。以债权为本权的有权占有，也具有相对性。以债权为本权的占有人，只可对债务人主张自己为有权占有，而不得对债务人以外的他人主张有权占有（见表 4.2）。

表 4.2　有权占有与无权占有

绝对的有权占有	相对的有权占有	相对的无权占有	绝对的无权占有
以物权为本权的占有	以债权为本权的占有		没有本权的占有

（二）善意占有与恶意占有

无权占有可以进一步划分为善意占有与恶意占有。依照无权占有人主观心理状态上是否误信自己有占有的权源，可分为善意占有与恶意占有。善意占有，是指不知道且不应当知道自己为无权占有的占有；反之，知道或应当知道自己是无权占有的占有是恶意占有。

在无权占有物发生毁损灭失的情况下，善意占有人无需承担赔偿责任，恶意占有人则应当赔偿。在无权占有期间产生费用的情况下，善意占有人有权请求返还必要费用，恶意占有人则不享有费用返还请求权。

（三）直接占有与间接占有

根据占有人是否直接占有其物，可以将占有分为直接占有与间接占有。直接占有，是指不以他人的占有为媒介的占有。间接占有，是指以他人的直接占有为媒介的占有。直接占有人在事实上对物进行管理和控制。间接占有人对直接占有人享有未来的返还请求权。

（四）自主占有与他主占有

根据占有人是否以所有的意思对占有物加以占有，可以将占有分为自主占有与他主占有。自主占有是指以所有人的心态占有标的物的占有。他主占有，是指占有人非以所有人的意思而进行的占有，如承租人对租赁物的占有。

（五）自己占有与占有辅助

根据占有人是否亲自进行占有，可以将占有区分为自己占有与占有辅助。自己占有，是指占有人自己对物进行事实上的控制和支配；占有辅助，是指受占有人的指示而对物进行事实上的控制和支配。占有人与占有辅助人之间通常存在着某种关系。

三、占有的效力

民法之所以专门规定占有，是因为占有往往是所有权或他物权的外观表现。如果在任何交易中，交易双方都必须证明自己对财产的权利，则交易的成本必将过高。如果任何人都需要证明自己对财产的权利之后，才能免受他人的侵害，在现实中也是不可能的。所以法律赋予占有一定的效力，通过保护占有事实的方式，提前保护占有背后可能存在的正当权利。占有的效力主要包括权利推定效力和状态推定效力。

（一）占有的权利推定效力

占有的权利推定效力，是指法律基于占有人对物的占有事实，而推定其具有占有本权的效力。占有的权利推定，是占有的最主要的效力。

占有的权利推定效力，主要体现为：

（1）受权利推定的占有人，免负举证责任，对其有无实质权利发生争议时，占有人可直接援用这一推定予以对抗。但若对方提出反证，占有人应承担推翻反证的举证责任。

（2）权利的推定，不仅占有人自己可以援用，第三人也可以援用。例如，债权人对于债务人占有的动产，可以援用推定为债务人所有的效力，主张其为债务人所有，而申请法院查封。又如第三人因过失毁损他人占有物时，向占有人予以损害赔偿时，得援用推定占有人为所有人而发生清偿的效果。

（3）权利的推定，一般是为占有人的利益而设，但在特定情况下，对其产生不利益时，也可以援用。例如，推定物的占有人为标的物的所有人时，则物上的负担例如税收共同费用应当由占有人承担。

（4）占有的权利推定效力是消极的，占有人不得利用这种推定作为其行使权利的积极证明。所谓消极作用是指法律仅保护占有人合法的占有事实状态，可以对抗第三人的侵害和权利对抗，但是法律并不推定占有人享有确定的本权。也就是说，占有的权利推定效力在于彰显权利的存在，而不具有使占有人确实地取得某项权利的作用。就本权发生争议的，属于物权确认请求权的范围。

民法之所以承认恶意占有并且赋予其一定程度的保护而禁止他人随意剥夺，是因为就动产而言，行为人对该动产的占有就构成了其对该动产享有正当权利的外观证据，对于不动产而言，行为人对不动产的居住、使用等行为，在他人查阅登记之前，同样是其享有正当权利有力的表面证据。至于占有人知道自己没有占有的正当权源则是一种主观心理状态，外人难以知晓。因此，对于占有人，民法首先推定其是有权占有，其次推定其为善意占有，只有在他人提出相反证据的情况下，才可以推翻这种推定。这也体现了占有制度的维护社会秩序平和的主要功能。否则，任何人在提出确切证据之前，仅凭自己的感觉或单方面的主张，就可以随意认定他人的占有是无权占有、恶意占有，从而剥夺他人的占有，如此一来，社会秩序将会大乱，人们的财产权利也就不能得到保障。

（二）占有的状态推定效力

占有的状态推定效力，是指法律为了更好地保护占有人的利益，在无相反证据证明的情况下，推定占有人的占有是无瑕疵占有的规定。换言之，在没有他人举出有力的反证证明时，法律上推定占有人的占有为自主、善意、和平、公开占有；占有人主张继续占有的，只需证明前后两端为占有，即可推定其间为无间断的持续占有。

占有的状态不同，其效力也往往不一样。如果要求占有人对其占有属于何种状态一一予以证明，操作起来必将十分困难，不利于保护占有人的利益，为此法律承认占有的状态推定效力。占有状态的推定既然为推定，当然可以反证推翻，并且只有在有反证时才能被推翻。至于举证责任，则应由意图推翻无瑕疵占有之人承担。

（三）无权占有的权利与义务

有权占有人通常可依其权利而不必借助占有进行自我保护，所以这里只涉及无权占有人的权利义务。

1. 无权占有人的权利

（1）对占有物的使用权和收益权。

《民法典》第四百五十九条规定，善意占有人因使用占有的不动产或动产，致使该不动产或动产受到损害的不负赔偿责任。但是，恶意占有人要承担赔偿责任。

（2）费用偿还请求权。

善意占有人对占有物所支出的必要费用，在返还原物时，有请求权利人偿还的权利。不动产或者动产被占有人占有的，权利人可以请求返还原物及其孳息，但应当支付善意占有人因维护该不动产或者动产支出的必要费用。善意占有人只有在没有任何收益的情况下，才有权请求偿还。

2. 无权占有人的义务

（1）返还占有物的义务。

无论是善意占有人还是恶意占有人，对于真正的权利人皆有返还占有物的义务。但是无权占有人若属于善意占有人，同时又符合善意取得的构成要件，则不负返还义务。善意占有人和恶意占有人返还占有物时须返还孳息。

（2）赔偿损失的义务。

当占有物因可归责于占有人的原因而毁损、灭失的，善意占有人仅在其因占有物的毁损、灭失所得到的利益，如保险金、赔偿金或补偿金的范围内负赔偿责任；恶意占有人按侵权行为原则处理，负担全部损害的赔偿责任。

四、占有的保护

占有虽然只是一种事实状态，不是一项民事权利，但是，为维护社会财产秩序和生活秩序的稳定，法律对占有也同样给予保护。与对物权的保护可以分为自力救济和公力救济、物权法保护与债法保护一样，法律对占有的保护也可以分为自力救济和公力救济、物权法保护与债法保护。

（一）占有人的自力救济

占有人的自力救济，包括自力防御和自力取回。

（1）自力防御是指占有人对于侵夺或妨害其占有的行为，有权以自己的力量进行防御，以排除侵害。例如，房屋占有人在他人非法侵入其房屋时，有权将其驱逐。

（2）自力取回是指占有人于占有物被侵夺时，有自行取回其物的权利。被侵夺之物如果是不动产，占有人有权即时排除侵害而取回；如果是动产，则可以就地或者追踪向侵害人取回。

（二）占有保护请求权

占有保护请求权，是指占有的不动产或者动产被侵占的，占有人得以请求返还原物的权利，以及对妨害占有的行为，占有人得以请求排除妨害或者消除危险的权利。可见，占有保护请求权包括占有物返还请求权、排除妨害请求权、消除危险请求权三种。它们与物权请求权极为相似，规定在《民法典》第四百六十二条。

（三）损害赔偿请求权

占有的不动产或者动产被侵占并因侵占或者妨害造成损害的，占有人有权请求损害赔偿。如果占有人是基于物权而有权占有某物时，他人对该物加以侵占或妨害并造成损失时，该占有人不仅可以基于物权而行使物权请求权，还可以行使占有保护请求权，就所遭受的损害可以行使侵权损害赔偿请求权或违约损害赔偿请求权。但是，如果占有人是基于债权而占有某物时，在他人对其占有物加以侵占或妨害时，该占有人则只能行使占有保护请求权。

五、占有的消灭

（一）直接占有的消灭

直接占有因占有人取得对占有物事实上的控制和支配而发生，也因占有人丧失对占有物事实上的控制和支配而消灭。对于占有物控制和支配的丧失的认定尚须结合具体事实，依法律规定及一般社会观念予以确认。

直接占有既可基于占有人的意思而消灭，如抛弃占有，也可能因占有人意志以外的原因而消灭，如占有物被盗、遗失、意外灭失等。

（二）间接占有的消灭

间接占有的消灭有如下原因：

（1）直接占有人丧失占有。直接占有是间接占有的基础，间接占有不能独立存在，如果直接占有人丧失占有，间接占有也随之消灭。

（2）直接占有人拒绝承认间接占有。直接占有人对间接占有人表示拒绝其间接占有的地位，则间接占有归于消灭。

（3）返还请求权消灭。占有人在占有遭受侵夺以后，只要占有物本身没有丧失，占有人仍然享有占有返还请求权，仍然有权请求返还占有。但是，自侵占发生之日起，如果经过了1年的诉讼时效仍然没有行使占有返还请求权的，则原占有人的占有就有可能归于消灭。

课后复习

【案例分析】

王某在某城镇拥有一处私房。2010 年王某以 20 万元的价格将此房卖给刘某，双方签订了书面合同后，王某遂将房屋交付刘某居住，但双方基于对对方的信任未办理过户登记手续。后来王某与刘某因其他事情发生纠纷，王某又将该房屋以 25 万元的价格卖给了不知情的赵某，并到不动产登记中心办理了过户登记手续。其后，王某将购房款 20 万元退还给刘某，并要求刘某搬出该房，双方发生争执，刘某诉至法院，请求确认该房屋归其所有，或由王某赔偿损失。

根据上述事实，回答下列问题：

1. 刘某与赵某，谁能取得房屋的所有权？请说明理由。

2. 如果本案中，赵某在签订买卖房屋的合同时明知刘某与王某之间的交易关系，处理结果是否有所不同？请说明理由。

【思考题】

1. 简述物权与债权的主要区别。
2. 简述物权的分类。
3. 简述物权法的基本原则。
4. 简述动产与不动产变动方式的区别。
5. 试述物权的确认请求权与物权请求权的区别。
6. 简述按份共有与共同共有的区别。
7. 何为善意取得？
8. 简述居住权的取得方式。
9. 简述相邻权与地役权的区别。
10. 简述有权占有与无权占有的区别。

第五章 合同法律制度

本章概要

合同法律制度

- 第一节 合同法概述
  - 一、合同概述
  - 二、合同法概述
  - 三、合同法的基本原则
- 第二节 合同的分类
  - 一、有名合同与无名合同
  - 二、有偿合同与无偿合同
  - 三、诺成合同与实践合同
  - 四、单务合同与双务合同
  - 五、要式合同与非要式合同
  - 六、主合同与从合同
  - 七、预约与本约
- 第三节 格式条款合同
  - 一、格式条款合同提供方的义务
  - 二、格式条款合同的无效
  - 三、格式条款的解释
- 第四节 合同的成立
  - 一、要约
  - 二、承诺
  - 三、悬赏广告
  - 四、合同成立的时间与地点
  - 五、缔约过失责任
- 第五节 合同的效力
  - 一、合同生效的一般要件
  - 二、无效合同
  - 三、可撤销的合同
  - 四、效力待定的合同
- 第六节 债的保全
  - 一、债权人的代位权
  - 二、债权人的撤销权
- 第七节 双务合同中的履行抗辩权
  - 一、同时履行抗辩权
  - 二、顺序履行抗辩权
  - 三、不安抗辩权
- 第八节 合同的变更与解除
  - 一、合同的变更
  - 二、合同的解除
- 第九节 违约责任
  - 一、违约责任的构成要件
  - 二、违约责任的形式

第一节　合同法概述

一、合同概述

（一）合同的概念及历史

合同指民事主体之间设立、变更、终止民事法律关系的协议。婚姻、收养、监护等有关身份关系的协议，适用有关该身份关系的法律规定；没有规定的，可以根据其性质参照适用《民法典·合同编》的规定。行政合同和执行企业内部生产责任制的协议不适用《民法典·合同编》的规定。《民法典·合同编》第一分编通则兼具债法总则的功能，在有关债权债务关系没有相关的法律规定时适用该通则的有关规定。合同在新中国成立前又被称为“契约”。合同是人类社会随着物质的丰富及私有财产的出现而出现，并逐渐形成作为物质交换的形式和规则。就个人财富的增加而言，不外源自创造和交易两种途径，而合同法则是最重要的交易法则。我国西周（约公元前 10 世纪）就有关于买卖的民事法制度。而关于合同及合同法最早的制度是古巴比伦国王汉穆拉比在位时期（公元前 1792—公元前 1750 年）制定并颁布的《汉穆拉比法典》，总共 282 条中有 120 多条关于合同的规范。而对后世（近、现代民商法）产生极其重大影响的古罗法（以公元前 450 年的《十二表法》为标志），其发达的契约制度几乎直接成为大陆成文法系及现代资本主义法制的法律渊源。总体来说，古代合同及合同法存在重形式而轻内容、诸法合体的特点。

（二）合同关系

合同关系是合同当事人的权利义务关系，主要包括主体、客体及内容三部分。合同关系的主体指缔结合同的双方或者多方民事主体，既包括自然人，也包括法人或非法人组织；既可以是本国的自然人、法人或非法人组织，也可以是外国的自然人、法人或非法人组织；既可以是完全民事行为能力人，也可以是无民事行为能力或限制民事行为能力人。只不过无民事行为能力人与限制民事行为能力人签订和履行合同需借助他人辅助。合同关系的客体或合同的标的，指合同关系权利义务所指向的对象，即给付。合同的内容要求债务人须为一定的给付行为。这种给付行为既可以是作为，也可以是不作为，且不以财产为限。此外，得注意合同标的与合同标的物、合同标的额的区别：合同标的物为合同债务人具体行为作用的对象，如房屋买卖合同中的房屋；而合同标的额，则通常为借贷合同或买卖合同中具体借贷数额或具体买卖货物的价格。

合同关系的内容指合同权利与合同义务。合同关系的内容存在“确定性”要求，要求合同权利与义务应当明确具体。附条件或附期限的合同只是改变合同权利义务的生效时间，并非否定合同关系内容的“确定性”要求。此外，合同关系内容之确定性还应与合同内容的确定性进行区别：后者指合同标的物、数量、质量、价金、交付期限条件等内容；缺少前者，合同不成立，而缺少后者除缺标的物外，通常并不影响合同成立。关于合同债务需要指出的是，现代合同法不以合同当事人在合同中具体约定的给付义务为限，还包括附随义务，也就是根据法律规定、诚实信用原则或交易习惯等解释可得的义务。

（三）合同关系的相对性

合同关系的相对性指合同权利义务仅存在于合同当事人之间，并不及于第三人，也称为“债的相对性”。这是源自“债权的相对性与物权的绝对性”或债权为“对人权”与物权为“对世权”的民法基本分类。但是随着社会发展，债的相对性原则不断被突破，如债权的物权化（买卖不破租赁）、债权人代位权与撤销权制度、第三人侵害债权制度等。

二、合同法概述

合同法是调整平等民事主体之间交易关系的法律规范的总称，其主要规范合同的订立、合同的效力、合同的履行、变更、保全、解除以及违约责任等问题。合同法的渊源（存在形式）有法律、行政法规、有权解释、国际条约、地方性法规、自治条例与单行条例、部门规章、国际惯例及交易习惯。其中，法律包括《民法典》《中华人民共和国保险法》《中华人民共和国消费者权益保护法》《中华人民共和国著作权法》《中华人民共和国专利法》等；行政法规为国务院依据宪法与法律，并按照《行政法规制定程序条例》的规定制定的各类法规的总称，如《物业管理条例》等；有权解释主要指国家立法机关的立法解释与最高人民法院的司法解释，如《最高人民法院关于审理买卖合同纠纷案件适用法律问题的司法解释》等；国际条约在合同法领域最重要的是 1980 年联合国《联合国国际货物销售合同公约》（CISG）；部门规章指国务院各部委及地方各级政府发布的命令、指示及规章；在涉外民商事关系中，如中国法律与中国缔结或参加的国际条约没有规定，可以适用国际惯例，如国际商会《2000 年国际贸易术语解释通则》（INCOTERMS 2000）；有效力的交易习惯指就国家未规定之事项存在人人确认其效力之交易习惯，不违反公序良俗且得国家（法院）所承认。此外，值得注意的是，部门规章、国际惯例及习惯法是在法律、行政法规、有权解释、国际条约及地方性法规、自治条例与单行条例均无规定的情形下才能适用。

三、合同法的基本原则

合同法的基本原则指适用合同法全部领域的准则，是合同法具体制度和规范的立法依据和解释准则，是当事人必须遵守且不得以约定排除适用的强制性规范。

（一）当事人法律地位平等原则

当事人法律地位平等指的是自然人无高低贵贱、男女老幼之别，法人之间的权利能力一律平等；合同当事人之间无命令、服从关系。《民法典·总则》第四条规定：“民事主体在民事活动中的法律地位一律平等。”但是当事人法律地位平等，只是形式的或起跑线上的平等，法律推定合同当事人都具有平等的地位。但实际上，由于合同当事人在社会经济生活中的优劣地位不同、交易能力不同及信息的掌握程度不同，当事人在交易中的地位事实上经常处于不平等状态。

（二）公平原则

公平原则指以公平理念确定合同双方当事人之间的权利和义务。《民法典·总则》第六条规定：“民事主体从事民事活动，应当遵循公平原则，合理确定各方的权利和义务。”它又叫合同正义原则，该具体制度中主要体现为在《民法典·总则》第一百四十七条至第一百五十一条规定的四种情形下当事人一方有权请求人民法院或者仲裁机构撤销合同：因重大误解订立的合同；一方以欺诈、胁迫手段，使对方在违背真实意思的情况下订立的合同；第三方实施欺诈行为，使对方在违背真实意思的情况下订立的合同；在订立合同时显失公平的。

（三）合同自由原则

合同自由原则包括是否缔约的自由、选择相对人的自由及决定合同内容及方式的自由。《民法典·总则》第五条规定：“民事主体从事民事活动，应当遵循自愿原则，按照自己的意思设立、变更、终止民事法律关系。”这是随着近代自由资本主义及自由主义政治思想兴起而确立的合同法基本原则，但在现代社会，合同自由原则受到了极大挑战，主要体现在如格式合同、一方处于垄断或强势的合同等，因而现代合同法越来越体现出以公平原则对合同自由原则的限制。

（四）诚实信用原则

诚实信用原则源自古罗马法并逐渐成为现代民法的基本原则，有着“帝王条款”之称。《民法典·总则》第七条规定：“民事主体从事民事活动，应当遵循诚实信用原则，秉持诚实，恪守承诺。”诚实信用原则适用于包括合同法在内的整个民法领域，并起着补充当事人意思之作用。如《民法典·合同编》第一分编通则第五百条、第五百零一条规定的先合同义务，如提供必要信息、保守相关秘密及合理限制要约撤销等；又如《民法典·合同编》第一分编通则第五百零九条、第五百五十八条规定的通知、协助等合同附随义务。

（五）公序良俗原则

公序良俗原则指合同当事人之间的合同活动应当遵守公共秩序与善良风俗。体现在《民法典·合同编》第一分编通则第八条：“民事主体从事民事活动，不得违反法律，不得违背公序良俗。”现代许多国家法律明文规定违背公序良俗原则的民事行为无效，我国《民法典·总则》第一百五十三条也规定“违背公序良俗的民事法律行为无效”。

第二节 合同的分类

合同的分类指按一标准对合同进行类型化处理。在古罗马法，只有符合法律明确规定的合同形式和条件的合同才能得到国家法律保护，但近现代由于经济活动的复杂多样及合同自由原则的崛起，合同日益强调意思主义，只要符合真实意思表示的合同均能得到法律保护。合同按不同标准可以进行多种分类，简述如下。

一、有名合同与无名合同

以法律、法规是否赋予其名称并作出明确规定为标准，分为有名合同和无名合同，又被称为典型合同与非典型合同。有名合同是指法律设有规范，并赋予一定名称的合同，如《民法典·合同编》规定的买卖合同、借款合同、赠与合同、保理合同、中介合同、合伙合同等 19 个有名合同；又如《保险法》规定的财产保险合同与人身保险合同，《海商法》规定的海上拖航合同等。无名合同是指法律尚未特别规定，亦未赋予一定名称的合同，如演出合同、美容合同、信用卡合同等。对无名合同效力，《民法典·合同编》第四百六十七条规定："本法或者其他法律没有明文规定的合同，适用本编通则的规定，并可以参照适用本编或者其他法律最相类似合同的规定。"值得注意的是，实践生活中经常存在同时包括两种或两种以上的有名合同或无名合同的情形，对此，可以按合同目的、利益状态或交易习惯进行法律适用方式的解释。

二、有偿合同与无偿合同

按照当事人权利的获得是否支付对价为标准，分为有偿合同与无偿合同。有偿合同是指当事人一方享有合同规定的权益，必须向对方当事人偿付相应代价的合同，如买卖合同、租赁合同、有偿委托合同等。无偿合同是指当事人一方享有合同规定的权益，不必向对方当事人偿付相应代价的合同，如赠与合同、无偿保管合同等。这种区分的意义主要在于有偿合同要求合同债务人比无偿合同承担更重的合同注意义务，以及要求有偿合同的缔约者须具备完全民事行为能力，而纯获利的无偿合同则无民事行为能力也能为之。

三、诺成合同与实践合同

按照除双方意思表示一致外，是否尚需交付标的物才能成立为标准，分为诺成合同与实践合同。诺成合同是指当事人的意思表示一致即成立的合同，即"一诺即成"的合同，如买卖合同、赠与合同、抵押合同、质押合同等。实践合同是指除当事人的意思表示一致以外，尚需交付标的物或者完成其他现实给付才能成立的合同，如保管合同、自然人之间的借贷合同、定金合同、借用合同等。这种区分的意义在于两者成立要件及责任承担不一样。

四、单务合同与双务合同

按照双方是否互负给付义务为标准，分为双务合同和单务合同。双务合同是指当事人互负对待给付义务的合同。双方互负的对待给付义务具有成立、履行和消灭上的牵连性。如买卖合同、租赁合同等。单务合同是指仅有一方当事人承担给付义务或者双方的义务不具有对待给付关系的合同。单务合同有两种类型：（1）仅一方承担给付义务的合同，如借用合同；（2）虽双方均负担合同义务，但双方的义务不具有对待给付义务关系的合同，如附义务的赠与合同、无偿委托合同等。这种区分的意义在于双务合同适用双务抗辩规则，而单务合同则不能；此外，两者在风险负担及合同解除上也存在一定区别。

五、要式合同与非要式合同

按照法律、法规是否要求具备特定形式和手续为标准，分为要式合同和非要式合同。要式合同是指法律或当事人要求必须具备一定形式的合同。如应当采用书面形式的技术开发合同、建设工程施工合同等；须经登记的注册商标转让合同、专利申请权和专利权转让合同等；须经批准的中外合资经营合同、中外合作经营合同等。非要式合同是指法律或当事人不要求必须具备一定形式的合同，当事人可采口头、书面、电子或其他形式。两者区别的意义在于要式合同法律要求更为严格，欠缺时可能导致合同不成立、无效等后果。

六、主合同与从合同

以合同相互间的主从关系为标准，分为主合同与从合同。凡不以他种合同的存在为前提即能独立存在的合同为主合同，而必须以他种合同的存在为前提，自身不能独立存在的合同为从合同，如保证、抵押、质押、定金等合同。两者之间存在附从依存关系，主合同不成立，从合同也就不成立；主合同变更或转让，从合同相应发生变更、转让或消灭；主合同无效、被撤销或终止，从合同则相应归于消灭。

七、预约与本约

以两个合同间的手段与目的的相互关系为标准分为预约与本约。预约指约定将来订立一定合同的合同，而基于该预约而订立的合同则称为本约。如甲向乙租房屋，乙称其房屋尚有半年始有空房，则甲、乙约定半年签订租房合同，这合同为预约，而半年后的租房合同则为本约。就预约效力，《民法典·合同编》第四百九十五条规定：当事人约定在将来一定期限内订立合同的认购书、订购书、预订书等，构成预约合同。当事人一方不履行预约合同约定的订立合同义务，对方可以请求其承担预约合同的违约责任。

第三节 格式条款合同

格式条款指当事人为了重复使用而预先拟定，并在订立合同时未与对方协商的条款。

一、格式条款合同提供方的义务

采用格式条款订立合同的，提供格式条款的一方应当遵循公平原则确定当事人之间的权利和义务，并采取合理的方式提示对方注意免除或减轻其责任等与对方有重大利害关系的条款，按照对方的要求，对该条款予以说明。这即是格式条款提供方的“提示注意义务”与“说明义务”。

提供格式条款的一方未履行提示或者说明义务，致使对方没有注意或者理解与其有重大利害关系的条款的，对方可以主张该条款不成为合同的内容。

二、格式条款合同的无效

对格式条款合同进行立法规制有着限制缔约强势方即格式条款合同提供方滥用权利或缔约优势地位的目的。因而《民法典·合同编》第四百九十七条规定了格式条款的无效情形：

（1）具有《民法典·总则编》第六章第三节规定的法律行为无效事由，包括：① 双方虚假行为（《民法典》第一百四十六条第一款）；② 违反法律、行政法规效力性强制规范（《民法典》第一百五十三条第一款）；③ 违背公序良俗（《民法典》第一百五十三条第二款）；④ 恶意串通，损害他人合法权益（《民法典》第一百五十四条）。

（2）具有《民法典》第五百零六条规定的免责条款无效事由，包括：① 预先免除会造成对方人身损害的责任的；② 预先免除因故意或者重大过失造成对方财产损失的责任的。

（3）提供格式条款一方“不合理地”免除或者减轻其责任、加重对方责任、限制对方主要权利的。对上述的“免除其责任”，指提供格式条款的一方不合理、不正当地免除其依照法律应当负有的强制性法定义务。例如，以格式条款作出的下列免责应属无效：本店对所销售的新手机一律不承担三包责任；消费金额100元以下，谢绝出具发票；存款被人冒领，本行不承担责任。“加重对方责任”，指格式条款含有对方当事人在通常情况下不应当承担的义务。例如，规定消费者对不可抗力发生的后果也应承担责任；规定消费者承担超乎常理的违约金或损害赔偿金（如“偷一罚十”）。

（4）提供格式条款一方排除对方主要权利。“排除对方主要权利”，指排除对方按照“合同的性质”通常应当享有的 “主要”权利。例如，经营者在格式条款中规定，消费者对受领的具有严重瑕疵的标的物只能请求修理或更换，不能解除合同或者请求减少价金，亦不能请求损害赔偿。再如，格式条款规定消费者在发生纠纷时只能与经营者协商解决，而不能提起诉讼或仲裁。又比如对普通商品规定“商品离柜，概不退换”的格式条款。

三、格式条款的解释

《民法典·合同编》第四百九十八条规定了格式条款合同的解释，即对格式条款的理解发生争议的，应当按照通常理解予以解释。对格式条款有两种以上解释的，应当作出不利于提供格式条款一方的解释。格式条款和非格式条款不一致的，应当采用非格式条款。从上述规定，我们可以看出格式条款解释的三个规则：

1. 通常解释规则

从通常理解主体的角度说，格式条款的解释不能仅以提供格式条款合同一方的理解为准，而应当依据格式条款合同可能订约者的平均的、合理的理解标准进行解释。从通常理解依据或者方法的角度说，格式条款的解释应参照《民法典》第一百四十二条第一款的规定及第四百九十八条的规定进行理解。按照所使用的词句、结合相关条款、行为的性质和目的、习惯以及诚信原则，确定意思表示的含义。

2. 不利解释规则

不利解释规则即对格式条款“有两种解释的”，应当作出不利于提供格式条款一方的解释。即不利解释规则的适用条件是对格式条款按照通常理解有两种以上解释的，才可以适用不利解释规则，作出不利于格式条款提供方的解释。不能抛开通常解释规则，直接适用不利解释规则。该规则现代各国民法均有规定。

3. 非格式条款优先规则

非格式条款即合同当事人之间的个别商议条款、补充条款或修改条款，其效力应优先于格式条款。格式条款和非格式条款对同一合同事项均有约定的，无需考虑格式条款的解释问题。

上述三个规则的使用顺序依次为非格式条款优先规则、通常解释规则、不利解释规则。

第四节　合同的成立

成立合同，原则上需经历要约与承诺阶段，对合同的主要条款达成合意时合同成立。要约生效后并处于生效过程中，受要约人取得承诺的资格；受要约人作出的承诺生效时，合同成立（法律另有规定的除外）。成立的合同对当事人具有形式上的拘束。在例外情形下，虽未采用要约、承诺方式，亦可通过“其他方式”成立合同，如悬赏广告。

一、要　约

要约是希望与他人订立合同的（有相对人的）意思表示，又称发盘、出盘、发价、出价、报价等，是订立合同的必经阶段。

（一）要约的要件

要约除应符合意思表示的一般构成要件（通说分为客观要件与主观要件，包括效果意思、表示意思和表示行为）外，尚应符合如下构成要件。

1. 要约是由特定人作出的意思表示

要约人须是特定和确定的，是订立合同一方的当事人。

2. 要约必须具有订立合同的意图

要约应表明，一经受要约人承诺，要约人即受该意思表示的约束，与之建立合同关系。

3. 要约须向要约人希望与之订立合同的受要约人发出

要约原则上应向特定的受要约人发出，但在符合“明确表示其作出的建议是要约而非要约邀请”和“明确承担向多人发出要件的责任及相应履行能力”两个条件的情况下，也可向不特定多数人发出要约。

4. 要约的内容必须具体确定

要约的内容具体指要约内容应包括合同成立所必要的条款，或称为合同的主要条款。确定指要约内容应明确，不能含混不清。

（二）要约邀请

要约邀请也称要约引诱，指希望他人向自己发出要约的意思表示，如拍卖公告、招标公告、招股说明书、债券募集办法、基金招募说明书、商业广告和宣传、寄送的价目表等。但应注意的是，如果在寄送的价目表、商业广告、招标公告中明确表明愿受承诺约束的，应视为要约而非要约邀请。要约与要约邀请是《民法典·合同编》十分重要的一对概念，两者的区别是合同法理论与实践的重要内容。通说认为可以按如下标准进行区别：

1. 根据当事人意愿进行判断

如商店广告中针对特定商品“每样十元”“全场五折”的表示为要约，而标明“样品”字样或有“以我方最后确认为准”字样广告或文件的均为要约邀请。

2. 根据建议内容是否包括合同主要条款进行判断

如甲对乙称“将其位于某处的房屋以 30 万元转让”，由于有明确的标的物、明确的价格，应为要约；反之仅表示“欲将位于某处房屋转让或低价转让”等则为要约邀请。

3. 根据交易习惯区分

如出租车显示“空车”停在路边，如当地规定或习惯出租车可以拒载，出租车“空车”招揽为要约邀请，反之则为要约。值得注意的是公交车则不存在上述情形，公交车停在站台为要约而非要约邀请，因为公交车无权拒载。

（三）要约的效力

1. 要约的生效

对要约的生效，我们采取当前世界各国通行的“到达主义”原则，即要约到达受要约人时生效。到达受要约的代理人或法定代收人（如门卫收发室或邮箱）也视为到达受要约人；采用数据电文形式订立合同，收件人指定特定系统接收数据电文的，该数据电文进入该特定系统的时间，视为到达时间；未指定特定系统的，该数据电文进入收件人的任何系统的首次时间，视为到达时间。

2. 要约的效力

要约的效力表现在两方面：一方面是对要约人的约束力，又称为形式上约束力，指要约生效后，要约人不得随意撤回、撤销或对要约加以限制、变更或扩张，但要约人预先申明或依交易习惯不受约束的除外；另一方面是对受要约的约束力，又称要约的实质拘束力，受要约人于要约生效时取得依其承诺而成立合同的法律地位，即受要约人取得以承诺订立合同的权利，受要约人原则上不负任何义务。

（四）要约的撤回和撤销

要约的撤回指要约人在发出要约后，于要约到达受要约人之前取消其要约的行为。《民法典·合同编》第四百七十五条规定“要约可以撤回。要约的撤回适用本法第一百四十一条的规定”，据此，要约撤回的规则，适用第一百四十一条的规定，即意思表示的撤回。撤回意思表示的通知必须在意思表示到达相对人之前或者与意思表示同时到达相对人，如果在意思表示到达相对人之后，其已经发生法律效力，则不能撤回。即上述要约可撤回的情况下，要约实际上并未生效。

要约的撤销，指要约生效后，受要约人作出承诺之前，要约人可以反悔，方法是撤销已经生效的要约。《民法典·合同编》第四百七十六条规定“要约可以撤销”，第四百七十七条规定“撤销要约的意思表示以对话方式作出的，该意思表示的内容应当在受要约人作出承诺之前为受要约人所知道；撤销要约的意思表示以非对话方式作出的，应当在受要约人作出承诺之前到达受要约人”。即成功撤销已经生效的要约，须符合以下三个条件：① 作出撤销的意思表示（通知）；② 以对话方式作出撤销通知的，须于受要约人作出承诺之前为受要约人知道（了解）；以非对话方式作出撤销通知的，须于受要约人作出承诺之前到达受要约人。

但《民法典·合同编》第四百七十六条亦规定，有下列情形之一的除外，即要约不得撤销：① 要约人以确定承诺期限或者其他形式明示要约不可撤销；② 受要约人有理由认为要约是不可撤销的，并已经为履行合同做了合理准备工作。

注意：要约撤回与要约撤销，虽均发生于承诺生效之前，但二者存在主要区别：前者发生于要约生效之前，后者发生于要约生效之后。

（五）要约的失效

要约的失效，指要约生效后，出现要约失效的事由时，要约失效，受要约人丧失承诺的资格。要约失效后，受要约人继续承诺的，不发生成立合同的效果。要约失效，原因可能归于要约人，也可能归于受要约人。归于要约人的原因是要约人主动依法撤销要约，归于受要约人的原因可分为要约被拒绝、承诺期限届满受要约人未作出承诺、受要约人对要约的内容作出实质性变更。

《民法典·合同编》第四百七十八条规定，有下列情形之一的，要约失效：

（1）要约被拒绝；

（2）要约被依法撤销；

（3）承诺期限届满，受要约人未作出承诺；

（4）受要约人对要约的内容作出实质性变更。

二、承　诺

承诺是受要约人同意要约的意思表示。

（一）承诺的要件

根据《民法典·合同编》及相关理论，承诺须具备以下要件：

（1）承诺必须由受要约人作出（其他人无承诺资格）。

承诺必须由受要约人作出，受要约人为特定人时，承诺由该特定人作出；受要约人为不特定人时，承诺可以由该不特定人中的任何人作出。比如悬赏广告、网上拍卖等情形下，受要约人为不特定人，承诺即可以由该不特定人中的任何人作出。基于代理原则，受要约人的代理人可代为承诺。

（2）承诺必须在承诺期限内使要约人了解或者到达要约人。

要约到达受要约人后，如果要约中已经设定承诺期限的，或者要约人通过其他方式表明承诺期限的，受要约人应当在承诺期限内作出承诺。如果要约中没有设定承诺期限的，承诺应当依照下列规定到达：① 要约以对话方式作出的，应当即时作出承诺。所谓“即时”，指客观上可能的迅速。如以电话为要约，电话突然中段，马上再拨通而为承诺，属即时作出承诺。② 要约以非对话方式作出的，承诺应当在合理期限内到达。要约以信件或者电报作出的，承诺期限自信件载明的日期或者电报交发之日开始计算。信件未载明日期的，自投寄该信件的邮戳日期开始计算。要约以电话、传真、电子邮件等快速通讯方式作出的，承诺期限自要约到达受要约人时开始计算。

受要约人超过承诺期限发出承诺，或者在承诺期限内发出承诺，按照通常情形不能及时到达要约人的，为“承诺的迟延”。迟到的承诺，为新要约；但是，要约人及时通知受要约人该承诺有效的除外。受要约人在承诺期限内发出承诺，按照通常情形能够及时到达要约人，但是因其他原因致使承诺到达要约人时超过承诺期限的，为“承诺的迟延”。迟延的承诺，除要约人及时通知受要约人因承诺超过期限不接受该承诺外，该承诺有效。

（3）承诺的内容应当与要约的内容一致（完全同意要约的内容）。

承诺是受要约人愿意按照要约的内容与要约人订立合同的意思表示，所以，欲取得成立合同的法律效果，承诺就应当完全同意要约的条件，即在内容上承诺必须与要约的内容一致，这是构成一个有效承诺的核心要件。

受要约人对要约的内容作出实质性变更的，为新要约。有关合同标的、数量、质量、价款或者报酬、履行期限、履行地点和方式、违约责任和解决争议方法等的变更，是对要约内容的实质性变更。承诺对要约的内容作出非实质性变更的，除要约人及时表示反对或者要约表明承诺不得对要约的内容作出任何变更的以外，该承诺有效，合同的内容以承诺的内容为准。

（4）应当向要约人作出承诺的通知（意思表示）。

例外：根据交易习惯或者要约表明可以通过行为作出承诺的除外（即以“意思实现”的方式承诺）。

（5）承诺必须表明受要约人决定与要约人订立合同的意思（具有受拘束的意思）。

（二）承诺的效力

承诺在承诺通知到达要约人时生效。承诺不需要通知的，根据交易习惯或者要约的要求作出承诺的行为时生效。以对话方式作出承诺的，自要约人“了解”承诺内容时，承诺生效。以（数据电文以外的其他）非对话方式作出承诺的，通知到达要约人时，承诺生效。采用数据电文方式作出承诺的，数据电文到达要约人时，承诺生效。承诺可以单纯沉默方式作出，承诺期间届满，受要约人未作任何表示的，视为承诺，承诺期间届满之日为承诺生效之日。承诺效力表现在承诺生效时合同成立。在实践中，若交付标的物先于承诺生效，承诺同样使合同成立；若交付标的物后于承诺生效，则合同自交付标的物时成立。

（三）承诺的撤回与迟延

承诺的撤回，指受要约人在其作出的承诺生效之前，将其撤回的行为。《民法典·合同编》第四百八十五条规定“承诺可以撤回。承诺的撤回适用本法第一百四十一条的规定”，据此，承诺撤回的规则，适用第一百四十一条的规定，即意思表示的撤回，承诺本质上是有相对人的意思表示。撤回承诺的通知应当早于承诺通知到达要约人或者应当与承诺通知同时到达要约人。承诺一经撤回即不发生承诺的效力，合同不能成立。承诺生效则合同成立，法律关系发生改变，因此法律仅允许承诺撤回，不允许承诺撤销。逾期承诺，又称延迟承诺或者超期承诺，指受要约人在承诺期限经过之后作出的承诺。《民法典·合同编》第四百八十六条规定：“受要约人超过承诺期限发出承诺，或者在承诺期限内发出承诺，按照通常情形不能及时到达要约人的，为新要约；但是，要约人及时通知受要约人该承诺有效的除外。”逾期承诺的特点：① 逾期承诺须是受要约人向要约人发出的，完全接受要约的意思表示。② 逾期承诺须是在承诺期限届满后发出，或者在承诺期限内发出承诺，按照通常情形不能及时到达要约人，因而不是合格的承诺。逾期承诺的效力：① 逾期承诺不发生承诺的法律效力。② 逾期承诺是一项新要约。③ 要约人及时通知受要约人该承诺有效的情况下，逾期承诺具有承诺的法律效力。

承诺迟到，是承诺人在承诺期限内发出承诺，按照通常情形能够及时到达要约人，但是因其他原因致使承诺到达要约人时超出了承诺期限。《民法典·合同编》第四百八十七条规定："受要约人在承诺期限内发出承诺，按照通常情形能够及时到达要约人，但是因其他原因致使承诺到达要约人时超过承诺期限的，除要约人及时通知受要约人因承诺超过期限不接受该承诺外，该承诺有效。"即非因受要约人原因的承诺迟到，原则上该承诺发生承诺的法律效力，但要约人及时通知受要约人承诺超过期限不接受承诺的，不发生承诺的效力。

注：承诺迟到和逾期承诺不同，逾期承诺的受要约人在发出承诺时已经超出了承诺期限。

三、悬赏广告

悬赏广告，是指广告人以公开广告的形式允诺对完成指定行为的人给付一定报酬，行为人完成该种行为后，有权获得该报酬的行为。

（一）悬赏广告的性质

悬赏广告大致可分为三个阶段：一是悬赏人作出悬赏广告；二是应征人完成悬赏广告确定的特定行为；三是应征人请求支付悬赏广告声明的报酬。因此，悬赏广告不是一个单独的行为，而是一个动态的行为链结，由三个相互递进的行为构成。[①]

关于悬赏广告的属性，历来存在争议，主要有"单方允诺说"与"要约说"两种观点：①"单方允诺说"，主张悬赏广告为附生效条件的单方法律行为（单方允诺），应征人完成指定行为时，所附生效条件成就，该单方法律行为生效，在悬赏人与完成指定行为的应征者之间成立单方允诺之债。②"要约说"，主张悬赏广告为对不特定人的要约，悬赏广告作出时，要约生效，应征人完成指定行为时，承诺生效（该承诺根据交易习惯无须通知要约人），在悬赏人与完成指定行为的应征者之间成立悬赏广告合同之债。

对悬赏广告，无论采用要约说还是单方允诺说，根据通说，均承认以下两个规则：① 完成悬赏广告指定行为者，于完成指定行为时为无民事行为能力人、限制民事行为能力人的，其报酬请求权，不因此受影响。② 完成悬赏广告指定行为者，于完成指定行为时不知悬赏广告存在的，其报酬请求权，不因此受影响。

（二）数人完成悬赏广告行为的报酬请求权问题

完成悬赏广告所指定行为者为二人以上时，谁享有报酬请求权？根据通说，其规则

---

① 沈德咏等主编：《最高人民法院关于合同法司法解释（二）理解与适用》，人民法院出版社2009年版，第38页。

如下：① 两个以上的人“先后”完成指定行为的，仅“最先完成者”享有报酬请求权。悬赏人善意向最先通知者（非最先完成者）支付报酬的，悬赏人向最先完成者支付报酬的义务消灭。② 两个以上的人“分别同时”或者“共同”完成指定行为的，由他们共同取得报酬（平分）。悬赏人善意向最先通知者支付报酬的，其支付报酬的义务消灭。

四、合同成立的时间与地点

（一）合同成立的时间

合同生效的原则是承诺生效时合同成立。合同成立的时间，是双方当事人的磋商过程结束，达成共同意思表示的时间。

如果双方当事人约定采用合同书的，则双方的协议只是合同磋商的结果，还需要签订合同书，并且自当事人在合同书上签名、盖章或者按指印的时候合同才成立。签名、盖章或者按指印，是订约人最终对合同书或者确认书的承认，是自愿受其约束的意思表示，也是当事人签署合同的三种形式，除非有特别约定，只要有其中一种签署形式，就发生合同成立的效力。双方签名、盖章或者按指印不在同一时间的，以最后一方签名、盖章或者按指印的时间为合同成立的时间。但有两个例外情形：① 当事人采用合同书形式订立合同的，在签名、盖章或者按手印之前，当事人一方已经履行主要义务，对方接受时，该合同成立。② 法律、行政法规规定或者当事人约定合同应当采用书面形式订立，当事人未采用书面形式但是一方已经履行主要义务，对方接受时，该合同成立。

对于采用信件和电子数据订立合同的，实际上在符合要求的承诺作出之后，合同就成立了。但是，如果当事人约定还要签订确认书的，则在签订确认书时，该合同方成立。因此，双方签署确认书的时间，是信件、数据电文合同成立的时间。

当事人一方通过互联网等信息网络发布的商品或者服务信息符合要约条件的，对方选择该商品或者服务并提交订单成功时，合同成立，但是当事人另有约定的除外。

（二）合同成立的地点

合同成立的地点原则是承诺生效的地点。合同成立的地点成为缔约地，对于合同的纠纷管辖、法律适用等具有重要意义。

采用数据电文形式订立合同的，没有明显的承诺生效地点，收件人的主营业地为合同成立的地点；没有主营业地的，其住所地为合同成立的地点。当事人另有约定的，按照其约定。

以合同书形式（包括确认书形式）订立合同，最后签名、盖章或者按指印的地点为合同成立的地点，但是当事人另有约定的除外。所谓“当事人另有约定的除外”，指约定的合同成立地点与最后一方签字、盖章或者按手印的地点不一致的，以约定的合同成立地点为合同的成立地点。

五、缔约过失责任

（一）概　念

缔约过失责任是德国法学家耶林于 1861 年提出的，是法学上的伟大发现，对世界各国立法产生了直接影响。它指的是当事人为缔结合同而接触或磋商之际，因一方当事人故意或过失违背基于诚信原则所生的告知、协助、照顾、保护、忠实、通知、保密等先合同义务，致对方损害所承担的责任。缔约过失责任只能在磋商当事人之间成立。

（二）缔约过失责任的类型

按所缔结的合同是否有效，缔约过失责任可分为如下三种类型：

1. 合同未成立型

这类包括未完成要约承诺过程，也包括虽完成了要约承诺但因合同欠缺其他生效要件而不成立。《民法典·合同编》第五百条第一项规定的“假借订立合同，恶意进行磋商”，即为其典型代表。这种恶意既可以产生在磋商开始，也可以产生在磋商过程中，还可以为恶意终止磋商。如甲听闻其旁边经营的乙拟转让商铺给其竞争对手丙，于是甲或其委托人向乙表示可以高价租赁，但就合同条款迟迟达不成一致，当丙退出竞争后，甲或其委托人终止磋商。这就是始发型恶意磋商。如甲拟到具有特殊创意经营的乙谋职，在磋商过程中，甲产生了自主创业想法，并继续磋商获取相关经营信息后离去，此为继续型恶意磋商。又如甲拟生产某产品，要约乙为其报生产工艺及成本等，后甲获取乙资料后让丙向甲报价更低，以终止与乙的磋商，此为恶意终止磋商型。

2. 合同无效型

这类包括合同自始无效，也包括合同被撤销或不被追认无效。如就特定物买卖经过磋商达成一致，但在签订合同前因出卖人过错致标的物灭失，致合同虽能签订仍为无效。又如因重大误解、显失公平、欺诈、胁迫场合，如撤销方有过错，则相对方可以要求撤销方承担缔约过失责任。在恶意串通场合，如他人受有损失，则行为人与相对人应承担缔约过失责任。

3. 合同有效型

我国很多学者并不承认存在合同有效型缔约过失责任。如“故意隐瞒与订立合同有关的重要事实或者提供虚假情况”，既可以发生在合同不成立、无效、可撤销场合，也可以发生在合同有效场合。又如在重大误解、显失公平、欺诈、胁迫时，如果受重大误解、显示公平、欺诈、胁迫的一方当事人认为使合同有效更能保护其利益的，可使合同有效，并获得缔约过失责任的保护。

（三）缔约过失责任的构成

缔约过失责任的构成，一般有如下构成要件：

1. 缔约人在缔约过程中违反先合同义务

双方为了缔结合同而接触或磋商，要约已生效，进入一种比较特别的结合关系。一方因故意或过失违反基于诚实信用原则所生的告知、协助、保护、忠实、通知、保密及照顾等先合同义务。

2. 缔约相对人受有损失

给相对人造成合理的信赖利益损失或（和）人身、财产等固有利益的损失。“合理的信赖利益损失”包括：① 合理的缔约费用及利息；② 为准备履行合同所支出的合理费用及利息；③ 丧失与第三人订立合同的机会所遭受的损失。

3. 存在因果关系

这指违反先合同义务的行为与合理的信赖利益损失、固有利益损失之间存在因果关系。因果关系的判断标准众说纷纭，通常采相当因果关系，即“无此则无彼”之关系。

4. 有过错

缔约过失责任的过错既可以是故意（如恶意磋商型），也可以是过失，如重大误解、显失公平情形。

第五节　合同的效力

合同的成立与合同的生效不同，合同的成立只要符合有当事人、意思表示及标的三项要素即可成立，而合同的生效则指已成立的合同具有了法律效力。通常合同成立即为生效，但需履行批准或登记手续才能生效，或者附有生效条件或期限的合同，合同成立后并不当然生效。

一、合同生效的一般要件

1. 合同当事人在缔约时具有相应的缔约能力

自然人订立合同应当具有完全民事行为能力，而法人原则上应受其经营范围的约束，超越经营范围的，应当依照《民法典》第一编第六章第三节关于民事法律行为效力问题的规定及第三编合同编的规定来确定，原则上不影响合同的效力。

2. 意思表示真实、自由

意思表示真实指表意人的表示行为应当真实反映其内心的效果意思。如《民法典》规定的欺诈、胁迫、重大误解、显失公平等均为意思表示不自由或不一致，属可撤销合同。

3. 不违反法律、行政法规的强制性规定和公序良俗

生效的合同获得国家法律保护，合同债权人不仅可以请求债务人履行，而且可以请求国家以国家机器为后盾强制其履行。

二、无效合同

无效合同指欠缺生效要件，不能按当事人合意的内容赋予效力的合同。通说认为合同无效有三种特性，即无效的当然性、自始性与确定性。合同可以存在全部无效，也可存在部分无效，有效部分不因无效部分而无效。如超过一年期贷款市场报价利率四倍的民间借贷合同、含有部分法律禁止流通物的贸易合同等；又如《民法典·合同编》第五百零六条规定：合同中的下列免责条款无效：（1）造成对方人身损害的；（2）因故意或者重大过失造成对方财产损失的。就无效合同而言，依《民法典》大致存在如下几种类型：

1. 违反法律、行政法规效力性强制规范

违反的须为“法律”和“行政法规”中的效力性强制规范，若违反的是部门规章、地方法规、单行条例、自治条例中的效力性强制规范，法律行为并不因此无效。

根据通说观点，法律、行政法规中的强制性规范，属于“效力性强制规范”的只包括以下两大类型：

（1）“明定无效”：法律、行政法规明文规定违反强制规定的法律行为无效者；

（2）“危害公序型”：法律、行政法规虽未明文规定违反强制规定的法律行为无效，但违反该强制规定即损害公共秩序者。如强制性规范涉及金融安全、市场秩序、国家宏观政策等公序良俗的；交易标的禁止买卖的，如禁止人体器官、毒品、枪支等买卖；违反特许经营规定的，如场外配资合同；交易方式严重违法的，如违反招投标等竞争性缔约方式订立的合同。

2. 违背公序良俗

违背公序良俗的法律行为无效。违背公序良俗，即损害公共利益，包括损害公共秩序与违背善良风俗两个类型。

根据通说，损害公共秩序，主要包括以下类型：① 损害治安秩序，如以从事犯罪或者帮助犯罪为内容的合同。② 损害舆论秩序，如给新闻记者的封口费。③ 损害选举秩序与政治秩序，如意图影响选举结果的赠与、贿选合同。④ 损害司法秩序，如给证人的封口费。⑤ 损害管理秩序，如制作假身份证、毕业证的承揽合同。

根据通说，违背善良风俗，主要包括但不限于下列类型：① 违反性道德。如换妻合同、借腹生子合同（代孕母合同）、为了“维持”婚外性关系而订立的赠与合同。须注意：为结束婚外性关系支付的“分手费”，有效。② 违反婚姻伦理。如妨害婚姻自由的约定、预立的离婚协议（忠诚协议属例外，即夫妻约定，若一方出轨导致离婚，出轨者赔偿对方金钱若干，属于有效）等。③ 违反家庭伦理。如断绝父子关系的协议、夫妻关于禁止子女随母姓的合同、约定子女对父母不承担赡养义务的协议等。④ 贬损人格尊严。如雇佣合同中包含汇报工作必须向领导下跪的条款（下跪条款无效）、雇佣合同中规定雇佣离开工作场地必须接受搜身的条款等。⑤ 过度限制自由。如包括结婚后不得生育的雇

佣合同（生育自由）、期限过长的竞业禁止条款（职业自由）等。⑥ 践踏宪法基本权利。如约定工伤概不负责的"生死条款"、女职员结婚视为自动离职的所谓"单身条款"。⑦ 违反公平竞争。如约定串通投标或者围标的合同、分割和封锁市场的协议、限制销售价格、限制对方进货渠道的协议等。⑧ 政府特许之外的射幸合同。如赌博合同、私设六合彩、巨奖销售合同等。

3. 恶意串通

恶意串通损害他人合法权益的法律行为无效。恶意串通系违背善良风俗的一种特例。

成立恶意串通，其要件有三：① 法律行为客观上损害了他人的合法权益。② 法律行为当事人双方主客观上有意思联络，即串通。③ 法律行为当事人具有损害他人合法权益的意思主义的恶意。须注意：成立恶意串通，仅观念主义的恶意（即仅仅意识到将造成损害）尚属不足，须达到意思主义的恶意之程度，即不仅意识到将造成损害，且追求或希望损害之发生。如债务人将主要财产以明显不合理低价转让给其关联公司，关联公司在明知债务人欠债的情况下，未实际支付对价的，可以认定债务人与其关联公司恶意串通、损害债权人利益，与此相关的财产转让合同应当认定为无效。

三、可撤销的合同

可撤销的合同指法律赋予当事人一方以撤销权，该当事人据此可以请求法院撤销或变更该合同内容。撤销前，法律行为已经成立并生效，撤销后，则为无效合同，而变更后，则为完全有效合同。

（一）可撤销合同的类型

1. 重大误解

重大误解指合同一方当事人因其个人原因对合同的内容等发生误解因而订立的合同。其构成要件为：

（1）表意人因对意思表示内容的认识错误无意（非有意）作出了不真实的意思表示；

（2）表意人的误解须为重大误解。所谓"重大误解"指表意人为意思表示时因对行为的性质、人的特征（如年龄、性别、宗教信仰、政治立场、犯罪前科、职业能力、信用状况等）、对方当事人、标的物的性质（如品种、质量、规格）和标的物数量等的错误认识，使行为的后果与自己的意思相悖，并造成较大损失。

2. 欺　诈

欺诈，是指一方当事人故意告知对方虚假情况，或者故意隐瞒真实情况，诱使对方当事人作出错误意思表示的行为。

构成欺诈，通说认为应有如下要件：

（1）欺诈方实施了欺诈行为。

欺诈行为一般分为两种：一种是明知真实情况，但却不告诉交易对方，反而故意告知对方虚假情况，即积极欺骗。如二手车交易中，出卖人明知自己的车被撞过，而且撞得很严重，但告诉买受人该车没有被撞过。另一种是不作为，即隐瞒真实情况，不将真实情况告诉对方。如出卖人明知某幅画是赝品，却不告知买受人。为欺诈者既可以是完全民事行为能力人，也可以是限制或无民事行为能力人；既可以是积极虚假陈述行为，也可以是消极故意隐瞒行为；既可以是合同相对方的欺诈行为，也可以是合同一方当事人故意或明知情形下，第三人的欺诈行为。

（2）欺诈方有欺诈的故意。

也就是说，欺诈的主观状态一定是故意，而不是过失。故意的目的是使对方受欺诈，使自己因此获得不正当的利益。

（3）存在因果关系。

存在因果关系指相对方因欺诈行为而陷于错误，并且因该错误而作出意思表示。因此，如果相对方对欺诈行为未陷于错误，或者虽陷于错误但未进行意思表示，均不构成欺诈。

（4）欺诈的不正当性。

欺诈的不正当性，指欺骗行为超出法律、道德或交易习惯允许的限度。

须为对与意思表示有关的事实的虚假陈述，若仅为对与意思表示有关的个人意见或者个人观点的虚假陈述，不成立欺诈。如，乙到甲的服装店买衣服试穿时，为了促销，甲故意假装说："你穿这件衣服好漂亮呀！"乙信以为真而购买，回家后，家人都认为这件衣服跟乙不搭，甲的虚假陈述不成立欺诈。

故意对商品（或服务）作抽象的夸大宣传，或者作抽象的言过其实的吹嘘，只要未对商品（服务）的具体性质进行虚假陈述，不成立欺诈。如，出卖人声称他出售的洗衣粉增白力最强，顾客购买使用后发现增白力并非最好，不成立欺诈；相反，出卖人声称他出售的洗衣粉不具有碱性，顾客购买使用后皮肤遭受碱性腐蚀，成立欺诈。

因第三人欺诈所实施法律行为的撤销受特别限制，即第三人实施欺诈行为，只有当合同关系中的对方当事人知道或者应当知道第三人实施了欺诈行为，才允许受欺诈方撤销合同。《民法典》第一百四十九条对此作了规定"第三人实施欺诈行为，使一方在违背真实意思的情况下实施的民事法律行为，对方知道或者应当知道该欺诈行为的，受欺诈方有权请求人民法院或者仲裁机构予以撤销。"

3. 胁　迫

胁迫，是指以将要发生的损害或者以直接施加损害相威胁，迫使对方产生恐惧并因此而作出违背真实意思表示的行为。因受胁迫实施的民事法律行为，是指一方或者第三方以胁迫手段，使对方在违背真实意思的情况下实施的民事法律行为，套路贷即为典型。其构成要件为：

（1）一方或者第三方实施了胁迫行为。

以时间来区分，胁迫分为两种形式：一种是以将要发生的损害相要挟。这种要挟往往涉及危害对方及其亲人的生命健康、自由、名誉、荣誉、财产等，使对方在心理上产生恐惧，其目的是通过这种要挟，迫其就范。另一种是以现实的威胁进行要挟，使对方产生恐惧，如以对对方身体健康进行伤害相要挟，或者拘禁对方，以限制对方的人身自由相威胁。这里的胁迫一定要达到使受胁迫方产生恐惧的程度。受胁迫方是否达到感到恐惧的程度，要由受胁迫方举证。

（2）一方或者第三人具有胁迫的故意。胁迫的故意指使被胁迫人产生恐惧心理，并使被胁迫人基于该恐惧心理而为意思表示。

（3）威胁具有不正当性。

成立胁迫，须威胁行为具有不正当性。威胁行为具有不正当性，包括下列三种情形：① 威胁的手段不正当。如，"不把房子卖给我，就烧了它"。② 威胁的目的不正当。如，"若不同意出资 10 万元合伙经营赌场，就检举你在朝阳区吸毒的事"。③ 威胁的手段与目的结合不正当。如，"不把房子租给我，就检举揭发你贪污"。

（4）存在因果关系。

存在因果关系指相对方因胁迫而产生恐惧，并因恐惧而作出意思表示。反之，如没产生恐惧或未因恐惧而为意思表示均不构成胁迫。

4. 显失公平

显失公平，指一方利用对方处于危困状态、缺乏判断能力等情形，与对方实施对自己明显有重大利益而使对方明显不利的民事法律行为。其构成要件：

（1）利用对方当事人处于困境或者缺乏经验等情形。

困境包括经济、生命、健康、名誉等方面的窘迫或急需，情况比较紧急，迫切需要一方当事人提供金钱、物资、服务或劳务。对方当事人缺乏经验，是指承担不利后果的一方当事人在其自身有轻率、无经验等不利因素时，对行为的内容认识不准确。

（2）对方当事人因困境或缺乏经验而与一方当事人实施民事法律行为。

处于困境，是指对方当事人明知一方当事人提供的条件是利用自己的危难或急迫从中获得不当利益，但因困境所迫，而与其实施民事法律行为。缺乏经验，是指对方当事人因无知、没有交易经验、不熟悉经营活动等，贸然与一方当事人实施民事法律行为。

（3）一方所获得的利益超出了法律所准许的限度，其结果是显失公平的。

一般认为，出卖人交付的标的物的价格少于其实有价值的一半，或者超出其市场价格的一倍的，属于显失公平。

（4）显失公平的发生时间在民事法律行为成立之时。

必须以交易的时点为基准点，来判断双方的利益是否显著失衡，一方是否获得暴利，而不能事后诸葛亮，认为事后暴利，受损一方就可以请求撤销。事后的事情属于商业判断的问题，不在法律干预范围之内。

（二）撤销权的行使

撤销权在性质上属于形成权，只能以起诉或者申请仲裁的方式行使。在诉讼、仲裁之外以通知方式行使撤销权的，不产生撤销的效力。有相对人意思表示（如要约、承诺、解除的通知等）的撤销，行使撤销权时，以意思表示的相对人（受领人）为被告（申请人）。无相对人意思表示的撤销，行使撤销权时，以因该意思表示而获得利益者为被告（被申请人）。如，抛弃动产所有权的意思表示因遭受欺诈、发生重大误解而撤销时，应以拾得被抛弃之动产者（即此前已经因先占取得该动产所有权者）为被告（被申请人）。

应当注意的是，撤销权受双重除斥期间的限制，最长除斥期间为五年，自法律行为发生之日起开始计算。撤销权人未在此期间内行使撤销权的，撤销权消灭。原则上，短期除斥期间为一年，自撤销权人知道或者应当知道撤销事由之日起开始计算（但有例外，遭受胁迫的，自胁迫行为终止之日起计算）。撤销权人未在此期间内行使撤销权的，撤销权消灭。例外，因重大误解享有撤销权的短期除斥期间为 90 日，自撤销权人知道或者应当知道撤销事由之日起计算。撤销权人未在此期间内行使撤销权的，撤销权消灭。

在除斥期间内，撤销权人以起诉或者申请仲裁的方式行使撤销权的，自撤销权人胜诉的判决（裁决）生效时，产生形成力，合同溯及成立时自始无效。

民事法律行为被撤销后，行为人因该行为取得的财产，应当予以返还；不能返还或者没有必要返还的，应当折价补偿。有过错的一方应当赔偿对方因此所受到的损失；各方都有过错的，应当各自承担相应的责任。

四、效力待定的合同

效力待定的合同指效力发生与否并未确定，有待特定他人行为或事实确定的合同。效力待定合同的效力是否发生，取决于追认权人的追认，如果追认权人予以追认则生效，反之，则无效。

（一）限制民事行为能力人订立的合同

1. 限制民事行为能力人权利行使及效力

《民法典》第一百四十五条规定：限制民事行为能力人可实施纯获利益的民事法律行为或与其年龄、智力、精神健康状况相适应的民事法律行为，其他民事法律行为由他的法定代理人代理追认或征得他的法定代理人同意后方有效。限制行为能力人有两种：一种是八周岁以上的未成年人；另一种是不能完全辨认自己行为的成年人。限制行为能力人可以进行诸如接受赠与、奖励等纯获利益的民事合同，也可以进行诸如购买饮食或搭乘公交车等日常生活、学习类合同。除上述合同外，限制行为能力人签订的合同原则上只有经过其法定代理人的追认才有效。

2. 效力未定场合相对人的保护

为了保护效力未定场合相对人的合法权益，《民法典》第一百四十五条赋予了相对人两项权利，即催告权和撤销权：

催告权指的是相对人可以催告法定代理人在自收到催告通知之日起三十日内予以追认，法定代理人收到催告通知后在相应期间内未作表示的，视为拒绝追认，合同归于无效。

撤销权指的是限制行为能力人无权签订的合同被其法定代理人追认之前，善意相对人有撤销的权利。仅善意相对人享有撤销权，恶意相对人不享有撤销权。所谓善意，指订立合同时不知道也不应当知道对方系限制民事行为能力人。撤销权既可以诉讼的方式行使，亦可以诉讼外通知的方式行使，但不能以公告方式行使。自法定代理人的追认生效时，善意相对人的撤销权消灭。

（二）无权代理人以被代理人名义订立的合同

无权代理人以被代理人名义订立的合同称为无权代理合同。无权代理包括自始无代理权的无权代理、代理权终止后的无权代理以及超越代理权的无权代理三类。

同上述限制民事行为能力人所订合同一样，被代理人有追认权，一经追认合同有效，未经追认由行为人承担责任，但被代理人知道他人以本人名义实施民事行为而不作否认表示的应由被代理人承担。无权代理人以被代理人名义订立合同，被代理人已开始履行合同义务的，视为对合同的追认。同样的，为保护相对人权利，法律赋予了相对人催告权与撤销权，其行使方式与限制民事行为能力人之合同一样，兹不赘述。

例外，表见代理（构成要件参见第一章第四节）。表见代理指代理人实施代理行为时，虽无代理权，但因权利外观，善意且无过失的相对人有理由相信代理人拥有代理权，为保护善意相对人的合理信赖，善意相对人有权主张该无权代理发生有权代理效果的制度。表见代理制度在美法上为“禁止反言”规则，其设置目的在于保护交易安全。常见的表见代理行为如：一人持有某公司的空白合同或开具的介绍信洽谈业务，则该人虽无公司的有效授权，其行为外观足以使洽谈相对人相信其有代理权，在这种情况下，为保护交易安全，法律赋予这种代理行为有效，此为无权代理人所为代理行为效力之特殊处。

第六节　债的保全

债权在未实现之前，债权人总会担忧其债权的实现。对此，合同法发展出两套制度以减轻债权人的担忧：其一是采取担保法规定的保证、抵押、质押、留置和定金方式，通过增加除债务人自身财产以外的财产来保证债务人履行或债权实现；其二是在债务人自身财产（又称一般责任财产）不充足的情况下，特别允许一般债权人干涉债务人对其财产的自由处分（减少财产权益或者增加责任财产负担），这就是责任财产保全制度或债权的保全制度。债权的保全制度与合同担保制度、合同责任制度及双务合同中的抗辩权制度一起构成保障合同债权实现的法律机制。

我国合同法对债权的保全制度主要规定了两种，即代位权制度与撤销权制度。

一、债权人的代位权

债权人的代位权，是指当债务人怠于行使其对次债务人享有的权利而影响债权人到期债权的实现时，债权人为保全和实现自身的债权，以自己名义向人民法院请求次债务人将其对债务人的义务向债权人履行的权利。这个制度源自法国习惯法，法国民法典规定为“间接诉权”或“代位诉权”。如甲欠乙百万，丙欠甲五十万，两债权均届清偿期，甲除此债权别无财产且甲无意于行使权利，这时法律赋予乙代位甲请求丙清偿债务。同时，应当注意区别执行到期债权制度，我国司法解释有执行到期债权的规定，即执行程序中债务人有到期债权的，执行法院可向债务人发出履行到期债权的通知，债务人在接到通知后十五日内提出异议或履行。

（一）代位权成立的要件

1. 债权人对债务人存在合法有效的到期债权

债权人对债务人必须存在到期的合法债权，这是行使代位权的首要条件。

若债权人对债务人的债权已过诉讼时效期间且债务人已经主张时效抗辩，债权人无代位权。非法债权，债权人无代位权，如赌债。若非法债权背后存有合法债权，该合法债权的债权人仍可享有代位权。

原则上，债权人对债务人的债权须已经到期，但若债权人确有保存债务人对第三人债权的必要时，即使债权人对债务人的债权尚未到期，亦可行使代位权。如，债务人乙对第三人丙的债权或者乙对保证人丁的保证债权的诉讼时效即将届满，需要债权人甲通过行使代位权以中断其诉讼时效的；丙破产或者丁破产，乙未及时申请破产债权的，甲可以行使代位权，以自己的名义申报乙对丙或丁的破产债权。

2. 债务人对次债务人存在合法有效的到期债权或从权利

债务人对次债务人存在合法有效的到期债权，是代位权成立的必要条件。

代位权诉讼最终要判决次债务人等向债权人履行债务人的债务，故既要对债权人对债务人的债权进行认定，亦要对债务人对次债务人的债权作出判定，对两个债权的审理在区分已决和未决、债权发生原因、履行届期、债权确定性等方面的审查标准基本一致。

《民法典》第五百三十五条将债务人对次债务人的债权扩展到与该债权有关的从权利，不再限于债务人对次债务人的金钱债务，而是包括债务人对次债务人的债权与从权利（如利息债权），以及债务人对次债务人的与该债权有关的从权利（如抵押权、质权、保证债权、定金债权等）。

3. 债务人怠于行使对次债务人的债权或有关的从权利，并因此影响债权人债权的实现

债务人怠于行使其到期债权及与债权有关的从权利影响债权人利益的实现，是代位权成立的实质要件。

所谓“怠于”，是指债务人未以起诉或者申请仲裁的方式对次债务人行使到期权利。所谓“影响债权人的到期债权实现”，即损害债权人的到期债权，判断标准采“债务超过说”，即除了对次债务人的债权或者与该债权有关的从权利外，债务人的其他财产不足以清偿其对债权人的到期债务。即使债务人、次债务人间的合同约定了仲裁协议，也不妨碍债权人以起诉方式行使代位权。因为仲裁条款具有相对性，只对债务人和次债务人具有约束力。

4. 债务人对相对人的债权或与债权有关的从权利不具有专属性

这是代位权能否成立的限制条件。

债务人对次债务人的下列债权或与债权有关的从权利具有专属性，债权人不得代位行使：① 基于人身伤害产生的损害赔偿请求权；② 基于身份关系产生的债权，如基于扶养关系、抚养关系、赡养关系、继承关系产生的给付请求权；③ 基于劳动关系产生的债权，如劳动报酬、退休金、养老金、抚恤金、安置费等债权；④ 基于人寿保险合同产生的保险金请求权；⑤ 合伙人的债权人不得代位行使合伙人依照《民法典》第二十七章规定和合伙合同享有的权利，但是合伙人享有的利益分配请求权除外。

（二）代位权的行使及效力

债权人行使代位权，是向人民法院请求以自己的名义行使债务人对次债务人的权利。债权人为原告，次债务人为被告，可以追加债务人为无独立请求权第三人，管辖法院为被告住所地法院，行使权利的范围，应当以债务人到期债权或者与该债权有关的从权利为限，对超出到期债权范围以外的部分，不能行使代位权。人民法院经过审理，认定债权人主张的代位权成立的，就可以判决由次债务人直接向债权人履行债务。债权人接受次债务人的履行后，债权人与债务人、债务人与次债务人之间相应的权利义务消灭。债权人行使代位权时，次债务人对债务人的抗辩，可以向债权人主张。

债权人行使代位权的诉讼费用由次债务人负担，从实现的债权（从权利）中优先支付；支出的必要费用，如律师费、差旅费等，由债务人负担，债权人可以向其追偿。

二、债权人的撤销权

债权人撤销权，是指债权人依法享有的为保全其债权，对债务人无偿或低价处分作为债务履行资力的现有财产，以及放弃其债权或者债权担保、恶意延长到期债权履行期限的行为，请求法院予以撤销的权利。该制度源自罗马法，因是罗马法务官保罗所创，又称“保罗诉权”。

（一）撤销权的构成要件

1. 债权人对债务人的债权合法、有效（注意：无须到期）

债权人对债务人的债权须合法，对非法债权如赌债，债权人不享有债权人撤销权。债权人对债务人的债权须有效，若已过诉讼时效期间且债务人主张时效抗辩的，债权人不享有债权人撤销权。

债权人对债务人的债权无须到期，这是债权人撤销权与代位权的一个区别。

2. 债务人对债权人负担债务之后，实施的财产行为影响债权人的债权实现

（1）时间因素：债务人处分财产的行为须发生在债权人对债务人享有债权之后；若债务人处分财产的行为发生在债权人对债务人享有债权之前，债权人无债权人撤销权。因为债权人撤销的功能在于恢复债务人的责任财产，而不在于增加债务人的责任财产。

（2）财产因素：债务人处分财产的行为须产生导致债务人责任财产减少的效果；若债务人处分财产的行为并未导致其责任财产减少，如以市价购入或卖出，或者只是导致其责任财产没有增加，如拒绝接受赠与、拒绝第三人代为清偿债务、放弃继承、放弃受遗赠等，则债权人不享有债权人撤销权。

（3）行为因素：债务人处分财产的行为须为法律行为中的财产行为，若为身份行为，如结婚、收养子女，即使损害了债权人的债权，债权人亦无债权人撤销权。因为身份行为涉及债务人的人格尊严。

（4）效果因素：债务人实施的导致其责任财产减少的财产行为须为损害到债权人的债权。判断损害的标准，采用“债务超过说”，实施处分财产的行为后，债务人剩余的其他财产不足以清偿对债权人负担的债务。

（5）关联因素：债务人处分财产的行为与债权人的债权受到损害之间须有因果关系。若无此因果关系，债权人无债权人撤销权。

法律对可撤销之财产上处分行为的类型有如下规定：

① 放弃到期债权或者放弃未到期的债权。

② 放弃债权担保：指债务人放弃自己的担保物权或者担保债权。

③ 无偿转让财产，包括赠与、遗赠。

④ 恶意延长到期债权的履行期。

⑤ 以明显不合理的低价转让财产。所谓“明显不合理的低价”，由人民法院根据各种情况综合判断，一般而言，指转让价格达不到交易时交易地的指导价或者市场交易价的 70%。

⑥ 以明显不合理的高价受让他人财产。“所谓以明显不合理的高价”，由人民法院根据各种情况综合判断，一般而言，指转让价格高于当地指导价或者市场交易价的 30%。

⑦ 为他人的债务提供担保。

3. 若债务人的行为系有偿行为，需要债务人、受益人或受让人具有恶意

若债务人的行为系有偿行为，还需要第三个要件，即需要债务人、受益人或受让人具有恶意。所谓的“恶意”，采用“观念主义”而非“意思主义”予以确定，指只要债务人或者受益人或受让人知道其行为将导致债务人的责任财产减少，并有害于一般债权人的债权即可，不要求债务人或者受益人或受让人明知将损害特定债权人的债权，亦即不要求具有损害特定债权人的故意。

（二）撤销权的行使及效力

同代位权一样，撤销权也是债权人以其名义以诉讼方式为之，债权人为原告，债务人为被告，可以追加受益人或受让人为无独立请求权第三人，管辖法院为被告住所地人民法院，行使范围以债权人对债务人的债权数额为限。若债权人一旦胜诉，债务人行为自始没有法律约束力。债权人有权请求受益人或受让人向自己返还所受利益，并有义务将所受利益加入债务人的一般财产，作为全体一般债务人的责任财产（无优先受偿权）。

债权人行使撤销权诉讼的诉讼费用，以及支出的必要费用，如律师代理费、差旅费等，由债务人负担，受益人、受让人有过错的，应当适当分担。

第七节　双务合同中的履行抗辩权

一、同时履行抗辩权

同时履行抗辩权指在未约定先后履行顺序的双务合同中，当事人应当同时履行，一方在对方未为对待给付之前，有权拒绝其履行要求。这种抗辩权只存在于双务合同中，因为只有双务合同，合同双方当事人之间才存在对待给付的条件，因而单务合同不存在同时履行抗辩权，此外，不真正双务合同也不存在同时履行抗辩权，比如委托合同等。同时履行抗辩权具有对抗对方的履行请求、排除己方迟延履行责任的效力，且一经对方履行，该抗辩权即告消灭。同时履行抗辩权的成立需要满足如下四个条件：

1. 同一双务合同中互负对待给付义务

双务合同双方当事人的债务应基于同一合同关系而产生对待给付义务，并且债务内容应理解为主给付义务。但如果不履行从给付义务将导致相对方订立合同的目的不能实现，相对方也可主张同时履行抗辩权。当事人不得因对方不履行合同的附随义务而主张同时履行抗辩权。

2. 双方互负的债务没有先后履行顺序且均已届清偿期

同时履行抗辩权设立目的在于使双方当事人同时履行，因为双方债务均已届清偿期是同时履行抗辩权成立的基本条件。这个要件可以基本排除一些双务合同同时履行抗辩权的适用，如商业借贷合同，该类合同当事人双方合同义务（或债务）存在履行先后问题，在这种情形下，不存在同时履行抗辩权的适用条件，异言之，凡是合同义务存在先后履行情形的双务合同都排除了同时履行抗辩权的适用。

3. 对方未履行债务或其履行不符合约定

该条件道理至明，如果对方已然履行了其债务，在这种情形下，当然不得再行向对方提出同时履行要求；但是，如果对方仅履行了部分债务或进行了瑕疵履行，在此情形下，应当存在同时履行抗辩权的适用。如果对债务人部分履行拒绝受领有违诚实信用原则，则不得行使同时履行抗辩权。

4. 对方的对待给付是可能履行的

同时履行抗辩权设立目的在于通过同时履行实现对待给付，如果对方已失去了履行能力，则已无行使同时履行抗辩权的必要，合同权利人可通过合同解除等方式实现权利。

注：享有同时履行抗辩权的，须主张同时履行抗辩权，才能发生效力；未主张，则不产生行使的效力。

二、顺序履行抗辩权

顺序履行抗辩权也叫先履行抗辩权，指当事人互负债务，有先后履行顺序的，负有先履行义务的一方未按照合同约定履行债务，后履行的一方有权拒绝其履行请求，先履行一方履行债务不符合合同约定的，后履行一方有权拒绝相应的履行请求。该制度设立目的在于保护后履行一方的期限利益和顺序利益。其成立要件为：

（1）当事人因同一双务合同互负债务。

顺序履行抗辩权与同时履行抗辩权一样，只存在于双务合同中，单务合同中不发生先履行抗辩权问题。在双务合同中，当事人互负对待给付义务，当事人一方履行义务，是为了换取对方的履行。所以在先履行一方不履行自己的债务时，后履行一方为保护自己的履行利益，就可以拒绝对方的履行要求。

（2）双方的合同义务有先后履行顺序，至于先后顺序是约定或是法定在所不问。

（3）双方所负债务已届清偿期、先履行一方未履行或未适当履行债务，如迟延履行或瑕疵履行。

负有先履行义务的一方在其债务已届履行期时应当先履行义务。如果先履行一方的债务已届履行期而不履行债务或履行债务不符合合同约定，则属于违约。对于后履行义务的一方，在先履行义务的一方构成违约并请求履行的情况下，后履行义务的一方的债务必须也已届履行期，此时后履行一方可以行使先履行抗辩权，拒绝其履行请求或在其不适当履行的范围内拒绝其相应的履行请求。如果先履行义务的一方在后履行义务的一方债务未届履行期时提出履行请求，则后履行义务的一方可以履行期限未到，对方无履行请求权为由提出抗辩，而不是行使先履行抗辩权。

注：因行使顺序履行抗辩权而拒绝履行合同义务的，不成立违约。

三、不安抗辩权

不安抗辩权，指在双务合同中有先履行义务的一方当事人，在有确切证据证明对方当事人丧失或者可能丧失履行能力因而不能履行合同义务时，享有的暂时中止履行的抗辩权。不安抗辩权在性质上属于一时抗辩权或延迟抗辩权，其设立的目的在于公平合理地保护先履行方的合法权益，并通过赋予先履行方中止履行的自我救济手段，促进另一方当事人的履行。后履行债务的一方当事人收到中止履行通知后，在合理期限内未恢复履行能力或未提供适当担保的，先履行义务一方有权解除合同。

（一）不安抗辩权的成立条件

1. 双方当事人因同一双务合同互负对待给付义务

只有在互负给付义务的双务合同中才存在不安抗辩权的行使，因而单务合同、不存在对价关系的双务合同不存在不安抗辩权的行使条件。

2. 双方当事人履行债务的期限有先后履行顺序

这是区别同时履行抗辩权重要的一点，只有存在先后履行顺序的情况下，先给付义务人才会对其履行后，后给付义务的履行能力表现“不安”，因而才有不安抗辩权制度的设立与运用。

3. 先履行一方应当有确切证据证明对方具有届时不能或不会作出对待给付的现实危险

这是不安抗辩权设立的最基本条件，只有在后给付义务人有不能为对待给付的现实危险、危及先给付义务人的债权实现时，才能行使不安抗辩权。这里的现实危险，包括：① 经营状况严重恶化；② 转移财产、抽逃资金，以逃避债务；③ 丧失商业信誉；④ 有丧失或者可能丧失履行债务能力的其他情形。

如果后履行一方不能对待给付的危险发生于合同订立之前且为对方所知，则属于自担风险的情形，先履行一方不享有不安抗辩权；如果前述风险发生于合同订立之前但因一方隐瞒导致对方不知情的，则可构成《民法典》第一百四十八条所规定的可撤销民事法律行为之情形，应通过请求人民法院或仲裁机构予以撤销进行救济，而不能行使不安抗辩权。

（二）不安抗辩权的行使

（1）不安抗辩权人有权中止履行自己的义务，中止履行不构成违约。

（2）主张行使不安抗辩权的一方应将中止履行事由及时通知对方。

（3）对方在合理期限内恢复履行能力或者提供相应担保的，不安抗辩权消灭。应当先履行一方应当恢复履行到期合同义务，否则成立违约。

（4）中止履行后，对方在合理期限内未恢复履行能力且未提供适当担保的，视为预期违约，中止履行的一方可以解除合同并可以请求对方承担违约责任。

第八节　合同的变更与解除

一、合同的变更

广义的合同变更包括合同主体与合同内容的变更，狭义的合同变更则仅指合同内容的变更。从我国合同法立法来看，合同主体的变更称为合同转让，因此，我国合同法上的合同变更只为合同内容的变更，即合同权利义务的变更。

（一）合同变更要件

1. 存在合法有效的合同关系

合同变更是对已存在之有效合同的变更，则如果无原合同、原合同无效、被撤销，依然无合同变更之适用。

2. 合同内容发生变化

合同内容发生变化是合同变更不可或缺的条件。就合同内容变更而言，通常包括合同标的物在质量、数量、履行条件、合同价款、合同所附条件和期限、合同担保、违约责任、解除条件以及争议解决的防范等内容的变更，也可以包括合同的从给附义务、附随义务的变更。

3. 当事人就合同变更协商一致

双方当事人协商一致变更合同，是意思自治原则的基本要求，但协商不成的，当事人可以请求法院或仲裁机构予以变更或解除合同。

当事人协商变更合同的，双方当事人必须有明确的变更合同的合意，如果一方当事人要求变更合同，对方虽然未表示反对，但也没有明确表示同意，或者没有以其行为表示同意的，则不能认定对方当事人同意该变更。

（二）合同变更的效力

合同变更的效力在于使变更后的合同代替原合同，重新调整了合同当事人之间的权利义务，但对合同变更前的履行不因合同变更而失效。同时，合同变更不影响当事人的赔偿请求权，如因显失公平或重大误解而变更合同，受损失一方可以主张损害赔偿。

二、合同的解除

合同解除，指合同成立后，未履行或未完全履行前，经当事人协议，或者当具备约定、法定的解除事由时，由解除权人行使解除权使合同权利义务关系自始或向将来终止的一种行为。可分为协议解除、约定解除与法定解除等。

（一）合同解除的事由

合同一经成立生效即受法律保护，非因法定事由不得解除。法定解除分为一般法定解除和特殊法定解除。

1. 一般法定解除

一般法定解除适用于所有类型的合同，根据《民法典》第五百六十三条的规定有如下几种情形：

（1）因不可抗力致使不能实现合同目的。

（2）在履行期限届满前，当事人一方明确表示或以自己的行为表明不履行主要债务，即明示的预期违约和默示的预期违约。

（3）当事人一方迟延履行主要债务，经催告后在合理期限内仍未履行。

除依合同性质一方迟延履行致使合同目的不能实现的情况下，一方迟延履行另一方不能立即行使合同解除权，而应给予违约方一个合同期限履行，如仍未履行，则可行使合同解除权。当然守约方可以主张迟延履行的损害赔偿。

（4）当事人一方迟延履行债务或者有其他违约行为致使不能实现合同目的。

如参展商为展会所订商品、现场设计布置等有着确定时间性要求，因此，合同相对方一经迟延履行则参展商将不能实现合同目的，债权人有权解除合同。

（5）法律规定的其他情形。

这包括《民法典》《消费者权益保护法》等法律规定的具体解除情形。

《最高人民法院关于审理买卖合同纠纷案件适用法律问题的解释》第十九条规定："出卖人没有履行或者不当履行从给付义务，致使买受人不能实现合同目的，买受人主张解除合同的，人民法院应当根据民法典第五百六十三条第一款第四项的规定，予以支持。"

基于契约严守规则，一般法定解除事由的标准较高。

2. 特殊法定解除

特殊法定解除仅适用于法律规定的特定类型合同，其标准较为宽松（甚至包括"任意解除权"这一类型），有如下几种情形：

（1）双方当事人均享有任意解除权的合同。

如，不定期继续性合同（《民法典》第五百六十三条第二款）、不定期租赁合同（《民法典》第七百三十条）、委托合同（《民法典》第九百三十三条）、不定期物业服务合同（《民法典》第九百四十八条）、不定期合伙合同（《民法典》第九百七十六条）、不定期肖像许可使用合同（《民法典》第一千零二十二条）、不定期姓名许可使用合同（《民法典》第一千零二十三条）。

（2）特定一方当事人享有任意解除权（变更权）的合同。

如，承揽合同中定作人享有任意变更权（《民法典》第七百七十七条）和任意解除权（《民法典》第七百八十七条）、货运合同的托运人享有任意变更权和任意解除权（《民法典》第八百二十九条）、保管合同中寄存人享有任意解除权和未约定保管期限的保管人享有任意解除权（《民法典》第八百九十九条）、保险合同的投保人享有任意解除权（《保险法》第十五条）。

注：任意解除权中的"任意"，指享有解除权无须特别事由，法律规定享有任意解除权（变更权）类型合同中的当事人有权随时解除合同。但行使任意解除权解除合同给对方造成损失的，应当承担损害赔偿责任，赔偿范围因合同是否属于有偿合同而有不同。若属于无偿合同，应当赔偿因解除时间不当造成的直接损失；若属于有偿合同，应当赔偿对方的直接损失和合同履行后可以获得的利益。

（3）一方实施特定违约行为时，非违约方享有法定解除权的合同。

分期付款买卖合同（《民法典》第六百三十四条）：分期付款的买受人未支付到期价款的数额达到全部价款的五分之一，经催告后在合理期限内仍未支付到期付款的，出卖人享有法定解除权。

借款合同（《民法典》第六百七十三条）：借款人未按照约定的借款用途适用借款的，贷款人可以停止发放借款、提前收回借款或者解除合同。

租赁合同（《民法典》第七百一十八条）：租赁人擅自转租的，出租人享有法定解除权。但是出租人知道或者应当知道承租人擅自转租后，在六个月内未提出异议的，视为同意转租，出租人的法定解除权消灭。

承揽合同（《民法典》第七百七十二条）：承揽人擅自将其承揽的主要工作交由第三人完成的，定作人享有法定解除权。

（二）合同解除的类型

1. 协议解除

协议解除指合同成立后，未履行或未完全履行前，当事人协议解除合同，使合同权利义务关系终止的合同解除方式。

2. 约定解除

约定解除指合同当事人约定一方解除合同的事由，约定解除合同的事由发生时，由解除权人行使解除权使合同权利义务关系终止的合同解除方式。

3. 法定解除

法定解除指合同成立后，未履行或未完全履行前，出现法律规定的解除事由，由解除权人行使解除权使合同权利义务关系终止的合同解除方式。

（三）法定解除权和约定解除权的行使

1. 除斥期间

合同解除权系单纯形成权，适用除斥期间。除斥期间届满，解除权人未行使解除权的，解除权消灭。法定解除权、约定解除权的除斥期间依序按照下列规定确定：① 合同当事人有约定的，按约定；② 合同当事人没有约定，法律有规定的，按法律规定；③ 当事人没有约定或者法律没有规定的，解除权的除斥期间原则上为自解除权人知道或者应当知道解除事由之日起 1 年，但对方催告解除权人的，为自催告后的合理期限。

法律特别规定了两个法定解除的除斥期间：① 租赁合同，承租人擅自转租的，出租人享有法定解除权，该法定解除权的除斥期间为自出租人知道或者应当知道承租人擅自转租之日起 6 个月（《民法典》第七百一十八条）；② 商品房买卖合同中，出卖人迟延交付房屋或者买受人迟延支付购房款，经催告后在 3 个月内仍未履行的，对方当事人享有法定解除权。该法定解除权的除斥期间：对方催告其行使的，应在催告后的 3 个月内行使；对方未催告的，应当在解除权发生之日起 1 年内行使（《最高人民法院关于审理商品房买卖合同纠纷案件适用法律若干问题的解释》第十一条）。

2. 解除权的行使

合同当事人享有法定解除权或者约定解除权时，合同并不自动解除，也不当然解除，须解除权人行使解除权，实施解除合同的行为，才能产生合同被解除的效果。

（1）当事人一方依法主张解除合同的，应当通知对方。合同自通知到达对方时解除；通知载明债务人在一定期限内不履行债务则合同自动解除，债务人在该期限内未履行债务的，合同自通知载明的期限届满时解除。

（2）对方对解除合同有异议的，任何一方当事人均可请求人民法院或者仲裁机构确认解除行为的效力。

（3）当事人一方未通知对方，直接以提起诉讼或者申请仲裁的方式依法主张解除合同，人民法院或者仲裁机构确认该主张的，合同自起诉状副本或者仲裁申请书副本送达对方时解除。

（四）合同解除的效力

《民法典》第五百五十七条第二款规定：合同解除的，该合同的权利义务关系终止。非继续性合同的解除，原则上具有溯及力，合同权利义务溯及合同成立时终止，如买卖合同、行纪合同等；继续性合同的解除，不具有溯及力，仅解除后的合同关系终止，解除合同前合同关系不因解除终止，如委托合同、保管合同、提供劳务的合同等。合同因一方当事人违约解除的，守约方在解除合同时，仍有权请求违约方承担相应的违约责任。

第九节　违约责任

违约责任指合同一方当事人不履行合同义务或履行合同义务不符合合同约定所应承担的民事责任。

一、违约责任的构成要件

违约责任构成要件有二：其一为违约责任的积极要件，即要有违约行为；其二是违约责任的消极要件，即无免责事由。

（一）存在违约行为

违约行为指当事人一方不履行合同义务或履行合同义务不符合约定的行为。合同的相对性包含违约主体、行为及责任的相对性。违约行为依据是存在客观的违约行为及事实，行为人的主观状态则在所不问。违约行为可作如下分类：

1. 单方违约与双方违约

双方违约指双方当事人分别违反了自己的合同义务。在这种情况下，合同当事人应当各自承担相应的违约责任。

2. 根本违约与非根本违约

这是以违约行为是否导致另一方合同目的不能实现为标准进行的区分。区别的意义在于根本性违约构成合同法定解除的理由。

3. 不履行、不完全履行和迟延履行

不履行指履行期限到来之后，合同债务人无正当理由拒绝履行合同债务的行为；不完全履行指债务人虽有履行行为，但在履行数量、质量、方式、地点等方面存在瑕疵；迟延履行则包括：① 迟延给付，又称债务人迟延，指债务人在履行期限到来后，能够履行债务而没有按期履行债务；② 迟延受领，指债权人应当对债务人的履行及时受领而没有受领。

4. 实际违约与预期违约

实际违约，指债务履行期届至后，债务人无正当理由，为全面而适当履行合同义务，包括上述不履行、不完全履行和迟延履行。

预期违约也叫“先期违约”，指在合同履行期限到来之前，一方无正当理由但明确表示其在履行期限到来后将不履行合同，或者其行为表明其在履行期限到来后将不可能履行合同。预期违约是当事人在履行期限到来之前的违约，侵害的是对方当事人的期待债权而非现实债权。

预期违约包括明示毁约和默示毁约。明示毁约指在履行期届至前，债务人无正当理由明确肯定地表示其将不履行合同主要义务的违约形态。其构成要件为：① 债务履行期尚未届至；② 合同债务人明确肯定地向对方表示履行期到来之后将不履行合同义务；③ 表示不履行的系合同的主要义务；④ 无正当理由。默示毁约指在履行期届至前，债权人有确切的证据证明，在合同履行期届至时，债务人将不履行或者不能履行债务，且债务人拒绝为履行债务提供相应担保的违约形态。其构成要件为：① 债务履行期尚未届至；② 合同债务人以行为表明其将不会履行合同义务。如特定物买卖合同的出卖人又将该特定物出卖给第三人并转移所有权。再如提供劳务的合同，或者以特殊的技能、才干的提供作为给付标的的合同，履行期届至前债务人丧失劳动能力或者丧失提供该技能、才干的能力，并且该状态将持续至履行期到来的。③ 合同债权人须有证据证明合同债务人的行为表明其将不履行合同义务；④ 以其行为表明将不履行合同义务的一方未提供履行担保。

（二）无免责事由

免责事由指当事人对其违约行为免予承担责任的事由，通常分为法定免责事由与约定免责事由。法定免责事由指法律直接规定而非当事人约定之免责事由，主要为不可抗力；约定免责事由指当事人约定之事由。

1. 不可抗力

不可抗力指不能预见、不能避免且不能克服的客观情况，主要包括自然灾害（如地震台风）、政府行为（如征收征用）、社会异常现象（如罢工扰乱）。不能预见指当事人作为一般人无法知道事件是否发生、何时发生及发生的情况；不能避免指无论当事人采取什么措施，尽最大努力也不能防止或避免事件发生；不能克服指以当事人自身能力及条件无法克服这种客观力量；客观情况指除当事人行为之外的客观现象。

不可抗力作为法定免责条款具有强制性，不因当事人约定排除适用而失效。因不可抗力不能履行合同的，根据不可抗力的影响，部分或者全部免除责任，但法律另有规定的除外。金钱债务或当事人迟延履行后发生不可抗力的，不能免除责任。当事人一方因不可抗力不能履行合同的，应当及时通知对方，以减轻可能给对方造成的损失，并应当在合理期限内提供证明。

2. 免责条款

免责条款指当事人在合同中约定免除将来可能发生的违约责任的条款，其所约定的免责事由即约定免责事由。合同法除对格式合同免责条款予以规定外，未作一般性规定，但通说认为免责条款不能排除当事人基本权利义务，不能排除故意或重大过失的责任。

二、违约责任的形式

（一）继续履行

继续履行也叫强制实际履行，是指违约方根据守约方当事人的请求继续履行合同规定的义务的违约责任形式。继续履行以守约方的请求为要件，法院不得径行判决。

继续履行的适用以是否为金钱债务而不同。对金钱债务只存在适用继续履行，不存在履行不能；对有条件的非金钱债务适用继续履行。对下列情形不适用继续履行：

（1）法律上或者事实上不能履行；

（2）债务的标的不适于强制履行或者履行费用过高；

（3）债权人在合理期限内未请求履行。

（二）采取补救措施（修理、更换、重做）

采取补救措施指矫正合同的不适当履行，使履行缺陷得以消除的具体措施，可与继续履行和赔偿损失具有互补性。其主要内容包括但不限于《民法典》第五百八十二条规定的修理、重作、更换、退货、减少价款或报酬等。

对不完全履行的违约责任形式，当事人有约定的从其约定，否则，则先按《民法典》第五百一十条进行处理，即通过协议补充，或者不能达成补充协议的，按照合同相关条款或者交易习惯确定。如通过《民法典》第五百一十条仍无法处理的，才适用采取补救措施，且补救措施的适用应与标的物的性质或损失大小相适应。

（三）赔偿损失

赔偿损失指违约方以支付金钱的方式弥补受害方因违约行为所减少的财产或所丧失的利益的责任形式，是最基本最重要的违约责任形式。

1. 法定损害赔偿

法定损害赔偿指法律规定的，违约方因违约行为而对守约方所受损失承担赔偿的责任。按如下原则确定损失：

（1）完全赔偿原则，包括赔偿直接损失和间接损失、积极损失与消极损失、现有财产的损失与可得利益损失。

（2）合理预见原则。违约损害赔偿的范围以违约方在订立合同时预见到或者应当预见到的损失为限。合同预见规则用于限制包括现实财产损失和可得利益损失的损失总额的规则，其不适用约定损害赔偿，且以订立合同的事实或情况为准加以判断。

（3）减轻损失规则。一方违约后，另一方应当及时采取合理措施防止损失的扩大，否则，不得就扩大的损失要求赔偿。当事人因防止损失扩大而支出的合理费用，由违约方负担。

（4）损益相抵原则。如果违约行为在给对方造成损失的同时，还给对方带来了收益或者给对方减少了费用的支出，则在计算损害赔偿的数额时应当减去该收益或者节约的费用。

（5）过失相抵原则。当事人一方违约造成对方损失，对方对损失的发生有过错的，可以减少相应的损失赔偿额。

2. 约定损害赔偿

约定损害赔偿指当事人在订立合同时，预先约定一方违约时应当向对方支付一定数额的赔偿金或约定损害赔偿额的计算方法，具有预见性、从属性和附条件性特征。

注：在承担补偿性损害赔偿责任填补受害人遭受的全部实际损害之外，根据法律的明确规定，可另行主张惩罚性损害赔偿。

（四）违约金

违约金指当事人一方违约时应根据违约情况向对方支付的一定数额的金钱或财物，可分为法定违约金与约定违约金、惩罚性违约金与补偿性违约金。约定的违约金低于造成的损失的，当事人可以请求人民法院或者仲裁机构予以增加；约定的违约金过分高于造成的损失的，当事人可以请求人民法院或者仲裁机构予以适当减少。当事人主张约定的违约金过高请求予以适当减少的，人民法院应当以实际损失为基础，兼顾合同的履行情况、当事人的过错程度以及预期利益等综合因素，根据公平原则和诚实信用原则予以衡量，并作出裁决。当事人约定的违约金超过造成损失的 30% 的，一般可以认定为合同法规定的“过分高于造成的损失”。

（五）定　金

定金指合同当事人为确保合同履行，根据双方约定，由一方按合同标的额的一定比例预先给付对方的金钱或其他替代物。债务人履行债务后，定金应当抵作价款或收回。给付定金的一方不履行约定债务的，无权要求返还定金；收受定金的一方不履行约定债务的，应当双倍返还定金。

定金的数额由当事人约定；但是，不得超过主合同标的额的百分之二十，超过部分不产生定金的效力。实际交付的定金数额多于或者少于约定数额的，视为变更约定的定金数额。

（六）减价请求权

减价请求权是一种违约责任形态，性质为形成权。适用于出卖的标的物具有质量瑕疵，从而标的物价值因该瑕疵而减少的情形。此外，减价请求权也可适用于其他双务有偿合同，如租赁合同、加工承揽合同等。

行使减价请求权时，减少多少价款，有法定标准。根据《最高人民法院关于审理买卖合同纠纷案件适用法律问题的解释》第十七条的规定，在当事人没有约定时，减少的数额为“符合约定质量标准的标的物于交付时的市场价值”减去“具有瑕疵的标的物于交付时的市场价值”。交付的时间点是“交付时”的“市场价值”，而不是当事人的主观价值。

（七）加害给付

加害给付，指合同债务人不适当履行债务的行为，给合同债权人造成履行利益的损害，成立违约，同时还造成合同债务人履行利益之外的固有利益（人身、其他财产）损害，成立侵权的一种违约形态。

加害给付发生违约责任与侵权责任的竞合（请求权竞合），受损害方有权择一主张违约责任或侵权责任。受害人选择行使的请求权得以实现的，另一请求权亦随同消灭。受害人不能同时主张违约责任与侵权责任，但在作出选择后，仍可以在一审开庭前变更诉讼请求。受害人若选择主张违约责任，则受合同相对性的限制。

二 课后复习

【案例分析一】

甲于6月2日致函于乙，表示以5万元价格出售某件古董，该函于6月4日下午两点到达乙处。甲于6月3日获知有人愿以高价购买其古董，即寄特快专递，表示撤回前函。邮递人员于6月4日上午送达时，乙适逢外出，邮递人员留下领取通知书载明应于6月5日上午9点起一周内前往某邮局领取信件。经查乙于6月4日下午四点即已致函于甲，表示购买，该信于6月6日到达甲处。乙于6月5日上午赴邮局取信时，始知甲撤回之事。

根据以上案情，请回答下列问题：

1. 甲乙间的买卖合同是否成立？为什么？

2. 设甲的撤回函于6月4日下午3点到达乙处，乙不管甲的撤回函，仍然发信表示购买，买卖合同是否成立？为什么？

3. 设甲于6月2日致函于乙时，载明乙应于一周内承诺，该一周时间应从何时算起？请说明理由。

4. 设乙应于6月10日之前承诺，但乙的承诺信件至6月13日方到达甲处，该承诺效力如何？请说明理由。

5. 设乙应于6月10日之前承诺，但乙的承诺因邮局的原因于6月13日方到达甲，该承诺效力如何？请说明理由。

6. 设甲于致函时，不知该古董为真品，而以1万元的复制品价格向乙发出要约，乙作出承诺后，甲可以主张什么权利？请说明理由。

【案例分析二】

甲企业（下文简称“甲”）向乙企业（下文简称“乙”）发出传真订货，该传真列明了货物的种类、数量、质量、供货时间、交货方式等，并要求乙在10日内报价。乙接受甲发出传真列明的条件并按期报价，亦要求甲在10日内回复；甲按期复电同意其价格，并要求签订书面合同。乙在未签订书面合同的情况下按甲提出的条件发货，甲收货后未提出异议，亦未付货款。后因市场发生变化，该货物价格下降。甲遂向乙提出，由于双方未签订书面合同，买卖关系不能成立，故乙应尽快取回货物。乙不同意甲的意见，要求其偿付货款。随后，乙发现甲放弃其对关联企业的到期债权，并向其关联企业无偿转让财产，可能使自己的货款无法得到清偿，遂向人民法院提起诉讼。

根据上述条件，请回答下列问题，并阐述理由：

1. 买卖合同是否成立？

2. 乙应如何保护其权利？

【案例分析三】

甲家收藏有一幅祖传名画。名画藏于家中，不仅不能为甲带来经济收益，每年还必须为保养该画而支出费用。生活清贫的甲为此苦恼不堪。2012年元旦，甲参加大学同学聚会。席间，甲对同学大吐苦水，并多次提到该幅名画。过了几天，一位当日曾参加聚会的同学乙造访甲。看过画后，乙即以10万元价格求购。甲被乙的出价与言词打动，遂决定将此画出售。双方约定，乙当即一次性付清价款，甲则在一个月后交画。古董商丙通过一次偶然的机会，获悉甲藏有名画并要出售，于2012年1月18日向甲表示，愿以15万元的价格购进。甲闻言大喜，当即拍板成交，并当场交付该画与丙。丙则表示，三天后将价款送来。1月20日，乙得知画已易主，非常愤怒，找到甲理论。甲致歉后，提出返还11万元与乙，乙不为所动，以其买卖契约订立在先，甲无权将该画交与丙为由，坚持要取得该画。纷争遂起。

本案如何处理？并说明理由。

【思考题】

1. 简述合同法的基本原则。

2. 试述合同的主要分类及意义。

3. 分析格式合同无效的情形。
4. 简述合同订立的程序，区分要约的撤回和撤销。
5. 简述缔约过失责任的构成要件。
6. 简述合同生效的要件。
7. 区分无效合同、可撤销合同和效力待定合同的类型。
8. 区分代位权和撤销权的构成要件。
9. 区分同时履行抗辩权、顺序履行抗辩权和不安抗辩权的成立条件。
10. 简述合同解除的事由。
11. 简述违约责任的构成要件和责任形式。

第六章 担保法律制度

本章概要

- 担保法律制度
  - 第一节 概述
    - 一、担保的概念及特征
    - 二、担保无效及法律责任
    - 三、反担保
    - 四、担保期间与诉讼时效
  - 第二节 保证
    - 一、概念
    - 二、保证人
    - 三、保证的方式
    - 四、保证期间
    - 五、最高额保证
    - 六、保证与担保物权同时存在的实现顺序
  - 第三节 抵押
    - 一、概念
    - 二、抵押财产
    - 三、抵押权的设立
    - 四、浮动抵押
    - 五、抵押关系当事人的权利和义务
    - 六、抵押权的实现
    - 七、最高额抵押权
  - 第四节 质押
    - 一、动产质押
    - 二、权利质押
  - 第五节 留置
    - 一、概念
    - 二、留置权的限制
    - 三、留置权人的权利和义务
    - 四、留置权的行使
    - 五、担保物权的竞合
  - 第六节 定金
    - 一、概念
    - 二、特点
    - 三、定金的效力
  - 第七节 非典型担保
    - 一、概念
    - 二、让与担保
    - 三、保留所有权买卖
    - 四、融资租赁
    - 五、保理

第一节 概 述

一、担保的概念及特征

（一）概 念

担保，是指法律规定或者当事人约定的为保证合同履行，保障债权人利益实现的法律措施。《民法典》规定的担保方式有保证、抵押、质押、留置和定金五种。其中保证又被称为人的担保；抵押、质押、留置是以物的价值设定担保，故又被称为担保物权；定金，顾名思义则是以现金设定的担保。

（二）特 征

1. 从属性

担保合同是主债权债务合同的从合同，除法律另有规定或者当事人另有约定以外，主债权债务合同无效的，担保合同无效。

当事人在担保合同中约定担保合同的效力独立于主合同，或者约定担保人对主合同无效的法律后果承担担保责任，该有关担保独立性的约定无效。主合同有效的，有关担保独立性的约定无效不影响担保合同的效力；主合同无效的，担保合同无效，但法律另有规定的除外。

当事人对担保责任的承担约定专门的违约责任，或者约定的担保责任范围超出债务人应当承担的责任范围，担保人仅在债务人应当承担的责任范围内承担责任。担保人承担的责任超出债务人应当承担的责任范围，担保人向债务人追偿的，债务人仅在其应当承担的责任范围内承担责任，超出部分担保人可以请求债权人返还。

2. 补充性

担保对债权人权利的实现具有补充作用。因为，只有在所担保的主债务，由于债务人的不履行，才使得担保人可能被债权人追究责任。并且，担保人在替债务人承担了责任后，还可以向债务人追偿。毕竟真正的义务人是债务人，而非担保人。

3. 财产性

担保合同的核心内容是以一定财产的给付为目的。即便保证是以第三人信用为基础，但这种信用仍然是以具有一定财产给付的能力为条件的。用物来担保就更体现了明显的经济性质，它直接以财产或者财产权利设定担保，债权人的目的也是为了获取担保物的价值。就担保合同的内容而言，是一种财产性的债权债务关系。

二、担保无效及法律责任

（一）主合同无效而导致担保合同无效的情形

（1）担保人无过错的，担保人不承担民事责任；

（2）担保人有过错的，担保人承担民事责任的部分，不应超过债务人不能清偿部分的 1/3。

（二）主合同有效而担保合同无效的情形

1. 法律规定的主要类型

（1）国家机关和以公益为目的的事业单位、社会团体违反法律规定提供担保。

注意：根据《最高人民法院关于适用〈中华人民共和国民法典〉有关担保制度的解释》（以下简称《担保制度解释》）第六条的规定，学校、幼儿园、医疗机构、养老机构等以公益为目的的事业单位、社会团体：① 以其教育设施、医疗卫生设施、养老服务设施和其他公益设施以外的不动产、动产或者财产权利为自身债务设定担保物权；② 在购入或者以融资租赁方式承租教育设施、医疗卫生设施、养老服务设施和其他公益设施时，出卖人、出租人为担保价款或者租金实现而在该公益设施上保留所有权的情形，以及登记为营利法人的学校、幼儿园、医疗机构、养老机构等提供担保的，当事人主张担保合同无效的，人民法院不予支持。

（2）机关法人、居民委员会、村民委员会提供担保的。

（3）以违法的建筑物抵押的。

（4）使用以下禁止抵押的财产提供担保的：

① 土地所有权；

② 宅基地、自留地、自留山等集体所有土地使用权。

2. 担保人的法律责任

（1）债权人与担保人均有过错的，担保人承担的赔偿责任不应超过债务人不能清偿部分的二分之一；

（2）担保人有过错而债权人无过错的，担保人对债务人不能清偿的部分承担赔偿责任；

（3）债权人有过错而担保人无过错的，担保人不承担赔偿责任。

三、反担保

（一）概　念

反担保，是相对于原担保（或称为本担保）而言的担保方式，是指为债务人提供担保的第三人，为保证自己的追偿权得到实现，要求债务人为自己追偿权的实现而提供的担保。

以担保设定的目的为标准，可以将担保分为原担保与反担保。原担保是指以保障主债权的实现为目的设定的担保。反担保，是指在本担保设定后，为了保障担保人在承担担保责任后，其对被担保人的追偿权得以实现而设定的担保。

反担保法律关系具有独立性，既不以原担保的生效与否为前提，也不影响原担保的效力。

（二）反担保的方式

（1）保证、抵押或者质押，可以由债务人提供，也可以由第三人提供。

（2）不适用反担保的方式：留置和定金。

四、担保期间与诉讼时效

（一）担保期间

担保期间，是由《民法典》规定或者当事人约定的期间，即债权人要求担保人承担责任的权利存续期间。

其性质属于除斥期间、不变期间（即不发生中止、中断和延长），即法律规定或者合同约定的担保期间届满，债权人未依法定方式主张权利，担保人责任免除。

（二）担保的诉讼时效

诉讼时效是指民事权利受到侵害的权利人在法定的时效期间内不行使权利，当时效期间届满时，人民法院对权利人的权利不再进行保护的制度，可中止、中断、延长。

（1）具体因保证方式的不同，诉讼时效的起算有所不同。

① 一般保证：债权人在保证期间届满前对债务人提起诉讼或者申请仲裁的，从保证人拒绝承担保证责任的权利消灭之日起，开始计算保证债务的诉讼时效，即开始计算为期 3 年的一般保证债务的普通短期时效期间。（注意："保证人拒绝承担保证责任的权利消灭之日"，指先诉抗辩权消灭之日，即就债务人的财产依法强制执行人不能履行债务之日）

② 连带责任保证：债权人在保证期间届满前请求保证人承担保证责任的，从债权人请求保证人承担保证责任之日起开始计算保证债务的诉讼时效，即开始计算为期 3 年的连带责任保证债务的普通短期时效期间。

（2）担保物权只有权利存续期间，无诉讼时效。

① 抵押：抵押权人应当在主债权诉讼时效期间行使抵押权；未行使的，人民法院不予保护。（《民法典》第四百一十九条）注意：抵押权存续期限，非诉讼时效。

② 质押和留置的权利行使期间取决于债权人能否控制标的物。如果丧失对标的物的控制，质押权和留置权也就灭失了。

（3）定金担保的诉讼时效是自权利被侵害之日起开始计算。

第二节　保　证

一、概　念

保证，是指为保障债权的实现，保证人和债权人约定，当债务人不履行到期债务或者发生当事人约定的情形时，保证人履行债务或者承担责任的行为。

二、保证人

（一）保证人（主体）的限制

（1）机关法人不得成为保证人（经国务院批准为使用外国政府或者国际经济组织贷款进行转贷的除外）；

（2）以公益为目的的非营利法人、非法人组织不得成为保证人。

（二）保证人免责

具有下列情形之一的，保证人免除全部或部分责任：

（1）保证期间，债权人转让全部或者部分债权，未通知保证人的，该转让对保证人不发生效力。保证人与债权人约定禁止债权转让，债权人未经保证人书面同意转让债权的，保证人对受让人不再承担保证责任。

（2）保证期间，债权人和债务人未经保证人书面同意，协议变更主债权债务合同内容，减轻债务的，保证人仍对变更后的债务承担保证责任；加重债务的，保证人对加重的部分不承担保证责任。

（3）保证期间，债权人未经保证人书面同意，允许债务人转移全部或者部分债务，保证人对未经其同意转让的债务不再承担保证责任（但是债权人和保证人另有约定的除外）。

（4）一般保证的保证人在主债务履行期限届满后，向债权人提供债务人可供执行财产的真实情况，债权人放弃或者怠于行使权利致使该财产不能被执行的，保证人在其提供可供执行财产的价值范围内不再承担保证责任。

（5）主合同当事人双方协议以新贷偿还旧贷，债权人请求旧贷的担保人承担担保责任的，人民法院不予支持；债权人请求新贷的担保人承担担保责任时，若新贷与旧贷的担保人不同，或者旧贷无担保新贷有担保的，人民法院不予支持（但是，债权人有证据证明新贷的担保人提供担保时对以新贷偿还旧贷的事实知道或者应当知道的除外）。

（6）债权人知道或者应当知道债务人破产，既未申报债权也未通知担保人，致使担保人不能预先行使追偿权的，担保人就该债权在破产程序中可能受偿的范围内免除担保责任（但是担保人因自身过错未行使追偿权的除外）。

（7）同一债务有两个以上保证人，保证人之间相互有追偿权，债权人未能在保证期间内依法向部分保证人行使权利，导致其他保证人在承担保证责任后丧失追偿权，其他保证人主张在其不能追偿的范围内免除保证责任的，人民法院应予支持。

三、保证的方式

（一）一般保证

当事人在保证合同中约定，债务人不能履行债务时，由保证人承担保证责任的，为一般保证。

一般保证的保证人享有先诉抗辩权。所谓先诉抗辩权，也称为检索抗辩权，是指一般保证的保证人在主合同纠纷未经审判或者仲裁，并就债务人财产依法强制执行仍不能履行债务前，有权拒绝向债权人承担保证责任。

行使先诉抗辩权的限制：

（1）债务人下落不明，且无财产可供执行。

（2）人民法院已经受理债务人破产案件。这是因为，一般保证人的先诉抗辩权是以债权人没有向具有清偿能力的债务人先主张清偿为前提，如果债务人已经资不抵债，不具备清偿能力了，那么，一般保证人的先诉抗辩权也就自然丧失了存在的基础。

（3）债权人有证据证明债务人的财产不足以履行全部债务或者丧失履行债务能力。这是因为，一般保证的保证人享有先诉抗辩的权利，原理是债务人是第一债务人，保证人是第二债务人。在第一债务人还有财产履行主合同义务的情况下，应当要求第一债务人履行债务或者承担责任。只有在第一债务人的财产不足以履行债务的情况下，才能要求保证人履行保证义务。在第一债务人的财产不足以履行全部义务的情况下，保证人的义务是补充义务，限于第一债务人没有履行的部分。在第一债务人丧失履行能力的情况下，保证人的义务就是代替第一债务人履行义务。

（4）保证人书面表示放弃先诉抗辩权的。

（二）连带责任保证

当事人在保证合同中约定保证人和债务人对债务承担连带责任的，为连带责任保证。

对于连带责任的保证，在主合同履行期限届满债务人没有清偿主债务或者发生当事人约定的情形时，债权人既可以要求债务人承担责任，也可以要求保证人承担责任。保证人与债务人之间负共同连带责任，不享有先诉抗辩权。

当事人在保证合同中对保证方式没有约定或者约定不明确的，按照一般保证承担保证责任。

四、保证期间

（一）概　念

保证期间，也就是确定保证人承担保证责任的期间。换言之，保证人只在保证期间内对其担保的主债务负保证责任，而于保证期间届满后，保证人不再负保证责任。保证期间是不变期间，不发生中止、中断和延长的情形。

（二）保证期间的确定

保证期间分为约定的保证期间和法定的保证期间：

（1）约定的保证期间。根据合同当事人意思自治原则，双方当事人对于保证期间有约定的，按照约定的期间确定。约定的保证期间早于主债务履行期限或者与主债务履行期限同时届满的，视为没有约定。

（2）法定的保证期间。没有约定或者约定不明确的，保证期间为主债务履行期限届满之日起 6 个月。

债权人与债务人对主债务履行期限没有约定或者约定不明确的，保证期间自债权人请求债务人履行债务的宽限期届满之日起计算。

保证合同约定保证人承担保证责任直至主债务本息还清时为止等类似内容的，视为约定不明，保证期间为主债务履行期限届满之日起 6 个月。

（三）保证期间的法律效力

（1）一般保证的债权人应当在保证期间对债务人提起诉讼或者申请仲裁，否则，保证人不再承担保证责任。

（2）连带责任保证的债权人则须在保证期间内直接请求保证人承担保证责任，否则，保证人不再承担保证责任。

五、最高额保证

所谓最高额保证，即保证人与债权人可以协商订立最高额保证的合同，约定在最高债权额限度内就一定期间连续发生的债权提供保证。

在最高额保证合同中，保证期间的计算方式、起算时间等有约定的，按照当事人的约定。如果当事人对保证期间的计算方式、起算时间等没有约定或者约定不明，被担保债权的履行期限均已届满的，保证期间自债权确定之日起 6 个月。被担保债权的履行期限尚未届满的，保证期间自最后到期债权的履行期限届满之日起 6 个月。

前述所称债权确定之日，依照《民法典》第四百二十三条的规定认定，即有下列情形之一的，债权确定：（1）约定的债权确定期间届满；（2）没有约定债权确定期间或者约定不明确，抵押权人或者抵押人自最高额抵押权设立之日起满二年后请求确定债权；（3）新的债权不可能发生；（4）抵押权人知道或者应当知道抵押财产被查封、扣押；（5）债务人、抵押人被宣告破产或者解散；（6）法律规定债权确定的其他情形。

六、保证与担保物权同时存在的实现顺序

（1）按照约定实现债权。

（2）没有约定或约定不明确：

① 债务人自己提供物的担保的，债权人应当先就该物的担保实现债权；

② 第三人提供物的担保的，债权人可选择就物的担保实现债权，或请求保证人承担保证责任。

第三节　抵　押

一、概　念

抵押，指为担保债务的履行，债务人或者第三人不转移财产的占有，将该财产抵押给债权人的，债务人不履行到期债务或者发生当事人约定的实现抵押权的情形，债权人有权就该财产优先受偿。

提供抵押财产的债务人或者第三人为抵押人，债权人为抵押权人，提供担保的财产为抵押财产。

二、抵押财产

（一）可以抵押的财产

债务人或者第三人有权处分的下列财产可以抵押：

（1）建筑物和其他土地附着物。

（2）建设用地使用权。

注意：建设用地使用权抵押后，该土地上新增的建筑物不属于抵押财产。该建设用地使用权实现抵押权时，应当将该土地上新增的建筑物与建设用地使用权一并处分。但是，新增建筑物所得的价款，抵押权人无权优先受偿。

（3）海域使用权。

海域使用权，作为一种独立的用益物权，并非单一的物权类型，而是一系列物权的总称。根据用途的不同，海域使用权包括养殖用海权、拆船用海权、旅游用海权、娱乐用海权、盐业用海权、矿业用海权（探矿用海权、采矿用海权）、公益事业用海权（如海底电缆用海权、海底管线用海权）、建设工程用海权（如修建港口、船厂）。

（4）生产设备、原材料、半成品、产品。

（5）正在建造的建筑物、船舶、航空器。

（6）交通运输工具。

（7）法律、行政法规未禁止抵押的其他财产。

（二）不得抵押的财产

（1）土地所有权。

（2）宅基地、自留地、自留山等集体所有土地的使用权，但是法律规定可以抵押的除外。例如，根据《民法典》第三百九十八条的规定，乡镇、村企业的建设用地使用权不得单独抵押。以乡镇、村企业的厂房等建筑物抵押的，其占用范围内的建设用地使用权一并抵押。

（3）学校、幼儿园、医疗机构等为公益目的成立的非营利法人的教育设施、医疗卫生设施和其他公益设施。

（4）所有权、使用权不明或有争议的财产。

（5）依法被查封、扣押、监管的财产。

（6）法律、行政法规规定不得抵押的其他财产。

三、抵押权的设立

（一）不动产——登记生效主义

以建筑物和其他土地附着物、建设用地使用权、海域使用权、正在建造的建筑物等设立不动产（或不动产权利）抵押权的，应当办理抵押登记。抵押权自登记时设立。

不动产抵押权的设立，须具备三个要件：（1）抵押合同有效；（2）抵押人具有处分权；（3）办理完毕抵押登记。

（二）动产——登记对抗主义

以动产为标的物设立抵押权的，抵押权自抵押合同生效时设立；未经登记，不得对抗善意第三人。《民法典》不再区分动产抵押和浮动抵押，而是规定实行统一的动产登记对抗主义。

动产抵押权的设立，须具备两个要件：（1）抵押合同有效；（2）抵押人具有处分权。动产抵押权的设立无须公示，既不需要交付，也不需要登记。

以动产抵押的，不得对抗正常经营活动中已经支付合理价款并取得抵押财产的买受人。该规则的适用范围，从浮动抵押扩及所有的动产抵押，此点应予以特别注意。

（三）抵押权合同与抵押登记

抵押合同生效与抵押登记无必然联系。根据区分原则，不动产抵押物未进行抵押登记不影响抵押合同有效。不动产抵押合同有效，抵押人应继续办理抵押登记以及承担不能办理抵押登记情况下的损害赔偿责任。动产抵押采取登记对抗主义，抵押权自抵押合同生效时就有效设立，未经登记不影响抵押权的设立，只是不产生对抗第三人的法律效果。

四、浮动抵押

（一）概　念

浮动抵押，是指企业、个体工商户、农业生产经营者以现有的以及将有的生产设备、原材料、半成品、产品抵押，债务人不履行到期债务或者发生当事人约定的实现抵押权的情形，债权人有权就抵押财产确定时的动产优先受偿。

（二）抵押权的设立

（1）抵押合同有效；

（2）休眠期（休眠期内，抵押标的物不特定）结束时，抵押人对抵押的动产具有处分权；

（3）未经登记的浮动抵押权不得对抗善意第三人（登记属“对抗要件”）。

（三）抵押财产的确定情形

（1）债务履行期限届满，债权未实现；

（2）抵押人被宣告破产或者解散；

（3）当事人约定的实现抵押权的情形；

（4）严重影响债权实现的其他情形。

（四）价款优先权（价款超级优先权）

担保人在设立动产浮动抵押并办理抵押登记后又购入或者以融资租赁方式承租新的动产，下列权利人为担保价款债权或者租金的实现而订立担保合同，并在该动产交付后十日内办理登记，可以主张其权利优先于在先设立的浮动抵押权：（1）在该动产上设立抵押权或者保留所有权的出卖人；（2）为价款支付提供融资而在该动产上设立抵押权的债权人；（3）以融资租赁方式出租该动产的出租人。

同一动产上存在多个价款优先权的，人民法院应当按照登记的时间先后确定清偿顺序。价款超级优先权打破了《民法典》第四百一十四条的清偿顺序，旨在赋予后设立的抵押权优先于先设立的浮动抵押权的效力，从而增强了抵押人的再融资能力，具有正当性。

五、抵押关系当事人的权利和义务

（一）抵押权人的权利

1. 保全抵押物的权利

在抵押期间，抵押权人虽没有实际占有抵押物，但法律为了抵押权人的利益，赋予其保全抵押物的权利。如果抵押物受到抵押人或第三人的侵害，抵押权人有权请求侵害行为人停止侵害、恢复原状、赔偿损失。如果因抵押人的行为使抵押物价值减少，抵押权人有权请求抵押人恢复抵押物的价值，或者提供与减少的价值相当的担保。

2. 优先受偿权

在债务人不履行债务时，抵押权人有权以抵押财产折价或者以拍卖、变卖该抵押物所得的价款优先于普通债权人受偿。如果以抵押物折价或者以拍卖、变卖该抵押物所得的价款不足清偿债权的，不足清偿的部分由债务人按普通债权清偿。

3. 追及权

由于抵押本身就是为了既能融通资金，又能发挥抵押物的价值，所以转让抵押物是抵押人的权利之一。但是，对于进行了登记的抵押物，抵押权人有追及权。而对于没有进行登记的抵押物，由于其不能对抗善意第三人，因此，抵押权人不享有追及权。

4. 抵押权及顺位的放弃

抵押权人放弃抵押权或者抵押权顺位的，对其他抵押权人不得产生不利影响；

债务人以自己财产提供抵押的，其他抵押人在抵押权人放弃优先受偿的权益范围内免除担保责任。

（二）抵押人的权利

1. 抵押物的占有权

抵押设定以后，抵押人自己有权继续占有抵押物，并有权取得抵押物的孳息。但是，在债务履行期届满、债务人不履行债务而使抵押物被人民法院依法扣押的，自扣押之日起，抵押权人有权收取该抵押物所产生的天然孳息以及法定孳息。但是，如果抵押权人未将扣押抵押物的事实通知应当清偿法定孳息的义务人的，抵押权效力不及于该孳息。

2. 抵押人对抵押物的处分权

抵押设定以后，抵押人并不因此丧失对抵押物的所有权，抵押人仍然有权将抵押物转让给他人。当事人另有约定的，按照其约定。抵押财产转让的，抵押权不受影响。抵押期间，转让抵押财产应当及时通知抵押权人。抵押权人能够证明抵押财产转让可能损害抵押权的，可以请求抵押人将转让所得的价款向抵押权人提前清偿债务或提存。

3. 抵押人对抵押物设定多项抵押的权利

抵押人可以就同一抵押物设定多个抵押权，但不得超出该财产的余额部分。同一财产向两个以上债权人抵押的，拍卖、变卖抵押财产所得的价款依照下列规定清偿：

（1）抵押权已登记的，按照登记的时间先后确定清偿顺序。

（2）抵押权已登记的先于未登记的受偿。

（3）抵押权未登记的，按照债权比例清偿。

4. 抵押人对抵押物的收益权

抵押权设定以后，由于抵押物仍然归抵押人占有，抵押人当然可以充分利用抵押物产生的价值，主要表现为将抵押物出租。抵押权设立前，抵押财产已出租并转移占有的，原租赁关系不受该抵押权的影响，租赁关系继续有效。抵押权设立后抵押权人又将抵押财产出租并转移占有的，该租赁关系不得对抗已登记的抵押权。

（三）抵押人的主要义务是妥善保管抵押物

在抵押期间，由于抵押人继续占有抵押物，故抵押人负保管义务，并应采取必要措施防止抵押物的毁损灭失和价值减少。如果抵押人的行为足以造成抵押物价值减少，抵押权人有权利请求抵押人恢复抵押物的价值，或者提供与减少的价值相应的担保。

抵押权人的请求遭到拒绝时，抵押权人可以请求债务人提前清偿债务，也可以请求提前行使抵押权。

六、抵押权的实现

（一）抵押权的存续期间（即抵押权人行使抵押权的期间）

抵押权人应当在主债权诉讼时效期间行使抵押权，未行使的，人民法院不予保护。

（二）抵押权实现的方法

在债务履行期届满债权人未受清偿或者发生当事人约定的实现抵押权的情形的，则债权人可以主张抵押权。抵押权的实现方式有：

1. 折　价

折价是指抵押权人与抵押人在债务履行期限届满后达成以物抵债协议，由抵押权人取得抵押物的行为。

注意：抵押权人在债务履行期限届满前，与抵押人约定债务人不履行到期债务时抵押财产归债权人所有的，只能依法就抵押财产优先受偿。该规定对此前的“流押”条款（抵押权人在债务履行期限届满前,不得与抵押人约定债务人不履行到期债务时抵押财产归债权人所有）作了柔化规定，这就为归属型清算或处分型清算留下了空间。如债务人甲以其价值 100 万元的房屋向乙提供抵押，约定不履行到期债务，就将房屋以 100 万元抵给乙。在甲不履行到期债务时，乙就可以请求甲将房屋过户到自己名下。此时，如果甲同意的，意味着双方事后重新达成了折价协议，对抵押合同再次进行了确认，符合《民法典》有关以折价方式实现抵押权的规定，此为归属型清算。如果甲不同意，可以请求拍卖、变卖抵押财产，拍卖、变卖所得价款用于优先清偿债务，并实行多退少补，此时转为处分型清算。

2. 拍　卖

抵押物的拍卖是指抵押权人同抵押人协商或者抵押权人向人民法院提起诉讼，由有关机关进行的，以公开竞价的方式把抵押物卖给出价最高的应买者。拍卖所得的价金必须先扣除拍卖费用，才能以抵押担保的债权额为限，支付给抵押权人。

超出抵押担保的债权额的部分，应返还给抵押人。

3. 变　卖

变卖是指将抵押物通过一般的买卖或者以招标转让等方式而实现的变价。

处分抵押物所获得的价款，抵押权人享有优先受偿的权利。不足清偿的部分，由债务人清偿。优先受偿权主要针对多个债权而言，即设定抵押权的债权与其他普通债权并存时，抵押物处分后获得的价值优先用于清偿设定抵押权的债权，普通债权只能就优先受偿后剩余的价值受偿。

七、最高额抵押权

（一）概　念

最高额抵押权，是指债务人或者第三人对一定期间内将要连续发生的债权提供担保财产，债务人不履行到期债务或者发生当事人约定的实现抵押权的情形，抵押权人在最高额债权额限度内就该担保财产优先受偿。

（二）抵押权人债权确定的情形

（1）约定的债权确定期间届满；

（2）没有约定债权确定期间或者约定不明确，抵押权人或抵押人自最高额抵押权设立之日起满二年后请求确定债权；

（3）新的债权不可能发生；

（4）抵押权人知道或者应当知道抵押财产被查封、扣押；

（5）债务人、抵押人被宣告破产或解散；

（6）法律规定债权确定的其他情形。

第四节 质 押

一、动产质押

（一）概 念

为担保债务的履行，债务人或者第三人将其动产出质给债权人占有（与抵押的不同）的，债务人不履行到期债务或者发生当事人约定的实现质权的情形，债权人有权就该动产优先受偿。

质押关系中，债权人为质权人；提供动产或者权利作为质押标的物的债务人或者第三人被称为出质人或质押人；该动产或权利被称为质物。

（二）质权的设立

质权自出质人交付质押财产时设立。

质权的设立须具备三个条件：（1）质押合同有效；（2）出质人具有相应的处分权；（3）已经完成公示（完成交付），即出质人已经以现实交付、简易交付或者指示交付的方式向债权人完成出质动产的交付。

注意：质押应当订立书面合同，质押合同的效力与质权设立与否没有必然联系。

（三）质权人的权利

（1）质物占有权：质押期间，质权人享有占有质物的权能。

（2）优先受偿权：债务人不履行到期债务或者发生当事人约定的实现质权的情形，质权人有权就质物优先受偿。

（3）孳息收取权：质权人有权收取质押财产的孳息，但是合同另有约定的除外。

（4）质权保全请求权：因不可归责于质权人的事由可能使质押财产毁损或者价值明显减少，足以危害质权人权利的，质权人有权请求出质人提供相应的担保；出质人不提供的，质权人可以拍卖、变卖质押财产，并与出质人协议将拍卖、变卖所得的价款提前清偿债务或者提存。

（5）转质权：质权人在质权存续期间，享有转质的权利，但未经出质人同意转质，造成质押财产毁损、灭失的，应当承担赔偿责任。

（6）抛弃质权：质权人可以放弃质权。债务人以自己的财产出质，质权人放弃该质权的，其他担保人在质权人丧失优先受偿权益的范围内免除担保责任，但是其他担保人承诺仍然提供担保的除外。

（四）质权人的义务

（1）不得擅自使用、处分质物：质权人在质权存续期间，未经出质人同意，擅自使用、处分质押财产，造成出质人损害的，应当承担赔偿责任。

（2）妥善保管质物：质权人负有妥善保管质押财产的义务；因保管不善致使质押财产毁损、灭失的，应当承担赔偿责任。

（3）保全质物价值：质权人的行为可能使质押财产毁损、灭失的，出质人可以请求质权人将质押财产提存，或者请求提前清偿债务并返还质押财产。

（4）质权消灭后，向出质人返还质物：债务人履行债务或者出质人提前清偿所担保的债权的，质权人应当返还质押财产。

（5）及时行使质权：出质人可以请求质权人在债务履行期限届满后及时行使质权；质权人不行使的，出质人可以请求人民法院拍卖、变卖质押财产。出质人请求质权人及时行使质权，因质权人怠于行使权利造成出质人损害的，由质权人承担赔偿责任。

（五）质权的实现

与抵押一致。

（六）流质质押

《民法典》第四百二十八条规定：质权人在债务履行期届满前，与出质人约定债务人不履行到期债务时质押财产归债权人所有的，只能依法就质押财产优先受偿。

相较《物权法》的相关条款，《民法典》虽然适当开禁了流质契约，但不能认为流质契约就绝对有效。流质契约也属于合同的一种，有关合同法律制度的一般规则，流质契约当然也要适用。

（七）最高额质权

所谓最高额质权，是指为担保债务的履行，债务人或者第三人对一定期间内将要连续发生的债权提供质押担保的，债务人不履行到期债务或者发生当事人约定的实现质权的情形，质权人有权在最高质权额限度内就该担保财产优先受偿。

最高额质权类似于最高额抵押权，但是质押财产要交付给质权人，所以与抵押有很大的不同。例如购货人事先交付供货人 1 000 元或相当于此的财产，以后可以在此限额内多次提货，只要总额不超过质押财产价值，最后结算时应当可以相互抵冲。

最高额质权与最高额抵押权除了在担保物权的设立方式上不同外，具有诸多相同之处：

（1）二者在设立、转移和消灭上均在一定程度上独立于主债权；

（2）二者担保的债权都是不特定债权；

（3）二者均有最高担保额的限制；

（4）在实现担保物权时，均需要对担保的债权进行确定。

基于此，我国《民法典》参照最高额抵押制度规定了最高额质权制度。

二、权利质押

（一）能够作为权利质押标的条件

1. 必须是财产权

必须是财产权，即排除了生命权、健康权、名誉权、姓名权等人格权以及与身份有关的选举权、继承权、受教育权等。

2. 必须是可以转让的权利

设定权利质押，其目的就在于当债务人到期不履行义务，债权人要就该权利得到补偿。因此如果该权利不能让与、不能变现，就无法对债权的实现提供担保，也就失去了设定权利质押的意义。因此，已经受查封、扣押的权利，已经被冻结账户的存款单，就不得用于出质。

（二）可用于质押的权利

（1）汇票、本票、支票；

（2）债券、存款单；

（3）仓单、提单；

（4）可以转让的基金份额、股权；

（5）可以转让的注册商标专用权、专利权、著作权等知识产权中的财产权；

（6）现有的以及将有的应收账款；

（7）法律、行政法规规定可以出质的其他财产权利。

（三）质权的设立

1. 汇票、本票、支票、债券、存款单、仓单、提单

质权自权利凭证交付质权人时设立；没有权利凭证的，质权自办理出质登记时设立。法律另有规定的，依照其规定。

注意：

（1）以汇票出质，并非仅仅是交付汇票即可，而是应当进行“质押”背书并在汇票上签名或盖章。

（2）以仓单出质的，并非仅仅交付仓单即可，而是应当进行“质押”背书并由保管人签名或盖章。没有权利凭证的仓单，依法可以办理出质登记的，仓单质权自办理出质登记时设立。在出质人既以仓单出质，又以仓储物设立担保的情况下，应按照公示的先后确定清偿顺序；难以确定先后顺序的，按照债权比例清偿。在保管人为同一货物签发多份仓单，而出质人又在多份仓单上设立多个质权的情况下，应按照公示的先后确定清偿顺序；难以确定先后顺序的，按照债权比例受偿。以上问题的出现，往往是存货人与保管人共同侵权的结果，故有过错的保管人应与存货人对因此受到损失的债权人承担连带赔偿责任。

2. 基金份额、股权

质权自办理出质登记时设立。

3. 注册商标专用权、专利权、著作权等知识产权中的财产权

质权自办理出质登记时设立。

注意：

（1）有的知识产权的内容既包括财产权，也包括人身权，但设定质押的知识产权仅

限于可以转让的财产权，比如：商标专用权、专利权中的财产权、著作权中的财产权。以知识产权中的人身权设定质押无效，比如著作权中的署名权、修改权等就不得出质。

（2）设定质权后，出质人未经质权人同意不得转让或者许可他人使用。

未经许可转让或者许可他人使用的，应当认定为无效。因此给质权人或者第三人造成损失的，由出质人承担民事责任。

（3）以附着知识产权的物品出质时，要注意区分是属于动产质押，还是权利质押。如果是权利质押，必须经过登记程序。如果是动产质押的，只需出质人将质物转移至质权人占有，该质权就成立。

4. 应收账款

质权自办理出质登记时设立。

注意：（1）应收账款包括现有的、将有的金钱债权，但不包括因票据或者其他有价证券而产生的付款请求权以及法律、行政法规禁止转让的付款请求权。

现有的应收账款，主要是指出质时应收账款债务人、质押标的都能够确定或者特定的金钱债权。

将有的应收账款，是指出质时应收账款债务人或者质押标的尚未确定或者特定的金钱债权，主要包括不动产收费权、依法可以出质的其他收费权以及其他将有的应收账款出质。

（2）应收账款债务人向质权人确认应收账款的真实性后，又以应收账款不存在或者已经消灭为由主张不承担责任的，人民法院不予支持。

应收账款债务人未确认应收账款的真实性，质权人以应收账款债务人为被告，请求就应收账款优先受偿，能够举证证明办理出质登记时应收账款真实存在的，人民法院应予支持；质权人不能举证证明办理出质登记时应收账款真实存在，仅以已经办理出质登记为由，请求就应收账款优先受偿的，人民法院不予支持。

第五节 留 置

一、概 念

债务人不履行到期债务，债权人可以留置已经合法占有的债务人的动产并有权就该动产优先受偿。债权人为留置权人，占有的动产为留置财产。

留置属于法定的担保物权，即不需要当事人约定，满足法定条件，留置权自动成立。但是，当事人可以通过约定排除留置的适用。

二、留置权的限制

债权人留置的动产，应当与债权属于同一法律关系。即债权人所留置的标的物与他所享有的该项债权之间具有某种法律上的牵连关系（即留置的标的物与主债权是因某一特定的合同关系而产生，对于该动产的占有必须是履行这一合同的必然结果）。

比如，甲将录像机交给乙保管，乙对于该录像机的占有就是履行保管合同的必然结果。如果到期甲不支付保管费，乙就有权留置该录像机。这就是因为，乙享有的保管费的收取权与乙基于保管合同而占有的录像机之间存在牵连关系。

但是，乙不能以甲以前还欠其房租为由留置甲的录像机，因为乙对甲所享有的其他债权就与乙占有的录像机之间没有牵连关系了。

但企业之间留置的除外，是说企业之间的留置可以不问债务和财产的关系。例如，委托企业欠的是上一批货加工费，加工企业可以对这一批货留置。

三、留置权人的权利和义务

（一）主要权利

1. 留置并占有动产的权利

与质权人所享有的对质物的占有权一样，对留置物的占有也是留置权成立和存续的要件。如果债权人丧失对留置物的占有，留置权也就灭失了。比如，甲委托乙运输一头牛，由于甲未支付运费，乙留置该牛作为甲支付运费的担保（因为，牛为不可分物；若为可分物，留置财产的价值应当相当于债务的金额）。但如果甲另外提供一部手机（与运费价值相当）作为担保，乙接受了，归还牛。此时，乙的留置权就变更成了质权。

2. 留置物孳息收取权

留置权人在占有留置物期间内，有权收取留置物的孳息。如果孳息是金钱，则可直接以其充抵债务；如果孳息是其他财产，留置权人享有以其变价优先受偿的权利。

3. 优先受偿权

留置权人在留置债务人的财产后，债务人逾期未履行的，留置权人可以与债务人协议以留置财产折价，也可以就拍卖、变卖留置财产所得的价款优先受偿。

（二）主要义务

（1）妥善保管留置物：留置权人负有妥善保管留置财产的义务；因保管不善致使留置财产毁损、灭失的，留置权人应当承担赔偿责任。

（2）经债务人的请求行使留置权：债务人可以请求留置权人在债务履行期限届满后行使留置权；留置权人不行使的，债务人可以请求人民法院拍卖、变卖留置财产。

（3）留置权消灭后返还留置物：在留置权所担保的主债权消灭或者债务人另行提供担保时，债权人应当返还留置物。

四、留置权的行使

留置权的行使包括两个步骤：

（1）确定宽限期，并通知债务人在该期限内履行债务。

注意：对于宽限期有约定的，按照约定；没有约定的，留置权人应当确定六十日以上的宽限期；留置的动产属于鲜活易腐等不易保管的，留置权人可以径行行使留置权，无须给债务人宽限期。

（2）当债务人在该宽限期内仍然不履行债务时，留置权人可处分留置物，从而使自己的债权得到实现。

五、担保物权的竞合

（1）留置权于最后设立的，留置权人优先。

（2）留置权先设立，经所有权人许可后由留置权人在该动产上给第三人设立抵押权或质权的，抵押权人或质权人优先。

（3）留置权先设立，所有权人在该动产上再给第三人设立抵押权或质权的，留置权人优先。

第六节　定　金

一、概　念

定金是指以确保合同的履行为目的，依据双方当事人的约定，由当事人一方在合同订立前或者合同订立后至合同履行之前，按照合同标的额的一定比例，预先交付于另一方的金钱。

定金具有合同和金钱质的双重性质。

二、特　点

（1）定金的所有权自约定的定金处罚条件成就时，即发生转移或者成为索赔的标准。

（2）定金担保具有双重担保性，而不是仅担保债权人一方。

交付定金的一方不履行义务的，丧失定金；收受定金的一方不履行义务的，双倍返还定金。

（3）定金具有预先支付性。

定金的给付是先于主合同债务履行期的。定金的预先给付性，是定金担保功能存在的前提。

债务人履行债务的，定金应当抵作价款或者收回。

（4）定金合同是实践性合同。

所谓实践性合同，就是在当事人虽有约定但不履行一定行为的情况下，合同不生效。即当事人在订立定金合同后，不履行交付定金的约定时，不能认为当事人违约，因为合同根本就没有生效。因此，交付定金是定金合同的生效要件。

定金合同订立后，当事人实际交付的定金数额多于或者少于约定数额，视为变更定金合同；收受定金一方提出异议并拒绝接受定金的，定金合同不生效。

因此，当事人接受了不足额的定金时，实际接受的定金额为定金范围，当定金合同生效后，对于未交付部分，接受定金的一方无权要求对方补交。对于多交付的定金，除超过法律规定的限额外，已经交付的定金为实际定金范围，当事人双方均在实际交付的定金上享有权利，承担义务。比如，双方约定的定金额为 1 500 元，而实际只交付 1 000 元，另一方接受了，那么就以实际交付的为准。如果一方违约，适用定金罚则是按照 1 000 元的标准计算。但是，收受定金一方如果当时对少交定金提出了异议，并且拒绝接受的，那么，该定金合同就没有生效。

三、定金的效力

定金的效力表现为以下几个方面：

（1）适用定金罚则。

定金罚则：给付定金的一方不履行债务或者履行债务不符合约定，致使不能实现合同目的的，无权请求返还定金；收受定金的一方不履行债务或者履行债务不符合约定，致使不能实现合同目的的，应当双倍返还定金。

（2）当事人约定的定金数额不能超过主合同标的额的 20%。

如果超过 20% 的，超过部分不产生定金的效力。需要注意的是，仅为超过最高限额的部分无效，而并不是说定金合同全部无效。

（3）定金罚则的适用，一般要求当事人有过错。

因此如果因不可抗力、意外事件、双方违约致使主合同不能履行的，不适用定金罚则。

（4）在同一合同中，当事人既约定了违约金，又约定了定金的。在一方违约时，对方可以选择适用违约金条款或者定金条款（即不能同时适用）。定金不足以弥补一方违约造成的损失的，对方可以请求赔偿超过定金数额的损失。

第七节　非典型担保

一、概　念

1. 典型担保

典型担保指法律明确规定了其名称与内容的担保，属于物保的包括抵押权、质权（包括动产质权和权利质权）、留置权三类，属于人保的为保证，属于金钱保的为定金。

2. 非典型担保

非典型担保又称变态担保、不规则担保，指法律未将其规定为典型担保，但当事人利用典型担保之外的现有法律制度，所作的具有担保债务履行功能的相应安排。其中属于物保的包括让与担保、保留所有权买卖、融资租赁、保理等；属于人保的包括保兑仓交易、买回、流动性支持等。

二、让与担保

（一）概　念

让与担保，指为担保债务的履行，债务人或者第三人与债权人订立合同，约定将担保标的物的财产权形式上转让至债权人名下，使债权人在不超过担保目的范围内取得担保标的物的财产权，债务人到期清偿债务，债权人将该财产返还给债务人或第三人，债务人到期没有清偿债务，债权人可以对财产拍卖、变卖、折价偿还债权的非典型担保。

（二）类　型

1. 让与担保

让与担保指已经将担保标的物的财产权以完成财产权利变动的公示方式转让至债权人名下的担保。

2. 后让与担保

后让与担保指尚未将担保标的物的财产权以完成财产权利变动的公示方式转让至债权人名下的让与担保。后让与担保尚不具有物权效力，但根据区分原则，不影响“让与担保合同”的效力。

（三）让与担保的要件

（1）在设定这一担保时，担保人需将标的物所有权暂时转让给债权人，债权人成为形式上的所有人。

（2）为使担保人保持对担保标的物的使用效益，债权人往往与担保人签订标的物的借用或租赁合同，由担保人使用担保标的物。

（3）债务人履行债务后，债权人应返回标的物所有权。

（4）在债务人未偿还债务时，债权人并不是当然的取得担保标的物所有权，而是进行清算。

清算分为两种：一是归属清算型，对标的物进行评估，超出债务价值部分由债权人偿还给担保人，债权人取得所有权；二是处分清算型，由债权人将标的物予以变卖，将价款用于清偿债权，多余部分归属于担保人。《民法典》虽未明确规定让与担保，但通过第四百零一条、第四百二十八条对流押、流质条款的修改，足以产生让与担保的制度效果。

（四）让与担保的优先受偿权

（1）债务人或者第三人与债权人约定将财产形式上转移至债权人名下，债务人不履行到期债务，债权人有权对财产折价或者以拍卖、变卖该财产所得价款偿还债务的，人民法院应当认定该约定有效，且如果当事人已经完成财产权利变动的公示，债务人不履行到期债务，债权人请求参照《民法典》关于担保物权的有关规定就该财产优先受偿的，人民法院应予支持。

（2）债务人或者第三人与债权人约定将财产形式上转移至债权人名下，债务人不履行到期债务，财产归债权人所有的，人民法院应当认定该约定无效，但是不影响当事人有关提供担保的意思表示的效力。如果当事人已经完成财产权利变动的公示，债务人不履行到期债务，债权人请求对该财产享有所有权的，人民法院不予支持；但是，债权人请求参照《民法典》关于担保物权的规定对财产折价或者以拍卖、变卖该财产所得的价款优先受偿的，人民法院应予支持。此外，债务人履行债务后请求返还财产，或者请求对财产折价或者以拍卖、变卖所得的价款清偿债务的，人民法院应予支持。

（3）当事人经常约定将财产转移至债权人名下，一定期间后再由债务人或者第三人溢价回购，如果债务人未履行回购义务，财产归债权人所有。此种约定符合让与担保的特征，应当参照关于让与担保的规定处理。但是，如果经审查当事人约定的回购标的自始不存在，由于缺乏担保财产，应当依照《民法典》第一百四十六条第二款的规定，按照实际构成的法律关系处理。

（4）在构成股权让与担保的情形下，债权人虽名义上被登记为股东，但其目的在于担保债权的实现，故即使原股东存在出资不足或者抽逃出资的情况，债权人也不应对此承担连带责任。

三、保留所有权买卖

在分期付款买卖中，当事人约定在标的物交付买受人后由出卖人继续保留所有权的情况在实践中较为常见。出卖人保留所有权的目的，显然是担保价款债权的实现，因此出卖人保留的所有权被认为是一种非典型担保物权。关于所有权保留买卖，《民法典·合同编》已有明确规定，但由于《民法典·合同编》没有规定公示方式，因此第三人无法从外观上识别出卖人所保留的所有权，从而对第三人的交易安全构成了一定的威胁。《民法典》为消除此种隐形担保，明确规定出卖人保留的所有权非经登记，不得对抗善意第三人。

在所有权保留买卖中，出卖人可以与买受人协商取回标的物；协商不成的，可以参照适用担保物权的实现程序，拍卖、变卖标的物。出卖人请求取回标的物，符合《民法典》第六百四十二条规定的，人民法院应予支持；买受人以抗辩或者反诉的方式主张拍卖、变卖标的物，并在扣除买受人未支付的价款及必要费用后返还剩余款项的，人民法院应当一并处理。

四、融资租赁

在融资租赁中，出租人对租赁物享有的所有权亦具有担保功能。为消除隐形担保《民法典》第七百四十五条明确规定，未经登记，不得对抗善意第三人。此外，《民法典》第七百五十二条规定，如果承租人经催告后在合理期限内仍不支付租金，出租人既可选择请求支付全部租金，也可以选择解除合同，收回租赁物。

不过，如果当事人约定租赁期限届满租赁物归承租人所有，且承租人已经支付大部分租金，只是无力支付剩余租金，此时出租人享有的所有权就与出卖人保留的所有权极为类似，都可能涉及承租人的利益保护问题。也正因为如此，《民法典》第七百五十八条规定，出租人因此解除合同收回租赁物，收回的租赁物的价值超过承租人欠付的租金以及其他费用的，承租人可以请求相应返还。

关于租赁物的价值，融资租赁合同有约定的，按照其约定；融资租赁合同未约定或者约定不明的，可以根据约定的租赁物折旧以及合同到期后租赁物的残值来确定；如果根据前述方法仍难以确定，或者当事人认为依照前述方法确定的价值严重偏离租赁物实际价值的，可以请求人民法院委托有资质的机构评估。

五、保　理

保理合同是应收账款债权人将现有的或者将有的应收账款转让给保理人，保理人提供资金融通、应收账款管理或者催收、应收账款债务人付款担保等服务的合同。

在有追索权的保理中，保理人可以向应收账款债权人主张返还保理融资款本息或者回购应收账款债权，也可以向应收账款债务人主张应收账款债权；保理人向应收账款债务人主张应收账款债权，在扣除保理融资款本息和相关费用后有剩余的，剩余部分应当返还给应收账款债权人。

故，有追索权的保理实质上是应收账款债权人为保理人不能从应收账款债务人处收回约定的债权而提供的担保，这也是有追索权的保理被视为其他具有担保功能的合同的原因。既然是担保，自应适用担保的一般规则，即保理人应有权同时起诉应收账款债务人和债权人。

课后复习

【案例分析一】

2010 年 10 月 2 日，甲信息技术开发公司（甲公司）为业务需要，向市工行申请贷款 100 万元，工行同意贷款，但必须有保证人担保。甲公司遂请乙经贸有限责任公司（乙公司）和丙汽车销售股份公司（丙公司）的分公司作保证人。该分公司签订合同时取得了丙公司的书面授权。于是甲公司与市工行签订了借款合同，乙公司和丙公司的分公司与市工行签订了保证合同。保证合同中未约定担保范围、保证方式及保证期限，两个保证人也未约定保证份额。

2010 年 12 月 14 日，市工行依借款合同发放贷款后，12 月 26 日市工行将这 100 万元债权转让给市建行，但并未征得保证人同意。甲公司得到贷款，在经营期间，由于市场变化和经营不善未能达到预期的经营效果。2011 年 12 月 14 日贷款期满后，市建行向甲公司要求偿还100万元的本息。但此时，甲公司已无偿还能力。于是2012年6月30日，市建行要求乙公司代为清偿全部贷款本息。

根据以上条件，请回答下列问题：

1. 本案中保证合同是否有效？为什么？

2. 本案中，市工行将债权转让给市建行，对此债权，保证人是否还需要承担保证责任？为什么？

3. 本案中市建行是否有权要求乙公司承担清偿全部贷款本息？

【案例分析二】

冯某系养鸡专业户，为改建鸡舍和引进良种鸡需资金20万元。冯某向陈某借款10万元，以自己的一辆价值10万元的轿车抵押，双方立有抵押字据，但未办理登记。

冯某又向朱某借款10万元，又以该轿车质押，双方立有质押字据，并将轿车交付朱某占有。冯某得款后，改造了鸡舍，且与县良种站签订了良种鸡引进合同。

后因发生不可抗力事件，冯某预计的收入落空，冯某因不能及时偿还借款而与陈某、朱某发生纠纷。

诉至法院后，法院查证上述事实后又查明：朱某在占有该轿车期间，发生事故致轿车损坏，送蒋某处修理，由于朱某没有交付蒋某的修理费1万元，该轿车现已被蒋某留置。

根据上述条件，回答以下问题：

1. 冯某与陈某之间的抵押关系是否有效？为什么？

2. 冯某与朱某之间的质押关系是否有效？为什么？

3. 朱某与蒋某之间存在什么法律关系？

4. 陈某要求对该轿车行使抵押权，朱某要求行使质押权，蒋某要求行使留置权，应由谁优先行使其权利？为什么？

【思考题】

1. 试述担保无效及其法律责任。
2. 什么是反担保？
3. 简述保证的方式、保证期间及其法律效力。什么是先诉抗辩权？
4. 简述抵押权的设立。
5. 什么是浮动抵押？
6. 试述抵押权人的权利及实现抵押权的方式。
7. 哪些权利可以质押？
8. 简述留置权的行使。
9. 简述定金的特征和效力。

第七章 票据法律制度

本章概要

票据法律制度

- 第一节 票据法概述
  - 一、票据概述
  - 二、票据法上的法律关系
  - 三、票据关系的当事人
  - 四、涉外票据的法律适用
- 第二节 票据权利与票据行为
  - 一、票据权利
  - 二、票据权利的取得
  - 三、票据权利的行使与保全
  - 四、票据权利的消灭
  - 五、票据权利的瑕疵
  - 六、票据行为
- 第三节 票据抗辩与补救
  - 一、票据抗辩
  - 二、票据的丧失与补救
- 第四节 汇票
  - 一、汇票概述
  - 二、汇票的出票
  - 三、汇票的背书转让
  - 四、汇票的质押
  - 五、汇票的贴现
  - 六、汇票的承兑
  - 七、汇票的保证
  - 八、汇票的追索权
  - 九、汇票的付款
- 第五节 本票和支票
  - 一、本票
  - 二、支票

第一节 票据法概述

现行《中华人民共和国票据法》(以下简称《票据法》)于 1995 年 5 月 10 日第八届全国人民代表大会常务委员会第十三次会议通过，自 1996 年 1 月 1 日起施行；后根据 2004 年 8 月 28 日第十届全国人民代表大会常务委员会第十一次会议《关于修改〈中华人民共和国票据法〉的决定》修正并施行。

一、票据概述

（一）概　念

票据是指由出票人签发的、约定由自己或委托他人于见票时或确定的日期，向持票人或收款人无条件支付一定金额的有价证券。

（二）种　类

我国《票据法》上的票据仅指汇票、本票和支票。

1. 汇　票

汇票是出票人签发的，委托付款人在见票时或者在指定日期无条件支付确定的金额给收款人或者持票人的票据。汇票分为银行汇票和商业汇票。汇票票样如图 7.1 所示。

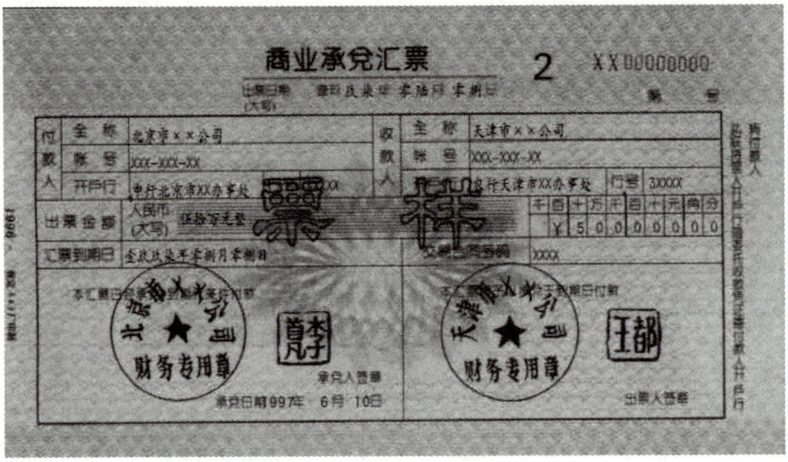
商业承兑汇票　2　XX00000000
付款人　全称　北京市××公司
账号　XXX-XXX-XX
开户行　中行北京市XX办事处
收款人　全称　天津市××公司
账号　XXX-XXX-XX
开户行　中行天津市XX办事处　行号　3XXXX
出票金额　人民币（大写）　伍拾万元整　￥5 0 0 0 0 0 0 0
票样
财务专用章
财务专用章
承兑人签章
出票人签章
承兑日期99年　6月　10日

图 7.1　汇票票样

2. 本　票

本票是出票人签发的，承诺自己在见票时无条件支付确定的金额给收款人或者持票人的票据。票据法所称本票，是指银行本票。本票票样如图 7.2 所示。

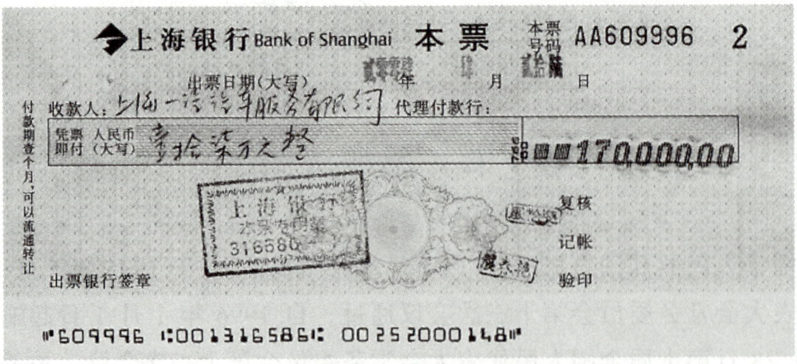
上海银行 Bank of Shanghai　本票　本票号码　AA609996　2
出票日期（大写）　年　月　日
收款人：上海一汽汽车服务有限公司　代理付款行：
凭票即付　人民币（大写）　壹拾柒万元整　￥170,000.00
付款期壹个月，可以流通转让
出票银行签章
复核
记帐
验印
⑈609996 ⑆001316586⑆ 0025 2000148⑈

图 7.2　本票票样

3. 支　票

支票是出票人签发的，委托办理支票存款业务的银行或者其他金融机构在见票时无条件支付确定的金额给收款人或者持票人的票据。

出票人签发的支票金额超过其付款时在付款人处实有的存款金额的，为空头支票。我国《票据法》禁止签发空头支票。支票票样如图 7.3 所示。

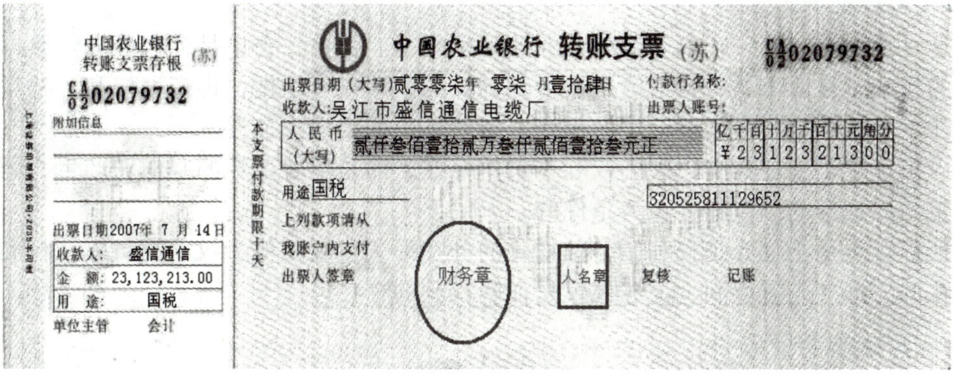
中国农业银行
转账支票存根（苏）
CA 02 02079732
附加信息
出票日期2007年 7 月 14日
收款人：盛信通信
金　额：23,123,213.00
用　途：国税
单位主管　会计

中国农业银行 转账支票（苏） CA 02 02079732
出票日期（大写）贰零零柒年 零柒 月壹拾肆日　付款行名称：
收款人：吴江市盛信通信电缆厂　出票人账号：
人民币（大写） 贰仟叁佰壹拾贰万叁仟贰佰壹拾叁元正　亿千百十万千百十元角分 ¥ 2 3 1 2 3 2 1 3 0 0
本支票付款期限十天
用途 国税　320525811129652
上列款项请从
我账户内支付
出票人签章　财务章　人名章　复核　记账

图 7.3　支票票样

（三）特　征

1. 票据是无因证券

票据上的法律关系是一种单纯的金钱支付关系，权利人享有票据权利只以持有符合《票据法》规定的有效票据为必要。至于票据赖以发生的原因关系是否有效，是否存在瑕疵，均不影响票据的效力。所以，票据权利人在行使票据权利时，无须证明给付原因，票据债务人也不得以原因关系对抗善意第三人。

票据无因性的例外，就是在票据的直接前后手之间。“有因”就是有合同关系，可抗辩。《票据法》第十三条第二款规定：“票据债务人可以对不履行约定义务的与自己有直接债权债务关系的持票人，进行抗辩。”

例如，基于买卖关系，甲公司向乙公司签发 100 万元汇票支付货款，乙公司又基于和萱草公司之间的购销关系，将该汇票（甲出票的汇票）背书转让给萱草公司，则萱草公司在请求付款时，无须证明上述民事合同合法有效。即使甲、乙间的买卖关系不存在了，或有瑕疵，只要该票据符合《票据法》的形式要件，则萱草公司就是合格的持票人，可以行使票据权利。此即“无因性”。

2. 票据是要式证券

票据的格式和记载事项，都由法律严格加以规定，当事人必须遵守，否则会影响票据的效力甚至导致票据无效。此外，票据上的行为，包括出票、背书、承兑、保证、付款、追索等行为，也必须严格按照《票据法》规定的程序和方式进行，否则无效。这就是票据的要式性。

3. 票据是文义证券

票据权利义务的内容必须严格依票据上的记载而定，即使票据上的记载与实际情况相悖，也必须以该记载事项为准。这主要是为了保护善意持票人，以维护交易安全。

例如，票据上记载的金额是 100 万元，但购销合同中价款为 120 万元。此时，该票据依据记载金额 100 万元流转。此即“文义性”。

4. 票据是设权证券

这是票据与股票、仓单等证权证券的区别之一。提单、仓单是证权证券。票据上所表示的权利，是由出票、背书等票据行为创设的，即先有票据，再产生权利。票据的作用就在于通过票据行为创设一定的权利，因此，票据为设权证券。

设权证券是指证券所代表的权利本来不存在，而是随着证券的制作而产生，即权利的发生是以证券的制作和存在为条件的。

证权证券是指证券是权利的一种物化的外在形式，它是作为权利的载体，权利是已经存在的，即“先有权利，证券仅仅是证明权利的存在”。

5. 票据是债权证券

有价证券依其所代表的财产权利的性质不同，可分为物权证券、债权证券和股权证券。票据所表示的权利是以一定金额的给付为标的的债权，故称为债权证券，即持票人可以就票据上所载的金额向特定票据债务人行使其请求权。又因票据所表彰的权利仅限于对一定数量的金钱的请求权，不能是劳务或者实物请求权，所以，票据只能是金钱债权证券。

请参考另一种分类：有价证券按其所表明的财产不同性质可分为三类：商品证券、货币证券及资本证券。货币证券又分为商业证券和银行证券。商业证券主要包括商业汇票和商业本票，我国《票据法》上的票据不包括商业本票。银行证券主要包括银行汇票、银行本票和支票。票据所表示的权利是以一定金额的给付为标的的货币证券，所以票据应为货币证券。

6. 票据行为具有独立性

独立性，是指就同一票据所为的若干票据行为互不牵连，都分别依各行为人在票据上记载的内容独立地发生效力。该性质说明，在先票据行为无效，不影响后续票据行为的效力；某一票据行为无效，不影响其他票据行为的效力。

7. 票据的流通性

流通性是指票据的流通非常灵活，无须依民法有关债权让与的规定。例如，无记名票据，可依单纯交付而转让；记名票据，经背书交付可以转让。

（四）功　能

票据的功能，主要包括以下几个方面：

（1）汇兑功能。主要是为了解决现代社会经济生活中，异地转移金钱的需要，以减少现金的往返运送，从而避免风险、节约费用。（转移需要）

（2）支付功能。票据最简单、最基本的作用就是作为支付手段，代替现金的使用。用票据代替现金作为支付工具。（替代需要）

（3）信用功能。现代商品交易中，信用交易是大量存在的。卖方通常不能在交付货物的同时，获得价金的支付。如果这时买方向卖方签发票据，就可以将挂账信用转化为票据信用，把一般债权转化为票据债权，使得权利外观明确、清偿时间确定、转让手续简便，以获得更大的资金效益。票据的信用功能已成为票据最主要的功能，在商品经济发展中发挥着巨大的作用。（但是，支票不具备信用功能）。

（4）结算功能，又叫债务抵销功能。例如，互负债务的双方当事人各签发一张票据给对方，待两张票据都届到期日即可抵销债务，差额部分仅一方以现金支付。

（5）融资功能，就是利用票据筹集、融通或调度资金。这一功能主要是通过票据贴现完成的，即通过对未到期票据的买卖，使持有未到期票据的持票人通过出售票据获得现金。

二、票据法上的法律关系

（一）票据关系

票据关系是指票据当事人基于票据行为而发生的债权债务关系。其中，票据的持有人（持票人）享有票据权利，对于在票据上签名的人可以主张行使票据法规定的一切权利；在票据上签名的票据债务人负担票据义务，即依自己在票据上的签名按照票据上记载的文义，承担相应的义务。

（二）非票据关系

1. 含　义

票据法上的非票据关系系指由票据法直接规定的、不是基于票据行为而发生的法律关系。它与票据关系的不同之处在于：第一，票据关系由当事人的票据行为而发生；非票据关系是基于法律的直接规定而发生的。第二，票据关系的内容是票据权利义务关系，它与票据紧密相连，权利人行使权利以持有票据为必要，而非票据关系则不需要。

2. 种　类

（1）原因关系，指票据当事人之间授受票据的理由，如出票人与收款人之间签发和接受票据的理由、背书人和被背书人之间转让票据的理由。依照票据法的规定，原因关系只存在于票据的直接前后手之间，票据一经转让，其原因关系对票据效力的影响力即被切断。

例如，甲公司和乙公司签订了一份买卖合同。因为有买卖合同，甲公司要依据合同付货款给乙公司，现在甲公司采取的付款手段是“汇票付款”。那么，“买卖合同”成为甲公司出票的原因。此即“原因关系”。

（2）预约关系，指票据当事人在授受票据之前，就票据的种类、金额、到期日、付款地等事项达成协议而产生的法律关系，即当事人之间授受票据的合同所产生的法律关系。

它实际上是沟通票据原因和票据行为的桥梁。但该合同仅为民事合同，当事人不履行票据预约合同所产生的权利义务仅构成民法上的债务不履行，不属于票据法上规范的对象。

例如，上例中，甲公司要依据买卖合同付货款给乙公司。那么甲公司可以采用“汇票付款”，也可以选择“本票、支票”作为付款手段，甲公司和乙公司还可以事先就票据到期日、票据付款金额等事项协商。此协议，即票据预约关系。

（3）资金关系，指汇票出票人和付款人、支票出票人与付款银行或其他资金义务人所发生的法律关系，即出票人之所以委托付款人进行付款的原因。一般来说，资金关系的存在或有效与否，均不影响票据的效力。出票人不得以已向付款人提供资金为由拒绝履行其被追索的义务；付款人也不因得到资金而当然地成为票据债务人。作为汇票来说，付款人的承兑行为才是其承兑票据债务的法定条件。

例如，上例中，甲公司要依据买卖合同付货款给乙公司。现在甲公司决定采用“银行汇票付款”的方式。则甲公司需要和某银行（如工商银行）签订一份协议，协商甲公司如果不按期归还资金需要向银行承担的责任等问题。那么，甲公司和工商银行之间基于该张汇票产生的关系，为“资金关系”。

【小结】

（1）票据特征：无因性、要式性、文义性、设权性、债权性、独立性、流通性。

（2）票据中的法律关系如图 7.4。

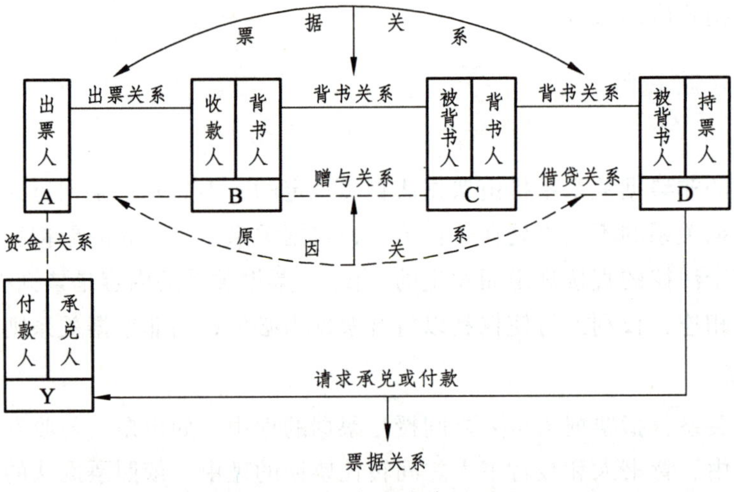

图 7.4 票据中的法律关系图

（实线=票据关系；虚线=基础关系）

三、票据关系的当事人

（一）基本当事人

基本当事人是指票据一经成立即已存在的当事人，包括出票人（买卖关系中的买方、债务人、前手）、收款人（买卖关系中的卖方、债权人、后手）、付款人。

（二）非基本当事人

非基本当事人是指票据已经成立，通过各种票据行为而加入票据关系中的当事人。如背书人、保证人、参加付款人、预备付款人等。

欠缺基本当事人，会导致票据无效；欠缺非基本当事人，对票据没有影响。图 7.5 为票据流转示意图。

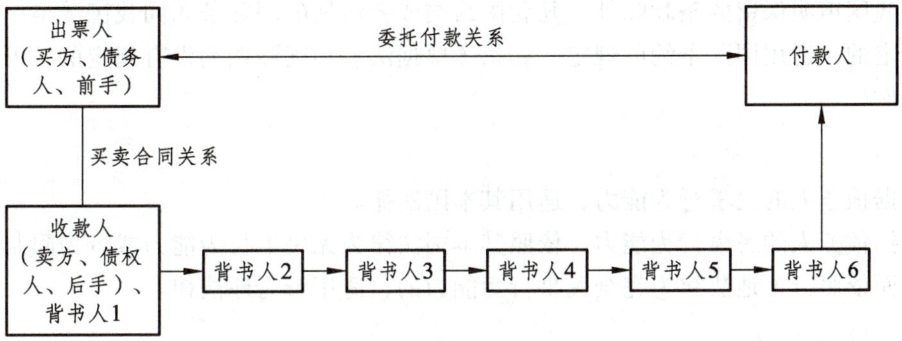

图 7.5　票据流转示意图

示意图说明：出票人和收款人之间是买卖合同关系，出票人是买方，在付款环节中是债务人，票据关系中的前手；与之相对应的收款人就是卖方、债权人和后手。出票人与银行之间是委托付款关系。所以，付款人不是债务人。

当然，收款人（背书人 1）拿到票据后，除了到银行取钱之外，还可以再用这张票买 2 的货，这是票据的流通性决定的。此时，收款人 1 相对于 2 的身份就是“买方、债务人、前手”，2 则继承了 1 以前的身份。同理 2 又用票买了 3 的货；3 又买 4 的……5 又买 6 的，票据作为支付工具，一直到 6 处。中间的 1，2，3，4，5 都具有双重身份。整个流程中，只有出票人和持票人是单一身份，因此，6 就被称为“持票人”。注意，因为票据是有期限的，所以不能一直流转下去。持票人应当在票据的有效期内向付款人提示付款。

另外，当出票人把票据给了收款人 1 之后，1 往后买 2 的货，2 买 3……在这个票据的传递过程中，法律要求，前后手都必须在票据的背面上签字盖章，这个行为，就叫“背书”，即在票据的背面或者粘单上签章的行为。因此，从 1 传递到 2，就开始背书了（注意，出票人把票据给 1 的时候，记载事项不是在背面写的，所以这不叫背书）。1 叫“背书人”，2 叫“被背书人”。在图 7.5 中，之所以方框内 2 仅写的是“背书人 2”，是因为 2 又背书给了 3，等于 2 的背书签了两次章（第一次是相对于 1 作为“被背书人”，第二次是相对于 3 作为“背书人”）。同理，3 相对于 2 是被背书人，相对于 4 就是背书人。……由于 1，2，3，4，5 都是双重身份，既是“背书人”，也是“被背书人”，为了简化，我们都只用一套概念“背书人 1，2，3，4，5”。

四、涉外票据的法律适用

1. 概　念

涉外票据，是指出票、背书、承兑、保证、付款等行为中，既有发生在中华人民共和国境内又有发生在中华人民共和国境外的票据。

2. 法律适用

除我国声明保留的条款除外，凡我国缔结或者参加的国际条约同我国《票据法》有不同规定的，适用国际条约的规定。如果《票据法》和国际条约没有规定的，可以适用国际惯例。

3. 当事人行为能力

票据债务人的民事行为能力，适用其本国法律。

票据债务人的民事行为能力，依照其本国法律为无民事行为能力或者为限制民事行为能力而依照行为地法律为完全民事行为能力的，适用行为地法律。

4. 票据的行为方式

汇票、本票出票时的记载事项，适用出票地法律。

支票出票时的记载事项，适用出票地法律，经当事人协议，也可以适用付款地法律。

票据的背书、承兑、付款和保证行为，适用行为地法律。

5. 票据权利的行使

票据追索权的行使期限，适用出票地法律。

票据的提示期限、有关拒绝证明的方式、出具拒绝证明的期限，适用付款地法律。

票据丧失时，失票人请求保全票据权利的程序，适用付款地法律。

第二节　票据权利与票据行为

一、票据权利

（一）概　念

票据权利是指持票人向票据债务人请求支付票据金额的权利。

（二）特　征

（1）票据权利是一种金钱债权。

（2）票据权利是证券性权利。必须有票据，才能行使票据权利。

（3）票据权利是一种二次性权利。

① 首次权利：付款请求权，是持票人对主债务人所享有的、依票据而请求支付票据所载金额的权利。付款请求权是第一次请求权，具有主票据权利的性质，持票人必须首先向主债务人行使第一次请求权，而不能越过它直接行使追索权。

② 第二次权利：追索权。这是指在付款请求权未能实现时发生的、持票人对从债务人所享有的、请求偿还票据所载金额及其他有关金额的权利。追索权的行使以持票人第一次请求权未能实现为前提，相对于付款请求权来说，是第二次权利。

（4）持票人是票据权利人，即票据的持有人（持票人）享有票据权利。

（5）票据债务人负担票据义务，即依自己在票据上的签名，按照票据上记载的文义，承担相应的义务。（票据债务人，是指除持票人外，其他在票据上签名的人）

（三）种　类

票据权利，包括付款请求权和追索权（见表 7.1）。

表 7.1　付款请求权和追索权知识要点

<table>
<tr><th>种　类</th><th colspan="2">要　点</th></tr>
<tr><td>首次权利——付款请求权</td><td colspan="2">1. 付款请求权是第一次请求权，具有主票据权利的性质。
2. 持票人必须首先向付款人（或承兑人）行使该项请求权，而不能越过它直接行使追索权。</td></tr>
<tr><td rowspan="5">第二次权利——追索权</td><td>概念</td><td>在付款请求权未能实现时，持票人向其前手，也就是背书人、出票人以及汇票的其他债务人请求支付票据金额的权利。</td></tr>
<tr><td>原因</td><td>行使追索权的原因分两大类：
1. 汇票到期被拒绝付款的，持票人可以向背书人、出票人以及汇票的其他债务人行使追索权。
2. 汇票到期日前，有下列情形之一的，持票人也可以行使追索权：① 汇票被拒绝承兑的；② 承兑人或者付款人死亡、逃匿的；③ 承兑人或者付款人被依法宣告破产的或者因违法被责令终止业务活动的。</td></tr>
<tr><td>条件</td><td>行使追索权的条件为：
1. 持票人行使追索权时，应当提供被拒绝承兑或者被拒绝付款的有关证明。
2. 持票人不能出示拒绝证明、退票理由书或者未按照规定期限提供其他合法证明的，丧失对其前手的追索权。但是，承兑人或者付款人仍应当对持票人承担责任。
3. 持票人提示承兑或者提示付款被拒绝的，承兑人或者付款人必须出具拒绝证明，或者出具退票理由书。未出具拒绝证明或者退票理由书的，应当承担由此产生的民事责任。</td></tr>
<tr><td>方式</td><td>行使追索权的方式有三：
1. 选择性：持票人可以不按照汇票债务人的先后顺序，对其中任何一人、数人或者全体行使追索权。（此即“连带责任”）
2. 变更性：持票人对汇票债务人中的一人或者数人已经进行追索的，对其他汇票债务人仍可以行使追索权。
3. 代位性：被追索人清偿债务后，与持票人享有同一权利。</td></tr>
<tr><td>限制</td><td>对追索权人的限制——回头背书：
1. 持票人为出票人的，对其前手无追索权。
2. 持票人为背书人的，对其后手无追索权。（《票据法》第六十九条）</td></tr>
</table>

二、票据权利的取得

（一）票据权利取得的原则

1. 对价原则

对价原则是指票据的取得必须给付对价，即应当给付票据双方当事人认可的相对应的代价。至于“对价”到底是货币、实物，全由当事人自行决定。违反该原则，出票人可以请求返还票据。

要注意的是即使没有支付对价，票据一经转让，也不影响票据效力。

例外：因税收、继承、赠与可以依法无偿取得票据的，不受给付对价的限制。但是，所享有的票据权利不得优于其前手的权利。（前手，是指在票据签章人或者持票人之前签章的其他票据债务人）

2. 善意原则

善意原则是指持票人取得票据的手段必须合法，主观上应当善意。持票人以欺诈、偷盗或者胁迫等手段取得票据的，或者明知有前列情形，出于恶意取得票据的，不得享有票据权利。

（二）权利取得的方式

1. 原始取得

（1）含义：

原始取得是指持票人不经其他任何前手权利人，而最初取得票据，包括发行取得和善意取得。

（2）种类：

① 发行取得，是指权利人依出票人的出票行为，而原始取得票据权利。

② 善意取得，是指票据受让人依票据法规定的转让方法，善意地从无处分权人处取得票据，从而取得票据权利。

A. 必须是从无权利人处取得票据。因为如果其前手为有处分权人，受让人当然取得票据权利，无适用善意取得的必要。

B. 必须是依票据法规定的票据转让方法取得票据。即背书取得，且背书连续。

C. 受让人必须是善意，即无恶意或重大过失。

2. 继受取得

（1）含义：

继受取得是指受让人从有处分权的前手权利人处取得票据，从而取得票据权利。

（2）种类：

①《票据法》上的继受取得，是指依《票据法》规定的转让方式，从有票据处分权的前手权利人处取得票据，从而取得票据权利。票据的背书转让，是最主要的票据权利继受取得方式。此外，保证人履行保证义务或追索义务人偿还追索金额后取得票据，也是《票据法》上的继受取得。

② 非《票据法》上的继受取得，是指非依《票据法》规定的转让方式而是以民事权利的转让方式取得票据权利，如依赠与、继承、公司合并而取得。此种继受取得，通常只能得到一般法律的保护，而不能得到《票据法》对合法持票人权利的特别保护，不能主张抗辩切断和善意取得等。

三、票据权利的行使与保全

（一）行　使

票据权利的行使是指票据权利人请求票据义务人履行义务，从而实现票据权利的行为。票据提示的处所通常为票据上载明的票据权利行使处所；票据上未指明处所的，则应在票据当事人的营业场所进行。

（二）保　全

1. 含　义

票据权利的保全是指票据权利人为防止票据权利丧失所进行的行为。

2. 方　式

（1）按期提示票据。

持票人在法定期间内提示票据行使票据权利，就是保全票据权利的方式之一。《票据法》规定：持票人只有在法定期间内提示票据请求付款被拒绝的，方可行使追索权；期前追索（即票据到期前追索权的行使）也以按期提示请求承兑被拒绝为条件之一。

（2）做成拒绝证书。

《票据法》规定：持票人行使追索权，应当提供被拒绝承兑或被拒绝付款的有关证明。而在持票人提示承兑或者提示付款被拒绝时，承兑人或者付款人必须出具证明。

（3）中断时效。

与普通民事债权相同，通过诉讼可以中断时效，保全票据权利。

（三）行使与保全的时间地点

持票人对票据债务人行使票据权利，或者保全票据权利，应当在票据当事人的营业场所和营业时间内进行，票据当事人无营业场所的，应当在其住所进行。

（四）利益返还请求权

持票人因超过票据权利时效或者因票据记载事项欠缺而丧失票据权利的，仍享有民事权利，可以请求出票人或者承兑人返还其与未支付的票据金额相当的利益。（《票据法》第十八条）

（1）从性质上看，利益返还请求权不是票据权利，而是一种民事权利。

（2）如果持票人怠于行使票据权利，导致票据权利超过时效期间，或者因票据记载事项欠缺而导致票据无效的，持票人丧失票据权利，不得再向付款人请求付款，此时会出现当事人民事权利的不平等，“利益返还请求权”就是为了实现实质上的公平。

四、票据权利的消灭

1. 概　念

票据权利的消灭，是指因一定的事由而使票据上的付款请求权和追索权失去其法律意义。票据权利的消灭其实就是票据法律关系的消灭，但基于其他法律关系而享有的权利，可以继续存在。

2. 引起票据权利消灭的事由

（1）付款。

（2）追索义务人清偿票据债务及追索费用。

（3）票据时效期间届满。

（4）票据记载事项欠缺。

（5）保全手续欠缺。

（6）除此之外，票据物质形态的消灭也可以使票据权利消灭，民法上一般债权的消灭事由如抵消、混同、提存、免除等也可以使票据权利消灭。

五、票据权利的瑕疵

1. 票据的伪造和变造

（1）票据伪造，指假冒或虚构他人名义为票据行为并在票据上签章。被伪造人不承担任何票据责任，伪造人亦不承担票据义务但须承担其他法律责任。伪造的签章不影响真实签章的效力。付款人或代理付款人在付款时，只要按法律规定对票据签章和各记载事项进行了通常审查，即使未能辨认出伪造的签章，付款行为仍然有效。

（2）票据变造，指无合法变更权限之人，对除签章外的票据记载事项加以变更。变造人在票据上没有签章，则不承担票据义务，但应负相应刑事、民事及行政责任；若变造人在票据上有签章，则按其变造以后的票据记载事项承担票据义务，并承担相应刑事、民事及行政责任；在变造之前签章的其他人对原记载事项负责；在变造之后签章的其他人对变造后的记载事项负责；不能辨别在变造之前签章或变造之后签章的，视为在变造之前签章。

2. 票据的更改和涂销

票据的更改和涂销是指将票据上的签名或其他记载事项加以更改或涂抹消除的行为。合法地更改票据上的记载事项，必须是有法定更改权限的人依法更改票据上可以更改的记载事项。《票据法》第九条规定，票据金额、日期、收款人名称不得更改，更改的票据无效。更改银行汇票的实际结算金额，也会导致票据无效。对票据上的其他记载事项，原记载人可以更改，更改时应当由原记载人签章证明。可以更改的其他记载事项是指除金额、日期和收款人名称之外的事项，包括付款人名称、付款日期、付款地、出票地等事项。

3. 无民事行为能力人或者限制民事行为能力人在票据上签章的处理

无民事行为能力人或者限制民事行为能力人在票据上签章的，其签章无效，但是不影响其他签章的效力。

六、票据行为

（一）概　念

票据行为是以行为人在票据上进行必备事项的记载、完成签名并予以交付为要件，以发生或转移票据上权利、负担票据上债务为目的的要式法律行为。

（二）特　征

票据行为除具有上述票据所具有的无因性、要式性、文义性特征外，还具有独立性特征。票据行为的独立性要求在先票据行为无效，不影响后续票据行为的效力；某一票据行为无效，不影响其他票据行为的效力。

（三）种　类

1. 出　票

出票是指出票人签发票据并将其交付给收款人的单方票据行为。

2. 背　书

（1）背书是指在票据背面或者粘单上记载有关事项并签章的票据行为。背书应当连续，即在票据转让中，前一背书的被背书人与后一背书的背书人一致。背书人以背书转让票据的，承担保证其后手可以得到承兑和付款的义务。“背书”是《票据法》规定的转让票据权利的唯一方式。（继承、赠与等方式也可引起票据权利的转让，但不属于《票据法》规定的形式）

（2）背书规则：

以背书转让的汇票，背书应当连续（见图 7.6）。

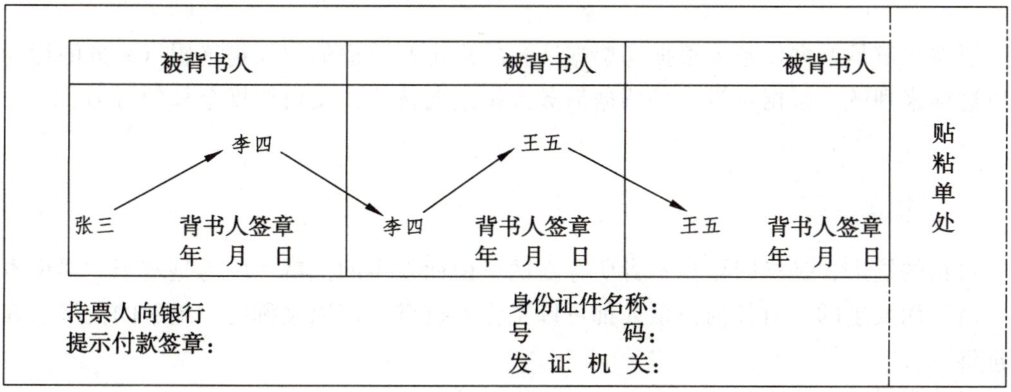

图 7.6　连续背书

背书转让无须经票据债务人同意。只要持票人完成背书行为，就构成有效的票据权利转让。

背书转让的转让人不退出票据关系，而是由先前的票据权利人转变为票据义务人，并承担担保承兑和担保付款的责任。（所以，通过背书的方式转让票据权利，能够使受让人得到更充分的保护）

3. 承　兑

承兑是汇票付款人承诺在汇票到期日支付汇票金额的票据行为。承兑不得附有条件，否则则视为拒绝承兑。

承兑以后，承兑人就成了票据的主债务人，持票人对前手的追索权也丧失，但如果承兑人不付款的话，持票人仍然可以告出票人，是基于不当得利请求权。

4. 保　证

保证是债务人以外的第三人为了保证债务的履行而提供的担保。保证人不享有先诉抗辩权，负法定连带责任。保证不得附条件，即便附了，也视为没有条件，仍然承担保证责任。保证的记载事项：必须记载“保证”字样；保证人名称和住所（欠缺记载时，持票人可依保证人签章推定）；被保证人名称（未记载时，汇票已承兑时承兑人为被保证人，未承兑则出票人为被保证人）。

上述四种行为在三种票据上存在范围不同。汇票包括出票、背书、承兑、保证；本票包括出票、背书、保证；支票包括出票和背书。其中出票为基本票据行为，其他为附属票据行为。

第三节　票据抗辩与补救

一、票据抗辩

（一）概　念

票据抗辩是票据债务人根据《票据法》的规定对票据债权人拒绝履行义务的行为。可以这样来理解，票据抗辩，是票据债务人拒绝向持票人支付票据金额的行为。

（二）种　类

1. 对物的抗辩

对物的抗辩，是指因票据本身所存在的事由而发生的抗辩。因为是基于“票据本身的事由”而发生的、对任何持票人都可以主张的抗辩，所以又称为“绝对的抗辩、客观的抗辩”。

下列事由可以构成对物的抗辩：

（1）票据欠缺法定必要记载事项，或者有法定禁止记载事项，因而导致票据无效时，票据债务人可以提出抗辩。

（2）背书不连续的情况下，持票人不能从形式上证明自己的合法持票人身份，票据债务人可以提出抗辩。

（3）票据变造的情况下，在变造前签章的票据债务人，可以对变造后的票据记载事项主张抗辩；而在变造后签章的票据债务人，可以对变造前的票据记载事项主张抗辩。票据伪造的情况下，被伪造的签章人可以提出抗辩。

（4）票据尚未到期，票据债务人可以主张抗辩。但这种抗辩只是延缓权利主张的抗辩，并非否定权利主张的抗辩。

（5）票据上记载票据债权消灭的，如票据上明确记载票据金额已清偿或者已抵消、免除或提存的，票据债务人可以提出抗辩。

（6）票据遗失后，法院依票据权利人的公示催告请求，作出除权判决后，票据就丧失了效力，任何人都不得依此票据主张权利，票据债务人可以提出抗辩。

（7）在无权代理或越权代理的情况下，本人可以提出非本人所为或非完全本人所为的抗辩。

（8）票据在因时效完成而消灭或因欠缺保全手续而消灭的情况下，票据债务人可以对时效完成或欠缺保全手续的票据权利人提出抗辩。

（9）无民事行为能力人、限制民事行为能力人在票据上签章时，其监护人可以主张无民事行为能力人或限制民事行为能力人所为的票据行为无效，据此提出抗辩。（因为该签章无效）

（10）票据伪造时，被伪造的签章人可以提出抗辩。

2. 对人的抗辩

对人的抗辩，是指因票据债务人和特定的票据权利人（持票人）之间存在一定关系而发生的抗辩。

发生对人的抗辩情况下，票据本身是完全合法的，抗辩的理由来源于当事人之间的个人因素。所以“对人的抗辩”仅能对特定的持票人主张，如果票据发生流转，则票据债务人不能对其他持票人以该事由进行抗辩。“对人的抗辩”又称为“相对的抗辩、主观的抗辩”。

下列事由可以构成对人的抗辩：

（1）虽然票据是无因证券，但在原因关系无效、不存在或消灭的情况下，票据债务人可以对有直接原因关系的票据权利人提出抗辩。

（2）在直接当事人之间，如果存在票据债务人未取得对价利益或已经进行了相当于票据金额的给付时，票据债务人可以提出抗辩。

（3）在当事人就空白票据的补充、票据的支付条件等有特别约定的情况下，有关当事人违反相应的约定而要求票据债务人履行票据义务，票据债务人可以提出抗辩。

（4）在票据行为人因欺诈或胁迫而为票据行为的情况下，受欺诈或胁迫的票据债务人可以向因欺诈或胁迫行为而持有票据的人或就欺诈胁迫行为有恶意或重大过失的持票人，提出抗辩。

（5）在持票人所持有的票据是因盗窃、捡拾等非正当途径取得时，全体票据债务人可以向该持票人提出抗辩。

（6）在原因关系无效、不存在或消灭的情况下，票据债务人可以对有直接原因关系的票据权利人提出抗辩（仅针对直接当事人，该张票据如果经背书转让给善意第三人，则不得对善意第三人抗辩）。

（7）明知票据债务人与出票人或者与持票人的前手之间存在抗辩事由而取得的票据（知情抗辩）。

（三）票据抗辩的限制（抗辩切断制度）

所谓“抗辩切断”，是指即使出现可以抗辩的事由，但是票据债务人不得用来抗辩持票人。抗辩切断只是针对“对人的抗辩”，因为此种抗辩事由是针对特定的持票人而言，如果换了其他人合法持票则票据债务人不能抗辩。但持票人明知存在抗辩事由而取得票据的情况除外。

（1）对出票人抗辩切断，即票据债务人不得以自己与出票人之间的抗辩事由，对抗持票人。一般情况下，这种抗辩只存在于汇票关系中。

（2）对持票人前手抗辩切断，即票据债务人不得以自己与持票人前手之间的抗辩事由，对抗持票人。这里的前手不限于持票人的直接前手，包括持票人的任何前手。

（3）因税收、继承、赠与可以依法无偿取得票据的，不受给付对价的限制。但是，所享有的票据权利不得优于其前手的权利。

A 出票给 B，B 不交付货物给 A（B 违约）。我们将抗辩的情况归纳如图 7.7：

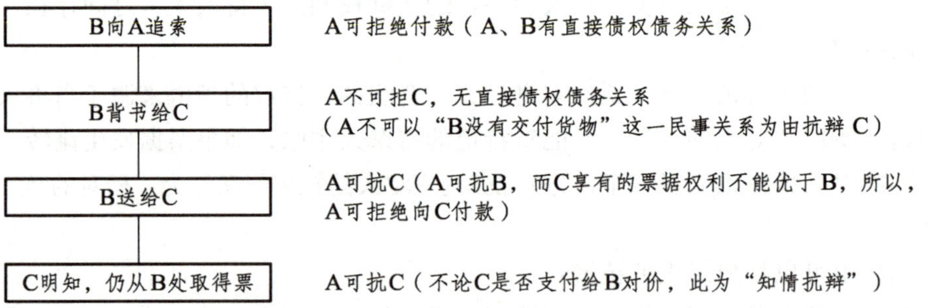

图 7.7　票据抗辩的限制（对人抗辩）

二、票据的丧失与补救

1. 概　念

票据的丧失与补救是指在票据权利人因某种原因丧失对票据的实际占有，使票据权利的行使遭到一定阻碍时，为使权利人的票据权利能够实现，而对其提供的特别法律救济。

（1）挂失止付：

① 挂失止付是指票据权利人在丧失票据占有时，为防止可能发生的损害，保护自己的票据权利，通知票据上的付款人，请求其停止票据支付的行为。

② 挂失止付的提起人为失票人。挂失止付的相对人为该丧失的票据上记载的付款人（代理付款人）。因此，无法确定付款人或代理付款人的票据，如支付结算办法中规定的银行汇票等，不能挂失止付。

③ 使收到止付通知的付款人承担暂停票据付款的义务。但挂失止付只是失票人丧失票据后可以采取的一种临时补救措施，以防止所失票据被他人冒领。票据本身并不因挂失止付而无效，失票人的票据责任并不因此免除，失票人的票据权利也不能因挂失止付得到最终的恢复。

（2）公示催告：

① 公示催告是指按照规定可以背书转让的票据持有人，因票据被盗、遗失或者灭失，可以向票据支付地的基层人民法院申请公示催告。

② 公示催告的期间由法院根据情况决定，但不得少于 60 日。

③ 公示催告期间，转让票据权利的行为无效。

④ 公示催告期间，以公示催告的票据质押，因质押而接受该票据的持票人主张票据权利的，不予支持，但公示催告期间届满以后法院作出除权判决以前取得该票据的除外。（《最高人民法院关于审理票据纠纷案件若干问题的规定》[下文简称《票据规定》]第三十三条）

⑤ 支付人收到法院停止支付的通知，应当停止支付，至公示催告程序终结。法院作出除权判决宣告票据无效。

（3）提起诉讼：在票据遗失后，已经知道现实持有人的情况下，失票人不能申请公示催告，但可以依普通民事诉讼程序，提起返还票据的诉讼。通过向法院提起民事诉讼，请求法院判令票据债务人向其支付票据金额。

第四节　汇　票

一、汇票概述

（一）概　念

汇票是出票人签发的，委托付款人在见票时或者在指定日期无条件支付确定的金额给收款人或者持票人的票据。

汇票分为银行汇票和商业汇票。

（二）特　征

（1）汇票关系中有三个基本当事人：出票人、付款人和收款人。

（2）汇票是委托他人进行支付的票据，汇票的出票人仅仅是签发票据的人，不是票据的付款人，其必须另行委托付款人支付票据金额。

（3）汇票通常都需要由付款人进行承兑，以确认其愿意承担绝对的付款义务。

（4）汇票是在见票时或者指定的到期日无条件支付给持票人一定金额的票据。

（5）汇票对于当事人特别是出票人和付款人，没有特别的限制，既可以是银行，也可以是公司、合伙企业、个人独资企业或个人。

（三）种　类

（1）根据出票人的不同，汇票可分为银行汇票和商业汇票。

（2）根据付款时间的不同，汇票可分为即期汇票（见票即付汇票）和远期汇票（记载到期日汇票）。

（3）根据是否附有运输单据等，汇票可分为光单汇票和跟单汇票。

二、汇票的出票

（一）概　念

（1）出票是指出票人签发票据并将其交付给收款人的票据行为。

（2）出票人签发汇票后，即承担保证该汇票承兑和付款的责任。（签章+交付）

（3）出票是创设票据和签发票据的行为。根据“票据设权性”特征可知，出票违法，将导致票据不能做成，进而没有创设票据权利。所以，在票据行为中，出票被称为“主票据行为”。

（二）出票时的法定记载事项

（1）票据金额以中文大写和数码同时记载，二者必须一致，二者不一致的，票据无效。

（2）汇票出票时必须记载下列事项：表明“汇票”的字样；无条件支付的委托；确定的金额；付款人名称；收款人名称；出票日期；出票人签章。汇票上未记载前款规定事项之一的，汇票无效。

（3）未记载事项的认定：汇票上记载付款日期、付款地、出票地等事项的，应当清楚、明确。未记载付款日期的，为见票即付。未记载付款地的，付款人的营业场所、住所或者经常居住地为付款地。未记载出票地的，出票人的营业场所、住所或者经常居住地为出票地。

（三）出票“禁转”字样的后果

（1）出票人在汇票上记载“不得转让”字样的，汇票不得转让。

（2）出票人在票据上记载“不得转让”字样，票据持有人背书转让的，背书行为无效。背书转让后的受让人不得享有票据权利，票据的出票人、承兑人对受让人不承担票据责任。理论上，此种转让只是一般指名债权的转让。（《票据规定》第四十七条）

（3）出票人在票据上记载“不得转让”字样，其后手以此票据进行质押的，通过质押取得票据的持票人主张票据权利的，人民法院不予支持。（《票据规定》第五十二条）

（四）出票的效力

（1）出票人签发汇票后，即承担保证该汇票承兑和付款的责任。

（2）汇票的出票人必须与付款人具有真实的委托付款关系，并且具有支付汇票金额的可靠资金来源。

（3）不得签发无对价的汇票用以骗取银行或者其他票据当事人的资金。

三、汇票的背书转让

（一）概　念

（1）背书是指在票据背面或者粘单上记载有关事项并签章的票据行为。背书是《票据法》规定的转让票据权利的唯一方式。汇票、本票和支票的持票人均可背书。

（2）背书应当连续。背书连续，是指在票据转让中，转让汇票的背书人与受让汇票的被背书人在汇票上的签章依次前后衔接。持票人以背书的连续证明票据权利，否则，其他票据债务人可以以此抗辩。

非经背书转让，而以其他合法方式取得汇票的，依法举证，证明其汇票权利。

（二）背书的效力

（1）背书转让无须经票据债务人同意。只要持票人完成背书行为，就构成有效的票据权利转让。

（2）背书人不退出票据关系，而是由先前的票据权利人转变为票据义务人，承担保证其后手可以得到承兑和付款的义务。（所以，通过背书的方式转让票据权利，能够使受让人得到更充分的保护）

（三）背书转让的限制情形

1. 禁止转让的背书

（1）出票人在汇票上记载“不得转让”字样的，汇票不得转让，即后手再转让无效。

（2）背书人在汇票上记载“不得转让”字样，其后手再背书转让的，该转让是有效的，因为，票据行为具有独立性。只是，原背书人对后手的被背书人不承担保证责任，即不被间接后手追索。

2. 回头背书及其效力

回头背书是指以先前已经在票据上签名的出票人、背书人等票据债务人为被背书人的背书。

（1）回头背书是有效行为，持票人同样可行使付款请求权和追索权，只是在权利担保的效力上有所不同。

（2）持票人行使追索权时，只能越过回头范围，向前追。原因在于，回头范围内发生了债的抵销和混同。如图 7.8 中，持票人 2 又是前面的背书人 2。在没有回头背书的情况下，后手行使追索权可以连带追索所有的前手。但是，在有回头背书的情况下，得把这个回头范围给越过去，因此，作为持票人的 2 就只能向背书人 1 和出票人追索了。因为，持票人 2 往前追索 3、4、5、6，最终都会追到他自己，就发生了债的抵销和混同。

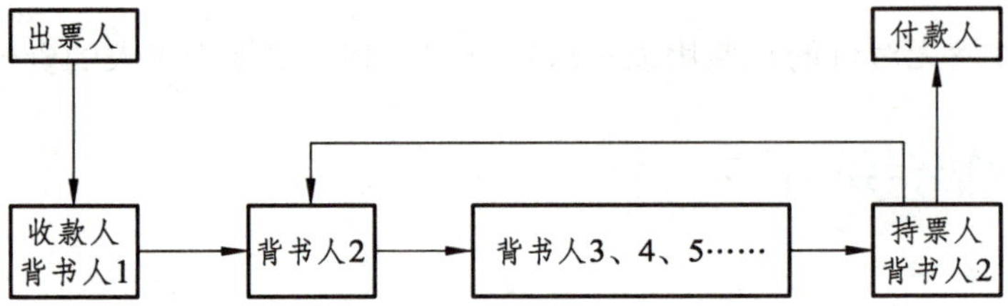

图 7.8　回头背书

（3）当持票人是出票人时，对任何前手都不能追。因为，所有人都在回头范围内，出票人追其中的任何人都发生抵销，追他自己就是混同。这是一个最大的回头背书。

3. 对期后背书的限制

（1）“期后背书”，是指汇票被拒绝承兑、被拒绝付款或者超过付款提示期限的，背书人仍然将其背书转让的行为。

（2）期后背书的后果：背书转让的，背书人应当承担汇票责任。期后背书，被背书人以背书人为被告行使追索权而提起诉讼的，人民法院应当依法受理。（《票据规定》第三条）

4. 背书不得附有条件

背书时附有条件的，所附条件不具有汇票上的效力，但是，此时票据仍然有效，背书有效。例如，背书记载“如果验货合格则承担票据责任”，此为附条件背书。

四、汇票的质押

汇票可以设定质押。质押时应当以背书记载“质押”字样。被背书人依法实现其质权时，可以行使汇票权利。

1. 汇票质押的设立=字样+签章

以汇票设定质押时，出质人在汇票上只记载了“质押”字样未在票据上签章的，或者出质人未在汇票、粘单上记载“质押”字样而另行签订质押合同、质押条款的，不构成票据质押。（《票据规定》第五十四条）

2. 质押规则

（1）背书人在票据上记载“质押”字样，其后手再质押的，原背书人对后手的被背书人不承担票据责任，但不影响出票人、承兑人以及原背书人之前手的票据责任。（《票据规定》第五十条）

（2）因票据质权人以质押票据再行背书质押或者背书转让引起纠纷而提起诉讼的，人民法院应当认定背书行为无效。（《票据规定》第四十六条）

（3）出票人在票据上记载“不得转让”字样，其后手以此票据质押的，通过质押取得票据的持票人主张票据权利的，人民法院不予支持。（《票据规定》第五十二条）

（4）公示催告期间，以公示催告的票据质押，因质押而接受该票据的持票人主张票据权利的，人民法院不予支持，但公示催告期间届满以后人民法院作出除权判决以前取得该票据的除外。（《票据规定》第三十三条）

3. 汇票质押的法律效力

（1）质押背书的被背书人在实现债权时，不限定在设质的债权范围内，而是可以依票据请求全部票据金额的完全给付。

（2）质押背书的被背书人以质押票据再行背书或者背书转让票据的，背书行为无效。

（3）出票人在票据上记载“不得转让”字样，其后手以此票据进行质押的，通过质押取得票据的持票人不享有票据权利。

（4）贷款人恶意或者有重大过失从事票据质押贷款的，质押行为无效。

（5）背书人在票据上记载“不得转让”字样，其后手对此票据进行质押的，原背书人对后手的背书人不承担票据责任。

五、汇票的贴现

（一）概　念

票据贴现是指在持票人需要资金时，将持有的未到期商业汇票，通过背书的方式转让给银行（或投资公司等金融机构），银行在票据金额中扣除贴现利息后，将余款支付给贴现申请人的票据行为。

（二）限　制

（1）出票人在票据上记载“不得转让”字样，其后手以此票据进行贴现的，通过贴现取得票据的持票人不享有票据权利。

（2）背书人在票据上记载“不得转让”字样，其后手以此票据进行贴现的，原背书人对后手的被背书人不承担票据责任。

（3）商业汇票的持票人向非其开户银行申请贴现，与向其开户银行申请贴现具有同等的法律效力。但是，持票人有恶意或者与贴现银行恶意串通的除外。

（4）再贴现和转贴现。

六、汇票的承兑

承兑指远期汇票的付款人承诺到期支付票据金额的票据行为，是远期汇票特有的规则。见票即付的汇票无需承兑，并且，本票和支票也无需承兑。付款人一旦承兑汇票后，就成为主债务人，应当承担到期付款的责任。

承兑的效力：使承兑人成为主债务人，成为被追索对象。

如图 7.9，当持票人 4 的票经过银行的承兑（一般而言，承兑人就是付款人。当然，也有承兑人和付款人不是同一主体的情况，在分开的情况下，承兑人是主债务人。并且，承兑人还可以是多个主体，都盖“承兑章”，所有承兑人承担连带责任），假设出票人在付款人账号里的钱不够支付票据金额，被付款人拒绝付款了。持票人 4 追索的对象是 3、2、1、出票人、承兑人，相当于多了一个被追索对象。（提醒：当承兑人和付款人不是一个人时，出票人追索的是承兑人，而不是付款人）

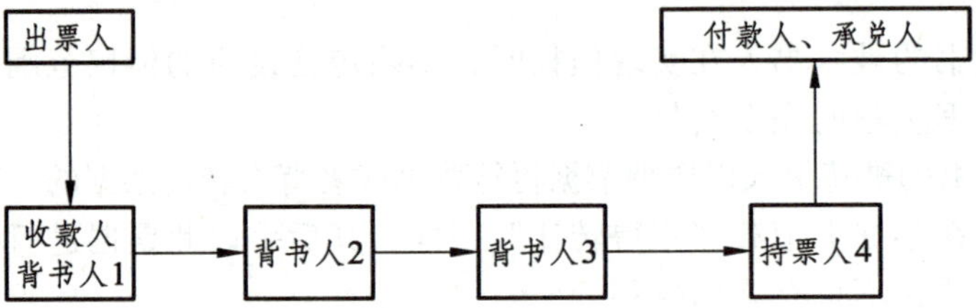

图 7.9　汇票的承兑

承兑不得附条件，否则，视为拒绝承兑。

持票人未按期提示承兑的后果：① 付款人可以拒绝承兑；② 持票人丧失对前手的追索权；③ 不丧失对出票人的追索权。

七、汇票的保证

（一）概　念

汇票保证，是指汇票债务人以外的第三人，担保特定的票据债务人能够履行票据债务的票据行为。汇票保证虽然是一种担保法律关系，属于保证担保方式，但其与《民法典》上的保证担保有较大的不同，其成立、生效、保证性质、担保范围等适用《票据法》的规定，而不适用《民法典》的规定。

（二）汇票保证的成立

保证人必须在汇票或者粘单上记载下列事项：

（1）表明“保证”的字样。或记载保证文句。保证文句一般不事先印制在票据用纸上，需要保证人为保证行为时，特别加以记载。保证人未在票据或者粘单上记载保证文句而是另行签订保证合同或者保证条款的，不构成票据保证。

（2）保证人名称和住所。

（3）被保证人的名称。若未记载，已承兑的汇票，承兑人为被保证人；未承兑的汇票，出票人为被保证人。

（4）保证日期。若未记载，出票日期为保证日期。

（5）保证人签章。

（三）汇票保证的法律效力

1. 保证人的责任

（1）保证人与被保证人的责任完全相同。

（2）保证人的责任是独立责任，即使被保证的票据债务因实质性原因而无效，已经完成的票据保证仍然有效。

例如，图 7.10 中，当 1 买了 2 的货，将票据背书转让给了 2，保证人是 1 的保证人，向 2 承担保证责任。假设，后来经调查发现，背书人 1 是无民事行为能力人，那么其在票据上的签章就是无效的。但是由于票据行为的独立性，出票人、保证人、2、3、4 的签章都有效，都会成为被追索的对象。因此，即便被保证人的行为无效，保证人仍然要承担票据责任，这就是保证具有的独立性。这与《民法典》规定的主合同无效，作为从合同的担保合同当然无效的原则不同。《票据法》中保证人的保证行为是独立的，甚至包括作为债权人的背书人 2 的签章也是无效的情况下，保证人仍然要对后面的持票人承担保证责任。

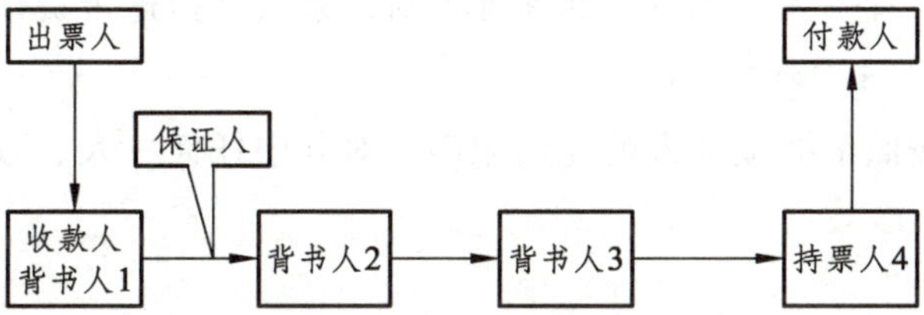

图 7.10　汇票的保证

（3）保证人的责任是连带责任，而且票据保证人的连带责任是一种法定连带责任而非补充责任，所以，对于票据保证人来说，不享有一般保证中保证人的先诉抗辩权。在保证人为两人以上时，保证人之间亦需承担连带责任，对票据权利人来说，不分第一保证人或第二保证人，可以向任何一个保证人或全体保证人请求履行保证义务。

例如，图 7.10 中，持票人 4 行使追索权时，可以将 3、2、1、保证人和出票人连带追，其实，完全可以将保证人当作背书链条中的一个背书人来看。

2. 保证人的代位权

保证人清偿汇票债务后，可以行使持票人对被保证人及其前手的追索权。

3. 保证附条件的法律后果

保证不得附有条件；附有条件的，不影响对汇票的保证责任。

（1）保证附条件，是违反《票据法》的行为。

（2）保证附条件虽然违法，也要承担不利后果即“所附条件视为无记载”，但该张票据有效，票据保证行为有效。

八、汇票的追索权

汇票的追索权，是指在法定情况下，持票人向其前手，也就是背书人、出票人以及汇票的其他债务人请求支付票据金额的权利。追索权的对象只能是持票人的前手。

（一）追索权行使的原因

下列情况下可以行使追索权：

（1）汇票到期被拒绝付款的；

（2）汇票到期日前，有下列情形之一的，持票人也可以行使追索权：

① 汇票被拒绝承兑的；

② 承兑人或者付款人死亡、逃匿的；

③ 承兑人或者付款人被依法宣告破产的或者因违法被责令终止业务活动的。

（二）追索权行使的条件

出具拒绝证明。

（三）追索与再追索

1. 追索义务人的责任

汇票的出票人、背书人、承兑人和保证人对持票人承担连带责任。

2. 追索权利人的权利行使方式

持票人可以不按照汇票债务人的先后顺序，对其中任何一人、数人或者全体行使追索权。

3. 再追索

持票人对汇票债务人中的一人或者数人已经进行追索的，对其他汇票债务人仍可以行使追索权。被追索人清偿债务后，与持票人享有同一权利。

4. 追索权行使的例外

持票人为出票人的，对其前手无追索权。持票人为背书人的，对其后手无追索权。

九、汇票的付款

（一）付款的期限

持票人应当按照下列期限提示付款：

（1）见票即付的汇票，自出票日起 1 个月内向付款人提示付款；

（2）定日付款、出票一定期付款或者见票后定期付款的汇票，自到期日起 10 日内向承兑人提示付款；

（3）持票人未按照《票据法》规定的期限提示付款的，在做出说明后，承兑人或者付款人仍应当继续对持票人承担付款责任。

（二）提示付款

提示付款人应为合法持票，持票人也可以委托代理人进行提示。通过委托收款银行或者通过票据交换系统向付款人提示付款的，视同持票人提示付款。表 7.2 列出了关于持票人超过法定期限的法律后果。

表 7.2　关于持票人超过法定期限的法律后果

持票人超过法定期限的情形	法律后果
持票人超过法定期限提示承兑的	持票人丧失对前手的追索权，但承兑人的票据责任不因持票人未在法定期限内提示付款而解除
持票人超过法定期限提示付款的	持票人丧失对前手的追索权，在作出说明后，承兑人或者付款人仍应当继续对持票人承担付款责任
持票人被拒绝付款未取得拒绝证明的	持票人丧失对其前手的追索权，但主债务人（承兑人）仍应负付款责任
持票人超过法定期限发出追索通知的	持票人仍可以行使追索权

（三）付款程序

（1）持票人在《票据法》规定的提示期限内提示付款的，付款人必须在当日足额付款。

（2）持票人获得付款的，应当在汇票上签收，并将汇票交给付款人。持票人委托银行收款的，受委托的银行将代收的汇票金额转账收入持票人账户，视同签收。

（3）持票人委托的收款银行的责任，限于按照汇票上记载事项将汇票金额转入持票人账户。

（4）付款人及其代理付款人付款时，应当审查汇票背书的连续，并审查提示付款人的合法身份证明或者有效证件。

（5）汇票金额为外币的，按照付款日的市场汇价，以人民币支付。

表 7.3 为票据权利时效的规定。

表 7.3　票据权利时效的规定

票据类型	行使对象	起算日	时效
商业汇票	出票人、承兑人	到期日	2 年
银行汇票、本票	出票人	出票日	2 年
支票	出票人	出票日	6 个月
追索权	前手	被拒绝承兑或者被拒绝付款日	6 个月
再追索权	前手	清偿日或者被提起诉讼日	3 个月

（四）付款损失的承担

根据我国《票据法》的规定，付款人在进行付款时，只需对所提示的票据进行形式审查，并无实质审查义务。付款人在履行法定审查义务后进行的付款是有效付款，即使发生错付，亦可善意免责。但在下列情况下，付款人须承担付款的损失：

（1）在到期日前付款。

（2）因恶意或重大过失而欠缺对提示付款人合法身份证明或有效证件的审查。

注意：《票据规定》第六十八条认为，付款人或代理付款人未能识别出伪造、变造的票据或身份证件而错误付款的，亦属重大过失，即银行责任被加重。

（3）未对票据必要记载事项是否完备、是否有禁止记载事项、背书是否连续等进行审查。

（4）对在公示催告期间的票据进行付款。

（5）收到止付通知后付款。

（6）其他恶意或重大过失情形。

表 7.4 为付款请求权与追索权的对比。

表 7.4　付款请求权与追索权的对比

	付款请求权	追索权
次序	第一次权利	第二次权利，非因付款请求权受阻不得行使
对象	承兑人或付款人	出票人、背书人、承兑人和保证人
行使条件	票据未过时效；持票人持有票据原件；票据所载金额必须一次性得以完整履行；持票人得到付款后必须向付款人移转票据	有法定追索原因；已按《票据法》提示承兑或提示付款；作成相关证明；在追索时效内
行使次数	一次	数次，可一直追索至票据权利义务消灭
金额	票据金额	票据金额、法定利息、取得有关拒绝证明和发出通知之费用等
消灭时效	汇票和本票自票据到期日起 2 年内有效；见票即付的汇票和本票自出票日起 2 年内有效；支票自出票日起 6 个月内有效	自被拒绝承兑或被拒绝付款之日起 6 个月；再追索权时效为清偿日或被提起诉讼之日起 3 个月

【小结】

（1）票据行为如图 7.11 所示。

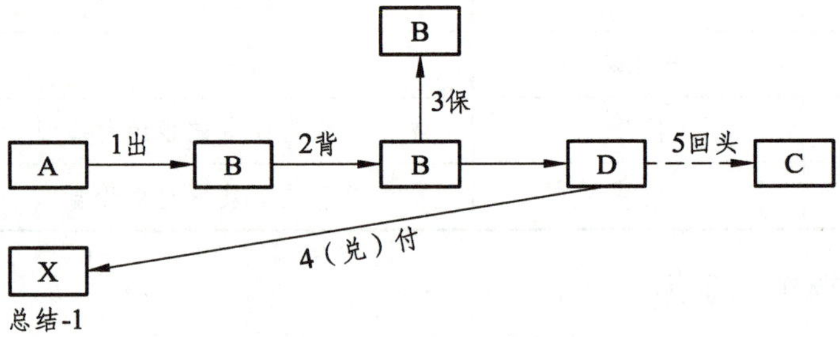

图 7.11　票据行为示意图

（2）“附条件”之法律后果：

① 出票时付款附条件则票据无效。

② 背书附条件该条件不具有汇票上的效力；票据有效；背书有效。

③ 保证附条件该条件视为无记载；票据有效；保证有效。

④ 承兑附条件视为拒绝承兑；票据有效。

第五节　本票和支票

一、本　票

本票是出票人签发的，承诺自己在见票时无条件支付确定的金额给收款人或者持票人的票据。

（一）本票的特征

（1）本票是已付证券，即出票人为付款人，我国《票据法》只承认银行本票，所以本票的出票人只能是银行。（收款人无限制）

（2）本票的基本当事人为：出票人、收款人。

（3）本票和支票均为见票即付。

（二）本票必须记载的事项

（1）表明“本票”的字样；

（2）无条件支付的承诺；

（3）确定的金额；

（4）收款人名称；

（5）出票日期；

（6）出票人签章。

（三）推定事项

（1）本票上未记载付款地的，出票人的营业场所为付款地；

（2）本票上未记载出票地的，出票人的营业场所为出票地。

（四）提示见票、付款

（1）本票自出票日起，付款期限最长不得超过 2 个月；

（2）本票的出票人在持票人提示见票时，必须承担付款的责任；

（3）本票的持票人未按照规定期限提示见票的，丧失对出票人以外的前手的追索权。

本票的背书、保证、付款行为和追索权的行使，除本章规定外，适用“汇票”的规定。

二、支　票

支票是出票人签发的，委托办理支票存款业务的银行或者其他金融机构在见票时无条件支付确定的金额给收款人或者持票人的票据。

（一）支票的特征

（1）支票是一种结算方式。

（2）对出票人的限制。

① 支票出票人必须开立支票存款账户。

② 出票人禁止签发空头支票。所谓空头支票，即出票人在付款人处实有的存款不足以支付票据金额的支票。

③ 出票人必须按照签发的支票金额承担保证向该持票人付款的责任。

（3）支票付款人的责任：现金出票人在付款人处的存款足以支付支票金额时，付款人应当在当日足额付款。

（4）支票限于见票即付，不得另行记载付款日期。另行记载付款日期的，该记载无效。

（5）支票的种类：现金支票只能用于支取现金，转账支票只能用于转账。

（6）支票的提示付款期为 10 日；超过提示付款期限的，付款人可以不予付款；付款人不予付款的，出票人仍应当对持票人承担票据责任。（异地使用的支票，付款提示期限由中国人民银行另行规定）

（7）支票的消灭时效为 6 个月。

（二）具体规则

1. 出票规则

（1）开立支票存款账户和领用支票，应当有可靠的资信，并存入一定的资金。

（2）开立支票存款账户，申请人应当预留其本名的签名式样和印鉴。

（3）出票人必须按照签发的支票金额承担保证向该持票人付款的责任。

（4）禁止签发空头支票，即支票的出票人所签发的支票金额不得超过其付款时在付款人处实有的存款金额。

2. 出票票面记载

（1）绝对记载事项：

① 表明“支票”的字样；

② 无条件支付的委托；

③ 确定的金额（支票上的金额可以由出票人授权补记，未补记前的支票，不得使用）；

④ 付款人名称；

⑤ 出票日期；

⑥ 出票人签章。

支票上未记载前述规定事项之一的，支票无效。

（2）可推定事项：

① 支票上未记载收款人名称的，经出票人授权，可以补记。出票人可以在支票上记载自己为收款人。

② 支票上未记载付款地的，付款人的营业场所为付款地。

③ 支票上未记载出票地的，出票人的营业场所、住所或者经常居住地为出票地。

（3）禁记：

① 支票限于见票即付，不得另行记载付款日期；

② 另行记载付款日期的，该记载无效。（但支票有效）

3. 付款规则

（1）出票人在付款银行的存款足以支付支票金额时，付款人应当在持票人提示付款的当日足额付款。

（2）提示付款。支票的持票人应当在出票日起 10 日内提示付款；异地使用的支票，付款提示期限由中国人民银行另行规定；超过付款提示期限的，付款人可以拒绝付款。

（3）因超过提示付款期限付款人不予付款的，持票人仍享有票据权利，出票人仍应对持票人承担票据责任，支付票据所载金额。

（4）现金支票，只能用于支取现金；转账支票只能用于转账，不得支取现金。

表 7.5 为汇票、本票、支票的主要区别。

表 7.5　汇票、本票、支票的主要区别

	汇　票	本　票	支　票
信用功能	基于出票人和付款人信用，除见票即付，还可另行指定到期日，为信用证券	《票据法》上本票限于见票即付，为支付证券	见票即付，属支付证券
基本当事人	出票人、付款人和收款人	出票人（付款人和出票人为同一个人）和收款人	出票人、付款人和收款人。出票人与付款人之间必须先有资金关系，才能签发支票
对出票人资格要求	具完全民事行为能力即可	只能为银行	必须使用本名、提交合法身份证件开立支票存款账户，存入足够支付的款项，并预留本名的签名样式和印章样式
对付款人资格要求	银行汇票付款人为参加“全国联行往来”的银行；商业汇票付款人为商品交易活动中接收货物的当事人或与出票人签订承诺委托协议的银行	与出票人为同一银行	有从事支票业务资格的银行或其他金融机构
绝对必要记载事项	“汇票”字样、无条件支付的委托、确定的金额、出票日期、出票人签章、付款人、收款人名称	“本票”字样、无条件支付的承诺、确定的金额、出票日期、出票人签章、收款人名称	“支票”字样、无条件支付的委托、确定的金额（可授权补记）、出票日期、出票人签章（必须与在银行预留印鉴的印章和签名式样一致）、付款人名称
付款期限	见票即付者，自出票日起 1 个月内；定日付款、出票后定期付款、见票后定期付款者，自到期日起 10 日内	出票日起 2 个月内	同城支票为出票日起 10 日内；异地适用的支票，付款提示期限由中国人民银行另行规定
权利消灭时效	见票即付者，自出票日起 2 年内有效；远期汇票自到期日起 2 年内有效	自出票日起 2 年内有效	自出票日起 6 个月内有效

课后复习

【案例分析】

2010 年 3 月 2 日，A 展览公司（以下简称“A 公司”）与 B 公司签订了一份价值为 100 万元的展览设备买卖合同。该合同约定：A 公司于 3 月 3 日向 B 公司签发一张金额为人民币 25 万元的银行承兑汇票作为定金；B 公司于 3 月 10 日交付展览设备，A 公司于 B 公司交付展览设备之日起 3 日内付清货款。

3 月 3 日，A 公司依约向 B 公司签发并交付了一张由 C 银行承兑和付款的金额为 25 万元的银行承兑汇票，B 公司在收到该汇票后，于 3 月 4 日将其背书转让给 D 公司。3 月 10 日，B 公司未向 A 公司交付设备，经 A 公司催告后至 3 月 15 日，B 公司仍未交货，A 公司遂于 3 月 18 日另行购买了设备，并通知 B 公司解除合同，要求 B 公司双倍返还定金 50 万元。B 公司收到 A 公司通知后未就解除合同提出异议，但不同意 A 公司提出的双倍返还定金的要求。

3 月 9 日，D 公司取得的上述汇票不慎被盗。3 月 10 日，王某用盗得的上述汇票以 D 公司的名义向 E 公司购买汽车一辆，并以 D 公司的名义将该汇票签章背书转让给 E 公司作为支付购买汽车的价款。3 月 12 日，E 公司为支付 F 公司货款，又将该汇票背书转让给 F 公司。4 月 5 日，F 公司在该汇票到期日向 C 银行提示付款，C 银行拒绝支付票款。

根据上述事实，回答下列问题：

1. B 公司收到 A 公司解除合同通知后，双方之间签订的买卖合同是否已经解除？并说明理由。
2. A 公司要求 B 公司双倍返还定金 50 万元是否合法？并说明理由。
3. 王某以 D 公司的名义将汇票签章背书转让给 E 公司的行为是否有效？该票据是否有效？并说明理由。
4. F 公司应如何主张其票据权利？
5. D 公司丢失票据可以采取哪些补救措施补救其票据权利？

【思考题】

1. 阐述汇票、本票和支票的主要区别。
2. 简述非票据关系的种类及其与票据关系的区别。
3. 试述票据权利的取得、行使和消灭。
4. 论述票据权利的瑕疵及其法律后果。
5. 简述票据行为的种类。

6. 何为票据抗辩?
7. 简述票据丧失的补救措施。
8. 论述汇票流程。
9. 何为回头背书、期后背书?
10. 简述汇票质押的法律效力。
11. 简述汇票贴现的限制。
12. 简述汇票承兑的法律后果。
13. 简述汇票保证的法律效力。
14. 何为汇票的追索权?
15. 简述汇票的付款方式及程序。

第八章 保险法律制度

本章概要

- 保险法律制度
  - 第一节 保险法概述
    - 一、保险的概念、功能和特征
    - 二、保险法的原则
  - 第二节 保险合同总论
    - 一、保险合同的概念和特征
    - 二、保险合同的分类
    - 三、相关概念
    - 四、保险合同的要素
    - 五、保险合同的义务
  - 第三节 保险合同分论
    - 一、财产保险合同和人身保险合同的区别
    - 二、互助保障计划和人身保险合同的区别
    - 三、责任保险
    - 四、保险合同的其他规定
  - 第四节 保险业法律制度
    - 一、保险公司的设立、解散、破产及清算
    - 二、保险公司的经营规则
    - 三、保险的营销渠道
    - 四、保险行业的风险管理

第一节 保险法概述

我国现行的《中华人民共和国保险法》(以下简称《保险法》)经1995年6月30日第八届全国人民代表大会常务委员会第十四次会议通过，于2015年4月24日中华人民共和国第十二届全国人民代表大会常务委员会第十四次会议完成第三次修正。

保险分为商业保险、社会保险和政策保险。本章涉及仅指商业保险。

一、保险的概念、功能和特征

保险，是指投保人根据合同约定，向保险人支付保险费，保险人对于合同约定的可能发生事故因其发生所造成的财产损失承担赔偿保险金责任，或者当被保险人死亡、伤残、疾病或者达到合同约定的年龄、期限时承担给付保险金责任的商业保险行为。

保险在社会和经济活动中发挥了重要的作用和功能，保险的功能具体有：

(1)经济补偿与给付。经济补偿与给付是保险的基本功能，当发生保险事故时，被保险人或受益人可以获得相应的经济补偿，解决当前面临的经济窘境。

（2）防灾减损。保险人与被保人具有共同利益，必然与被保人共同做好防灾减损的事前工作。另外保险人通过长期业务运作，掌握大量风险及损失数据，并积累了丰富的防灾减损经验。

（3）资金融通。

（4）社会管理。

同时保险具有以下特征：

（1）互助性。

（2）补偿性。

（3）射幸性。所谓射幸，即不确定，是指当事人一方是否履行约定义务有赖于某类偶然事件的发生。

（4）储蓄性。

二、保险法的原则

随着保险行业的发展，一系列为社会所公认的基本原则逐渐形成，这些原则能最大程度协调保险合同订立各方的责任与权利。主要包括公序良俗原则、最大诚信原则、保险利益原则和近因原则。

（一）公序良俗原则

公序良俗，是公共秩序与善良风俗的简称。所谓公序，即社会一般利益，包括国家利益、社会经济秩序和社会公共利益。所谓良俗，即一般道德观念或良好道德风尚，包括社会公德、商业道德和社会良好风尚。保险合同作为民事主体所订立的合同，其合同内容必然要遵循这一原则。

（二）最大诚信原则

在一切民事活动中，民事主体都应遵循诚信原则。而最大诚信原则是指保险合同的主体在签订保险合同时，必须以最大的诚意来履行各自的义务。最大诚信原则主要包括告知、保证、说明、弃权与禁止反言。其中前两项是对投保人、被保险人的约束，而后两项是对保险人的约束。

1. 告　知

告知也称披露或陈述，是指投保人：

（1）在订立保险合同时有如实告知义务，即应当将有关保险标的的重要情况如实向保险人作出陈述；

（2）履行保险合同时的信守保险义务，即严守允诺，完成保险合同中约定的作为或不作为义务。

投保履行的告知义务有无限告知和询问回答告知两种方式。询问告知一般指保险人提供健康问卷，投保人根据问卷内容回答，问到的答，没有问到的不用答，并且健康问卷需明确症状、疾病，即使在一些概括性问题上，也需要规定时间和范围，例如“3个月内”“住院超过 15 天”等。根据《最高人民法院关于适用〈中华人民共和国保险法〉若干问题的解释（二）》（下文简称《保险法解释（二）》）第六条的规定，保险人以投保人违反了对投保单询问表中所列概括性条款的如实告知义务为由请求解除合同的，人民法院不予支持。我国内地地区采用询问告知方式。无限告知，又称客观告知，是指法律对于告知内容没有确定性的规定，只要事实上与保险标的的危险状况有关，且被认为是投保人知道或应当知道的任何重要事实，投保人都应主动、全面地告知保险人。我国香港地区主要采用无限告知。

2. 保　证

保证指投保人或被保险人对某事项作为或不作为，或保证事项符合约定。若投保人或被保人违反保证，则保险人有权解除合同，并不承担赔付责任。

3. 说　明

说明指在订立合同前，保险人应该将合同内容及与投保人或被保人利害相关事实告知。

4. 弃权与禁止反言

弃权指保险合同当事人放弃在合同中的某项权利，一般是指保险公司放弃合同解除权或抗辩权。禁止反言也称为禁止抗辩，指保险人放弃某项权利之后，不能再向投保人或被保人主张该项权利。

（三）保险利益原则

所谓保险利益，是指投保人或者被保险人对保险标的具有的法律上承认的利益。

保险利益原则的根本目的在于防止道德风险的发生，从而更好地实现保险“分散危险和消化损失”的功能。

保险利益的成立需具备三个要件：必须是法律上承认的利益，即合法的利益；必须是经济上的利益，即可以用金钱估计的利益；必须是可以确定的利益。

（四）近因原则

近因原则是指保险人按照约定的保险责任范围承担责任时，其所承保危险的发生与保险标的的损害之间必须存在因果关系。在近因原则中造成保险标的损害的主要的、起决定性作用的原因，即属近因。只有近因属于保险责任，保险人才承担保险责任。

第二节　保险合同总论

一、保险合同的概念和特征

所谓保险合同，是投保人与保险人约定保险权利义务关系的协议。保险合同的当事人是投保人和保险人；保险合同的内容是保险双方的权利义务关系。投保人是指与保险人订立保险合同，并按照保险合同负有支付保险费义务的人。保险人是指与投保人订立保险合同，并承担赔偿或者给付保险金责任的保险公司。保险合同属于民商合同的一种，其不仅适用《保险法》，也适用《民法典》的调整。

保险合同有以下特征：

（1）保险合同是射幸合同。保险合同的这种射幸性质是由保险事故的发生具有偶然性的特点决定的，即保险人承保的危险或者保险合同约定的给付保险金的条件发生与否，均为不确定。

（2）保险合同是最大诚信合同。

（3）保险合同大多是格式合同。

（4）保险合同是双务、有偿合同。

（5）保险合同是诺成、非要式合同。诺成合同是指仅以当事人意思表示一致为成立要件的合同。非要式合同是指合同的成立不需要采用特定的方式的合同。根据《保险法》第十三条的规定，投保人提出保险要求，经保险人同意承保，保险合同成立。保险人应当及时向投保人签发保险单或者其他保险凭证。即保险合同的成立取决于投保人与保险人之间的合意，而无须采用或履行特定方式、履行特定的行为，所以，保险合同属于诺成合同和非要式合同。保险人签发保单或其他保险凭证的行为是履行合同的行为，而非合同成立的要件。

二、保险合同的分类

保险可划分为社会保险、政策保险和商业保险三大类。社会保险由养老保险、基本医疗保险、失业保险、工伤保险和生育保险五大部分构成，目前我国部分省市的生育保险与基本医疗保险已合并管理。政策保险是政府为了推行某项政策，对保险公司提供一定补贴而实施的保险，例如农业保险、出口信用保险和巨灾保险等。商业保险是指保险公司为实现其商业目的，与投保人签订的保险合同，收取一定保费并约定达到给付条件而给付给受益人保险金的保险形式。其中商业保险体现经济性保险关系，社会保险和政策保险则主要体现非经济性保险关系，后者更多地扮演了社会稳定器的作用。

而商业保险合同按照保险标的、实施形式、责任次序等可以进行如下划分：

（一）财产保险合同与人身保险合同

根据保险标的的性质不同，可将保险合同分为财产保险合同与人身保险合同。

财产保险合同指以财产利益为保险标的的保险合同，包括财产损失保险、责任保险、信用保险等。

人身保险合同指以人的生命或身体为保险标的的保险合同，包括人寿保险、健康保险、意外伤害保险等。

（二）强制保险合同与自愿保险合同

按照保险的实施形式，可以分为自愿保险和强制保险。中国绝大多数的商业保险都是自愿保险，即面对危险是否投保，以及保险人是否承保都是自愿的。只对极少数保险实行强制保险，即投保人必须投保，保险人必须要承保，如机动车辆的第三人责任险、铁路旅客意外伤害险等。

（三）原保险合同与再保险合同

这是按照保险人的责任次序所作的划分。一般意义上的保险都是原保险。保险人将其承担的保险业务，以分保形式部分转移给其他保险人的，为再保险。再保险以原保险的存在为前提，但是，基于债的相对性原则，在再保险合同订立后，再保险的接受人不得向原保险的投保人要求支付保险费。在保险责任范围内的事故发生后，原保险的被保险人或者受益人也不得向再保险的接受人提出赔偿或给付保险金的请求，再保险分出人不得以再保险接受人未履行再保险责任为由，拒绝履行或迟延履行其原保险责任。

（四）单保险合同与复保险合同

这是依据保险人的人数不同所做的划分。投保人以同一保险标的、同一保险利益、同一保险事故分别向两个以上的保险人订立的，且保额超过保险价值的保险合同，为复保险合同（又称为重复保险合同）。否则，为分保。只向一个保险人投保的，为单保险。

因为人身无价，所以这类划分仅限于财产险。

重复保险和分保都是就一个保险标的向多家公司投保，区别的关键是超没超额。不超额，分保；超了额，重复保。比如，价值 10 万元的车，向甲乙丙丁四家保险公司分别保了 2.5 万元的险，这叫“分保”。但是，如果把 10 万元的车向甲乙丙丁四家保险公司各保了 10 万元的险，加起来 40 万元，这就叫重复保险。

重复财产保险的各个保险人按照其保险金额与保险金额总和的比例承担赔偿责任。比如，价值 10 万元的车向四家保险公司各保了 10 万元的险，在 40 万元的保险金额总和中，有 30 万是无效的。如果发生保险责任，四家保险公司总共只赔 10 万元。各自承担的金额计算公式：10 万/40 万 = 1/4；100 × 1/4 = 25 万元。

（五）团体保险合同和个人保险合同

按承保对象不同，保险合同可以划分为团体保险和个人保险。

团体保险合同是指投保人为特定团体投保的保险合同。团体保险合同的被保险人在合同签发时不得少于 3 人。

个人保险合同是指以个人名义向保险公司购买，并以个人作为承保单位的保险合同。

（六）足额保险合同、不足额保险合同和超额保险合同

足额保险合同、不足额保险合同和超额保险合同是按照保险金额和保险价值的关系所作的划分。因为人身无价，所以这类划分仅限于财产险。

足额保险合同是指保险金额等于保险价值的保险合同。

不足额保险合同是指保险金额低于保险价值的合同。对于不足额合同，保险人对被保险人损失的赔偿责任仅以保险金额为限，除合同另有约定外，保险人按照保险金额与保险价值的比例承担赔偿责任。

超额保险合同是指保险金额超过保险价值的保险合同。我国《保险法》规定：保险金额不得超过保险价值；超过保险价值的，超过的部分无效。

（七）定额给付保险合同与损失补偿保险合同

按赔付形式的不同，保险合同可以划分为定额给付保险与损失补偿保险。

定额给付保险。定额给付保险是指在保险合同订立时，依照保险合同当事人协商确定保险金额，当保险事故发生，保险公司按照约定金额给付保险金的保险，常见于重疾险与人寿险。

损失补偿保险。损失补偿保险是指在保险合同订立时，保险合同当事人约定根据保险标的实际损失额度支付保险金的保险，常见于补偿型医疗保险与财产保险。

三、相关概念

（1）保险价值，专用于财产险，也称保险价额，是指投保人与保险人订立保险合同时，作为确定保险金额基础的保险标的的价值。也即投保人对保险标的所享有的保险利益在经济上用货币估计的价值金额。保险价值的确定有三种方法：按照市价确定、依合同双方约定、依照法律规定。

（2）保险金额，约定的赔偿额，也叫保额。

（3）保险金，实际的赔偿额。

比如：价值 1 000 的财产，保额 500；损失了 70，赔 35。这是一个不足额保险，不足额保险，是按比例赔付。其中，1 000 就是保险价值；500 是保险金额（即保额）；损失了 70，而赔付的 35 就是保险金。

（4）保单的现金价值，专用于人身险，又称“解约退还金”或“退保价值”，是指带有储蓄性质的人身保险单所具有的价值。保险人为履行合同责任通常提存责任准备金，如果中途退保,即以该保单的责任准备金作为给付解约的退还金。这是被保险人要求解约或退保时，寿险公司应该发还的金额。通俗来理解，保单的现金价值，就是投保人已缴纳保费在扣除管理费用分摊金额、佣金和承担风险所需纯保费后的剩余及其利息。

由于长期人身保险开始发生签订合同时事故的发生率低，以后则慢慢增高，为了平衡之考虑，保险费始终按稳定的一个比例收取，这样导致合同的起初，所交付的保险费较高，必然有一部分带有储蓄性质，因此解除合同时应当退还，这就是保单的现金价值。

（5）委付，是指财产险发生（推定全损的）事故后，被保险人向保险人索赔（要求全部赔偿）的，保险标的的所有权归保险人所有，不足额保险，按照比例委付。

该制度仅用于财产险，人身险不适用委付。

比如，甲的车价值 10 万元，保了 10 万元的足额险，当发生保险事故灭失后，保险人向甲履行了赔偿义务。此时，甲的这辆损坏了的车就归保险人所有了。这是源于财产险仅具有补偿性，取得保险金，就等于放弃了保险标的的所有权。

当然，如果是不足额保险，比如，车价值 10 万元，只保了不足额的 6 万元，发生保险事故，保险人最多也只赔 6 万元。此时，甲委付给保险公司的也就是 60%，即“按比例委付”。对不可分物可通过变价分割、折价补偿予以委付。

四、保险合同的要素

保险合同与一般合同一样，需要满足三个要素，分别是保险合同的主体、客体和内容。

（一）保险合同主体

保险合同的主体是指与保险合同发生直接、间接关系的人，包括当事人、关系人和辅助人。

1. 保险合同当事人

当事人是指直接参与建立保险法律关系、确定合同的权利与义务的行为人，包括投保人和保险人。

投保人是指与保险人订立保险合同，并按照合同约定负有支付保险费义务的人。

保险人是指与投保人订立保险合同，并按照合同约定承担赔偿或者给付保险金责任的保险公司。

2. 保险合同关系人

关系人是指与保险合同有经济利益，但不直接参与保险合同订立的人，包括被保人和受益人。

被保险人，是指约定的保险事故可能在其财产或人身上发生的人，被保险人是财产险的索赔人。

受益人是指人身保险合同中由被保险人或者投保人指定的享有保险金请求权的人。

受益人具有以下特征：

（1）受益人由被保险人指定；投保人指定产生也可，但须经被保险人的同意；被保险人为无民事行为能力人或者限制民事行为能力人的，可以由其监护人指定受益人。受益人不受有无行为能力及保险利益的限制。

（2）受益人可以由被保险人任意变更，受益权不得继承。变更受益人，仅需被保险人通知保险公司即可，无需告知受益人。

（3）受益人只存在于人身保险合同中，享有保险金的请求权，投保人、被保险人或者第三人均可以为受益人。

（4）受益人的资格可以被取消，也可能会依法丧失。

在人身险中，索赔主体的法定顺序：① 受益人；② 被保险人；③ 被保险人的继承人。

3. 保险合同辅助人

辅助人指协助保险合同当事人办理保险事物，订立保险合同或履行保险合同义务的人，包括保险代理人、保险经纪人和保险公估人。其中保险代理人是指与保险人签订代理合同，在保险公司授权范围内，代理其经营保险业务，并向保险公司收取佣金的机构或个人，在我国一般以个人形式存在。保险经纪人是指基于投保人的利益，为投保人和保险公司签订保险合同提供中介服务，并依法收取佣金的机构或个人，在我国一般以机构形式存在。保险公估人是指专门从事保险标的查勘、评估和保险事故的认定、估损、理算业务，并依法收取佣金的机构或个人。

4. 保险合同中各主体之间的关系

（1）在财产险中，只有保险人、投保人和被保险人这三类主体。例如，甲给自己的车保险，甲既是投保人，又是被保险人。当甲的车发生了保险事故，甲是用被保险人这个身份去索赔。又比如，甲给乙的车买保险，甲是投保人，乙是被保险人。车发生了保险事故，只能是乙去索赔。因为，财产险是赔给被保险人（即财产的权利人）的。

（2）在人身险中还有一类主体——受益人。在人身险中，投保人、被保险人和受益人可以为同一主体。比如，甲为自己买重大疾病险，约定自己为受益人，只要当甲得了保险合同中约定的疾病，甲就可以向保险公司以受益人的身份索赔。

当然，这三个身份也可以分属三个主体。比如，父亲（投保人）为儿子（被保险人）投保死亡险，指定希望工程为受益人。假如儿子发生保险事故死亡，保险金是赔付给希望工程。并且，这三个身份也可以两两合一。

（二）保险合同客体

在保险合同中存在保险标的，但保险合同客体不是保险标的本身，而是投保人对保险标的所具有法律上所承认的经济利益，即保险利益。

保险利益在财产保险和人身保险中有不同的体现。由于财产有价，财产保险的目的在于填补被保险人的损害，因此，财产险只有补偿性；而生命无价，人身保险多买多赔（补偿型医疗保险除外）。

人身保险和财产保险对保险利益的存在有着不同的要求：

（1）在财产保险中，要求保险利益必须在合同订立到损失发生时全过程存在，若损失发生时，保单列明的被保人已将保险利益转移出去，则不能获得保险人的赔偿。

（2）在人身保险中，则要求投保人在保险合同订立时，对被保险人应当具有保险利益。若合同订立时，投保人与被保人是夫妻关系，其后双方离婚，离婚事实不影响已经生效人身保险。需合同当事人对合同内容做及时且必要的更改。

另外投保人对下列人员还需具有（人身）保险利益：

（1）本人；

（2）配偶、子女、父母；

（3）前项以外与投保人有抚养、赡养或者扶养关系的家庭其他成员、近亲属；

（4）与投保人有劳动关系的劳动者；

（5）除前款规定外，被保险人同意投保人为其订立合同的，视为投保人对被保险人具有保险利益。

如前所述，只有具有保险利益的，才能给对方投保。否则，是不能为其投保的。假如，甲（投保人）为其子（被保险人）投以死亡为给付保险金条件的保险，指定受益人是他自己，保额 10 万，保险期限 10 年。这个人身保险合同是有效的，因为父母和未成年子女，是有保险利益的。其间如果孩子死亡，甲作为受益人可以拿到 10 万元的保险金。

但假设过了 1 年，孩子被他人收养，此时，从法律角度来说，甲和孩子之间就没有保险利益了。但如果后来，孩子在养父母名下又过了 3 年发生意外死亡，保险公司仍然要向甲支付保险金。

而财产险则正好相反，只要求事故发生时有保险利益，订立时有没有不问。比如，甲给其车保险，后来甲把车卖给了乙。在保险期内发生保险事故，保险公司是向乙履行赔付义务，而不再向甲履行了

（三）保险合同内容

保险合同内容是指有关保险合同主体权利和义务的相关说明。保险合同的内容一般可分为基本条款、附加条款和保证条款。

1. 基本条款

基本条款是法律规定保险公司在制定保险合同时，必须具备的条款，又称法定条款。一般包含保险合同的当事人和关系人、保险标的、保险责任和责任免除、保险期限及责任开始时间、保险价值、保险金额、保费及支付、保险金的申请与索赔、违约责任与争议处理等。

2. 附加条款

附加条款是为了满足投保人个性化的需求，保险公司在保险合同的基本条款上，增加相关内容，从而扩大或限制保险责任的条款。

3. 保证条款

保证条款是保险公司要求投保人在保险合同有效期内保证遵守相关规定，否则保险公司有权解除保险合同或拒绝承担保险责任。另外保证条款也会以要求保险公司予以某项保证的形式出现，常见例如短期医疗保险中的保证续保条款。

下文重点介绍在人身保险合同中常见的、通行的、重要的条款。

1. 犹豫期条款

犹豫期条款是指在保险期间超过 1 年的人身险中，投保险人在签收保单回执后，在一定期间内可以单方面解除保险合同，保险公司会退还全部保费的特殊条款。保监会规定，除保险合同另有约定外，犹豫期的最长时限为 10 天。另外在犹豫期间内退保，保险公司可以收取不超过 10 元的工本费。

由于长期人身保险合同的复杂性，普通人很难在较短时间内完全理解相关内容，犹豫期条款的设定，充分保障了投保人和被保险人的利益。

2. 等待期条款

等待期是指在人身保险合同生效后，保险公司并不立即承担合同内某些保险责任，而是要在经过一段时间后才承担责任。等待期条款又称观察期条款，一般不会出现在意外保险合同中，而主要集中在健康保险合同，主要目的是防止投保险人与被保险人带病投保所产生的逆向选择。一般而言，重疾险等待期为 90 天至 180 天，而医疗险等待期为 30 天。

3. 宽限期条款

宽限期是指在分期缴费的人身险合同中，投保不会因为在宽限期内延迟缴纳续期保费，而导致保险合同失效。《保险法》第三十六条规定：“投保人自保险人催告之日起超过三十日未支付当期保费，或超过约定的期限六十日未支付当期保险费的，合同效力中止，或由保险人按照合同约定的条件减少保险金额。被保险人在前款规定期限内发生保险事故的，保险人应当按照合同约定给付保险金，但可以扣减欠交的保险费。”宽限期条款主要保障了投保人与被保险人的利益，被保人在宽限期间发生保险事故，保险公司仍然要承担保险责任。

4. 除外条款

除外条款即免责情形，也就是保险人依法不承担保险责任的情形。除外条款主要可分为三大类，分别为犯罪除外、战争除外和高危除外。

《保险法》第四十五条规定：“因被保险人故意犯罪或者抗拒依法采取的刑事强制措施导致其伤残或死亡的，保险人不承担给付保险金的责任。投保人已交足二年以上保险费的，保险人应当按照合同约定退还保险单的现金价值。”另外还有一种是投保人或受益人对被保险人故意杀害、故意伤害而导致的保险事故，保险公司不承担保险责任。投保人已经交足两年以上保险费的，保险人应当按照合同约定向其他享有权利的人退还保险单的现金价值。

战争除外条款一般将战争、军事行动或恐怖袭击作为除外责任。在战争中，往往伴随着大量的伤亡，造成的经济损失远远超过保险公司正常的精算假设，若进行赔付，将对保险公司的经营造成严重影响。

高危除外条款是指为了避免在保险合同生效后，被保险人主观故意置于高风险环境而导致保险事故的发生，保险公司将被保险人的某项行为列为除外责任的条款。例如在人寿保险合同或意外保险合同中，常常将被保险人醉酒驾驶、高空跳伞、潜水、攀岩、洞穴探险等行为列为除外责任。

5. 自杀条款

在包含死亡给付责任的寿险合同中，一般会列明自杀条款。《保险法》第四十四条规定：“以被保险人死亡为给付保险金条件的合同，自合同成立或者合同效力恢复之日起二年内，被保险人自杀的，保险人不承担给付保险金的责任，但被保险人自杀时为无民事行为能力人的除外。保险人依照前款规定不承担给付保险金责任的，应当按照合同约定退还保险单的现金价值。”依此规定，以被保险人死亡为给付保险金条件的合同，自合同成立或者合同效力恢复之日起满两年后被保险人自杀的，保险人应当按照合同约定承担保险金支付责任。

6. 不可抗辩条款

不可抗辩条款出现在人身保险合同中，又称不可争议条款，其核心内容是投保人故意或者因重大过失未履行规定的如实告知义务，足以影响保险人决定是否同意承保或者提高保险费率时，自保险人知道有解除事由之日起，保险人的合同解除权超过三十日不行使而消灭。自合同成立之日起超过二年的，保险人不得解除合同；发生保险事故的，保险人应当承担赔偿或者给付保险金的责任。

在历史上的英国，保险事故发生后，保险公司会核实投保人是否有未如实告知的事项，一旦发现，即使未如实告知的事项与保险事故并无关系，保险人也会认定保险合同无效，拒绝向被保险人和受益人履行赔付义务，由此而出现的合同纠纷案层出不穷。1930年，美国纽约州保险监督管理部门在该州保险法例中加以规定，要求所有寿险保单必须包含此条款，不可抗辩条款也首次成为法定条款。

在我国的司法实践中，倾向保护投保人与被保险人利益。根据司法判例，当人身保险合同成立超过两年后，若发生的保险事故与未如实告知的事项不存在直接因果关系，司法一般会判决保险公司进行赔付。某投保人投保前患有高血压、冠心病等多种疾病未如实告知，3 年后因宫颈癌身故离世，法院判决保险公司进行赔付①。

五、保险合同的义务

（一）投保人的告知义务

1. 投保人应当履行如实告知义务

由于保费和事故概率成正比，因此，在保险实务中，不论是财产险，还是人身险，投保人出于少交保费的利益驱动，都不可避免地会隐瞒事故的概率。法律对此的处理是：

（1）投保人故意隐瞒事实，不履行如实告知义务的，或者因重大过失未履行如实告知义务，足以影响保险人决定是否同意承保或者提高保险费率的，保险人有权解除保险合同。

（2）投保人故意不履行如实告知义务的，保险人对于保险合同解除前发生的保险事故，不承担赔偿或者给付保险金的责任，并不退还保险费。

（3）投保人因重大过失未履行如实告知义务，对保险事故的发生有严重影响的，保险人对于保险合同解除前发生的保险事故，不承担赔偿或者给付保险金的责任，但退还保险费。

2. 保险人解除权限制（禁反言原则）

（1）投保人虽然未如实告知，但保险人在订立保险合同时已经知道其未如实告知的情况的，保险人不得解除合同，发生保险事故的，应当承担保险责任；

（2）投保人未依法履行如实告知义务，保险人可以依法行使解除权，但自知道是由之日起 30 日或者自合同成立之日起两年内未行使该权利的，则不得再行使。解除权是形成权。此期间就是“除斥期间”。

（二）保险人的说明义务

由于保险合同的专业性很强，所以，法律要求：订立保险合同，保险人应当向投保

---

① 中国裁判文书网，https://wenshu.court.gor.cn/，详见案号：（2019）吉 0283 民初 156 号。

人说明保险合同的条款内容；保险合同中规定有关于保险人责任免除条款的，保险人对保险合同中免除其责任的条款做出提示。保险人在订立保险合同时应当向投保人明确说明，未明确说明的，该条款不产生效力。

对采用格式条款订立保险合同的保险人，法律对其订立合同时所尽义务做出更严格的规定。一是规定保险人对合同应当履行全部说明义务；二是向投保人提供的投保单应当附格式条款，以便于投保人了解全部合同内容，以此为基础做出是否投保的决定。

另外说明义务履行的主体还应包括保险代理人，保险代理人是与保险人签订代理合同，根据保险人的委托，在保险人授权范围内代办保险业务，根据关于代理法律关系的规定，保险代理人行为所产生的法律后果应当由保险人承担。

第三节　保险合同分论

一、财产保险合同和人身保险合同的区别

财产保险合同和人身保险合同的区别见表 8.1。

表 8.1　财产保险合同和人身保险合同的区别

项目	财产保险合同	人身保险合同
保险标的	财产或财产利益	人的生命、身体或健康
保险金的计算	保险金额内，不定额支付	保险金定额支付或不定额支付
保障职能	补偿性保险	给付性保险、补偿性保险
兼有功能	无	部分人身险合同兼有储蓄性质
代位求偿权	适用	不适用
专用概念	委付 代位求偿权 保险价值 足额、不足额和超额限 重复保险	受益人 保单的现金价值

二、互助保障计划和人身保险合同的区别

互助保障计划是一些具有共同要求和面临同样风险的人自愿组织起来，以相互帮助为目的，实现“共享收益、共摊风险”。近年来互助保障计划主要由互联网公司搭建，例如支付宝推出的相互宝，百度推出的灯火互助，滴滴推出的点滴互助等，另外还有一种形式为企业员工互助保障计划。但互助保障计划不是保险，与保险存在以下区别（见表 8.2）。

表 8.2　互助计划和保险合同的区别

项目	互助保障计划	人身保险合同
经济行为	民间行为	商业行为
理赔方式	非刚性兑付	刚性兑付，有兜底政策（再保险、保险保障基金等）
资金收取	随收即付制	事前收费、事后赔偿
规则制定	由平台方制定，不受《保险法》限制	受《保险法》限制
争议处理	大多为陪审团公示制度	投诉银保监、司法上诉

注：根据目前互助平台的运作模式来看，互助平台一般是将每期分摊费用的 8%~10%作为运营费用，微薄的费用使得企业难以盈利，甚至难以覆盖企业的运行成本。目前大多数互联网保险公司主要将互助平台作为获取流量的渠道，因此在此将互助保障计划定义为民间行为。

三、责任保险

（一）概　念

责任保险是指以被保险人依法对第三者应负的赔偿责任为保险标的的保险，又称为第三者责任保险，属于财产险。

（二）特　征

（1）保险人承担被保险人的赔偿责任。保险人对责任保险的被保险人对第三者造成的损害，可以依照法律的规定或者合同的约定，直接向该第三人赔偿保险金。

（2）责任保险的标的为一定范围内的侵权损害赔偿责任，非损害赔偿责任不能作为责任保险的标的，如刑事责任就不能作为责任保险的标的。

（3）责任保险不包含被保险人的人身或其财产。责任保险的目的在于转移被保险人对第三者应当承担的赔偿责任，所以，当被保险人的人身或者财产发生损失时，保险人不承担保险责任。从这个意义上讲，责任保险合同是为第三人的利益而订立的保险合同。

（4）保险最高限额给付。

（5）责任保险不适用代位求偿权制度。因为，责任险是一种责任的转嫁，将被保险人的责任转嫁给保险公司。而适用代位求偿权的保险事故一定是由第三人引起的，而非被保险人自己引起的，否则，就无法转嫁。

（6）责任保险的被保险人因给第三者造成损害的保险事故而被提起仲裁或者诉讼的，被保险人支付的仲裁或者诉讼费用以及其他必要的、合理的费用，除合同另有约定外，由保险人承担。

四、保险合同的其他规定

在保险合同总论中对保险合同的一般规定适用于人身保险合同。《保险法》和《保险司法解释》对保险合同还有一些特别的规定，主要有以下几项：

（一）以死亡为给付保险金条件的合同的特别规定

1. 投保人的限制

投保人不得为无民事行为能力人投保以死亡为给付保险金条件的人身保险，保险人也不得承保。父母为其未成年子女投保的人身保险，不受前款规定限制。

另外保监会规定，对于父母对其未成年子女投保的人身险，在被保险人成年之前，各保险合同约定的被保险人死亡给付的保险金额总和、被保险人死亡时各保险公司实际给付的保险金总和按以下限额执行：

（1）对于被保险人不满10周岁的，不得超过人民币20万元；

（2）对于被保险人已满10周岁但未满18周岁的，不得超过人民币50万元。

但在以死亡为给付保险金条件的每一份保险合同，以下三项不在前款规定限额内：

（1）投保人已交保险费或被保险人死亡时合同的现金价值；

（2）合同约定的航空意外死亡保险金额；

（3）合同约定的重大自然灾害意外死亡保险金额。

2. 保险金的确定

以死亡为给付保险金条件的合同，未经被保险人同意并认可保险金额的，合同无效。父母为其未成年子女投保的人身保险，不受限制。

（二）保险金的继承

受益人是在保险事故发生后，享有保险金请求权的人，但是在被保险人死亡后，遇有下列情形之一的，保险金是作为被保险人的遗产，由保险人向被保险人的继承人履行给付保险金的义务：

（1）没有指定受益人，或者受益人指定不明无法确定的；

（2）受益人先于被保险人死亡，没有其他受益人的；

（3）受益人依法丧失受益权或者放弃受益权，没有其他受益人的。受益人与被保险人在同一事件中死亡，且不能确定死亡先后顺序的，推定受益人死亡在先。

当事人对保险合同约定的受益人存在争议，除投保人、被保险人在保险合同之外另有约定外，按以下情形分别处理：

（1）受益人约定为“法定”或者“法定继承”的，以继承法规定的法定继承人为受益人；

（2）受益人约定为身份关系的，若投保人与被保险人为同一主体时，根据保险事故发生时与被保险人的身份关系确定受益人；若投保人与被保人为不同主体时，根据保险合同成立时与被保险人的身份关系确定受益人

（3）约定的受益人包括姓名和身份关系，保险事故发生时身份关系发生变化的，认定为未指定受益人。

（三）代位求偿权

代位求偿权是指因第三者对保险标的的损害而导致的保险事故，保险人自向被保险

人赔偿保险金后，依法享有的在赔偿金额范围内代位行使被保险人对第三者请求赔偿的权利。需要注意以下三点：

第一，代位求偿权中的保险事故是由第三人引起，即非家庭或者本单位成员。例外，因家庭成员或者本单位成员故意造成保险事故的，可适用代位求偿权。

第二，代位求偿权的取得必须以保险人支付了保险金为基础，保险人在赔付后自动取得代位求偿权。“自动”即不需要被保险人的授权，因为，代位求偿权是“法定的”。

第三，代位求偿权的行使：

（1）保险事故发生后，保险人赔偿保险金之前，被保险人放弃对第三者的请求赔偿的权利的，保险人不承担赔偿保险金的责任。

（2）保险人向被保险人赔偿保险金后，被保险人未经保险人同意放弃对第三者请求赔偿权利的，该行为无效。

（3）由于被保险人的过错致使保险人不能行使代位请求赔偿权利的，保险人可以相应扣减保险赔偿金。

（4）代位求偿权仅适用于财产保险，不适用于人身保险。《保险法》第四十六条规定，（人身保险）被保险人因第三者的行为而发生死亡、伤残或者疾病等保险事故的，保险人向被保险人或者受益人给付保险金后，不享有向第三者追偿的权利，但被保险人或者受益人仍有权向第三者请求赔偿。

第四节　保险业法律制度

一、保险公司的设立、解散、破产及清算

在国内设立保险公司、经营保险业务，除遵循公司成立的一般规定外，还需要取得中国银保监会的审批，取得经营保险业务的许可和营业执照。《保险法》第六十七条规定，设立保险公司应当经国务院保险监督管理机构批准。国务院保险监督管理机构审查保险公司的设立申请时，应当考虑保险业的发展和公平竞争的需要。同时保险公司的设立还需要满足股东资质、公司章程、注册资本及高管资质等方面的要求。

1. 保险公司的解散

保险公司的解散是指保险公司因法定原因或法定事由，经保险监管部门批准，结束营业活动，停止保险业务的行为。一般而言保险公司的解散可以分三种情形。

（1）因合并、分立而实施的解散；

（2）公司章程规定的解散；

（3）股东会或股东大会决议解散。

因人寿保险合同的长期性，为了保证投保人与被保险人的利益，《保险法》第八十九条规定：经营有人寿保险业务的保险公司，除因分立、合并或依法被撤销外，不得解散。

2. 保险公司的破产

保险公司的破产是保险公司处于法院依法定条件和程序所确定的已不能以现在资产清偿到期债务的状态。《保险法》第九十二条规定：经营有人寿保险业务的保险公司被依法撤销或者被依法宣告破产的，其持有的人寿保险合同及责任准备金，必须转让给其他经营有人寿保险业务的保险公司；不能同其他保险公司达成转让协议的，由国务院保险监督管理机构指定经营有人寿保险业务的保险公司接受转让。

3. 保险公司的清算

保险公司的清算是指保险公司在破产后，由人民法院指定的清算组接管公司，对破产财产进行清算、评估和处理，并按照下列顺序清偿：

（1）所欠职工工资和医疗、伤残补助、抚恤费用，所欠应当划入职工个人账户的基本养老保险、基本医疗保险费用，以及法律、行政法规规定应当支付给职工的补偿金；

（2）赔偿或者给付保险金；

（3）保险公司欠缴的除（1）以外的社会保险费用和所欠税款；

（4）普通破产债权。破产财产不足以清偿同一顺序的清偿要求的，按照比例分配。破产保险公司的董事、监事和高级管理人员的工资，按照该公司职工的平均工资计算。

二、保险公司的经营规则

（一）分业经营原则

（1）保险业和银行业、证券业、信托业实行分业经营、分业管理，保险公司与银行、证券、信托业务机构分别设立，国家另有规定的除外。

（2）保险人不得兼营人身保险业务和财产保险业务。但是，经营财产保险业务的保险公司经国务院保险监督管理机构批准，可以经营短期健康保险业务和意外伤害保险业务。

（二）资金运营规则

保险资金是指保险集团（控股）公司或保险公司以本外币计价的资本金、公积金、未分配利润、各项准备金及其他资金。与大多数行业不同，保险行业是先获得保费收入，再根据保险事故给付保险金，保险收入中的纯保费部分都是负债，需要以准备金的形式计提。保险公司的资金运用需遵循稳定性、增值性和社会性。根据《保险资金运用管理办法》，除中国保监会另有规定以外，保险集团（控股）公司、保险公司从事保险资金运用，不得有以下行为：

（1）存款于非银行金融机构；

（2）买入被交易所实行“特别处理”“警示存在终止上市风险的特别处理”的股票；

（3）投资不符合国家产业政策项目的企业股权和不动产；

（4）直接从事房地产开发建设；

（5）将保险资金运用形成的投资资产用于向他人提供担保或者发放贷款，个人保单质押贷款除外；

（6）中国保监会禁止的其他投资行为。

中国银保监会可以根据有关情况对保险资金运用的禁止性规定进行适当调整。

（三）保险公司严重违反关于资金运用规定时的处理

保险公司严重违反关于资金运用规定时的处理，由保险监督管理机构责令限期改正，并可以责令调整负责人及有关管理人员。如果保险公司逾期未改正的，国务院保险监督管理机构可以决定选派保险专业人员和指定该保险公司的有关人员组成整顿组，对公司进行整顿。

三、保险公司的营销渠道

保险公司营销渠道是保险公司与客户连接的枢纽，一般而言，保险公司的营销渠道可以划分为：

（1）个人代理渠道。

（2）雇员直销渠道。

（3）专业代理渠道。专业代理是主营业务为保险销售业务，专门指与保险公司签订代理合同，从事推销保险的公司。

（4）兼业代理渠道。兼业代理是指主营业务不是保险业务，但与保险公司签订代理合同，从事保险销售的公司。在我国主要包括银行、邮政局等。

（5）直效行销渠道。它是指不与客户面谈进行保险销售，而通过邮政信件、电话和互联网等进行销售的行为。

（6）经纪人渠道。

保险代理人和保险经纪人的区别：

① 保险代理人是根据保险人的委托，向保险人收取佣金，并在保险人授权的范围内代为办理保险业务的机构或者个人。

保险代理人根据保险人的授权代为办理保险业务的行为，由保险人承担责任。

② 保险经纪人是基于投保人的利益，为投保人与保险人订立保险合同提供中介服务，并依法收取佣金的机构。

保险经纪人因过错给投保人、被保险人造成损失的，依法承担赔偿责任。

四、保险行业的风险管理

根据银保监对保险公司偿付能力风险管理的具体要求，保险公司的风险分类可以划分为市场风险、信用风险、保险风险、操作风险、战略风险、声誉风险和流动性风险。我国目前对保险行业风险管理可以划分为三大板块。

（一）保险主体监管

从保险公司的设立到解散、破产及清算，都受到《保险法》的监管，另外保险公司险种开发、营运和资金应用等同样受到银保监的监督管理。部分保险险种或者保险条款、保险费率，需报国务院保险监督管理机构批准。具体包含：

（1）关系社会公众利益的保险险种；

（2）依法实行强制保险的险种；

（3）新开发的人寿保险险种。

其他保险险种的保险条款和保险费率，应当报保险监督管理机构备案。

（二）偿二代监管体系

偿二代监管体系是指银保监会发布的中国风险导向的偿付能力体系（简称“偿二代”）的17项监管规定。偿二代监管体系可分为三大支柱，第一支柱是量化资本相关要求，第二支柱是定性监管要求，第三支柱是市场约束机制。作为我国保险监管的重大改革，偿二代建立健全了偿付能力的监管机制，构建了监管机构、保险公司和保险市场上下贯通、立体联动的监管体系。

（三）行业自律

《保险法》明确行业协会是保险业的自律组织，保险公司应该加入行业协会。保险行业协会以促进保险行业持续健康发展、维护保险行业利益和市场秩序为目标，要求其成员严格遵守行业自律规则，做好内控建设，提高风险防范。

课后复习

【案例分析一】

2006年8月9日，甲向A保险公司投保了家庭财产险及附加盗窃险，保险金额为1万元，保险期限自2006年8月10日0时起至2007年8月9日24时止。A保险公司向其出具了保险单。同年8月20日，甲所在公司用单位福利基金为每个员工在B保险公司投保了家庭财产险及附加盗窃险，每人的保险金额为2万元，保险期限自2006年8月21日0时起至2007年8月20日24时止。B保险公司向甲出具了保险凭证。2006年12月24日，甲家中失窃，甲发现后立即向其所在公安局派出所报案，并同时通知A、B两家保险公司。派出所经勘查发现：甲家防盗门及大门锁均被撬坏，室内物品共计损失1.4万元。发案后三个月，公安机关一直未能破案，甲遂向两家保险公司提出索赔。两家保险公司均以甲就同一保险标的进行重复保险，故与本公司签订的家庭财产保险合同无效为由拒绝赔付。甲遂向法院提起诉讼。

根据以上条件，回答下列问题：

1. 本案中的两份保险合同是否有效？

2. 本案中两家保险公司各自的拒赔理由是否成立？

3. 本案如何处理？

【案例分析二】

甲于2010年5月20日经其岳母乙同意后为乙购买了一份人身保险，指定受益人为乙之外孙（甲之子）丙，丙当时10岁。保险费从甲的工资中扣缴。缴费2年后，甲与乙之女丁离婚，法院判决丁享有对丙的抚养权。离婚后甲仍按照合同约定履行缴纳保险费的义务。2012年12月10日乙病故，2013年1月甲得知后向保险公司申请给付保险金，甲主张：自己是投保人，一直缴纳保险费，而且是受益人丙的父亲。丁则提出：被保险人是自己的母亲，本保险合同的受益人是丙，自己作为丙的监护人，这笔保险金应由她领取。保险公司则以甲因离婚而对乙无保险利益为由拒绝给付保险金。

根据以上事由，分析下列问题：

1. 甲要求给付保险金的请求是否合理？为什么？

2. 丁要求给付保险金的请求是否合法？为什么？

3. 保险公司拒付的理由是否成立？为什么？

4. 本案应当如何处理？为什么？

5. 假设甲在离婚后提出解除保险合同，保险公司应如何处理？

6. 假设甲在离婚后不再履行交纳保险费的义务，保险公司应如何处理？

7. 假设乙不堪病痛折磨于2012年12月10日自杀身亡，保险公司应否承担给付保险金的责任？

8. 假设甲为其岳母乙投保时，申报的年龄为63岁，而乙当时真实的年龄是66岁，保险合同约定的最高年龄限制是65岁，那么该案如何处理？保险公司应否给付保险金？

【案例分析三】

1990年10月1日，为庆祝新婚，甲向A保险公司给自己和妻子乙分别投保了终身寿保险，保险金额分别为200万，缴费期20年。甲作为投保人，每年保费从甲工资卡扣缴。2012年，甲与乙离婚。甲乙育有一女丙，丙已成年并与丁成家。离婚后甲与戊再婚，并育有一子己，乙与庚再婚，并育有一女辛。2016年12月10日甲因车祸去世，2020年11月20日乙罹患白血病去世。

注：终身寿保险是保障期为终身，且以被保险人死亡为赔付条件的保险。

根据以上事由，分析下列问题：

1. 假设甲人寿保单上约定受益人为妻子，其现任妻子戊向保险公司要求享有保险金请求权，是否合理？

2. 假设甲人寿保单上约定受益人为妻子，并注明为乙，其前任妻子乙向保险公司要求享有保险金请求权，是否合理？

3. 假设甲人寿保单上约定受益人为丙，丙与甲同乘车，救护人员到达时发现甲丙皆死亡，保险金该如何分配？

4. 假设甲人寿保单上约定受益人为丙，丙与甲同乘车，救护人员到达时发现甲死亡且丙生存，但送至急救室抢救后因失血过多死亡，保险金该如何分配？假设交警根据尸检发现甲为醉酒驾驶，请问保险金该如何分配？

5. 假设乙人寿保单上约定受益人为丈夫，其现任丈夫庚要求享有保险金请求权，是否合理？

【思考题】

1. 简述保险法的原则。
2. 论述保险合同的概念、功能及特征。
3. 区分再保险和复保险。
4. 理解保险价值、保险金额和保险金。
5. 试举例说明保单的现金价值。
6. 什么是委付？
7. 阐述保险人的义务。
8. 对比人身保险和财产保险的不同。
9. 什么是代位求偿权？
10. 简述责任险的特征。
11. 简述保险业的经营规则。
12. 简述保险公司清算的清偿顺序。
13. 对比保险代理人和保险经纪人。
14. 简述保证和告知的区别。
15. 简述保险公司解散的三种情形。

第九章 证券法律制度

本章概要

- 证券法律制度
  - 第一节 证券法概述
    - 一、证券的概念、种类及其特征
    - 二、证券市场
    - 三、证券法的基本原则
  - 第二节 证券发行
    - 一、证券发行的条件
    - 二、证券的发行方式
  - 第三节 证券交易
    - 一、证券交易的概念
    - 二、证券交易的方式
    - 三、证券上市
    - 四、限制的证券交易行为
    - 五、禁止的证券交易行为
  - 第四节 证券机构
    - 一、证券交易场所
    - 二、证券公司
    - 三、证券登记结算机构
    - 四、证券服务机构
    - 五、证券业协会
    - 六、证券监督管理机构

第一节 证券法概述

《中华人民共和国证券法》(下文简称《证券法》)于 1998 年 12 月 29 日第九届全国人民代表大会常务委员会第六次会议通过，根据 2004 年 8 月 28 日第十届全国人民代表大会常务委员会第十一次会议《关于修改〈中华人民共和国证券法〉的决定》第一次修正，2005 年 10 月 27 日第十届全国人民代表大会常务委员会第十八次会议第一次修订，根据 2013 年 6 月 29 日第十二届全国人民代表大会常务委员会第三次会议《关于修改〈中华人民共和国文物保护法〉等十二部法律的决定》第二次修正，根据 2014 年 8 月 31 日第十二届全国人民代表大会常务委员会第十次会议《关于修改〈中华人民共和国保险法〉等五部法律的决定》第三次修正，2019 年 12 月 28 日第十三届全国人民代表大会常务委员会第十五次会议第二次修订，自 2020 年 3 月 1 日起施行。

一、证券的概念、种类及其特征

（一）证券的概念和种类

广义的证券（security）是指以一定的专用纸单或其他载体，借助文字、图形、数字等，记载并代表特定民事权利的书面凭证。证券依照不同的标准，可以作不同的分类。

依照证券的功能，可以将证券分为金券、资格证券和有价证券。

1. 金　券

金券，又称金额券，是指券面标明一定金额，只能为一定目的而使用的证券。如邮票、印花就是典型的金券。

2. 资格证券

资格证券，又称为免责证券，是指表明证券持有人具有行使一定权利资格的证券。资格证券的持券人可凭证券向义务人行使一定权利，义务人向权利人履行完义务后即可免责。如车船票、电影票、存车证、存物牌等。

3. 有价证券

有价证券，是指表示一定财产权利的证券。由于证券上所表示的财产权具有一定的内在价值和外在价格，并且代表一定财产权的证券可以自由的转让，故称之为有价证券。

有价证券依据其所代表的权利不同，又可分为商品证券、货币证券和资本证券。

（1）商品证券，是指在商品流通中发行的、代表一定量商品请求权的物品凭证，也称物品证券或实物证券，如提单、运货单、仓单等。

（2）货币证券，是指代表对一定量货币的请求权的金钱凭证，如汇票、本票、支票等。这类票据是商业信用的产物，是货币的替代物，故称货币证券。货币证券是票据法所调整的对象。

（3）资本证券，是指代表对一定资本所有权和一定利益分配请求权的凭证，如股票、债券，与作为货币替代物的票据不同，它具有筹集资金和获取投资利益的双重功能，具有资本的性质，故称之为资本证券。资本证券是证券法所调整的对象。证券的种类如图 9.1 所示。

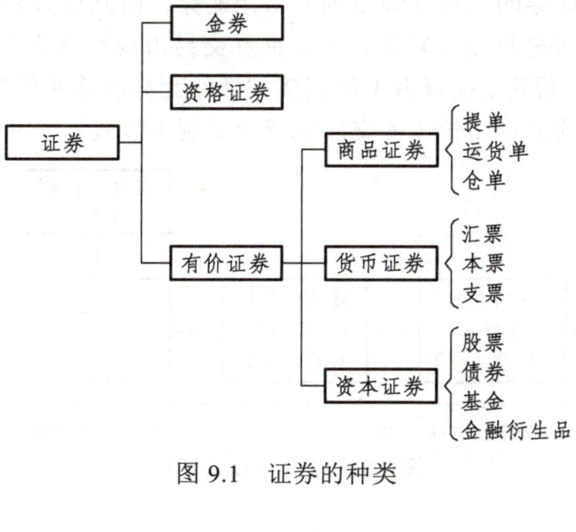

图 9.1　证券的种类

（二）证券法上证券的特征

（1）证券是具有投资属性的凭证。

（2）证券是可流通的权利凭证。证券的流通性，是证券的本质属性。

（3）证券是标准化的权利凭证。为了便于向社会公众投资者筹集资金，公司应先将拟募集的资金总量划分为若干相等份额的计算单位，制作面额均等的权利凭证并记载每个单位筹资金额的民事权利。公司发行的每份同种证券在券面金额、筹集资金条件、偿付条件、权利范畴及限制条件等方面完全一致。

（4）证券是含有风险的权利凭证。

二、证券市场

（一）证券市场的概念

证券市场是证券发行与交易活动场所的总称。它由金融工具、交易场所以及市场参与主体等要素构成，是现代金融市场极其重要的组成部分。证券市场的参与主体，包括证券发行主体、证券投资主体、证券中介机构、证券监管机构和自律组织等。

（二）证券市场的内部结构

1. 证券发行

证券发行是证券发行人依法定条件和程序向投资者出售证券的行为。证券发行市场又被称为“一级市场”。

根据《证券法》的规定，作为发行人的公司、国家是不能直接对外发行证券的，得委托承销商承销，保荐人担保推荐。这些角色都由证券公司来担任。然后，将证券卖给了投资人，一级市场就结束了。证券发行是证券交易的前提，没有证券发行也就不可能有证券交易的进行。

2. 证券交易

证券交易是持有证券的人在证券市场上出让证券，由其他投资者购买的行为。即已发行的证券在法定场所进行流通转让，因此证券交易市场被称为“二级市场”。

根据《证券法》的规定，投资者不能直接到证券交易所购买股票，必须通过券商（即证券公司）在证交所的会员席位（证交所实行会员制）炒股。图 9.2 为证券市场结构图。

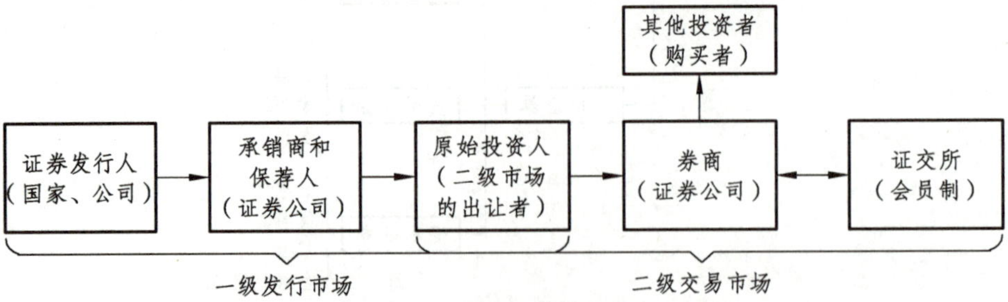

图 9.2　证券市场结构图

三、证券法的基本原则

（1）“三公”原则。

① 公开原则，是指发行人发行证券时必须依法将与证券有关的一切真实情况向社会公布，以供投资者投资决策时参考。

② 公平原则。

③ 公正原则。

（2）“三禁”原则，即禁止欺诈、内幕交易和操纵证券市场的行为。

（3）原则上分业经营管理原则。

（4）统一监管与行业自律相结合的原则。

第二节　证券发行

一、证券发行的条件

（一）股票发行的条件

（1）具备健全且运行良好的组织机构；

（2）具有持续经营能力；

（3）最近三年财务会计报告被出具无保留意见审计报告；

（4）发行人及其控股股东、实际控制人最近三年不存在贪污、贿赂、侵占财产、挪用财产或者破坏社会主义市场经济秩序的刑事犯罪；

（5）经国务院批准的国务院证券监督管理机构规定的其他条件。

上市公司发行新股，应当符合经国务院批准的国务院证券监督管理机构规定的条件，具体管理办法由国务院证券监督管理机构规定。

（二）债券发行的条件

（1）具备健全且运行良好的组织机构；

（2）最近三年平均可分配利润足以支付公司债券一年的利息；

（3）国务院规定的其他条件。

公开发行公司债券筹集的资金，必须按照公司债券募集办法所列资金用途使用；改变资金用途，必须经债券持有人会议作出决议。公开发行公司债券筹集的资金，不得用于弥补亏损和非生产性支出。

二、证券的发行方式

（一）公开发行和非公开发行

我国《证券法》明确了证券发行的公开发行方式和非公开发行方式。其中，有下列情形之一的，为公开发行：① 向不特定对象发行证券；② 向特定对象发行证券累计超过 200 人的但依法实施员工持股计划的员工人数不计算在内；③ 法律、行政法规规定的其他发行行为。

我国证券发行采用的是注册制。公开发行证券，必须符合法律、行政法规规定的条件，并依法报经国务院证券监督管理机构或者国务院授权的部门注册。未经依法注册，任何单位和个人不得公开发行证券。证券发行注册制的具体范围、实施步骤，由国务院规定。

实行注册制是对证券发行制度的重大改革，实践中除科创版已经实施注册制外，在主板、创业板等板块实施注册制需要分步推进，有关证券品种的发行注册制也需要逐步推行。本条专门作出授权性规定，由国务院规定注册制的具体范围、实施步骤，作出具体安排。

（二）证券承销

1. 概　念

证券承销是指证券公司与证券的发行人订立合同由证券公司帮助证券的发行人发行证券的一种法律行为。在我国凡向社会公开发行证券的，均需证券公司承销。

2. 承销方式

（1）代销，是指证券承销人代发行人发售证券，在承销期限届满后将未售出的证券全部退还给发行人的承销方式。

发行人与承销人是委托代理关系，行为后果归于发行人。因此，承销人仅为证券的推销者，不垫付资金，对不能售出的证券也不承担责任，证券发行风险由发行人自行承担。当然与包销相比，承销人所收取的费用也较少。

包销不存在发行失败问题，而代销则有发行失败问题。对于股票代销而言，一旦代销期满（证券的承销期限最长不得超过 90 日），向投资者销售股票的数量未达到拟公开发行股票总额的 70%，即为发行失败，发行人应按照发行价加算银行同期存款利息返还给股票认购人。

（2）包销，指证券承销人将发行人的证券按照协议全部购入或在承销期结束时将售后剩余证券自行购入的承销方式。它又分为全额包销和余额包销。

全额包销，是指证券承销人依约将发行人的证券全部购入的承销方式。此时证券承销人与发行人属于证券买卖关系，承销人支付对价，取得证券的所有权。

余额包销，指证券承销人依约在证券承销期届满后，将尚未售出的证券全部购入的承销方式。它实质是代销与包销的混合体。

无论是全额包销还是余额包销，证券承销人均承担证券发行风险，故包销费用高于代销。

（3）承销团承销，亦称“联合承销”，是指两个以上的证券承销公司组成一个联合体，共同接受发行人的委托向社会公开发售某一证券的承销方式。

承销团承销有着单个证券商承销不能具有的优势。它有能力承销发行量大的证券，能确保发行人迅速筹集巨额资金，能大大分散证券发行的市场风险。例如，中石油 A 股 IPO 由三家公司联合承销。

第三节 证券交易

一、证券交易的概念

证券交易是投资人买卖依法发行的证券。证券交易的方式包括现货交易、期货交易、期权交易等。证券交易形成的市场为证券的交易市场，即证券的二级市场。

公开发行的证券，应当在依法设立的证券交易所上市交易或者在国务院批准的其他全国性证券交易场所交易。非公开发行的证券，可以在证券交易所、国务院批准的其他全国性证券交易场所、按照国务院规定设立的区域性股权市场转让。

证券交易与证券发行的区别：

（1）证券发行的对象是初始投资者。证券交易的对象是市场的所有投资者，欲想购买证券的人通过交易场所均可购得。

（2）证券发行的价格一般是事先确定的，而证券上市的价格则通过交易场所竞价产生，由供求情况决定。

（3）证券发行的卖方是特定的，买方是不特定的，而证券上市的买卖双方均是不特定的。

二、证券交易的方式

证券交易是对已经依法发行的证券进行买卖的行为。证券在证券交易所上市交易，应当采用公开的集中交易方式或者国务院证券监督管理机构批准的其他方式。证券交易当事人买卖的证券可以采用纸面形式或者国务院证券监督管理机构规定的其他形式。

（一）公开的集中交易方式

集中交易方式是指在集中交易市场以竞价交易的方式进行交易，分为集中竞价交易和大宗交易。

1. 集中竞价

集中竞价，又称集合竞价，是指在证券交易所市场内，所有参与证券买卖的各方当事人公开报价，按照价格优先、时间优先的原则撮合成交的证券交易方式。即所有买入的有效委托按照报价由高到低顺序排列，报价相同，按照委托的先后时间顺序排列；所有卖出的有效委托，其报价按照由低到高的顺序排列，报价相同的，按照委托的先后时间顺序排列。按照各自的排列顺序，将排在前面的买入委托与卖出委托匹配成对。在报价不同时，由排在前面的买方最高报价与卖方最低报价优先配对，即价格优先原则；在同等出价条件下，由排在前面的较早的委托优先配对，即为时间优先原则。如果所有买入委托的报价均低于卖出委托的报价，则上述委托继续排队，等待新的委托报价，以此形成连续性竞价撮合成交的交易活动。

2. 大宗交易

大宗交易，是指单笔交易规模远大于市场平均单笔交易规模的交易。经中国证券监督管理委员会批准的上海、深圳证券交易所交易规定，经批准证券单笔交易买卖申报达到一定数额的，交易可采用大宗交易进行。大宗交易的成交价格，由买卖双方在当日已成交的最高和最低成交价格之间确定。该证券当日无成交的，以前日收盘价为成交价。大宗交易由买卖双方达成一致，并由交易所确认后方可成交。

（二）国务院证券监督管理机构批准的其他方式

为适应社会经济的不断发展，需要逐步丰富交易方式。但为了防止金融风险，保护投资者的合法权益，维护社会经济秩序和社会公共利益，证券交易所采取公开的集中交易方式以外的其他方式进行证券交易，必须经国务院证券监督管理机构批准。

三、证券上市

（一）概　念

证券上市指发行人发行的证券，依法定条件和程序，在证券交易所或其他法定交易市场公开挂牌交易的法律行为，是连接证券发行与证券交易的桥梁。

（二）证券上市条件

申请证券上市交易，应当向证券交易所提出申请，由证券交易所依法审核同意，并由双方签订上市协议。

证券交易所根据国务院授权的部门的决定安排政府债券上市交易。

申请证券上市交易，应当符合证券交易所上市规则规定的上市条件。

证券交易所上市规则规定的上市条件，应当对发行人的经营年限、财务状况、最低公开发行比例和公司治理、诚信记录等提出要求。

（三）证券上市的程序

图 9.3 为证券上市流程图。

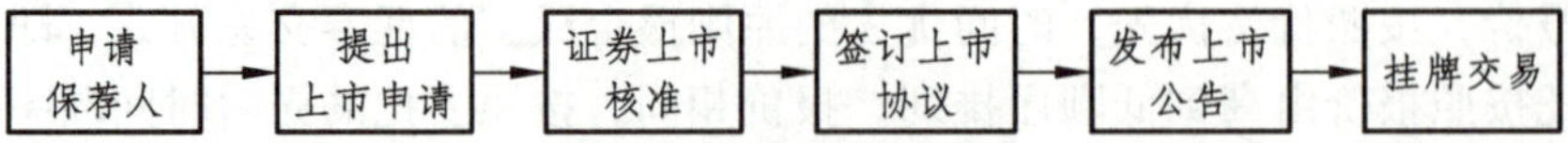

图 9.3　证券上市流程图

（四）证券上市的暂停与终止

一经上市，证券即可在证券交易所持续进行交易，但证券并非一上市就定终生，一劳永逸。如果发行人出现特定情况，证券上市可能被暂停或终止。

上市交易的证券，有证券交易所规定的终止上市情形的，由证券交易所按照业务规则终止其上市交易。证券交易所决定终止证券上市交易的，应当及时公告，并报国务院证券监督管理机构备案。

对证券交易所作出的不予上市交易、终止上市交易决定不服的，可以向证券交易所设立的复核机构申请复核。

四、限制的证券交易行为

（一）证券从业人员、监管工作人员买卖股票的限制

证券交易场所、证券公司和证券登记结算机构的从业人员，证券监督管理机构的工作人员以及法律、行政法规规定禁止参与股票交易的其他人员，在任期或者法定限期内，不得直接或者以化名、借他人名义持有、买卖股票或者其他具有股权性质的证券，也不得收受他人赠送的股票或者其他具有股权性质的证券。

任何人在成为前款所列人员时，其原已持有的股票或者其他具有股权性质的证券，必须依法转让。

实施股权激励计划或者员工持股计划的证券公司的从业人员，可以按照国务院证券监督管理机构的规定持有、卖出本公司股票或者其他具有股权性质的证券。

（二）证券从业人员的保密义务

证券交易场所、证券公司、证券登记结算机构、证券服务机构及其工作人员应当依法为投资者的信息保密，不得非法买卖、提供或者公开投资者的信息。

证券交易场所、证券公司、证券登记结算机构、证券服务机构及其工作人员不得泄露所知悉的商业秘密。

（三）证券服务机构及人员买卖证券限制

为证券发行出具审计报告或者法律意见书等文件的证券服务机构和人员，在该证券承销期内和期满后六个月内，不得买卖该证券。

除前款规定外，为发行人及其控股股东、实际控制人，或者收购人、重大资产交易方出具审计报告或者法律意见书等文件的证券服务机构和人员，自接受委托之日起至上述文件公开后五日内，不得买卖该证券。实际开展上述有关工作之日早于接受委托之日的，自实际开展上述有关工作之日起至上述文件公开后五日内，不得买卖该证券。

（四）短线交易的限制

上市公司、股票在国务院批准的其他全国性证券交易场所交易的公司持有百分之五以上股份的股东、董事、监事、高级管理人员，将其持有的该公司的股票或者其他具

有股权性质的证券在买入后六个月内卖出，或者在卖出后六个月内又买入，由此所得收益归该公司所有，公司董事会应当收回其所得收益。但是，证券公司因购入包销售后剩余股票而持有百分之五以上股份，以及有国务院证券监督管理机构规定的其他情形的除外。

前款所称董事、监事、高级管理人员、自然人股东持有的股票或者其他具有股权性质的证券，包括其配偶、父母、子女持有的及利用他人账户持有的股票或者其他具有股权性质的证券。

公司董事会不按照第一款规定执行的，股东有权要求董事会在三十日内执行。公司董事会未在上述期限内执行的，股东有权为了公司的利益以自己的名义直接向人民法院提起诉讼。公司董事会不按照以上规定执行的，负有责任的董事依法承担连带责任。

五、禁止的证券交易行为

（一）禁止内幕交易

内幕交易是指证券交易内幕信息的知情人和非法获取内幕信息的人利用内幕信息进行的证券交易。证券交易的风险和收益，与信息的掌握程度、扩散范围密切相关。如果掌握内幕信息的人，利用身份优势抢先于其他投资者作出有利的投资决策，占有更多的获利机会，就会破坏证券市场公平竞争的秩序，使其他投资者遭受损失，对证券市场失去信心，最终损害证券市场的交易量、交易效率、资源配置功能和公信力。

1. 内幕信息知情人

（1）发行人及其董事、监事、高级管理人员；

（2）持有公司百分之五以上股份的股东及其董事、监事、高级管理人员，公司的实际控制人及其董事、监事、高级管理人员；

（3）发行人控股或者实际控制的公司及其董事、监事、高级管理人员；

（4）由于所任公司职务或者因与公司业务往来可以获取公司有关内幕信息的人员；

（5）上市公司收购人或者重大资产交易方及其控股股东、实际控制人、董事、监事和高级管理人员；

（6）因职务、工作可以获取内幕信息的证券交易场所、证券公司、证券登记结算机构、证券服务机构的有关人员；

（7）因职责、工作可以获取内幕信息的证券监督管理机构工作人员；

（8）因法定职责对证券的发行、交易或者对上市公司及其收购、重大资产交易进行管理可以获取内幕信息的有关主管部门、监管机构的工作人员；

（9）国务院证券监督管理机构规定的可以获取内幕信息的其他人员。

2. 内幕信息的范围

证券交易活动中，涉及发行人的经营、财务或者对该发行人证券的市场价格有重大影响的尚未公开的信息，为内幕信息。

（1）可能对上市公司、“新三板”挂牌公司的股票交易价格产生较大影响的重大事件：公司的经营方针和经营范围的重大变化；公司的重大投资行为，公司在一年内购买、出售重大资产超过公司资产总额百分之三十，或者公司营业用主要资产的抵押、质押、出售或者报废一次超过该资产的百分之三十；公司订立重要合同、提供重大担保或者从事关联交易，可能对公司的资产、负债、权益和经营成果产生重要影响；公司发生重大债务和未能清偿到期重大债务的违约情况；公司发生重大亏损或者重大损失；公司生产经营的外部条件发生的重大变化；公司的董事、三分之一以上监事或者经理发生变动，董事长或者经理无法履行职责；持有公司百分之五以上股份的股东或者实际控制人持有股份或者控制公司的情况发生较大变化，公司的实际控制人及其控制的其他企业从事与公司相同或者相似业务的情况发生较大变化；公司分配股利、增资的计划，公司股权结构的重要变化，公司减资、合并、分立、解散及申请破产的决定，或者依法进入破产程序、被责令关闭；涉及公司的重大诉讼、仲裁，股东大会、董事会决议被依法撤销或者宣告无效；公司涉嫌犯罪被依法立案调查，公司的控股股东、实际控制人、董事、监事、高级管理人员涉嫌犯罪被依法采取强制措施；国务院证券监督管理机构规定的其他事项。

（2）可能对上市交易公司债券的交易价格产生较大影响的事件：公司股权结构或者生产经营状况发生重大变化；公司债券信用评级发生变化；公司重大资产抵押、质押、出售、转让、报废；公司发生未能清偿到期债务的情况；公司新增借款或者对外提供担保超过上年末净资产的百分之二十；公司放弃债权或者财产超过上年末净资产的百分之十；公司发生超过上年末净资产百分之十的重大损失；公司分配股利，作出减资、合并、分立、解散及申请破产的决定，或者依法进入破产程序、被责令关闭；涉及公司的重大诉讼、仲裁；公司涉嫌犯罪被依法立案调查，公司的控股股东、实际控制人、董事、监事、高级管理人员涉嫌犯罪被依法采取强制措施；国务院证券监督管理机构规定的其他事项。

3. 内幕交易行为的法律责任

（1）民事责任。内幕交易行为给投资者造成损失的，应当依法承担赔偿责任。

（2）行政责任。证券交易内幕信息的知情人或者非法获取内幕信息的人从事内幕交易的，责令依法处理非法持有的证券，没收违法所得，并处以违法所得一倍以上十倍以下的罚款；没有违法所得或者违法所得不足五十万元的，处以五十万元以上五百万元以下的罚款。单位从事内幕交易的，还应当对直接负责的主管人员和其他直接责任人员给予警告，并处以二十万元以上二百万元以下的罚款。国务院证券监督管理机构工作人员从事内幕交易的，从重处罚。

（3）刑事责任。证券交易内幕信息的知情人员或者非法获取证券交易内幕信息的人员，在涉及证券的发行，证券交易或者其他对证券交易价格有重大影响的信息尚未公开前，买入或者卖出该证券，或者从事与该内幕信息有关的证券交易，或者泄露该信息，或者明示、暗示他人从事上述交易活动，情节严重的，处五年以下有期徒刑或者拘役，并处或者单处违法所得一倍以上五倍以下罚金；情节特别严重的，处五年以上十年以下有期徒刑，并处违法所得一倍以上五倍以下罚金。单位犯前款罪的，对单位判处罚金，并对其直接负责的主管人员和其他直接责任人员，处五年以下有期徒刑或者拘役。

（二）禁止利用未公开信息进行证券交易

禁止证券交易场所、证券公司、证券登记结算机构、证券服务机构和其他金融机构的从业人员、有关监管部门或者行业协会的工作人员，利用因职务便利获取的内幕信息以外的其他未公开的信息，违反规定，从事与该信息相关的证券交易活动，或者明示、暗示他人从事相关交易活动。利用未公开信息进行交易给投资者造成损失的，应当依法承担赔偿责任。

（三）禁止操纵证券市场

禁止任何人以下列手段操纵证券市场，影响或者意图影响证券交易价格或者证券交易量：

（1）单独或者通过合谋，集中资金优势、持股优势或者利用信息优势联合或者连续买卖；

（2）与他人串通，以事先约定的时间、价格和方式相互进行证券交易；

（3）在自己实际控制的账户之间进行证券交易；

（4）不以成交为目的，频繁或者大量申报并撤销申报；

（5）利用虚假或者不确定的重大信息，诱导投资者进行证券交易；

（6）对证券、发行人公开作出评价、预测或者投资建议，并进行反向证券交易；

（7）利用在其他相关市场的活动操纵证券市场；

（8）操纵证券市场的其他手段。

操纵证券市场行为给投资者造成损失的，应当依法承担赔偿责任。

（四）禁止编造、传播虚假信息或者误导性信息

禁止任何单位和个人编造、传播虚假信息或者误导性信息，扰乱证券市场。

禁止证券交易场所、证券公司、证券登记结算机构、证券服务机构及其从业人员，证券业协会、证券监督管理机构及其工作人员，在证券交易活动中作出虚假陈述或者信息误导。

各种传播媒介传播证券市场信息必须真实、客观，禁止误导。传播媒介及其从事证券市场信息报道的工作人员不得从事与其工作职责发生利益冲突的证券买卖。

编造、传播虚假信息或者误导性信息，扰乱证券市场，给投资者造成损失的，应当依法承担赔偿责任。

（五）禁止损害客户利益

禁止证券公司及其从业人员从事下列损害客户利益的行为：

（1）违背客户的委托为其买卖证券；
（2）不在规定时间内向客户提供交易的确认文件；
（3）未经客户的委托，擅自为客户买卖证券，或者假借客户的名义买卖证券；
（4）为牟取佣金收入，诱使客户进行不必要的证券买卖；
（5）其他违背客户真实意思表示，损害客户利益的行为。

违反前款规定给客户造成损失的，应当依法承担赔偿责任。

（六）禁止出借、借用证券账户

任何单位和个人不得违反规定，出借自己的证券账户或者借用他人的证券账户从事证券交易。

（七）禁止违规资金入市

依法拓宽资金入市渠道，禁止资金违规流入股市。禁止投资者违规利用财政资金、银行信贷资金买卖证券。

第四节　证券机构

一、证券交易场所

证券交易场所包括：证券交易所、国务院批准的其他全国性证券交易场所（如“新三版”）、按照国务院规定设立的区域性股权市场。

（一）证券交易所

证券交易所是为证券集中交易提供场所和设施，组织和监督证券交易，实行自律管理的法人。证券交易所的组织形式可以分为会员制和公司制。目前我国证券交易所的组织形式为会员制。证券交易所的会员主要由证券公司组成。

（二）国务院批准的其他全国性证券交易场所

随着我国“多层次资本市场体系”的不断丰富和完善，国务院可以根据市场需要批准设立其他全国性证券交易场所。例如，全国中小企业股份转让系统（简称“新三版”）就是经国务院批准的全国性证券交易场所，2019 年 9 月正式成立，主要服务于创新型、创业型、成长型中小微企业。

（三）区域性股权市场

区域性股权市场是为其所在省级行政区域内中小微企业证券非公开发行、转让及相关活动提供设施与服务的场所。目前基本形成“一省一市场”的格局。区域性股权市场是我国多层次资本市场建设的重要组成部分，对于促进企业特别是中小微企业股权交易和融资，鼓励科技创新和激活民间资本，加强对实体经济薄弱环节的支持，具有积极作用。2008 年《国务院关于天津滨海新区综合配套改革试验总体方案的批复》下达，促成我国第一家区域性股权市场——天津股权交易所的诞生。2017 年 7 月 1 日起《区域性股权市场监督管理试行办法》正式施行。

二、证券公司

（一）证券公司的概念和设立条件

证券公司，是指依照《公司法》和《证券法》的规定设立的并经国务院证券监督管理机构审查批准而成立的专门经营证券业务，具有独立法人地位的有限责任公司或者股份有限公司。未经国务院证券监督管理机构批准，任何单位和个人不得以证券公司名义开展证券业务活动。设立证券公司应符合以下条件：

（1）有符合法律、行政法规规定的公司章程；

（2）主要股东及公司的实际控制人具有良好的财务状况和诚信记录，最近三年无重大违法违规记录；

（3）有符合《证券法》规定的公司注册资本；

（4）董事、监事、高级管理人员、从业人员符合《证券法》规定的条件；

（5）有完善的风险管理与内部控制制度；

（6）有合格的经营场所、业务设施和信息技术系统；

（7）法律、行政法规和经国务院批准的国务院证券监督管理机构规定的其他条件。

（二）证券公司的业务范围

经国务院证券监督管理机构核准，取得经营证券业务许可证，证券公司可以经营下列部分或者全部证券业务：

1. 证券经纪业务

证券经纪业务是指证券公司在核定业务范围内，通过收取证券买卖佣金，促成买卖双方证券交易的中介业务活动。由于在证券市场交易的证券种类繁多，数额巨大，交易所交易席位有限，投资者一般不能直接进入证券交易所进行交易；此外，证券投资者数量众多直接从事证券交易成本高，不易成交。因此，有必要通过专门的中介机构证券公司促成证券交易。在证券经纪业务中，证券公司与投资者之间属于委托关系。投资者是委托方，证券公司为受托方，投资者向证券公司发出交易指令，证券公司依照该指令办理证券买卖。在这个过程中，投资者要向证券公司缴纳必要费用或者佣金，并自行承担投资风险。如果证券公司违反指令给投资者造成损失，应当向投资者承担相应的赔偿责任。

2. 证券投资咨询业务

广义上，凡与证券投资咨询活动有关的答复咨询、专题研究、业务或者行业分析、投资建议，无论采取口头或者书面形式，还是采取发送信件或者散发印刷品等形式或者是专业机构及其人员向他人提供意见等，均可以视为证券投资咨询。《证券法》所称证券投资咨询业务，是指为投资人或者客户提供证券投资分析、预测或者建议等直接或者间接有偿咨询服务活动。其包括：接受客户委托，提供证券投资咨询服务；举办有关证券投资咨询的讲座、报告会、分析会等；在报刊上发表证券投资询的文章、评论、报告，通过电视、自媒体等传播媒介提供证券投资咨询服务；通过电话、传真、网络等电信设备系统，提供证券资咨询服务等。

3. 与证券交易、证券投资活动有关的财务顾问业务

这是指证券公司根据客户需求，为客户的证券投融资资本运作、证券资产管理等活动提供咨询、分析、方案设计等服务，如证券投融资顾问、改制、并购、资产重组顾问、债券发行顾问、证券资产管理顾问、企业常年财务顾问等。证券公司从事财务顾问业务，须受到以下限制：一是限于证券交易和证券投资咨询范围之内。二是须根据委托人的委托并有权收取财务顾问费用。三是应当遵守证券法等法律法规的相关规定。

4. 证券承销、保荐业务

证券承销业务是指证券公司通过与证券发行人签订证券承销协议，在规定的证券发行期限内协助证券发行人推销其所发行的证券的业务活动。证券承销方式有两种，即代销和包销。证券保荐业务是指证券公司对发行人的发行文件进行实质性核查，保证其真实、准确、完整，推荐发行人证券发行的业务活动。保荐人应当遵守业务规则和行业规范，诚实守信，勤勉尽责，对发行人的申请文件和信息披露资料进行审慎核查，督促发行人规范运作。

5. 证券融资融券业务

融资融券交易，又称保证金交易或者信用交易，是指客户按照法律规定，在买卖证券时只向证券公司支付一定数额的保证金或交付部分证券，其应当支付的价款和应提交付的证券不足时，由证券公司垫付的一种交易方式。具体来讲，融资，是投资者按照较低市场价格向证券公司借入证券，待证券市场价格上涨后，卖出证券，偿还融资款并赚取差价的行为。融券，是指投资者在预期股票价格将会下跌的情况下，以市场价格向证券公司借入证券并卖出，待证券价格下跌时买进证券并归还证券公司的行为。

6. 证券做市交易

证券做市交易是指在资本市场上，一般由证券公司作为特许交易商，不断向投资者报出某些特定证券的买卖价格，如新三板股票，并在该价位上接受投资者的买卖要求，以其自有资金和证券与投资者进行证券交易。在做市交易中，做市商不断双向报价，既报买入价，又报卖出价，所以买卖双方无需等待交易对手出现，只要有做市商出面承担交易对手方即可达成交易。通过做市交易，一是可以维持市场的流动性，满足投资者的投资需求；二是做市商可以通过买卖报价的适当差额来补偿所提供服务的成本费用，并实现一定利润。

7. 证券自营业务

证券自营业务是指证券公司以自己的名义和资金进行证券买卖，并从中获取收益的业务活动。证券公司从事自营业务，应当专门开设自营账户，与经纪账户分开管理，不

得混合操作。证券公司自营业务的资金，可以是自有资金，也可以是依法融资获得的资金，但不得违规使用资金从事证券交易。由于证券公司自营业务的盈亏不仅取决于证券公司的决策，也受制于证券市场的价格波动，故有必要加强对证券公司自营业务的监管，在证券公司自营证券总值与公司净资本的比例、持有一种证券的价值与公司净资本的比例、持有一种证券的数量与该证券发行总量的比例等风险控制指标方面对其作出一定限制。

8. 其他证券业务

除上述业务外，证券公司还可以经营经国务院证券监督管理机构核准的其他证券业务，如代销政府债券、证券投资基金份额等。

三、证券登记结算机构

（一）证券登记结算机构的概念和设立条件

证券登记结算机构就是为证券交易提供集中登记、存管与结算服务，不以营利为目的，依法登记，取得法人资格的中介服务机构。设立证券登记结算机构必须经国务院证券监督管理机构批准。设立证券登记结算机构，应当具备下列条件：

（1）自有资金不少于人民币二亿元；

（2）具有证券登记、存管和结算服务所必须的场所和设施；

（3）国务院证券监督管理机构规定的其他条件。

（二）证券登记结算机构的主要职能

（1）证券登记，指证券登记结算机构受证券发行人委托维护证券持有人名册从而确认证券权属状态的行为。证券登记对于发行人来说，是维护证券持有人名册；对于证券持有人来说，是对其持有证券的事实及权属状态予以确认。证券登记具有公示的效力。

（2）证券存管，指证券登记结算机构受托集中保管证券公司交存的客户证券和自有证券，并提供相关权益维护服务的行为。证券存管的具体业务包括：通过簿记系统维护证券公司交存的客户证券和自有证券的余额，提供查询和代收红利等服务，记录证券公司和客户的托管关系的产生、变更和终止等。证券的集中存管是指将全部证券集中存放于中央证券存管机构，由中央证券存管机构以电子化簿记形式记录证券的归属及变动，从而替代实物证券交付的制度。

（3）证券结算，指证券交易成交后交易双方确定和履行相应权利义务的过程，包括清算和交收两个步骤。证券交易清算是指交易指令得到确认后，结算机构根据成交结果，计算出交易双方应收应付的证券数额与资金数额，确认交易双方在结算日的债权、债务关系，为交易双方办理交收提供依据的过程。证券交收是结算机构根据清算结果，组织交易双方通过相互进行证券交割与资金交付，了结彼此间的债权债务关系，解除履约责任的过程。即卖方将其卖出的证券交付给买方，买方将其应付资金交付给卖方的过程。

（三）证券登记结算机构的性质和法律地方

（1）证券登记结算机构的性质：证券登记结算机构提供服务，不以营利为目的，这从法律上为这个机构确定了性质，即它的服务是有偿提供的，但目的不在于追求利润，而是为证券交易提供集中登记、存管与结算服务，为整个证券市场安全、稳定、有序运行提供保障。

（2）证券登记结算机构的法律地位：证券登记结算机构经依法登记，取得法人资格。即证券登记结算机构在法律上具有法人地位，这说明它是一个独立存在的组织，有独立的财产，有自己的名称、组织机构和住所，能够独立享有权利和承担义务。

四、证券服务机构

（一）证券服务机构的范围

证券服务机构是指依法设立的从事证券服务业务的专业机构，主要包括会计师事务所、律师事务所以及从事证券投资咨询、资产评估、资信评级、财务顾问、信息技术系统服务的证券服务机构。

从事证券投资咨询服务业务，应当经国务院证券监督管理机构核准；未经核准，不得为证券的交易及相关活动提供服务。从事其他证券服务业务，应当报国务院证券监督管理机构和国务院有关主管部门备案。

（二）证券服务机构的义务

（1）证券服务机构的勤勉义务：证券服务机构应当勤勉尽责、恪尽职守，按照相关业务规则为证券的交易及相关活动提供服务。证券服务机构为证券的发行、上市、交易等证券业务活动制作、出具审计报告及其他鉴证报告、资产评估报告、财务顾问报告、资信评级报告或者法律意见书等文件，应当勤勉尽责，对所依据的文件资料内容的真实性、准确性、完整性进行核查和验证。其制作、出具的文件有虚假记载、误导性陈述或者重大遗漏，给他人造成损失的，应当与委托人承担连带赔偿责任，但是能够证明自己没有过错的除外。

（2）证券服务机构的保管义务：证券服务机构应当妥善保存客户委托文件、核查和验证资料、工作底稿以及与质量控制、内部管理、业务经营有关的信息和资料，任何人不得泄露、隐匿、伪造、篡改或者毁损。上述信息和资料的保存期限不得少于十年，自业务委托结束之日起算。

五、证券业协会

（一）证券业协会的概念

证券业协会是证券业的自律性组织，是社会团体法人。协会的宗旨是根据发展社会主义市场经济的要求，贯彻执行国家有关方针、政策和法规，发挥政府与证券经营机构之间的桥梁和纽带作用，促进证券业的开拓发展。加强证券业的自律管理，维护会员的合法权益，建立和完善具有中国特色的证券市场体系。证券公司应当加入证券业协会。

中国证券业协会于 1991 年 8 月 28 日成立，总部设在北京。中国证券业协会的会员分为团体会员和个人会员，团体会员为证券公司。个人会员只限于证券市场管理部门有关领导以及从事证券研究及业务工作的专家，由协会根据需要吸收。

证券业协会的权力机构为由全体会员组成的会员大会。证券业协会章程由会员大会制定，并报国务院证券监督管理机构备案。会员大会每两年举行一次，必要时经常务理事会决议可临时召开。证券业协会设会长、副会长。证券业协会设理事会，理事会成员依章程的规定由选举产生，每届任期两年，可连选连任。

（二）证券业协会的职责

（1）教育和组织会员及其从业人员遵守证券法律、行政法规，组织开展证券行业诚信建设，督促证券行业履行社会责任；

（2）依法维护会员的合法权益，向证券监督管理机构反映会员的建议和要求；

（3）督促会员开展投资者教育和保护活动，维护投资者合法权益；

（4）制定和实施证券行业自律规则，监督、检查会员及其从业人员行为，对违反法律、行政法规、自律规则或者协会章程的，按照规定给予纪律处分或者实施其他自律管理措施；

（5）制定证券行业业务规范，组织从业人员的业务培训；

（6）组织会员就证券行业的发展、运作及有关内容进行研究，收集整理、发布证券相关信息，提供会员服务，组织行业交流，引导行业创新发展；

（7）对会员之间、会员与客户之间发生的证券业务纠纷进行调解；

（8）国务院证券监督管理机构赋予的其他职责。

六、证券监督管理机构

（一）证券监督管理机构的法律地位

国务院证券监督管理机构依法对证券市场实行监督管理，维护证券市场公开、公平、公正，防范系统性风险，维护投资者合法权益，促进证券市场健康发展。国务院证券监督管理机构指的是中国证券监督管理委员会，它是国务院直属事业单位，依照有关法律法规和国务院授权统一对全国证券市场实行监督管理。为了切实有效地对全国证券市场进行监督管理，目前，中国证监会还在省、自治区、直辖市和计划单列市设立了 36 个证券监管局以及上海、深圳证券监管专员办事处，作为派出机构，按照中国证监会的授权履行监督管理职责。

（二）证券监督管理机构的主要任务

国务院证券监督管理机构的根本任务是维护证券市场公开、公平、公正，防范系统性风险，维护投资者合法权益，促进证券市场健康发展。

1. 维护证券市场公开、公平、公正

公开性，是要求证券市场运作和有关信息公开化。公平性，是要求证券市场的所有参与者具有平等的法律地位，合法权益能得到公平的保护。公正性，要求证券监管部门依法履职，对一切被监管对象给予公正对待，做到法律面前人人平等，确保证券市场拥有公正的交易环境。“公开、公平、公正”是证券市场健康发展的基石，是维护证券市场正常秩序、促进证券市场持续健康发展的必然要求，因此，国务院证券监督管理机构的首要任务就是维护证券市场公开、公平、公正。

2. 防范系统性风险

证券市场是高风险的市场，有些风险一旦处理不当，就会“牵一发而动全身”，可能迅速传导，在金融体系产生连锁反应，还可能对实体经济产生重大影响，甚至引发系统性风险，危及国家经济安全和社会稳定。证券市场的稳定，关系到国家金融安全、经济发展和社会稳定。各国都把风险防范作为证券监管的重要目标。因此，防范系统性风险，应当是国务院证券监督管理机构的重要任务。

3. 维护投资者合法权益

随着我国证券市场快速发展，投资者队伍不断扩大，其中中小投资者占绝大多数，为我国证券市场做出巨大的贡献。与国外成熟市场相比，我国证券市场上还处于“新型加转轨”时期，结构还不完整，市场投机性较大，资者保护方面还存在不少短板。历史和实践充分证明，证券要发展，必须取信于投资者，必须切实保护投资者的合法权益。国务院证券监督管理机构应当把维护投资者合法权益作为重点任务之一。

4. 促进证券市场健康发展

证券市场是市场经济发展的一个重要的组成部分。证券市场在我国经济社会发展中发挥的作用越来越大，健康的证券市场有利于促进我国社会主义市场经济持续繁荣发展。国务院证券监督管理机构应当依法监管，保障证券发行、证券交易活动依法进行，维护“公开、公平和公正”原则，保障证券发行、证券交易活动依法进行，进一步规范市场参与者的行为，从而促进我国的证券市场健康有序地发展。

（三）证券监督管理机构履行的职责

（1）依法制定有关证券市场监督管理的规章、规则，并依法进行审批、核准、注册，办理备案；

（2）依法对证券的发行、上市、交易、登记、存管、结算等行为，进行监督管理；

（3）依法对证券发行人、证券公司、证券服务机构、证券交易场所、证券登记结算机构的证券业务活动，进行监督管理；

（4）依法制定从事证券业务人员的行为准则，并监督实施；

（5）依法监督检查证券发行、上市、交易的信息披露；

（6）依法对证券业协会的自律管理活动进行指导和监督；

（7）依法监测并防范、处置证券市场风险；
（8）依法开展投资者教育；
（9）依法对证券违法行为进行查处；
（10）法律、行政法规规定的其他职责。

课后复习

【案例分析】

2010 年 4 月 1 日，甲上市公司（以下简称“甲公司”）因财务会计报告中作虚假记载，致使中小投资者在股票交易中遭受重大损失，被中国证券监督管理委员会查处。中国证监会在对甲公司的检查中还发现下列事实：

（1）甲公司多次以自己为交易对象，进行不转移所有权的自买自卖，影响甲公司股票的交易价格和成交量。

（2）2010 年 1 月 10 日，甲公司董事会讨论通过对乙上市公司的收购方案，董事 A 第二天将该收购方案透露给自己的大学同学 B，B 根据该信息在对甲公司股票的短线操作中获利 20 万元。

（3）2010 年 2 月 1 日，注册会计师 C 接受甲公司的委托，为甲公司的年度报告出具审计报告，甲公司的年度报告于 2010 年 3 月 1 日公布。3 月 10 日，C 将自己于 2010 年 1 月 20 日买入的甲公司股票全部卖出，获利 10 万元。

（4）甲公司在法定的会计账册以外另立账册。

（5）2010 年 6 月 1 日，中国证监会对甲公司作出罚款 100 万元的决定。6 月 5 日，投资者 D 在对甲公司的诉讼中胜诉，人民法院判决甲公司赔偿 D 的证券交易损失 500 万元。因甲公司财产不足以同时支付罚款和民事赔偿责任，中国证监会向甲公司提出应首先缴纳罚款。

根据以上事实，分析回答下列问题：

1. 指出本题要点（1）中甲公司的行为属于何种行为？并说明理由。
2. 董事 A 的行为是否符合法律规定？并说明理由。
3. 注册会计师 C 的行为是否符合法律规定？并说明理由。
4. 甲公司在法定的会计账册以外另立账册的行为应承担何种法律责任？
5. 甲公司对股东提供虚假财务会计报告的行为应承担何种法律责任？
6. 如果甲公司对中国证监会的处罚决定不服，可以进行何种申诉？
7. 因甲公司提供虚假的财务会计报告，中小投资者的损失应如何处理？
8. 中国证监会的主张是否成立？并说明理由。

【思考题】

1. 简述证券的种类及特征。
2. 分析证券市场的结构。
3. 论述证券发行的条件和程序。

4. 简述证券上市的条件及其与证券发行的区别。
5. 区分证券上市暂停与终止的法定事由。
6. 阐述证券交易的方式。
7. 论述禁止和限制的证券交易行为。
8. 简述证券交易所的职能。
9. 简述法律对于证券公司的禁止和限制行为。
10. 简述证券业协会的职责。

第十章 企业破产法律制度

本章概要

- 企业破产法律制度
  - 第一节 破产法概述
    - 一、破产与破产法概念
    - 二、破产法的功能
    - 三、破产法的沿革
    - 四、破产法的适用范围
  - 第二节 破产申请与受理
    - 一、破产原因
    - 二、破产申请
    - 三、破产受理
  - 第三节 破产管理人制度与债权人会议
    - 一、管理人制度概述
    - 二、债权人会议
  - 第四节 债务人财产
    - 一、债务人财产概述
    - 二、破产撤销权
    - 三、取回权
    - 四、破产抵销权
  - 第五节 破产债权
    - 一、破产债权概述
    - 二、破产债权的申报
    - 三、破产债权的确认
  - 第六节 重整制度
    - 一、重整制度概述
    - 二、重整功能
    - 三、重整申请和重整期间
    - 四、重整计划草案的制定与批准
    - 五、重整计划的执行、监督与终止
    - 六、预重整制度简介
  - 第七节 破产和解
    - 一、破产和解制度概述
    - 二、破产和解的功能
    - 三、和解申请与受理
    - 四、和解协议制定和表决
    - 五、和解协议草案的批准
    - 六、和解协议的执行与终止
  - 第八节 破产清算
    - 一、破产宣告
    - 二、破产财产变价与破产分配
    - 三、别除权标的物的变现
    - 四、破产财产的分配
    - 五、破产程序的终结

第一节　破产法概述

一、破产与破产法概念

1. 破产概念

破产指当债务人不能清偿到期债务时，在法院主持下按法定程序进行的，以其所有财产对全体债权人进行公平清偿的一种法律程序。

破产概念有四个方面的含义：（1）破产是一种概括的执行程序，是为全体债权人的利益而对债务人的全部财产进行的执行程序；（2）破产是在特定情况下适用的一种法律程序，债务人不能清偿到期债务是破产程序发生的原因；（3）破产是对债务人全部法律关系的彻底清理，并且可能直接导致债务人民事主体资格消灭的法律后果；（4）破产程序强调的是对债权人的公平清偿和对债务人的公平保护，并进而实现对社会利益与经济秩序的维护。

2. 破产法概念

破产法是指调整破产债权人和债务人、人民法院、管理人以及其他参加人相互之间在破产过程中所发生的法律关系的规范总称。破产法是一部兼具实体规范和程序规范的部门法。破产法中未专门规定的程序内容，适用民事诉讼法的相关规定。

二、破产法的功能

最初破产法的理念是清理不良企业的债权债务关系，更倾向于清算及对破产企业主体的消灭；现代破产法越来越偏重对企业的拯救，而非简单的债务清偿、破产淘汰。《中华人民共和国企业破产法》（下文简称《企业破产法》）第一条规定：“为规范企业破产程序，公平清理债权债务，保护债权人和债务人的合法权益，维护社会主义市场经济秩序，制定本法。”由该条款可以看出，我国破产法的功能有直接功能与间接功能两个方面：

一是直接功能，即公平清理债权债务，保护债权人和债务人的合法权益。破产法为人们提供了保障债务关系有序、公平最终实现的法律途径。从对债权人的保障看，是要做到对全体债权人公平、有序的清偿；从对债务人的保障看，一方面为其提供了免受多重讼累、一体解决债务清偿纠纷的机会，并依法豁免其在破产程序终结后未能偿还余债的责任；另一方面，破产法也为那些事业尚有挽救希望的债务人提供了通过强制性和解或重整程序避免破产、重获事业的机会。①

二是间接功能，即维护社会主义市场经济秩序的健康有序发展，帮助进一步完善市场经济优胜劣汰的竞争机制。利用破产的压力，促进企业改善经营管理，提高经济效益；通过破产与重整制度，优化社会资源的配置与使用，调整社会的产业与产品结构等。②

① 王欣新著：《破产法原理与案例教程》，中国人民大学出版社 2010 年版。

② 王欣新著：《破产法原理与案例教程》，中国人民大学出版社 2010 年版。

三、破产法的沿革

破产一词来源于古拉丁词 bancus（长凳或桌子）和 ruptus（破裂，破碎）的混合。在古罗马时期，当最初在长凳上进行公开市场交易的银行家无法继续放贷并履行义务时，他的长凳被打破，象征着失败和无法谈判，即是破产的来源。世界上第一部正式的破产法律 1542 年诞生在英国，而现代意义上的第一部公司破产法是英国 1869 年的《破产法》。

在我国，新中国后的第一部破产法，是 1988 年 11 月 1 日起施行的《中华人民共和国破产法（试行）》。鉴于当时对破产法的理解研究不够深入，立法技术也不够成熟，有诸多不尽人意的地方。从 2003 年起经过数年的调研并征求意见，新的破产法，即现行的《中华人民共和国企业破产法》于 2006 年 8 月 27 日通过，并自 2007 年 6 月 1 日起施行，1986 年通过的首部破产法同时废止。后随着经济的不断发展，最高人民法院相继又出台了《关于适用〈中华人民共和国企业破产〉若干问题的规定（一）/（二）/（三）》（以下简称《破产法司法解释[一]/[二]/[三]》）等一系列司法解释，以指导破产法在实践中的更好运用。

四、破产法的适用范围

1. 适用主体

我国现行的破产法全名为《中华人民共和国企业破产法》，可见，这部破产法仅适用于企业法人，不适用自然人及其他非企业法人。其他非企业法人的破产，有相关法律规定的，可以参照破产法的程序进行，比如合伙企业的清算、企业法人以外的组织的清算、农民专业合作社的清算、民办学校的清算等。[①]

另外，自然人的破产，不适用我国现行的《企业破产法》。近年来，随着经济的发展，自然人或商自然人（如个体工商户）因消费或经营而资不抵债、陷入不能偿债境地的情形越来越普遍，自然人个人破产立法的呼声越来越高，理论界和实务界不断地在探索个人破产法的立法可能，在不少地方的司法实践中也在尝试进行个人债务的清理，即自然人个人的破产[②]。当然，从整体上来说，个人破产的研究和探索都才刚刚起步，目前在我国个人破产法的出台还尚不具备条件。

2. 适用地域

破产法在立法国的司法管辖领域内适用，这是世界范围内的普遍原则。但是，很多企业，特别是一些大型跨国企业的破产程序，会涉及破产法跨国境的效力问题。我国目前采用的是有限制的普遍主义原则，即破产法的效力不仅仅限制于本国国内，破产人的国外财产也应当被认定为破产财产参与破产分配，但与此同时也设定一定条件解决各国

① 详见《中华人民共和国企业破产法》第一百三十四条、第一百三十五条，《中华人民共和国合伙企业法》第九十二条，《中华人民共和国农民专业合作社法》第五十五条，《最高人民法院关于对因资不抵债无法继续办学被终止的民办学校如何组织清算问题的批复（2020 修正）》。

② 2020 年 8 月深圳市人大常委会发布了《深圳经济特区个人破产条例》，这是我国第一个地方性的个人破产立法。

破产法之间的规定冲突问题。《企业破产法》第五条规定："依照本法开始的破产程序，对债务人在中华人民共和国领域外的财产发生效力。对外国法院作出的发生法律效力的破产案件的判决、裁定，涉及债务人在中华人民共和国领域内的财产，申请或者请求人民法院承认和执行的，人民法院依照中华人民共和国缔结或者参加的国际条约，或者按照互惠原则进行审查，认为不违反中华人民共和国法律的基本原则，不损害国家主权、安全和社会公共利益，不损害中华人民共和国领域内债权人的合法权益的，裁定承认和执行。"

第二节　破产申请与受理

一、破产原因

（一）破产原因概述

破产原因是指由当事人提出的，法院用以启动破产程序的原因，也可以认为是法院据以启动破产程序的前提条件，即当事人提出破产程序时，债务人所处的客观经济状态。

（二）破产原因类型

有关破产原因的内容集中规定于我国《企业破产法》第二条的两款，即第一款"企业法人不能清偿到期债务，并且资产不足以清偿全部债务或者明显缺乏清偿能力的，依照本法规定清理债务"和第二款"企业法人有前款规定情形，或者有明显丧失清偿能力可能的，可以依照本法规定进行重整。"另外，相关联的条款还包括该法第七条、第七十条的内容。

1. 一般破产原因

一般破产原因包括两个标准：企业法人"不能清偿债务且资产不足以清偿全部债务"与"不能清偿债务且明显缺乏清偿能力"。根据《企业破产法》的规定，债务人的状态满足前述条件，当事人即可以向人民法院提出重整、和解或者破产清算申请。"不能清偿且资不抵债"，本质上是将判断债务人"破产"的"流动性标准"与"资产负债表标准"合二为一，同时适用。根据该标准，只有在同时满足"债务人不能清偿到期债务"与"资产不能清偿其全部债务"两个条件下，法院才能受理当事人的破产申请。否则，单独地"不能清偿"或者"资不抵债"'都不构成破产原因，体现了我国破产原因构成的严格性。

为缓解"不能清偿且资不抵债"标准的严格性，增强司法实践中破产原因适用的灵活性，《企业破产法》还规定了"不能清偿且明显丧失清偿能力"标准，比如我们日常会提到的现金链断裂的情形。据此，即便债务人的资产估价水平没有降到其债务估价水平以下，必要时法院也可以在债务人"不能清偿"的事实基础上选择适用"明显丧失清偿能力"的概念受理破产申请甚至裁定破产宣告。只要具备债务人因资金严重不足或者财产不能变现、法定代表人下落不明且无其他人员负责管理财产、经人民法院强制执行、长期亏损且经营扭亏困难、其他导致债务人丧失清偿能力的情形之一的，即认定为债务人“明显丧失清偿能力”。

2. 特殊破产原因

一般破产原因之外，《企业破产法》根据程序的不同还有针对性地规定了特殊的破产清算原因与破产重整原因。特殊的破产清算原因，主要针对已经解散但尚未清算或者未清算完毕的债务人企业。在企业解散清算过程中，如果发现企业资产不足以清偿全部债务的，清算责任人应向人民法院提出破产清算申请。另外，对重整与和解程序中由于各种原因需要转为破产清算程序的，也不需要考虑一般破产原因，只要符合破产法有关程序转换的法定要件就可以启动破产清算程序，这些法定转换条件本质上也构成了特殊的破产清算原因。和解程序与重整程序，因这些条件转为破产清算程序后，往往不需要就一般破产原因的存在与否进一步查明，法院可以直接宣告债务人破产。

特殊的破产重整原因，主要是指在债务人企业“具有明显丧失清偿能力可能”的一般破产原因发生之前，债务人、债权人即可以向人民法院提出重整申请。破产法之所以就重整程序规定了较为宽松的特殊破产原因，也是基于企业重整活动的客观需要。在债务人企业陷入经营困境或财务困境时，越是能及早启动破产重整程序，越是能保证提高重整成功的概率。《企业破产法》将“具有明显丧失清偿能力可能”作为债务人重整的法定条件之一，体现了破产重整制度预防企业破产的制度功能。另外，在一般破产原因出现之前启动程序，也是重整程序区别于破产清算程序的显著特征之一。

二、破产申请

（一）破产申请的主体

在我国，破产需要进行申请，申请的适格主体主要分为债权人和债务人。

1. 债权人申请

债权人申请时只需要证明“债务人不能清偿到期债务”即可，不需要证明债务人是否资不抵债，比债务人申请的条件低。提出破产申请的债权人，其债权应当具备如下几个条件：债权已到期未获清偿；债权具有金钱给付内容；债权在法律上为可强制执行；未过诉讼时效。债权人可以向法院申请债务人重整或者清算，但不能申请和解。

2. 债务人申请

债务人在我国具有法定的破产申请权，可以向法院提出重整、和解或清算申请。除直接的债务人外，具有与债务人相似地位的准债务人也享有破产申请权，包括：股份公司的董事、理事，合伙企业的合伙人，破产企业的清算组等主体。准债务人除了享有上述的破产申请权，在一些情况下也负有破产申请的义务。如《公司法》第一百八十七条规定，清算组在清理公司财产、编制资产负债表和财产清单后，发现公司财产不足清偿债务的，应当依法向人民法院申请宣告破产。公司经人民法院裁定宣告破产后，清算组应当将清算事务移交给人民法院。

（二）破产申请的程序

1. 提交文件

当事人向人民法院提出破产申请，应当提交破产申请书和有关证据。破产申请书应当载明下列事项：(1) 申请人、被申请人的基本情况；(2) 申请目的，指申请开始的是清算程序、和解程序还是重整程序；(3) 申请的事实和理由，主要是债务人发生破产原因、可适用破产法之程序的情况；(4) 人民法院认为应当载明的其他事项。债务人提出申请的，还应当向人民法院提交财产状况说明、债务清册、债权清册、有关财务会计报告、职工安置预案、职工工资的支付和社会保险费用的缴纳情况。

2. 破产申请费用

当事人申请破产时应当交纳申请费。但与诉讼费不同的是，申请费不需要预交，而在清算后从破产财产中交纳，破产案件申请费依据破产财产总额，按照财产案件受理费标准减半交纳，最高不超过 30 万元。

3. 破产申请的撤回

《企业破产法》第九条规定，法院受理破产申请前，破产申请人可以请求撤回申请。该条明确了以破产受理为分界线，法院受理破产申请后，破产申请人不再享有对破产申请的撤回权。

三、破产受理

（一）管　辖

《企业破产法》第三条规定了破产案件由债务人住所地人民法院管辖。债务人住所地，通常认为是指债务人的主要办事机构所在地。债务人无办事机构的，由其注册地人民法院管辖。基层人民法院一般管辖县、县级市或者区的工商行政管理机关核准登记企业的破产案件；中级人民法院一般管辖地区、地级市（含本级）以上的工商行政管理机关核准登记企业的破产案件；纳入国家计划调整的企业破产案件，由中级人民法院管辖。

（二）受理的法律后果

1. 禁止个别清偿行为

《企业破产法》第十六条规定："人民法院受理破产申请后，债务人对个别债权人的债务清偿无效。"但是，债务人以其自有财产向债权人提供物权担保的，其在担保物价值内向债权人所作的债务清偿，不受上述规定限制。因物权担保债权人即使是在破产程序中也享有对担保物的优先受偿权，清偿其债务可使债务人收回担保财产，用于企业经营或对所有债权人的清偿，不违反公平清偿原则。为此，《企业破产法》第三十七条规定："人民法院受理破产申请后，管理人可以通过清偿债务或者提供为债权人接受的担保，取回质物、留置物。前款规定的债务清偿或者替代担保，在质物或者留置物的价值低于被担保的债权额时，以该质物或者留置物当时的市场价值为限。”禁止个别清偿是为了能公平地让债权人受偿。

2. 中止对债务人财产的执行程序

根据《企业破产法》第十九条的规定，人民法院受理破产申请后，有关债务人财产的执行程序应当中止。对已提起但尚未执行完毕的执行程序应当中止；诉讼已经审结但尚未申请或移送执行的，不得再提起新的执行程序。应当中止的仅限于以财产为标的的执行程序，对债务人提起的非财产性执行程序可继续进行；除重整外，有物权担保的债权人就担保物提起的执行程序，不应受中止效力的约束。

3. 解除债务人财产的保全措施

人民法院受理破产申请后，债务人财产自动受到破产程序禁止个别清偿的保全效力的保护，所以，有关债务人财产的保全措施，如查封、扣押、冻结等应当解除。

4. 对债务人企业的债务人和财产持有人的效力

人民法院受理破产申请后，债务人的债务人或者财产持有人应当向管理人清偿债务或者交付财产。人民法院应当在破产申请受理后发布的通知和公告中，告知其向管理人清偿债务或者交付财产。

5. 管理人对未履行完毕合同的处置权

人民法院受理破产申请后，管理人对破产申请受理前成立而债务人和对方当事人均未履行完毕的合同有权决定解除或者继续履行，并通知对方当事人。管理人自破产申请受理之日起 2 个月内未通知对方当事人，或者自收到对方当事人催告之日起 30 日内未答复的，视为解除合同。

6. 债权加速到期

对债务人享有未到期的债权，在破产申请受理时视为到期。

7. 债权人的债权停止计息

债权人的债权如果附利息，自破产申请受理时起即停止计息。

8. 涉债务人案件专属管辖

人民法院受理破产申请后，有关债务人的民事诉讼，只能向受理破产申请的人民法院提起。

第三节　破产管理人制度与债权人会议

一、管理人制度概述

债务人企业进入破产程序后，需要有专门机构来接手债务人的资产、清理债务人的债务、对全体债权人进行登记并审核其债权真实性及金额，对债务人资产进行调查、整理、评估、变价，最后对债权人进行公平分配等工作。这个专门的机构，就是破产管理人。

破产管理人的性质，通说认为是为所有债权人的共同利益而管理、处分破产财产的机构。

1. 管理人资格

《企业破产法》第二十四条规定了可以担任管理人的机构，包括清算组或者律师事务所、会计师事务所、破产清算事务所等社会中介机构，人民法院也可以根据债务人的实际情况，在征询中介机构的意见后，指定该机构具备相关专业知识并取得执业资格的人员担任管理人。但是个人担任管理人的，需要购买执业保险，以保证对管理人违法失职行为造成民事责任的追究。

在实践中，人民法院指定管理人，采用随机方式、公开竞争、接受推荐等方式。其中，在管理人名册中随机摇号、抽签、轮候是最主要的方式。对在全国有重大影响、法律关系复杂、案件难度大的，多采用公开竞争的方式择优选择。

2. 管理人职责、义务与监督

管理人职责包括：（1）接管债务人全部资产，包括债务人财产、印章、账簿、文件资料等；（2）调查债务人财产状况，并制作财产状况报告；（3）在破产程序中管理人债务人内部管理事务，债务人持续经营的，负责债务人的日常经营；（4）决定债务人的开支；（5）在第一次债权人会议召开之前，决定继续或停止债务人的经营行为；（6）管理并处分债务人的财产；（7）代表债务人处理相关司法事务，包括参加诉讼、仲裁及其他程序；（8）其他人民法院认为应当由管理人管理的事务。

3. 管理人报酬

根据《最高人民法院关于审理企业破产案件确定管理人报酬规定》的内容，管理人有权获得报酬，报酬由人民法院根据债务人最终清偿的财产价值总额，分段按比例确定。担保人优先受偿的担保物价值，不计入计算报酬的财产价值总额；但管理人对担保物进行了管理、维护、变现、交付等为担保人的利益进行了工作，可以得到相应的报酬，报酬金额不超过前述一般报酬标准的 10%。

二、债权人会议

债权人会议，依法由申报债权的债权人组成，以保障全体债权人公平受偿为目的，债权人参与破产程序并议事、表达意见，具有自治性质的临时议事机构。

1. 债权人会议的组成

债权人会议设主席一人，由人民法院在有表决权的债权人中指定，债权人会议主席主持会议。

债权尚未确定的债权人，如在诉讼或仲裁过程中的债权、附停止条件的债权、不能行使别除权受偿的债权等的债权人，在由人民法院裁定确定临时债权额时，享有表决权。

职工债权因不需要申报，故职工债权人不是债权人会议主席成员，不享有表决权。职工对其职工债权金额有异议的，向管理人提出。

2. 债权人会议的职权

债权人会议行使以下职权：

（1）核查债权；

（2）申请人民法院更换管理人，审查管理人的费用和报酬；

（3）监督管理人；

（4）选任和更换债权人会议主席；

（5）决定继续或者停止债务人的经营；

（6）通过重整计划；

（7）通过和解协议；

（8）通过债务人财产的管理方案；

（9）通过破产财产的变价方案；

（10）通过破产财产的分配方案；

（11）人民法院认为应当由债权人会议行使的其他职权。

3. 债权人会议的召集与决议

第一次债权人会议由人民法院召集，自债权申报期限届满之日起十五日内召开。第一次债权人会议召开的时间，由人民法院在受理案件后，在对债权人的通知和发布的公告中进行规定。以后的债权人会议，人民法院认为必要可以召开；或者是在管理人、债权人委员会上由占债权总额四分之一以上的债权人提议召开。

债权人会议召开的通知，应当由管理人提前十五日书面通知，通知应当个别送达，不能采用公告送达的方式。

第四节　债务人财产

一、债务人财产概述

1. 概　念

我国《企业破产法》第三十条对债务人财产进行了规定："破产申请受理时属于债务人的全部财产，以及破产申请受理后至破产程序终结前债务人取得的财产，为债务人财产。"这里面包括两个方面：一是破产申请受理时，属于债务人的财产，二是在破产程序过程中，债务人取得的财产。

《企业破产法》关于"债务人财产"的表述，相较旧的破产法有了较大的变化。在旧破产法中，没有"债务人财产"的称谓。而是统一使用了"破产财产"的表述。在《企业破产法》的第一百零七条第二款中对二者进行了区分："债务人被宣告破产后，债务人称为破产人，债务人财产称为破产财产，人民法院受理破产申请时对债务人享有的债权称为破产债权。"可见，债务人财产和破产财产的不同，主要在于：（1）适用的阶段不同。债务人财产起算的时间点是破产程序启动时，破产财产更多专指破产宣告后属于债务人名下的财产；（2）财产范围有所不同。债务人财产范围较破产财产范围更广，包括在破产程序开始后破产宣告前属于债务人所有的财产。也可以认为，债务人财产范围包含了破产财产。

2. 债务人财产范围

《破产法司法解释（二）》第一条规定“除债务人所有的货币、实物外，债务人依法享有的可以用货币估计并可以依法转让的债权、股权、知识产权、用益物权等财产和财产权益，人民法院均应认定为债务人财产。”可以看出，债务人财产包括了财产和财产权益。

财产包括动产、不动产。《破产法司法解释（二）》第二条规定了不属于债务人财产的内容：“下列财产不应认定为债务人财产：（一）债务人基于仓储、保管、承揽、代销、借用、寄存、租赁等合同或者其他法律关系占有、使用的他人财产；（二）债务人在所有权保留买卖中尚未取得所有权的财产；（三）所有权专属于国家且不得转让的财产；（四）其他依照法律、行政法规不属于债务人的财产。”第一项的财产虽然是债务人使用，但债务人并非所有权人，而是基于相应的法律关系而占有使用，财产的所有权人在破产程序中可以行使取回权而重新占有该财产；第二项是指债务人作为买受人，尚未支付完毕价款之前，出卖人仍享有出卖物品的所有权，这种情形也不属于债务人的财产。第三项是指所有权专属国家的情形。比如在《民法典·物权编》第二百四十七条至二百五十四条，就规定了国家所有的财产，包括矿藏、水流、海域、无居民海岛、城市土地、无线电频谱资源、国防资产等；有法律规定为国家所有的森林、山岭、草原、荒地、滩涂、野生动植物资源、文物、铁路、公路、电力设施、电信设施、油气管道等，属于国家所有。专属于国家所有的财产且不得转让的，不属于债务人财产。但是，有一部分财产虽然是属于国家所有不得转让，但是所有权中的一些权能却是可以转让的。比如城市土地中的国有土地使用权，就可以与所有权相分离而进行转让。第四项是其他规定不属于债务人财产的。

二、破产撤销权

破产撤销权，是破产程序中的一个重要的制度，有别于民法上的撤销权，其目的是防止债务人在已经丧失清偿能力的情况下，采用不正常的交易、不公允的手段，进行偏袒性清偿、个别清偿，导致部分债权人所获清偿高于其他债权人，而破坏债权人平等受偿的这一最重要的破产程序设立的原则。

1. 破产撤销权的定义

破产撤销权是指在破产程序中，破产管理人针对债务人在破产程序开始前的一定期间内实施的有损全体债权人获得公平受偿的行为，申请管辖法院予以撤销，追回债务人财产用于清偿的一种制度。

2. 破产撤销权与民法撤销权的区别

破产撤销权与民法上的撤销权虽然都名为“撤销权”，但却有着本质的区别：

（1）实施的情形不同。破产法的上撤销权，特定适用于债务人已丧失清偿能力的情况下，民法上的撤销权对债务人身份无此限定；

（2）对可撤销行为相对人的主观认知要求不同。破产法上的撤销权，并不以可撤销行为的相对人主观上有恶意为要件；民法上的撤销权则以可撤销行为的相对人主观上有恶意，应当知晓或应当知晓债务以明显不合理低价转让财产、以明显不合理高价受让他人财产或为他人债务提供担保，影响债务权人的债权实现的内容；

（3）行使的主体不同。

破产法上的撤销权行使主体是管理人，民法上的撤销权行使主体是其他利益可能受损的债权人。

（4）行使的范围不同。破产撤销权行使的范围不受个别清偿债权数额的限制，但民法上的撤销权以申请撤销的债权人的债权数额为限。

（5）诉讼时效、除斥期间规定不同。

破产撤销权依据情形不同，在破产程序中，管理人可以对受理破产申请一年前的债务人行为、受理破产申请六个月前的债务人行为进行撤销。在破产程序终结后的两年内，债权人发现债务人有可撤销行为而可以追回财产的，可以请求人民法院予以追回用于分配；民法上的撤销权则是自债权人知道或者应当知道撤销事由之日起一年内行使。债务人的行为发生之日起五年内没有行使的，撤销权消灭。

3. 破产撤销权与无效行为的区别

《企业破产法》第三十三条规定："涉及债务人财产的下列行为无效：（一）为逃避债务而隐匿、转移财产的；（二）虚构债务或者承认不真实的债务的。"

无效行为的认定是债务人有主观上的恶意损害部分债权人的利益。破产撤销权则无这一主观认定。

另外，在进入破产程序后，债务人的资产由管理人管理，债务人对资产的任何处理都是无效的行为。

三、取回权

通常我们所指的取回权，是指其他权利人取回被债务人依据相应法律关系占有的财产，也称为权利人取回权。《企业破产法》第三十八条规定"人民法院受理破产申请后，债务人占有的不属于债务人的财产，该财产的权利人可以通过管理人取回。但是，本法另有规定的除外。"

债务人在日常经营过程中，可能会依据租赁、保管、仓储、加工承揽、受托管理、承运等法律行为暂时占有他人的财产。当债务人进入破产程序时，该财产的权利人可以通过管理人取回原本就不属于债务人的财产。但是，权利人在行使取回权时，应当向管理人支付相关的加工费、保管费、仓储费、委托管理费等费用。如果没有支付，管理人可以拒绝其取回的请求。对于债务人占有的权属不清的鲜活易腐财产，或者是其他不及时处理就会造成价值贬损的财产，管理人可以及时变价并提存价款，权利就相应价款行使取回权。

四、破产抵销权

破产抵销权是指债权人在破产受理前对债务人负有债务的，无论是否到期，都可向管理人主张相互抵销的权利。

破产抵销权与民法上的抵销权也有着不同的内容。破产抵销权的行使，无论债权人对债务人的债务是否到期，在破产受理时均视为到期，无论债的标的是否相同，都可行使抵销权。但下列情形，债权人主张债务的抵销，管理人应不予同意：债务人的债务人是破产申请受理之后取得他人对债务人的债权的；债权人已经知道债务人即将破产的情况下，对债务人负担债务的。但是，因为法律规定而不得不对债务人负担债务（比如部分税款的产生），或者是在破产申请一年前而负担的除外；债务人的债务人已经知道债务人即将破产而取得债权的；但是因为法律规定取得或者是在破产申请一年前而取得的除外。

第五节　破产债权

一、破产债权概述

破产债权是指债权人在破产程序开始前对债务人享有的，应当在破产程序中由债务人财产进行清偿的财产请求权。进入破产程序后产生的，即使是应当由债务人财产进行清偿的，也不是破产债权，而是破产费用，或者是共益债务。享有破产债权的人，是破产债权人。

二、破产债权的申报

一般来说，债权人在破产程序前对债务人享有、具有财产给付内容的合法债权，可以在破产程序开始后依法向管理人申报。

债权人的申报应当在人民法院规定的期限内进行，从法院发布受理公告之日起计算，最短三十天，最长三个月。如果逾期申报，但在破产财产最后分配前申报的，将被要求支付人管理人审查确认逾期申报债权的费用。

债务人所欠的职工债权不需要进行申报，由管理人主动进行调查核实后列出清单予以公示。职工债权包括的内容有债务人所欠职工的工资、医疗、伤残补助、抚恤费用，所欠的应当划入职工个人账户的基本养老保险、基本医疗费用等，还包括依法应当支付给职工的补偿金，比如劳动法中规定的经济补偿金等。

对于税收债权，法律并未规定是否不申报，现在通常的做法仍是需要税收机关进行申报债务人欠税金额，但由管理人提供相关报税资料进行配合，以便税务机关核实欠税的金额，进而申报债权。另外，对于债务人的罚款等财产性的行政处罚措施，也不在申报之列。

连带债权人可以由其中一人代表全体连带债权人申报债权，也可以共同申报债权。申报的债权是连带债权的，应当说明。

债务人的保证人或者其他连带债务人，已经代替债务人清偿债务的，以其对债务人的求偿权申报债权；尚未代替债务人清偿债务的，除债权人已经向管理人申报全部债权的外，以其对债务人的将来求偿权申报债权。

在连带债务人之一破产时，其债权人享有在破产程序中申报债权的权利。连带债务人数人被裁定适用破产程序的，其债权人有权就其全部债权分别在各破产案件中申报债权。

管理人或者债务人在破产程序中决定解除未履行完毕的合同的，对方当事人因合同解除所产生的损害赔偿请求权可申报债权。

破产债务人是票据的出票人，该票据的付款人继续付款或者承兑的，付款人以由此产生的请求权申报债权。

三、破产债权的确认

在债权人申报债权后，管理人应当制定债权申报登记表、编制债权表，对债权进行审查，将审查的结果提交债权人会议核查。债务人、债权人对债权表记载的债权无异议的，由管理人提请人民法院裁定确认。债权人、债务人对债权表记载的内容有异议的，可以向破产案件受理法院提出债权确认之诉。

在债权审查过程中，管理人对已有生效法律文书确认的债权，应当确定确认。管理人或者债权人、债务人对生效法律文书记载的债权有异议的，应当通过审判监督程序解决，管理人不能在破产程序中直接否定该债权。这是为了维护生效裁判文书的既判效力。

第六节　重整制度

一、重整制度概述

根据《企业破产法》的规定，对于已经具备破产原因的企业，又具有挽救希望和价值的，在法院主持下，通过各方利害关系人的沟通协调，对企业强制性进行债务清理并实现资产重组，使企业重新正常经营，避免破产的一项法律制度。重整对于释放困境企业占用的生产资料，实现资源的有效配置，挽救企业免于陷入清算境地，也是体现破产法拯救危困企业这一目的的重要制度。近年来，中央在诸多会议中要求实现供给侧改革，释放企业产能，在通过破产清算处理僵尸企业的同时，将一些还有重整希望的危困企业拯救出来，重新焕发生命和活力，

重整制度最早萌芽于英国，但世界上影响最大的美国破产法中的重整制度，各国立法纷纷进行仿效。

二、重整功能

重整强调对企业的拯救，不像破产清算，只负责清理债务人的债权债务之后将债务人的财产公平分配给债权人，使债务人主体消灭；重整对企业进行积极地挽救，在清理债权债务的同时，注重消除破产原因，恢复企业的正常运营，降低运营成本，提高运营效率，避免企业破产，并使其重新恢复生机。因此，重整，可以被看作危困企业的看病治病的过程。

三、重整申请和重整期间

重整程序可以在程序开始初期由债务人自行申请，或者由债权人申请；可以是在向法院申请立案时申请重整，也可以在债务人申请清算、人民法院受理清算后宣告破产前，由债务人或者出资额占债务人注册资本十分之一以上的出资人向人民法院申请。

受理重整申请到重整程序终止期间为重整期间。重整期间不包括重整计划批准后的执行期间。在重整期间，经债务人申请，人民法院批准，债务人可以在管理人的监督下自行管理重整财产和重整事务，之前由管理人管理的债务人财产和经营事务，移交给债务人自行管理，管理人只行使监督职能；管理人也可以选择在重整期间由管理人自己负责，管理人聘请债务人的经营管理人负责经营事务。

在重整期间，对债务人继续经营有价值的特定财产，如果已被设立担保物权的，管理人有权决定债权人享有的担保权暂停行使。

在重整期间，债务人或管理人为继续营业而借款的，可以为该笔借款设立担保。

在重整期间，债务人合法占有他人财产的，该财产权利要求取回，要符合双方合同约定的条件，重整期间不适用破产清算中的加速到期情形。

在重整期间，未经人民法院批准，债务人的出资人不得请求投资收益分配。债务人的董事、监事、高级管理人员不得向第三人转让其持有的债务人的股权。

四、重整计划草案的制定与批准

《企业破产法》规定，重整计划草案由债务或者管理人制定并提交法院。债务人自行管理财产和营业事务的，由债务人制作重整计划草案。管理人负责管理财产和营业事务的，由管理人制作重整计划草案。应当自法院裁定重整之日起六个月内提交，必要时可以延长三个月。

重整计划草案的内容，应当包括如下内容：债务人的经营方案、债权分类、债权调整方案、债权受偿方案、重整计划的执行期限、重整计划执行的监督期限和有利于债务人重整的其他方案内容，比如模拟清算的受偿额与重整状态下的清偿额进行对比分析等等。

重整相较于和解来说，更注重企业的挽救和重生，而不仅仅是债务的减免和金额的调整，因此债务人的经营方案是重整计划中的重要内容，也是其他部分的基础。

重整计划草案由债权人会议表决，相较于全体债权人一起表决不同的是，重整计划草案采用债权人分组会议表决的方式。同一类别的债权人在同一组别进行表决，以确保同一类别的债权人获得公正、不偏颇地对待。《企业破产法》第八十二条、第八十三条对分组的类别进行了规定，主要包括这几类：担保债权组、职工债权组、税收债权组、普通债权组、出资人组等。同时在实践中根据案件情况需要，会根据债权金额的大小，分设小额债权组和普通债权组。在房地产企业重整案件中，为保护中小购房者的生存利益，还经常出现购房者组这一类别。

重整计划草案经过表决，取得出席会议的同一表决组的债权人过半数同意，且其所代表的债权额占该组债权总额三分之二以上的，视为该组通过重整计划草案。当各表决组均通过重整计划草案时，重整计划即为通过。如果有部分表决组未通过，债务人或管理人可与该组别进行协商，再次表决；仍未通过的，如果重整计划本身不违反法律规定，其经营方案具有可行性、表决程序合法、内容不损害各表决组中反对者的清偿利益的，人民法院可以裁定批准通过重整计划。虽然法律对人民法院强制批准重整计划进行了规定，但是在实践中对这一做法进行了严格的限制，来避免这一权利的滥用。裁定通过重整计划设置了严格的条件，最高人民法院印发的《全国法院破产审判工作会议纪要》第18条规定，人民法院应当审慎适用强制批准重整计划，不得滥用强制批准权。确需强制批准重整计划草案的，重整计划草案除应当符合企业破产法第八十七条第二款规定外，如债权人分多组的，还应当至少有一组已经通过重整计划草案，且各表决组中反对者能够获得的清偿利益不低于依照破产清算程序所能获得的利益。

五、重整计划的执行、监督与终止

《企业破产法》规定，人民法院裁定批准重整计划后，重整计划由债务人负责执行，已接管财产和营业事务的管理人应当向债务人移交财产和营业事务。

管理人监督债务人执行重整计划的情况。监督期届满时，管理人应当向人民法院提交监督报告。自监督报告提交之日起，管理人的监督职责终止。

六、预重整制度简介

我国目前并无预重整制度的相关法律规范规定，但是实践中已有不少预重整的案例，不少地方也出台相应的规定，规范预重整的程序，故有必要在此做一介绍。预重整，是指在受到公司出现破产原因影响的公司债权人进入重整程序启动之前，在自愿重组谈判中商定的计划发生效力而启动的程序。具体地讲，是公司在进入法院重整程序前先与债权人、重组方等利害关系人就债务清理、营业调整、管理层变更等共同拟定重整方案，然后再将形成的重整方案带入由法院主导的重整程序由法院审查。一旦法院批准重整方案，该方案就取得了执行力，重整程序宣告结束。我国预重整一般由政府或法院引导启动，指定清算组织协调各方达成预重整方案，将企业正式重整的各项工作前置到进入法院之前，如营业调整、债务清理、重整计划草案的制定等事项。

预重整出现，有一定的合理性：（1）在重整程序中，法定最长重整期间是9个月，但对很多复杂的企业来说，9个月要完成债权债务清理、寻找到新的投资人、制定重整计划草案，时间太过紧张。重整期间不能完成重整，企业就只能破产清算。而预重整扩张了企业进行重整的时间，使债务人能有更充分的时间调整生产经营，以从根本上增强债务人的清偿能力，避免债务人破产；（2）由于进入法院后的重整程序的运行成本较高，包括诉讼、会计等服务的费用以及可能的营业中断、客户遗失等等成本，因此进行预重整能够有效地降低重整程序的运行成本；（3）由于企业在进入破产程序后进行重整时，市场可能因其破产趋向而对债务人企业降低信誉评价，于是提升债务人与其合作的成本。市场对债务人企业价值的判断作用因此而部分地失灵，不能准确地判断债务人企业是否应该退出市场。而如果先进行预重整，则市场各方能在较为缓和的情形下对债务人企业进行评估，相比之下能较为准确地判断债务人企业的价值。

但是，因为预重整不是一个法定的程序，故在预重整中的相关措施并不具备法定的效力，比如进入预重整后，对债务人财产已有的司法保全措施，没有解封的强制效力，也不停止执行，导致债务人资产的清理、预重整计划草案的制定有相当难度，这些都是待立法解决的问题。

第七节　破产和解

一、破产和解制度概述

和解是当事人之间就发生的争议进行协商后，约定一方或多方妥协、让步的一种争议解决方式。在破产法中，和解可以分为法院内的和解和法院外的和解。

法院内和解，也称强制和解，具体指当事人在法院的主持下与和解债权人进行协商，就债务偿还等事项制订和解协议草案的一种法律程序。法院外和解，是指债务人与全体债权人在破产案件受理后，就债权债务的处理自行达成协议，协议经法院认可后具有相当于法院内和解的效力。和解主要适用于债务人发生破产原因但尚有挽救可能与价值的情况。只要债务人有和解的积极意愿和切实可行的和解方案，就可以进行和解，以避免债务人的破产清算，获得重生。重整、和解与清算，并列为我国破产法中的三大破产程序。与重整相比，和解更注重债务人与债权人之间的协商、沟通。

二、破产和解的功能

破产和解的优势在于：其一，债务人能够动态地、联系地发挥其财产价值，继续经营以偿债，有效地提高债务的清偿率；其二，一定时期内缓解债务人的债务压力，使债务人尚有复苏的可能性；其三，避免债务人的经营主体资格被取消或限制，不至于完全丧失商誉；其四，客观上减少或延缓了企业破产，降低了企业破产和其所造成的人员失业对社会的冲击，有利于经济秩序和社会秩序的稳定。

因此总的说来，破产和解制度的功能在于为破产原因出现后、破产清算前设置一个过滤系统，首先是延缓出现破产原因的实体进入清算的速度，以维护经济和社会的稳定；其次是对这些债务人进行审查和判断，如果这些债务人仍有挽救的价值和可能，那么通过制度安排给予其机会避免被清算而复苏、重生；最后，确认没有价值和可能复苏的，则进入清算程序分配其财产、终结其存续，退出市场。

三、和解申请与受理

1. 和解的申请

根据《企业破产法》第九十五条，债务人可以直接向人民法院申请和解，也可以在人民法院受理破产申请后、宣告债务人破产前，向人民法院申请和解。和解的申请人只能是债务人，清算人、出资人等均不可申请和解，主要是因为：设置和解制度的目的是避免债务人被破产清算，如果债务人没有和解意愿，那么即使债权人或其他人能够启动和解程序，也达不到和解的目的；债务人最清楚其陷入债务困境的原因，因此切实可行的和解方案通常只能由债务人提出，并且和解协议提出后必须由债务人去承诺和履行，其他主体均无法替代；破产和解只涉及债务人和债权人之间的债务问题，而债权人处于相对被动的地位，没有更多的手段去制约债务人或推动和解，只能依靠债务人。

债务人在向人民法院提出和解申请时，除了应当提交和解申请书、和解协议草案外，还需提交其出现破产原因的证据、主体资格证明、债权债务清册等材料。

2. 和解申请的受理

债务人提出和解申请后，法院需要审查是否存在和解障碍。和解障碍审查的内容主要包括：（1）是否同时或先前存在重整申请或重整程序。在法院同时收到和解申请和重整申请时，法院应受理重整申请。如果先前已经存在重整程序，和解程序也不能开始。（2）债务人是否具有履行和解协议的诚意。（3）债权人会议是否已经否决和解或者法院是否已经作出撤销和解裁定，债务人再次提出和解申请。此两种情形下，法院应驳回债务人的和解申请。

经法院审查确无和解障碍的，法院则会对申请人提交的和解协议草案进行审查：和解协议草案的内容意思表示真实，是否违反法律规定或债权人的一般利益，是否具有履行的可能性等。

注意，该阶段法院的审查只是对和解申请的审查，并不意味着和解协议经此审查而生效，区别于债权人会议通过和解协议草案后法院对和解协议的审查、认可。

四、和解协议制定和表决

1. 和解协议的制定

和解协议草案的制订能由债务人来进行，一般来说包括以下内容：（1）债务人资产负债现状。（2）偿债财产的来源，要使债权人相信债务人偿债的资金和财产已经有妥当的安排且切实可行，表明债务人自己的履行意愿和履行能力。（3）清偿计划。清偿计划需要详细地分析按照和解协议草案，债权人能够获得的清偿金额，并说明该清偿数额将多于通过破产清算获得的清偿。同时还要明确债务的总额、减免债务的数额、偿还期限和方式以及每期偿还的数额和比例。为了提高债权人对清偿计划的认可度，通常还由第三方提供担保。（4）对债务人履行和解协议时复苏可行性的论证。（5）在某些可能的情况下，应有引进战略投资人或制订资产重组的计划。

法院裁定受理和解申请后应予以公告，确定召开债权人会议的时间，债权人会议对和解协议草案进行表决。债权人会议上，先由债务人对协议草案进行解释和说明，由债权人发表意见进行讨论以及补充、修改协议草案。

2. 和解协议的表决

根据《企业破产法》第九十七条规定，债权人会议通过和解协议的决议，由出席会议的有表决权的债权人过半数同意，并且其所代表的债权额占无财产担保债权总额的三分之二以上。同时，对和解协议草案享有表决权的主体，通常限于普通债权人，包括无财产担保的债权人、有财产担保但明确放弃优先受偿权的债权人、债权数额超过担保财产价值部分的债权人。而对于劳动债权、税收债权和债权数额已被担保财产全部担保的担保债权的债权人，其法定的清偿顺序优先于普通债权，因此不参与和解协议的表决。

五、和解协议草案的批准

债权人会议表决通过和解协议草案，意味着债务人与全体债权人达成和解协议，和解协议成立。但此时并不意味着和解协议的生效，和解协议发生法律效力，还须法院对和解协议进行审查，裁定认可后方能生效。

法院对和解协议的审查主要从程序和实体两个方面进行：程序方面，主要是对和解程序、债权人会议决议程序的合法性进行审查；实体方面，主要包括决议通过后是否发生和解障碍事由、通过后的和解协议是否损害债权人的一般利益、是否损害少数债权人的利益或是否损害第三人、社会、国家的利益等等。

法院可依职权裁定不予认可和解协议，也可依债权人或其他利害关系人的申请裁定不予认可并宣告债务人破产，但通常只有在法律明文规定的情形下才能作出不予认可的裁定。

六、和解协议的执行与终止

和解协议一经法院裁定认可，随即发生法律效力，包括对债权人、债务人、保证人及其他连带债务人等的效力。

对于全体和解债权人，和解协议限制其受偿权利的行使，无论其是否申报债权、是否参加债权人会议、是否表决同意和解协议草案，和解债权人只能按照和解协议受偿。未申报债权的债权人，因其惰于行使权利，因此权利的行使受到进一步限制，只能在和解协议执行完毕后，才能按照和解协议约定向债务人行使权利。对于有财产担保的债权人，自法院裁定和解之日起可以行使权利，就担保财产进行个别执行程序。为了避免债务人赖以继续经营的担保财产被执行而使债务人难以继续履行和解协议，债务人通常要与有财产担保的债权人逐个、单独地达成和解。

和解协议裁定批准后，此前法院已指定管理人接管债务人财产和营业的，则管理人向债务人移交。债务人开始按照和解协议约定的条件向和解债权人清偿债务，不得违背和解协议中关于清偿比例、清偿条件的约定单独给予个别债权人以优待。如果债务人履行不能或拒绝履行，则和解债权人可以向法院申请终止和解协议的执行并宣告债务人破产进行清算。此时和解债权人与债务人在和解协议中对减免债务的合意不再有效，但已获清偿的部分仍然有效，不予返还。最后，和解协议执行完毕后，和解协议中约定减免的债务，即使债务人恢复偿还能力，也无须清偿。

根据《企业破产法》的规定，债务人不能执行或不执行和解协议的，只能对其恢复破产清算。但在债务人已经履行大部分和解协议并复苏重生，债务人囿于情况发生变化未履行部分和解协议时，如果恢复破产清算，则葬送了债务人前期挽救企业的努力，是对社会资源、司法资源的一种浪费。故在《最高人民法院关于审理企业破产案件若干问题的规定》第二十六条中规定了在这种情况下，相关债权人可以申请人民法院强制执行。

第八节　破产清算

当企业资不抵债，也没有拯救可能和拯救价值时，法院即对其宣告破产，破产宣告就是破产清算程序的开始。

一、破产宣告

1. 破产宣告的概念

破产宣告是法院以裁定方式作出的认定债务人已丧失清偿能力，并不可逆转地依照破产清算程序清理债务关系的司法行为。破产宣告是破产清算程序启动的标志，破产宣告后，债务人转化为破产人、债务人财产转化为破产财产、债权人在法院受理破产申请时对债务人享有的债权转化为破产债权，破产管理人接管破产企业并在实体上、程序上产生一系列法律效果。我们前面提到的和解和重整的申请均只有在宣告债务人破产前提出。因此，“破产宣告上承破产预防程序（即和解和重整），下启破产清算程序，起着中介性和转折性的桥梁作用”①。其对债务人企业的命运而言是转折点，一旦法院裁定宣告债务人破产，则债务人企业的人格将无可挽回地归于消灭。

2. 破产宣告的适用条件

第一，破产主体适格。根据《企业破产法》第一百三十五条、《合伙企业法》第九十二条、《农民专业合作社法》第四十五条以及相关司法解释之规定，我国企业法人和企业法人之外的其他组织都可以（参照）适用破产程序，自然人暂不能适用破产程序。

第二，债务人已无可挽救。这是指债务人不能、不愿通过和解、重整等破产预防

① 汤维建著:《破产程序与破产立法研究》，人民法院出版社 2001 年版，第 172 页。

程序或已采用前述程序但仍不能挽救债务人的情形发生，同时不具备免于破产宣告的条件。

第三，适格申请人提出破产清算申请。

3. 免于破产宣告的条件

根据我国《企业破产法》第一百零八条之规定，第三人为债务人提供足额担保或者为债务人清偿全部到期债务、债务人已清偿全部到期债务的，人民法院在破产宣告前应当裁定终结破产程序。由此债务人可免于被法院裁定宣告破产。当然，前述的和解程序和重整程序成功进行完毕也能使债务人免于破产清算。

二、破产财产变价与破产分配

在破产宣告后破产清算期间，管理人对债务人财产进行变价处理并分配。

为了保障破产财产分配的公平性，我国《企业破产法》规定破产财产的分配应当以货币分配方式进行，除非债权人会议另有决议。破产财产的变价程序主要分为三步，即管理人拟定破产财产变价方案、债权人会议对变价方案进行讨论和管理人执行变价方案。经债权人会议讨论通过的，管理人按照通过的变价方案适时变价出售破产财产；经债权人会议讨论未通过的，法院依职权裁定破产财产变价方案，管理人依此适时变价出售破产财产。

三、别除权标的物的变现

我国《企业破产法》第一百零九条规定："对破产人的特定财产享有担保权的权利人，对该特定财产享有优先受偿的权利。"这一条，是对别除权的规定。别除权是指债权人因其债权在债务人特定财产上设有物权担保而享有的法定的优先受偿权。顾名思义，即将债务人特定的担保财产从破产程序的限制中别除出去，别除权的基础权利限于债权人对破产人的特定财产享有的抵押权、质押权、留置权，不包括案外人、案外财产所产生的担保物权。这些对破产人的特定财产所享有的抵押权、质押权、留置权所产生的优先受偿效力，在破产程序中以别除权的形式实现。

就别除权的范围而言，优先受偿的效力限于该特定财产的价值，由此可能产生三种情况：等额担保、超额担保和不足担保。对于等额担保来说，别除权人可就该特定财产的价值全额优先受偿；对于超额担保，别除权人就该特定财产的价值部分优先受偿；对于不足担保，别除权人就该特定财产的价值全额优先受偿，不足部分作为普通债权参与分配。

具体地，就别除权的行使方式来说，一般依据抵押权、质权、留置权的行使程序和方式来行使权利。同时，债务人、管理人如果经别除权人同意出售该负有担保的特定财产，那么别除权人可就出售所得价款主张物上代位权，仍然优先受偿。未经别除权人同意而出售的，一般为无效法律行为，但是未经登记、不能对抗善意第三人的动产抵押权为基础的别除权人不知情、不同意的除外。

四、破产财产的分配

破产财产的分配是指管理人按照法律规定的分配规则和分配顺序，将破产财产分配给已经确认债权的债权人的程序。

1. 破产财产分配的程序及分配方案

破产财产分配需要经过四个程序：管理人拟定破产分配方案、债权人会议讨论并通过该方案、法院裁定认可经讨论通过的破产分配方案、管理人执行分配方案。

分配方案的内容应包括下列事项：参加破产财产分配的债权人名称或姓名、住所、参加破产分配的债权数额、可供分配的破产财产数额、破产财产分配的顺序、比例及数额和实施破产财产分配的方式、时间和地点等内容。

2. 破产财产分配的种类

分配可以一次完成，也可以分多次完成，视破产财产的多少、变价难易程度、市场行情等情况决定。

依据进行分配的时段的不同，可将破产分配分为中间分配、最后分配和追加分配。中间分配是指在毫无保留地对一般破产债权人进行分配之前所进行的分配；最后分配是指全部破产财产变价后，毫无保留地对一般债权人进行分配，完毕后破产程序终结；追加分配是指在最后分配后、破产程序终结后又发现可分配的破产财产时所进行的分配。目前我国对追加分配的时效限定为自破产程序终结之日起 2 年内，根据《民法典》关于诉讼时效的新规定，追加分配的时效也认定为 3 年更为适宜。

3. 破产财产分配的顺序

根据我国《企业破产法》第一百一十三条之规定，破产财产在优先清偿破产费用和共益债务后，依照下列顺序清偿：（1）破产人所欠职工的工资和医疗、伤残补助、抚恤费用，所欠的应当划入职工个人账户的基本养老保险、基本医疗保险费用，以及法律、行政法规规定应当支付给职工的补偿金；（2）破产人欠缴的除前项规定以外的社会保险费用和破产人所欠税款；（3）普通破产债权。破产财产不足以清偿同一顺序的清偿要求的，按照比例分配。破产企业的董事、监事和高级管理人员的工资按照该企业职工的平均工资计算。

4. 债权人未能受领的情形

破产财产进行分配时，管理人应当通知或公告债权人领取财产，逾期不领取的，管理人应当提存。自最后分配公告之日起 2 个月仍不领取的视为放弃受领，由管理人或法院将该份额分配给其他债权人。

破产财产分配时因诉讼或仲裁而未决的债务，管理人也将其份额提存，自破产程序终结之日起 2 年仍不能受领的，由法院将提存的份额分配给其他债权人。

五、破产程序的终结

管理人在最后分配完结后，应及时向人民法院提交破产财产分配报告，并提请人民法院裁定终结破产程序。裁定一经公告即终结破产程序。管理人应当自破产程序终结之日起十日内，持人民法院终结破产程序的裁定，向破产人的原登记机关办理注销登记。破产人的法人资格因注销登记而归于消灭，其所负的剩余债务当然免除，未得到清偿的债权也归于消灭。但是根据《企业破产法》的有关规定，破产程序终结之日起 2 年内，有依据《企业破产法》关于破产撤销权和破产无效行为的规定应追回的财产或发现破产人有其他应供分配的财产的，债权人可以请求人民法院按照破产财产分配方案进行追加分配，如果该财产甚至不足以支付分配费用的，则不再进行分配而由法院上交国库。

课后复习

【案例分析】

安阳铝业有限责任公司是一家生产电解铝制品的企业，因经营不善已资不抵债，有意向法院申请破产清算。现聘请你为律师，代理破产中的法律事务。经过一段时间工作后，你掌握了以下情况：

1. 安阳铝业有限责任公司系在省工商行政管理局注册登记的公司。

2. 安阳铝业有限责任公司欠当地工商银行贷款 2 200 万元，贷款时曾提供安阳铝业有限责任公司一套进口生产设备作抵押，该套设备现值 1 500 万元。

3. 安阳铝业有限责任公司的债权人之一甲公司因追索 250 万元货款而在一个月前在某基层法院起诉安阳铝业有限责任公司，此案尚在审理中。

4. 安阳铝业有限责任公司曾为乙公司向当地建设银行一笔 500 万元的贷款承担连带责任担保，现该笔贷款已逾期，乙公司对该笔贷款未予偿还。

5. 安阳铝业有限责任公司欠天津天山电机有限责任公司货款 120 万元，新疆天山棉花有限责任公司欠安阳铝业有限责任公司 100 万元。

6. 安阳铝业有限责任公司现有职工 112 名，存在不同程度的欠付工资情形。

根据以上情况，回答下列问题：

1. 安阳铝业有限责任公司如申请破产清算，应由哪个法院进行受理？

2. 工商银行的 2 200 万元贷款应如何处理？

3. 甲公司与安阳铝业有限责任公司之间尚未审结的案件应如何处理？

4. 建设银行能否参加破产清算程序？是否应当申报债权？理由是什么？

5. 向人民法院申请破产时，需要向法院提交哪些材料？哪些主体可以向法院申请安阳铝业有限责任公司破产？

6. 欠付的职工工资应该怎样处理？职工是否需要申报债权？

7. 安阳铝业有限责任公司与新疆天山棉花有限责任公司之间的债务关系如何处理？

【思考题】

1. 试述破产的作用和破产受理的条件。
2. 论述破产程序，区分和解与重整。
3. 管理人的职责有哪些？
4. 债权人会议行使哪些职权？
5. 解释破产程序中的抵销权、撤销权和取回权。
6. 解释破产费用和共益债务。
7. 简述破产清偿的顺序。

第十一章 劳动法律制度

本章概要

- 劳动法律制度
  - 第一节 劳动法概述
    - 一、劳动法的调整对象
    - 二、劳动法的基本原则
  - 第二节 劳动合同
    - 一、劳动合同的主体
    - 二、劳动合同的关系
    - 三、劳动合同的种类
    - 四、劳动合同的条款
    - 五、劳动合同履行中的责任
    - 六、劳动合同的解除
    - 七、劳动合同的终止
    - 八、劳动合同中的经济补偿
    - 九、集体合同
  - 第三节 其他用工方式
    - 一、劳务派遣
    - 二、非全日制用工
  - 第四节 劳动基准法
    - 一、工作时间和休息休假
    - 二、工资法律制度
    - 三、职业安全卫生法
  - 第五节 社会保险制度
    - 一、基本养老保险
    - 二、基本医疗保险
    - 三、工伤保险
    - 四、失业保险
    - 五、生育保险
    - 六、社会保险费征缴
    - 七、社会保险基金
  - 第六节 劳动争议
    - 一、劳动争议的概念
    - 二、劳动争议的受案范围
    - 三、劳动争议的解决途径

第一节 劳动法概述

一、劳动法的调整对象

（一）劳动关系

1. 劳动关系的概念

（1）广义的劳动关系，是指劳动主体在实现集体劳动过程中彼此之间发生的社会关系。

（2）狭义的劳动关系，是指《劳动法》所调整的劳动关系，即劳动者在实现集体劳动过程中与用人单位之间发生的关系。

2. 劳动关系、劳务关系和人事关系的区别

（1）适用法律的不同。

劳动关系中产生的纠纷是劳动者与用人单位之间的纠纷，适用《劳动法》《劳动合同法》等来规范调整。

劳务关系中产生的纠纷是平等主体之间的纠纷，适用《民法典》来规范调整。

人事关系中产生的纠纷，一是国家工作人员与国家行政管理机关之间的纠纷，二是国家行政机关与公民、法人、其他经济组织及社会团体、各党派机关组织之间的纠纷，所以适用于《宪法》《行政诉讼法》《行政复议法》《行政处罚法》《国家赔偿法》《公务员法》及《劳动法》和《民法典》等来规范和调整。

（2）当事人双方关系不同。

① 劳动关系主体特定，一方是符合劳动年龄且具有与履行劳动合同义务相适应能力的自然人（劳动者），另一方是符合法定条件的用人单位，两者间是领导与被领导的关系，即劳动者与用人单位具有隶属关系。

② 劳务关系双方当事人可以都是自然人，也可以都是单位，还可以一方是自然人，另一方是单位，一方不需要加入另一方，两者之间没有身份、经济、组织上的从属性，是平等的主体关系。

③ 人事关系的主体则一方是多元的“个人”，另一方是行政上级组织。

（3）劳动支配权和劳动风险责任承担不同：① 劳动关系中劳动支配权在用人单位，劳动风险由社会、用人单位、劳动者三方承担；② 劳务关系中劳务支配权在提供劳务者，劳动风险责任由接受劳务者承担，接受劳务者承担责任后可向有故意或者重大过失的提供劳务者追偿；③ 人事关系的风险则由组织来承担。

（4）三者都给付劳动报酬，但报酬性质和支付方式不同。

① 劳动关系中人的报酬根据劳动的数量和质量确定，由双方当事人约定，但须遵守国家最低工资等强制性规定，并且每月至少 1 次；

② 劳务关系中人的报酬是根据劳务市场价格确定，由双方当事人约定，国家无强制性规定，支付方式一般为一次性或分批支付；

③ 人事关系中人的报酬，虽然也是按劳分配，但必须是各级人事部门经过对其本人考核“称职”后才发放的。

（5）社会关系性质不同。

① 劳动关系仅是与劳动过程相联系的社会关系，表现为劳动者向用人单位提供劳动力。劳动关系具有唯一性，我国《劳动法》尚不承认双重劳动关系。

② 劳务关系虽也是与劳动过程相连，但它更着眼于实现过程，虽也以劳动行为为内容，但它与劳动结果紧密相连。劳务关系可以多重建立。

③ 人事关系是社会劳动过程中人与人、人与事、人与组织之间的广泛的社会关系，表现为通过组织、协调、控制、监督等手段，充分发挥人的潜能，把事情做得更好，使其人、事、组织之间的关系相互适应。

（二）劳动法还调整与劳动关系密切联系的其他社会关系

以下关系虽不是劳动关系，但受劳动法调整：

（1）管理劳动力方面的社会关系；

（2）社会保险方面的社会关系；

（3）工会组织关系、工会监督方面的社会关系；

（4）处理劳动争议方面的社会关系；

（5）劳动监督检查方面的社会关系。

二、劳动法的基本原则

（1）劳动既是权利又是义务原则。

（2）保护劳动者合法权益原则。

① 全面保护。无论是财产还是人身、无论是法定还是约定、无论是经济政治文化都要保护，缔约前、中、后都要保护。

② 平等保护。各种劳动者平等，同时对特殊劳动者特殊保护，贯彻实质公平。

③ 优先保护。在特定情况下，劳动者与雇主利益发生冲突时，优先保护劳动者。

④ 基本保护。人身安全健康、基本生活所需等需要绝对保护。

（3）劳动力资源合理配置原则，包括宏观配置和微观配置。

第二节　劳动合同

一、劳动合同的主体

1. 劳动者

自然人要成为劳动者，必须具备主体资格，即必须具有劳动权利能力和劳动行为能力。依《劳动法》规定：凡年满十六周岁、有劳动能力的公民具有劳动权利能力和劳动行为能力；法律禁止用人单位招用未满十六周岁的未成年人（童工），但文艺、体育、特种工艺单位确需招用未满十六周岁的文艺工作者、运动员和艺徒时，须遵守国家有关规定，并保障其接受义务教育的权利。比如，小运动员、小演员等。

2. 用人单位

在我国，依法成立的企业、个体经济组织、国家机关、事业组织、社会团体。依法成立的会计师事务所、律师事务所等合伙组织和基金会，属于《劳动合同法》规定的用人单位。

二、劳动合同的关系

（一）书面劳动合同的订立

1. 双方的先合同义务

（1）用人单位。

① 招用劳动者时，应当如实告知劳动者工作内容、工作条件、工作地点、职业危害、安全生产状况、劳动报酬，以及劳动者要求了解的其他情况；

② 不得扣押劳动者的居民身份证和其他证件；

③ 不得要求劳动者提供担保或者以其他名义向劳动者收取财物。

（2）用人单位有权了解劳动者与劳动合同直接相关的基本情况，劳动者应当如实说明。

2. 双方的后合同义务

（1）用人单位。

① 用人单位应当在解除或者终止劳动合同时出具解除或者终止劳动合同的证明。

② 用人单位应在十五日内为劳动者办理档案和社会保险关系转移手续。劳动者应当按照双方约定，办理工作交接。

③ 用人单位依照《劳动合同法》有关规定应当向劳动者支付经济补偿的，在办结工作交接时支付。

④ 用人单位对已经解除或者终止的劳动合同的文本，至少保存两年备查。

（2）劳动者应遵守劳动合同中约定的保密或者竞业限制义务。

（二）用人单位自用工之日起即与劳动者建立劳动关系

根据《劳动合同法》的规定，用工为劳动关系建立的唯一标准。建立劳动关系，应当订立书面劳动合同。

（三）已建立劳动关系，未同时订立书面劳动合同

已建立劳动关系，未同时订立书面劳动合同的，应当自用工之日起一个月内订立书面劳动合同。

（四）用人单位与劳动者在用工前订立劳动合同的，劳动关系自用工之日起建立

针对实践中存在的“先签合同后干活儿”的情形，劳动关系仍然是自用工之日起建立。

（1）自用工之日起一个月内，经用人单位书面通知后，劳动者不与用人单位订立书面劳动合同的，用人单位应当书面通知劳动者终止劳动关系，无需向劳动者支付经济补偿，但是应当依法向劳动者支付其实际工作时间的劳动报酬。

对于劳动者不愿意签劳动合同的情况，只有一个处理办法，即用人单位应当终止劳动关系，并且可以不给经济补偿。但是，还是要支付实际工时的劳动报酬。

注意：是“终止”，不是“开除”。

（2）用人单位自用工之日起超过一个月不满一年未与劳动者订立书面劳动合同的，应当向劳动者每月支付两倍的工资，并与劳动者补订书面劳动合同。

对于单位不愿意签劳动合同的情况，后果是“双罚”工资，并补签劳动合同。

注意：“双倍工资”指的是基本工资，而非全部工资薪金。

（3）前款规定的用人单位向劳动者每月支付两倍工资的起算时间为用工之日起满一个月的次日（首月不双罚），截止时间为补订书面劳动合同的前一日。

之所以第一个月不罚，是因为第一个月是法律规定的双方的缔约期。从第二个月开始计罚双倍。第一个月不罚，但当月的工资还是要支付。

（4）用人单位自用工之日起满一年未与劳动者订立书面劳动合同的，自用工之日起满一个月的次日至满一年的前一日应当依照《劳动合同法》第八十二条的规定向劳动者每月支付两倍的工资，并视为自用工之日起满一年的当日已经与劳动者订立无固定期限劳动合同，应当立即与劳动者补订书面劳动合同。

注意：不签订书面合同，仅在一年内罚，一年后就视为已经订立了无固定期限劳动合同，不再双罚。

假如劳动者甲在某用人单位已经工作了六年，仍未签书面合同。那么，第一年内，双罚工资，罚十一个月的工资（第一个月不罚）。然后，从第二年开始到第六年，后面五年按无固定期限劳动合同履行，享受待遇，后面五年就不再双罚工资了。

三、劳动合同的种类

（一）概　念

《劳动合同法》第十二条规定：劳动合同分为固定期限劳动合同、无固定期限劳动合同和以完成一定工作任务为期限的劳动合同。

（1）固定期限劳动合同，是指用人单位与劳动者约定合同终止时间的劳动合同。用人单位与劳动者协商一致，可以订立固定期限劳动合同。

（2）无固定期限劳动合同，是指用人单位与劳动者约定无确定终止时间的劳动合同。

（3）以完成一定工作任务为期限的劳动合同，是指用人单位与劳动者约定以某项工

作的完成为合同期限的劳动合同。一般适用于建筑业，临时性、季节性的工作或由于其工作性质可以采取此种合同期限的工作岗位。

（二）无固定期限劳动合同

对于无固定期限的劳动合同，未出现法律、法规或合同约定的可以变更、解除、终止劳动合同的情形，或者用人单位与劳动者未协商一致，任何一方不得擅自变更、解除、终止劳动关系。

订立无固定劳动合同的法定情形：

1. 协商订立

用人单位与劳动者协商一致，可以订立无固定期限劳动合同。

2. 法定强制

（1）有下列情形之一，劳动者提出或者同意续订、订立劳动合同的，除劳动者提出订立固定期限劳动合同外，应当订立无固定期限劳动合同（注意：劳动者对合同类型有单方选择权只存在于下列三种情况）：

① 劳动者在该用人单位连续工作满十年的；

② 用人单位初次实行劳动合同制度或者国有企业改制重新订立劳动合同时，劳动者在该用人单位连续工作满十年且距法定退休年龄不足十年的；

法定退休年龄，男性 60 周岁，女性 55 周岁。也就是男性满了 50 周岁，女性满了 45 周岁的，就应当订立无固定期限的劳动合同，因为年龄大了，再就业的机会就小了。

③ 连续订立二次固定期限劳动合同，且劳动者无《劳动合同法》第三十九条（即劳动者有过错，单位享有法定解除权的情形）和第四十条第一项、第二项规定的情形（即非工伤和不胜任工作的情形），续订劳动合同的。

用人单位自用工之日起满一年不与劳动者订立书面劳动合同的，视为用人单位与劳动者已订立无固定期限劳动合同。

（2）解释。

① 连续工作满 10 年的起始时间，应当自用人单位用工之日起计算，包括《劳动合同法》施行前的工作年限。

这意味着《劳动合同法》有“溯及力”。《劳动合同法》是 2008 年 1 月 1 日开始施行的。比如，2008 年之前，已经干了 7 年了，2008 年之后再干 3 年，就符合“连续工作满 10 年”的条件。

但是，连续订立两次固定期限劳动合同的，就没有溯及力。即 2008 年之前，完成一次固定合同了，接着又订立了一次固定合同，不算已订立两次劳动合同。只要第一次合同在 2008 年之前完成了，就不算。如果第二次合同跨了 2008 年（即从 2008 年前开始，履行到 2008 年后），只算第一次，2008 年后还得再签一次固定期限的劳动合同，才能算两次。

② 劳动者非因本人原因（比如，原单位被合并、分立）从原用人单位被安排到新用人单位工作的，劳动者在原用人单位的工作年限合并计算为新用人单位的工作年限。

原用人单位已经向劳动者支付经济补偿的，新用人单位在依法解除、终止劳动合同计算支付经济补偿的工作年限时，不再计算劳动者在原用人单位的工作年限。

③ 用人单位违反《劳动合同法》规定不与劳动者订立无固定期限劳动合同的，自应当订立无固定期限劳动合同之日起向劳动者每月支付两倍的工资，一直罚到签合同为止。

四、劳动合同的条款

劳动合同包括必备条款和商定条款。

（一）必备条款

法律规定，劳动合同应当具备以下条款：

（1）用人单位的名称、住所和法定代表人或者主要负责人；

（2）劳动者的姓名、住址和居民身份证或者其他有效身份证件号码；

（3）劳动合同期限；

（4）工作内容和工作地点；

（5）工作时间和休息休假；

（6）劳动报酬；

（7）社会保险；

（8）劳动保护、劳动条件和职业危害防护；

（9）法律、法规规定应当纳入劳动合同的其他事项。

（二）商定条款

劳动合同除前款规定的必备条款外，用人单位与劳动者可以约定试用期、培训、保守秘密、补充保险和福利待遇等其他事项。

1. 试用期条款

劳动合同期限 3 个月以上不满 1 年（不含一年）的，试用期不得超过 1 个月；劳动合同期限 1 年以上不满 3 年的，试用期不得超过 2 个月；3 年以上固定期限和无固定期限的劳动合同，试用期不得超过 6 个月。

比如，劳动合同是两年半的，试用期不得超过 2 个月。劳动合同是八年的，试用期不得超过 6 个月。

同一用人单位与同一劳动者只能约定一次试用期。

以完成一定工作任务为期限的劳动合同或者劳动合同期限不满 3 个月的，不得约定试用期。试用期包含在劳动合同期限内。劳动合同仅约定试用期的，试用期不成立，该期限为劳动合同期限（就是“正式期”）。劳动者在试用期的工资不得低于本单位相同岗位最低档工资的 80% 或者不得低于劳动合同约定工资的 80%，并不得低于用人单位所在地的最低工资标准。否则，补足并支付赔偿金。

2. 违约金条款

（1）涉及专项培训的服务期。

用人单位为劳动者提供专项培训（一般职工技能之外的额外技能）费用，对其进行专业技术培训的，可以与该劳动者订立协议，约定服务期。

劳动者违反服务期约定的，应当按照约定向用人单位支付违约金。违约金的数额不得超过用人单位提供的培训费用，培训费按照服务期，逐年摊销，余额部分为违约金。

① 培训费用，包括培训费用、差旅费用以及因培训产生的用于该劳动者的其他直接费用。

② 劳动合同期满，但是约定的服务期尚未到期的，劳动合同应当续延至服务期满；双方另有约定的，从其约定。相当于服务期变更了原来的合同，延长了劳动期限。

③ 用人单位与劳动者约定了服务期，劳动者因为单位过错解除劳动合同的，不属于违反服务期的约定，用人单位不得要求劳动者支付违约金。

④ 有劳动者过错情形，导致用人单位与劳动者解除约定服务期的劳动合同的，劳动者应当按照劳动合同的约定向用人单位支付违约金。

（2）涉及保密的。“保密”在合同中又叫“竞业限制”“竞业禁止”。用人单位与劳动者可以在劳动合同中约定保守用人单位的商业秘密和与知识产权相关的保密事项。

① 在竞业限制期限内按月给予劳动者经济补偿。劳动者违反竞业限制约定的，应当按照约定向用人单位支付违约金。

② 竞业限制的人员限于用人单位的高级管理人员、高级技术人员和其他负有保密义务的人员（并非所有的人）。竞业限制的范围、地域、期限由用人单位与劳动者约定，竞业限制的约定不得违反法律、法规的规定。

③ 竞业限制期限，不得超过两年。

④ 竞业期内可以到非竞业单位就业。

⑤ 当事人在劳动合同或者保密协议中约定了竞业限制，但未约定解除或者终止劳动合同后给予劳动者经济补偿，劳动者履行了竞业限制义务，可要求用人单位按照劳动者在劳动合同解除或者终止前十二个月平均工资的30%按月支付经济补偿。该规定的月平均工资的30%低于劳动合同履行地最低工资标准的，按照劳动合同履行地最低工资标准支付。

除上述法定情形外，用人单位不得与劳动者约定由劳动者承担违约金。也就是说，目前有效的让劳动者承担违约金的条款就这两个。用人单位如果在合同中约定其他项目的让劳动者承担违约金的条款，统统无效。比如，以解决户口、子女入学就业等附加条件所订立的服务期违约金都是无效的。

五、劳动合同履行中的责任

（1）用人单位有下列情形之一的，单位按应付金额 50% 以上 100% 以下的标准向劳动者加付赔偿金：

① 未依照劳动合同的约定或者国家规定及时足额支付劳动者劳动报酬的；

② 低于当地最低工资标准支付劳动者工资的；

③ 安排加班不支付加班费的；

④ 解除或者终止劳动合同，未依照《劳动合同法》规定向劳动者支付经济补偿的。

（2）用人单位招用尚未解除劳动合同的劳动者（俗称“挖墙脚”），给原用人单位造成经济损失的，除该劳动者承担直接赔偿责任外，该用人单位应当承担连带赔偿责任。其连带赔偿的份额应不低于对原用人单位造成经济损失总额的 70%（其余 30% 由该劳动者承担）。

向原用人单位赔偿下列损失：

① 对生产、经营和工作造成的直接经济损失；

② 因获取商业秘密给用人单位造成的经济损失。赔偿因获取商业秘密给原用人单位造成的经济损失，按《反不正当竞争法》第二十条的规定执行。

六、劳动合同的解除

（一）协商解除

用人单位与劳动者协商一致，可以解除劳动合同。

注意：用人单位提出协商的，应当给劳动者经济补偿；但是，劳动者提出协商的，则不需要给单位补偿，当然，这种情况下，单位也不用给劳动者补偿。

（二）劳动者单方解除劳动合同的情形

1. 预告解除（或称“辞职”）

劳动者提前三十日以书面形式通知用人单位，可以解除劳动合同。劳动者在试用期内提前三日通知用人单位，可以解除劳动合同。

注意：劳动者提出辞职，用人单位是不需要支付补偿金的。

2. 即时解除（或称“被迫辞职”）

即时解除，即不需要提前通知，原因是用人单位有过错。用人单位有下列情形之一的，劳动者可以解除劳动合同：

（1）未按照劳动合同约定提供劳动保护或者劳动条件的；

（2）未及时足额支付劳动报酬的；

（3）未依法为劳动者缴纳社会保险费的；

（4）用人单位的规章制度违反法律、法规的规定，损害劳动者合法权益的；

（5）因用人单位过错致使劳动合同无效的；

（6）用人单位以暴力、威胁或者非法限制人身自由的手段强迫劳动者劳动的，或者用人单位违章指挥、强令冒险作业危及劳动者人身安全的，劳动者可以立即解除劳动合同，不需事先告知用人单位。

（7）法律、行政法规规定劳动者可以解除劳动合同的其他情形。

注意：由于单位有过错，因此，对劳动者有经济补偿。

（三）用人单位单方解除劳动合同的情形

1. 即时解除（或称“开除”）

即时解除一般适用于劳动者有过错的情况。劳动者有下列情形之一的，用人单位可以解除劳动合同：

（1）在试用期间被证明不符合录用条件的；

（2）严重违反用人单位的规章制度的；

（3）严重失职，营私舞弊，给用人单位造成重大损害的；

（4）劳动者同时与其他用人单位建立劳动关系，对完成本单位的工作任务造成严重影响，或者经用人单位提出，拒不改正的；

（5）因劳动者过错致使劳动合同无效的；

（6）被依法追究刑事责任的。

注意：由于是劳动者有过错，所以，用人单位无需支付补偿金。

2. 预告解除（或称“辞退”）

有下列情形之一的，用人单位提前 30 日以书面形式通知劳动者本人或者额外支付劳动者 1 个月工资（即“代通知金”）后，可以解除劳动合同：

（1）劳动者患病或者非因工负伤（非“职业病”，非“工伤”），在规定的医疗期满后不能从事原工作，也不能从事由用人单位另行安排的工作的（这种情况下，单位得给调岗一次，不能直接解除）；

（2）劳动者不能胜任工作，经过培训或者调整工作岗位，仍不能胜任工作的；

（3）劳动合同订立时所依据的客观情况发生重大变化，致使劳动合同无法履行，经用人单位与劳动者协商，未能就变更劳动合同内容达成协议的。

注意：辞退是由于劳动者的原因，但不属于劳动者过错，所以，用人单位应当支付补偿金。

3. 经济性裁员

既然是裁员，就意味着是单位出问题了。有下列情形之一，需要裁减人员 20 人以上或者裁减不足 20 人但占企业职工总数 10% 以上的，用人单位需提前 30 日向工会或者全体职工说明情况，听取工会或者职工的意见后，裁减人员方案经向劳动行政部门报告，可以裁减人员：

（1）依照《企业破产法》规定进行重整的；

（2）生产经营发生严重困难的；

（3）企业转产、重大技术革新或者经营方式调整，经变更劳动合同后，仍需裁减人员的；

（4）其他因劳动合同订立时所依据的客观经济情况发生重大变化，致使劳动合同无法履行的。

注意：因为是用人单位的原因，所以需要向劳动者支付补偿金。

并且，裁减人员时，应当优先留用下列劳动者：

（1）与本单位订立较长期限的固定期限劳动合同的；

（2）与本单位订立无固定期限劳动合同的；

（3）家庭无其他就业人员，有需要扶养的老人或者未成年人的。

用人单位依法裁减人员，在6个月内重新招用人员的，应当通知被裁减的人员，并在同等条件下优先招用被裁减的人员。

总之，降低裁员对劳动者的影响，加大用人单位的社会责任。

（四）不得解除的情形

劳动者有下列情形之一的，用人单位不得预告解除（辞退）和经济性裁员：

（1）从事接触职业病危害作业的劳动者未进行离岗前职业健康检查，或者疑似职业病病人在诊断或者医学观察期间的；

（2）在本单位患职业病或者因工负伤并被确认丧失或者部分丧失劳动能力的；

（3）患病（非职业病）或者非因工负伤，在规定的医疗期内的；

（4）女职工在孕期、产期、哺乳期的；

（5）在本单位连续工作满15年，且距法定退休年龄不足5年的；

（6）法律、行政法规规定的其他情形。

注意：劳动者有上述情形之一的，用人单位不得预告解除（辞退）和经济性裁员，但如果符合《劳动合同法》第三十九条规定的可以解除劳动合同或终止劳动关系的情形，比如，在试用期间被证明不符合录用条件的，或者严重违纪违法，甚至被依法追究刑事责任的，仍然可以即时解除（开除）。

七、劳动合同的终止

有下列情形之一的，劳动合同终止：

（1）劳动合同期满的；

（2）劳动者开始依法享受基本养老保险待遇的；

（3）劳动者死亡，或者被人民法院宣告死亡或者宣告失踪的；

（4）用人单位被依法宣告破产的；

（5）用人单位被吊销营业执照、责令关闭、撤销或者用人单位决定提前解散的；

（6）法律、行政法规规定的其他情形。

另外，劳动合同期满，如果存在法律规定用人单位不得解除劳动合同的情形的，劳动合同应当续延至相应的情形消失时终止。但是，属于在本单位患职业病或者因公负伤并被确认丧失或者部分丧失劳动能力的劳动者劳动合同的终止，按照国家有关工伤保险的规定执行。

八、劳动合同中的经济补偿

（一）概　念

经济补偿是指在劳动合同解除或终止后，用人单位依法一次性支付给劳动者的经济上的补助。

（二）经济补偿的范围

（1）用人单位提出协商解除的。

（2）劳动者被迫辞职的。

（3）非过失性辞退。

（4）经济性裁员。

（5）非因劳动者原因劳动合同终止的。

① 有固定期限的劳动合同终止，除用人单位维持或者提高劳动合同约定条件续订劳动合同，劳动者不同意续订的情形；

② 用人单位违法解除或终止劳动合同的；

③ 用人单位被依法宣告破产的，用人单位被吊销营业执照、责令关闭、撤销或者用人单位决定提前解散的。

（6）法律法规规定的其他情形。比如，以完成一定工作任务为期限的劳动合同因任务完成而终止的、终止与工伤职工的劳动合同。

（三）给予经济补偿的具体标准

经济补偿按劳动者在本单位工作的年限，每满 1 年支付 1 个月工资的标准向劳动者支付。6 个月以上不满 1 年的，按 1 年计算；不满 6 个月的，向劳动者支付半个月工资的经济补偿。

劳动者月工资高于用人单位所在直辖市、设区的市级人民政府公布的本地区上年度职工月平均工资 3 倍的，向其支付经济补偿的标准按职工月平均工资 3 倍的数额支付，向其支付经济补偿的年限最高不超过 12 年。

注意：① 对补偿的最高限制仅限于高收入者；② 所称月工资是指劳动者在劳动合同解除或者终止前 12 个月的平均工资；③ 经济补偿的月工资按照劳动者应得工资计算，包括计时工资或者计件工资以及奖金、津贴和补贴等货币性收入；④ 劳动者在劳动合同解除或者终止前 12 个月的平均工资低于当地最低工资标准的，按照当地最低工资标准计算。劳动者工作不满 12 个月的，按照实际工作的月数计算平均工资；⑤ 经济补偿标准仅是最低补偿标准，即在实际补偿中可以高于但不能低于这个标准。

（四）经济补偿的支付

（1）在办工作交接时支付。

（2）未按期支付或者支付不足的，由劳动行政部门责令限期支付；逾期仍未支付的，责令用人单位按应付金额 50% 以上 100% 以下的标准向劳动者加付赔偿金。

九、集体合同

《劳动合同法》大力推行集体合同制度。

（一）集体合同的特别规定

（1）工会或者工人代表和单位订立。

（2）集体合同签订后应当报送劳动行政部门，劳动行政部门自收到集体合同文本之日起十五日内未提出异议的，集体合同即行生效。

（3）依法签订的集体合同对企业和企业全体职工具有约束力。职工个人与企业订立的劳动合同中劳动条件和劳动报酬等标准不得低于集体合同的规定。也就是说，集体合同相当于一个兜底的保障，劳动者的个人合同待遇应当高于或者等于集体合同。

（二）集体合同与个别劳动合同的区别

（1）主体不同。

个别劳动合同由个人劳动者与用人单位订立，集体合同由工会代表企业职工一方与用人单位订立。

（2）目的与效力不完全相同。

两者都具有保护劳动者合法权益的目的。但个别劳动合同在于保护劳动者个人的合法权利，而集体合同在于保护一定范围内的劳动者整体的合法权益。因而前者只对劳动者个人与用人单位有约束力；而后者对该范围内所有的劳动者包括现在的劳动者和以后的劳动者均有约束力。

（3）实现目的的方式不同。

个别劳动合同通过规范劳动关系来保护劳动者的合法权益；而集体合同通过确立集体劳动关系来保护劳动者的合法权益。

（4）合同订立与争议解决机制不同。

个别劳动合同的订立及其争议解决机制主要包括协商、仲裁、诉讼；而集体合同的订立与争议解决更多运用三方协商机制或行政调解，在集体合同履行中的争议，也可以通过仲裁方式解决，但具体要求有所不同。

第三节　其他用工方式

一、劳务派遣

劳务派遣关系如图 11.1 所示。

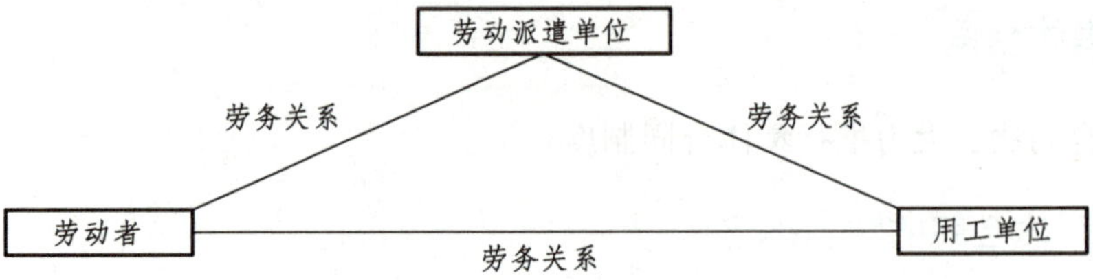

图 11.1　劳务派遣关系图

举例来说：劳务派遣单位（保安公司）往用工单位（学校）派劳动者（保安）。

学校与保安公司之间就是劳务派遣关系，订立的是劳务合同，也就是民事关系，因为，双方都是单位。而保安公司和保安之间才是劳动合同关系，也就是说，保安公司才是用人单位，而学校只是用工单位。比如，保安的工资是由保安公司发放，社会保险是由保安公司缴纳，而保安和用工单位之间也只是劳务关系。

（一）关于劳务派遣单位的规定

劳务派遣单位应当依照《公司法》的有关规定设立，并满足以下条件：

（1）注册资本不得少于 200 万元。

（2）有与开展业务相适应的固定的经营场所和设施。

（3）有符合法律、行政法规规定的劳务派遣管理制度。

（4）法律、行政法规规定的其他条件。

经营劳务派遣业务，应当向劳动行政部门依法申请行政许可；经许可的，依法办理相应的公司登记。未经许可，任何单位和个人不得经营劳务派遣业务。

劳务派遣单位是《劳动合同法》所称的用人单位，应当履行用人单位对劳动者的义务。劳务派遣单位与被派遣劳动者订立的劳动合同，除应当载明法律规定的必要事项外，还应当载明被派遣劳动者的用工单位以及派遣期限、工作岗位等情况。

（二）劳务派遣单位（用人单位）履行的义务

（1）应当与被派遣劳动者订立两年以上的固定期限劳动合同，按月支付劳动报酬。

（2）劳务派遣单位不得以非全日制用工形式招用被派遣劳动者。

（3）被派遣劳动者在无工作期间，劳务派遣单位应当按照所在地人民政府规定的最低工资标准，向其按月支付报酬。

（4）劳务派遣单位应当将劳务派遣协议的内容告知被派遣劳动者。

（5）劳务派遣单位不得克扣用工单位按照劳务派遣协议支付给被派遣劳动者的劳动报酬。

（6）劳务派遣单位和用工单位不得向被派遣劳动者收取费用。

（三）用工单位应当履行的义务

（1）执行国家劳动标准，提供相应的劳动条件和劳动保护。

（2）告知被派遣劳动者的工作要求和劳动报酬。

注意：是“告知”，而不是“给”。比如，学校是把工资转到保安公司，由保安公司向劳动者发放。

（3）支付加班费、绩效奖金，提供与工作岗位相关的福利待遇。

（4）对在岗被派遣劳动者进行工作岗位所必需的培训。

（5）连续用工的，实行正常的工资调整机制。

（6）用工单位不得将被派遣劳动者再派遣到其他用人单位。

（7）被派遣劳动者享有与用工单位的劳动者同工同酬的权利。用工单位应当按照同工同酬原则，对被派遣劳动者与本单位同类岗位的劳动者实行相同的劳动报酬分配办法。用工单位无同类岗位劳动者的，参照用工单位所在地相同或者相近岗位劳动者的劳动报酬确定。

（8）劳务派遣一般在临时性、辅助性或者替代性的工作岗位上实施。

注意：

① 临时性工作岗位是指存续时间不超过六个月的岗位；辅助性工作岗位是指为主营业务岗位提供服务的非主营业务岗位；替代性工作岗位是指用工单位的劳动者因脱产学习、休假等原因无法工作的一定期间内，可以由其他劳动者替代工作的岗位。

② 临时性、辅助性或者替代性，三者符合其一就不算违法。

（9）用人单位不得设立劳务派遣单位向本单位或者所属单位派遣劳动者。

（10）被派遣劳动者权益受到损害的，由劳务派遣单位和用工单位承担连带赔偿责任。

（11）用工单位应当根据工作岗位的实际需要与劳务派遣单位确定派遣期限，不得将连续用工期限分割订立数个短期劳务派遣协议。

实践中，当劳动者的合法权益受到劳务派遣单位侵害时，劳动者可将劳务派遣单位和用工单位作为共同被诉人，向劳动争议仲裁委员会申请劳动仲裁，要求其承担连带责任，即劳务派遣单位与用工单位都负有赔偿责任。

二、非全日制用工

（一）概　念

非全日制用工，俗称小时工，是指以小时计酬为主，劳动者在同一用人单位一般平均每日工作时间不超过 4 小时，每周工作时间累计不超过 24 小时的用工形式。

（二）特　点

（1）非全日制用工可以订立口头协议。

（2）从事非全日制用工的劳动者可以与一个或者一个以上用人单位订立劳动合同；但是，后订立的劳动合同不得影响先订立劳动合同的履行。

（3）非全日制用工不得约定试用期。

（4）非全日制用工双方当事人任何一方均可随时通知对方终止用工。

（5）终止用工不支付经济补偿。

（6）非全日制用工劳动报酬结算支付周期最长不得超过 15 日。

（7）非全日制用工小时计酬标准不得低于用人单位所在地人民政府规定的最低小时工资标准。

第四节　劳动基准法

一、工作时间和休息休假

（一）工作时间

1. 概　念

工作时间，又称劳动时间，是指根据法律规定，劳动者为完成劳动义务，在昼夜之内或一周之内从事劳动的时间限度。

2. 工作时间的表现形式

具体分为：标准工时制、缩短工时制、不定时工时制、综合计算工时制、计件工时制、弹性工时制、非全时工时制。

（1）标准工时制：

① 劳动者每日工作时间不超过 8 小时，每周工作时间不超过 40 小时。

② 每周至少休息 1 日，即劳动者按照日历时间每周至少有一个连续 24 小时的休息时间。

（2）缩短工时制。缩短工作日的适用范围：

① 从事矿山井下、高山、有毒、有害、特别繁重和过度紧张的体力劳动职工，以及纺织、化工、煤矿井下、建筑冶炼、地质勘探、森林采伐、装卸搬运等行业或岗位的职工。

② 从事夜班工作的职工。

③ 哺乳未满 12 个月婴儿的女职工。

④ 16 岁至 18 岁的未成年劳动者。

（3）不定时工时制。不定时工时制的适用范围：

① 企业中的高级管理人员、外勤人员、推销人员、部分值班人员和其他因工作无法按标准工作时间衡量的劳动者；

② 企业中的长途运输人员、出租汽车司机和铁路、港口、仓库的部分装卸人员以及因工作性质特殊，需要机动工作的人员；

③ 其他因生产特点、工作特殊需要或职责范围的关系，适合实行不定时工时制的劳动者。

注意：不定时工作制下，仍然按照标准时间执行，但是实行不定时工作制的劳动者，不适用延长工作时间发放加班工资的规定。

（4）综合计算工时制。综合计算工作日的适用范围：

① 交通、铁路、邮电、水运、航空、渔业等行业中因工作性质特殊需要连续作业的职工；

② 地质及资源勘探、建筑、制盐、制糖、旅游等受季节和自然条件限制的行业的部分职工；

③ 其他适合实行综合计算工时工作制的职工。

（5）计件工时制。

① 用人单位必须依据标准工作制度规定的时间标准，按 40 小时工作周确定劳动定额和计件报酬。

② 劳动者的工作时间可以灵活，但平均每工作周时间不得超过 40 小时。

（6）弹性工时制，指在工作周时数不变的情况下，在标准工作日的基础上，按照预先规定的办法，由劳动者个人有限度地自主安排工作时间的工作日。

（二）休息休假

1. 概　念

公休假日，又称周休息日，是劳动者在 1 周（7 日）内享有的休息日，公休假日一般为每周 2 日，一般安排在周六和周日休息。不能实行国家标准工时制度的企业和事业组织，可根据实际情况灵活安排周休息日，应当保证劳动者每周至少休息 1 日。

2. 休假的种类

（1）法定节假日，是指法律规定用于开展纪念、庆祝活动的休息时间。我国《劳动法》规定的法定节假日有：元旦休息 1 日；春节休息 3 日；国际劳动节、清明、端午休息 1 日；国庆节休息 3 日；法律、法规规定的其他休假节日。

（2）国家实行带薪年休假制度。劳动者连续工作 1 年以上的，享受带薪年休假，具体办法由国务院规定。

（三）加班加点的主要法律规定

1. 一般情况下加班加点的规定

用人单位由于生产经营需要，经与工会和劳动者协商后可以延长工作时间，一般每日不得超过 1 小时。因特殊原因需要延长工作时间的，在保障劳动者身体健康的条件下延长工作时间每日不得超过 3 小时，但是每月不得超过 36 小时。

2. 加班加点的工资标准

（1）安排劳动者延长工作时间的，支付不低于工资的 150% 的工资报酬；

（2）休息日安排劳动者工作又不能安排补休的，支付不低于工资的 200% 的工资报酬；

（3）法定休假日安排劳动者工作的，支付不低于工资 300% 的工资报酬。

注意：周末上班补休了，就不用支付 200% 的工资报酬。但是，法定休假日工作，即便补休了，也要支付不低于工资的 300% 的工资报酬。

二、工资法律制度

（一）工资的概念

工资指劳动关系中职工因履行劳动义务而获得的，由用人单位以法定方式支付的各种形式的物质回报。

（二）工资构成

工资＝基本工资＋辅助工资（奖金、津贴、补贴、加班加点工资、特殊情况下支付的工资）。

劳动者的以下劳动收入不属于工资范围：

（1）单位支付给劳动者个人的社会保险福利费用；

（2）劳动保护方面的费用；

（3）按规定未列入工资总额的各种劳动报酬及其他劳动收入。

（三）工资支付保障

工资支付保障是为保障劳动者劳动报酬权的实现，防止用人单位滥用工资分配权而制定的有关工资支付的一系列规则。有如下内容：

（1）工资应以法定货币支付，不得以实物及有价证券代替货币支付。

（2）工资应在用人单位与劳动者约定的日期支付。工资一般按月支付，至少每月支付 1 次。

（3）对代扣工资的限制。

用人单位不得非法克扣劳动者工资，有下列情况之一的，用人单位可以代扣劳动者工资：

① 用人单位代扣代缴的个人所得税；

② 用人单位代扣代缴的应由劳动者个人负担的社会保险费用；

③ 用人单位依审判机关判决、裁定扣除劳动者工资。依照人民法院判决、裁定，用人单位可以从应负法律责任的劳动者工资中扣除其应负担的扶养费、赡养费、抚养费和损害赔偿等款项；

④ 法律、法规规定可以从劳动者工资中扣除的其他费用。

（4）对扣除工资金额的限制。

① 因劳动者本人原因给用人单位造成经济损失的，用人单位可以按照劳动合同的约定要求劳动者赔偿其经济损失。经济损失的赔偿，可从劳动者本人的工资中扣除，但每月扣除金额不得超过劳动者月工资的 20%；若扣除后的余额低于当地月最低工资标准的，则应按最低工资标准支付。

② 用人单位对劳动者违纪罚款，一般不得超过本人月工资标准的 20%。

（四）最低工资保障

（1）不列入最低工资的范围：

① 延长工作时间工资；

② 中班、夜班、高温、低温、井下、有毒有害等特殊工作环境条件下的津贴；

③ 国家法律、法规和政策规定的劳动者保险、福利待遇；

④ 用人单位通过贴补伙食、住房等支付给劳动者的非货币性收入；

⑤ 职工所得的非经常性奖金。

（2）最低工资的具体标准由省、自治区、直辖市人民政府规定，报国务院备案。

（3）在确定和调整最低工资标准时，综合参考下列因素：

① 劳动者本人及平均赡养人口的最低生活费用；

② 社会平均工资水平；

③ 劳动生产率；

④ 就业状况；

⑤ 地区之间经济发展水平的差异。

（4）最低工资标准应当高于当地的社会救济金和失业保险金标准，低于平均工资。应当适时调整，但每年最多调整一次。

三、职业安全卫生法

（一）女职工的特殊保护

（1）为保护女职工的身体健康，法律规定禁止安排女职工从事矿山井下作业、国家规定的第四级体力劳动强度的劳动和其他禁忌从事的劳动；

（2）不得安排女职工在经期从事高处、高温、低温、冷水作业和国家规定的第三级体力劳动强度的劳动；

（3）不得安排女职工在怀孕期间从事国家规定的第三级体力劳动强度的劳动；

（4）对怀孕 7 个月以上的女职工，不得安排其延长工作时间和夜班劳动；

（5）女职工生育享受不少于 90 天的产假；

（6）不得安排女职工在哺乳未满 1 周岁的婴儿期间从事国家规定的第三级体力劳动强度的劳动和哺乳期禁忌从事的其他劳动，不得安排其延长工作时间和夜班劳动。

（二）未成年工的特殊劳动保护

未成年工是指年满 16 周岁未满 18 周岁的劳动者。对未成年工特殊劳动保护的措施主要有：

（1）上岗前培训。未成年工上岗，用人单位应对其进行有关的职业安全卫生教育、培训。

（2）禁止安排未成年工从事有害健康的工作。用人单位不得安排未成年工从事矿山井下、有毒有害、国家规定的第四级体力劳动强度和其他禁忌从事的劳动。

（3）提供适合未成年工身体发育的生产工具等。

（4）对未成年工定期进行健康检查。

第五节　社会保险制度

社会保险是惠及全民的保险制度，是社会保障体系的重要组成部分。

根据《宪法》第四十五条的规定："中华人民共和国公民在年老、疾病或丧失劳动能力的情况下，有从国家和社会获得物质帮助的权利。"我国《劳动法》也将社会保险权作为劳动者的基本权利，并以劳动基本法的地位和规定为基础，建立和完善了我国社会保险的法律规范体系。具体体现在《劳动法》第九章，例如《劳动法》第七十条规定："国家发展社会保险事业，建立社会保险制度，设立社会保险基金，使劳动者在年老、患病、工伤、失业、生育等情况下获得帮助和补偿。"第七十三条规定："劳动者在下列情形下，依法享受社会保险待遇：（一）退休；（二）患病、负伤；（三）因工伤残或者患职业病；（四）失业；（五）生育。劳动者死亡后，其遗属依法享受遗属津贴。"并且，对社会保险水平、社会保险基金来源和监督、社会保险层次等作了规定，目的在于保证社会保险制度的运转，保障劳动者社会保险权利的实现。

一、基本养老保险

（一）基本养老保险费的缴纳

1. 基本养老保险费的缴纳主体

（1）职工：应当参加基本养老保险，由用人单位和职工共同缴纳。

（2）无雇工的个体工商户、未在用人单位参加基本养老保险的非全日制从业人员以及其他灵活就业人员：可以参加基本养老保险，由个人缴纳。

（3）公务员和参照公务员法管理的工作人员养老保险的办法由国务院规定。

2. 基本养老保险费的缴纳比例

（1）用人单位应当按照国家规定的本单位职工工资总额的比例（20%）缴纳基本养老保险费，记入基本养老保险统筹基金。

（2）职工应当按照国家规定的本人工资的比例（一般为 8%）缴纳基本养老保险费，记入个人账户。

（3）无雇工的个体工商户、未在用人单位参加基本养老保险的非全日制从业人员以及其他灵活就业人员参加基本养老保险的，应当按照国家规定缴纳基本养老保险费，分别记入基本养老保险统筹基金和个人账户。

（二）基本养老保险金的提取

1. 基本养老保险金的组成

基本养老金由统筹养老金和个人账户养老金组成。

基本养老金根据个人累计缴费年限、缴费工资、当地职工平均工资、个人账户金额、城镇人口平均预期寿命等因素确定。

2. 领取养老保险金的条件

（1）达到法定退休年龄；

（2）累计缴费满 15 年；

（3）按月领取。

参加基本养老保险的个人，达到法定退休年龄时累计缴费不足十五年的，可以缴费至满十五年，按月领取基本养老金；也可以转入新型农村社会养老保险或者城镇居民社会养老保险，按照国务院规定享受相应的养老保险待遇。

3. 领取养老保险金的方式

（1）个人跨统筹地区就业的，其基本养老保险关系随本人转移，缴费年限累计计算。

（2）个人达到法定退休年龄时，基本养老金分段计算、统一支付。

（3）个人账户不得提前支取，记账利率不得低于银行定期存款利率，免征利息税。

（4）个人死亡的，个人账户余额可以继承。

二、基本医疗保险

1. 基本医疗保险费的缴纳

（1）职工：应当参加职工基本医疗保险，由用人单位和职工按照国家规定共同缴纳。

（2）无雇工的个体工商户、未在用人单位参加职工基本医疗保险的非全日制从业人员以及其他灵活就业人员：可以参加职工基本医疗保险，由个人按照国家规定缴纳。

2. 基本医疗保险金的支取

（1）符合基本医疗保险药品目录、诊疗项目、医疗服务设施标准以及急诊、抢救的医疗费用，按照国家规定从基本医疗保险基金中支付。

（2）参保人员医疗费用中应当由基本医疗保险基金支付的部分，由社会保险经办机构与医疗机构、药品经营单位直接结算。

（3）社会保险行政部门和卫生行政部门应当建立异地就医医疗费用结算制度，方便参保人员享受基本医疗保险待遇。

（4）个人跨统筹地区就业的，其基本医疗保险关系随本人转移，缴费年限累计计算。

三、工伤保险

1. 工伤保险费的缴纳

职工应当参加工伤保险，由用人单位缴纳工伤保险费，职工不缴纳工伤保险费。

2. 工伤保险金的支付

职工所在单位未依法缴纳工伤保险费，发生工伤事故的，由单位支付工伤保险待遇。单位不支付的，从工伤保险基金中先行支付，事后用人单位偿还。若不偿还的，社会保险经办机构可以依法向用人单位追偿。

四、失业保险

（一）失业保险费的缴纳

职工应当参加失业保险，由用人单位和职工按照国家规定共同缴纳失业保险费。

（二）失业保险金的领取

1. 失业保险金的领取条件

（1）失业前用人单位和本人已经缴纳失业保险费满一年的。

（2）非因本人意愿中断就业的，即只要不是自己主动辞职，而是被单位辞退、裁员等，都享受失业保险金。

（3）已经进行失业登记，并有求职要求的。

2. 失业保险金的领取方式

（1）失业前用人单位和本人累计缴费满 1 年不足 5 年的，领取失业保险金的期限最长为 12 个月。

（2）失业前用人单位和本人累计缴费满 5 年不足 10 年的，领取失业保险金的期限最长为 18 个月。

（3）失业前用人单位和本人累计缴费 10 年以上的，领取失业保险金的期限最长为 24 个月。

（4）重新就业后，再次失业的，缴费时间重新计算，领取失业保险金的期限与前次失业应当领取而尚未领取的失业保险金的期限合并计算，最长不超过 24 个月。即缴纳失业保险费的时间不能累积，但领取失业保险金的期限可以累积。

比如，一职工在单位上了 3 年班，缴纳了 3 年的失业保险费。失业了，按“失业前用人单位和本人累计缴费满一年不足 5 年的，领取失业保险金的期限最长为 12 个月”领取失业保险金。当他领了 8 个月时，再次就业。即还有 4 个月没领，这没领的 4 个月失业保险金就可以累积到以后阶段。假如，该职工再次就业，上了 2 年班，又缴了 2 年失业保险费，后又失业了。这次也属于最长可以领取 12 个月的失业保险金的情形。但由于上次还有 4 个月没领，可以累积到这次，因此，这次一共可以领 16 个月的失业保险金。这叫“费不累计，金累积”。费，每失业 1 次，重新起算 1 次。金，则可以累积计算，但是，累积金最多也不超过 24 个月。

五、生育保险

1. 生育保险费的缴纳

职工应当参加生育保险，由用人单位按照国家规定缴纳生育保险费，职工不缴纳生育保险费。

2. 生育保险金的支付

用人单位已经缴纳生育保险费的，其职工享受生育保险待遇；职工未就业配偶按照国家规定享受生育医疗费用待遇，所需资金从生育保险基金中支付。

生育保险待遇包括生育医疗费用和生育津贴。

注意：职工未就业的配偶能享受的只是“生育医疗费用”待遇，“生育津贴”不能享受。

六、社会保险费征缴

1. 申报缴纳

单位应自行申报、按时足额缴纳社保。用人单位应当自用工之日起 30 日内为其职工向社会保险经办机构申请办理社会保险登记。非因不可抗力等法定事由不得缓缴、减免。

职工的社会保险费由单位代扣代缴。

自愿参加社会保险的无雇工的个体工商户、未在用人单位参加社会保险的非全日制从业人员以及其他灵活就业人员，应当向社会保险经办机构申请办理社会保险登记。

国家建立全国统一的个人社会保障号码，个人社会保障号码为公民身份号码。

2. 核定缴纳

未办社保登记的，由社会保险经办机构核定其应当缴纳的社会保险费。

未申报缴纳的，按上月缴费额的 110% 确定应缴纳额；补办申报手续后，结算。

3. 直接划扣

拒不缴纳社保的，经办机构可以查封账户，并向行政部门申请划扣社保费。

4. 拍卖资产抵缴

未按时缴纳社保且不提供担保的，经办部门可以向法院申请查封、扣押、拍卖单位财产抵缴社保费。

七、社会保险基金

1. 社会保险基金的构成

社会保险基金包括基本养老保险基金、基本医疗保险基金、工伤保险基金、失业保险基金和生育保险基金。

2. 社会保险基金的管理

（1）各项社会保险基金按照社会保险险种分别建账，分账核算，执行国家统一的会计制度。

（2）社会保险基金专款专用，任何组织和个人不得侵占或者挪用。

（3）基本养老保险基金逐步实行全国统筹，其他社会保险基金逐步实行省级统筹，具体时间、步骤由国务院规定。

（4）社会保险基金在保证安全的前提下，按照国务院规定投资运营实现保值增值。

（5）社会保险基金不得违规投资运营，不得用于平衡其他政府预算，不得用于兴建、改建办公场所和支付人员经费、运行费用、管理费用，或者违反法律、行政法规规定挪作其他用途。

第六节　劳动争议

一、劳动争议的概念

劳动争议，也称“劳动纠纷”“劳资争议”，是指用人单位和劳动者在执行劳动方面的法律、法规和劳动合同、集体合同的过程中，就劳动的权利义务发生分歧而引起的争议。

下列纠纷不属于劳动争议：

（1）劳动者请求社会保险经办机构发放社会保险金的纠纷；

（2）劳动者与用人单位因住房制度改革产生的公有住房转让纠纷；

（3）劳动者对劳动能力鉴定委员会的伤残等级鉴定结论或者对职业病诊断鉴定委员会的职业病诊断鉴定结论的异议纠纷；

（4）家庭或者个人与家政服务人员之间的纠纷；

（5）个体工匠与帮工、学徒之间的纠纷；

（6）农村承包经营户与受雇人之间的纠纷。

2008 年 5 月 1 日实施的《中华人民共和国劳动争议调解仲裁法》（下文简称《劳动争议调解仲裁法》）有如下亮点：

（1）对调解予以强化；

（2）延长了时效；

（3）缩短仲裁期限；

（4）规定了特定情形下的“一裁终局”制度；

（5）明确规定劳动争议仲裁不收费。

二、劳动争议的受案范围

我国境内的用人单位与劳动者发生的下列劳动争议属于劳动争议的受案范围：

（1）因确认劳动关系发生的争议；

（2）因订立、履行、变更、解除和终止劳动合同发生的争议；
（3）因除名、辞退和辞职、离职发生的争议；
（4）因工作时间、休息休假、社会保险、福利、培训以及劳动保护发生的争议；
（5）因劳动报酬、工伤医疗费、经济补偿或者赔偿金等发生的争议；
（6）法律、法规规定的其他劳动争议。

事业单位实行聘用制的工作人员与本单位发生劳动争议的，依照本法执行；法律、行政法规或者国务院另有规定的，依照其规定。

劳动争议仲裁不收费，经费由财政予以保障。

三、劳动争议的解决途径

（一）协　商

发生劳动争议，劳动者可以与用人单位协商，也可以请工会或者第三方共同与用人单位协商，达成和解协议。

（二）调　解

依法设立的劳动争议调解组织，依照有关的劳动法律、法规和国家政策的规定对劳动争议当事人进行说服、劝导，使双方互谅互让从而达成调解协议的活动。

1. 调解主体

（1）企业劳动争议调解委员会；
（2）依法设立的基层人民调解组织；
（3）在乡镇、街道设立的具有劳动争议调解职能的组织。

企业劳动争议调解委员会由职工代表和企业代表组成。职工代表由工会成员担任或者由全体职工推举产生，企业代表由企业负责人指定。企业劳动争议调解委员会主任由工会成员或者双方推举的人员担任。

2. 调解程序及调解协议的效力

（1）当事人申请劳动争议调解可以书面申请，也可以口头申请。经调解达成协议的，应当制作调解协议书。

（2）调解协议书由双方当事人签名或者盖章，经调解员签名并加盖调解组织印章后生效，对双方当事人具有约束力，当事人应当履行。

（3）自劳动争议调解组织收到调解申请之日起 15 日内未达成调解协议的，当事人可以依法申请仲裁。

（4）达成调解协议后，一方当事人在协议约定期限内不履行调解协议的，另一方当事人可以依法申请仲裁。

3. 部分调解协议的司法效力

因支付拖欠劳动报酬、工伤医疗费、经济补偿或者赔偿金事项达成调解协议，用人单位在协议约定期限内不履行的，劳动者可以持调解协议书依法向人民法院申请支付令，人民法院应当依法发出支付令。

（三）仲　裁

劳动争议仲裁委员会根据争议当事人的申请，依法对劳动争议进行审理并作出对当事人具有拘束力的裁决的争议解决方式。

在劳动争议仲裁制度上，其特点是强制仲裁、仲裁前置、仲裁一次不终局、可以继续起诉。劳动仲裁流程如图 11.2 所示。

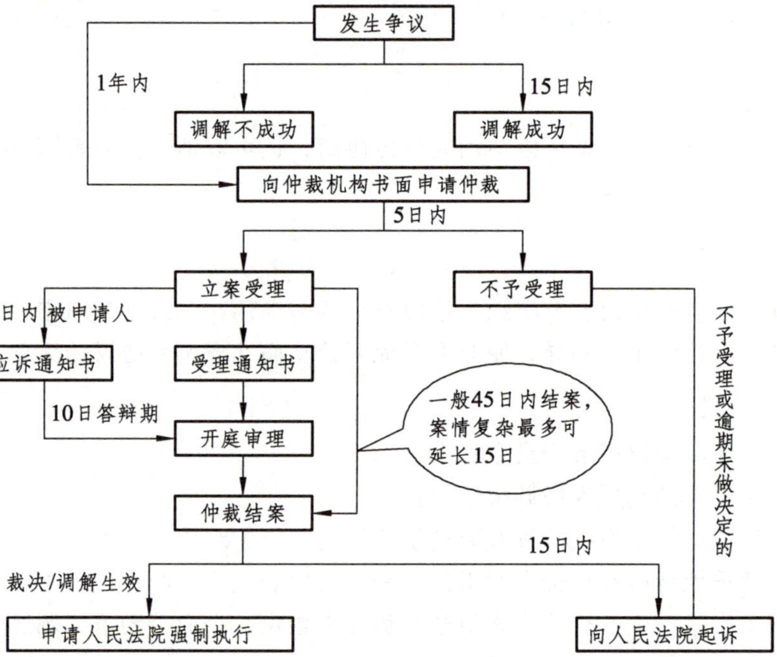

图 11.2　劳动仲裁流程图

1. 仲裁时效

（1）劳动争议申请仲裁的时效期间为一年。仲裁时效期间从当事人知道或者应当知道其权利被侵害之日起计算。

（2）因当事人一方向对方当事人主张权利，或者向有关部门请求权利救济，或者对方当事人同意履行义务而中断。从中断时起，仲裁时效期间重新计算。

（3）因不可抗力或者有其他正当理由，当事人不能在本条第一款规定的仲裁时效期间申请仲裁的，仲裁时效中止。从中止时效的原因消除之日起，仲裁时效期间继续计算。

（4）劳动关系存续期间因拖欠劳动报酬发生争议的，劳动者申请仲裁不受一年仲裁时效期间的限制；但是，劳动关系终止的，应当自劳动关系终止之日起一年内提出。

2. 仲裁管辖

劳动争议仲裁委员会负责管辖本区域内发生的劳动争议。

劳动争议由劳动合同履行地或者用人单位所在地的劳动争议仲裁委员会管辖。双方当事人分别向劳动合同履行地和用人单位所在地的劳动争议仲裁委员会申请仲裁的，由劳动合同履行地的劳动争议仲裁委员会管辖。

发生劳动争议的劳动者和用人单位为劳动争议仲裁案件的双方当事人。劳务派遣单位或者用工单位与劳动者发生劳动争议的，劳务派遣单位和用工单位为共同当事人。

3. 劳动争议仲裁委员会

（1）组成。

劳动争议仲裁委员会由劳动行政部门代表、工会代表和企业方面代表组成。

劳动争议仲裁委员会组成人员应当是单数。省、自治区人民政府可以决定在市、县设立，直辖市人民政府可以决定在区、县设立，直辖市、设区的市也可以设立一个或者若干个劳动争议仲裁委员会。劳动争议仲裁委员会不按行政区划层层设立。

（2）仲裁员应当公道正派并符合下列条件之一：

① 曾任审判员的；

② 从事法律研究、教学工作并具有中级以上职称的；

③ 具有法律知识、从事人力资源管理或者工会等专业工作满五年的；

④ 律师执业满三年的。

4. 劳动仲裁的程序

（1）开庭前。

劳动争议仲裁委员会应当在受理仲裁申请之日起五日内将仲裁庭的组成情况书面通知当事人。

劳动争议仲裁委员会裁决劳动争议案件实行仲裁庭制。仲裁庭由三名仲裁员组成，设首席仲裁员。简单劳动争议案件可以由一名仲裁员独任仲裁。

仲裁庭应当在开庭五日前，将开庭日期、地点书面通知双方当事人。当事人有正当理由的，可以在开庭三日前请求延期开庭。是否延期，由劳动争议仲裁委员会决定。

（2）开庭。

申请人收到书面通知，无正当理由拒不到庭或者未经仲裁庭同意中途退庭的，可以视为撤回仲裁申请。申请应当采用书面形式，书写仲裁申请确有困难的，可以口头申请，由劳动争议仲裁委员会记入笔录，并告知对方当事人。

被申请人收到书面通知，无正当理由拒不到庭或者未经仲裁庭同意中途退庭的，可以缺席裁决。

（3）裁决前。

① 仲裁庭在作出裁决前，应当先行调解；

② 调解达成协议的，仲裁庭应当制作仲裁调解书；

③ 调解书经双方当事人签收后，发生法律效力；

④ 调解不成或者调解书送达前，一方当事人反悔的，仲裁庭应当及时作出裁决。

（4）先予执行。

仲裁庭对追索劳动报酬、工伤医疗费、经济补偿或者赔偿金的案件，根据当事人的申请，可以裁决先予执行，移送人民法院执行。

仲裁庭裁决先予执行的，应当符合下列条件：

① 当事人之间权利义务关系明确；

② 不先予执行将严重影响申请人的生活。

劳动者申请先予执行的，可以不提供担保。

（5）一裁终局。

下列劳动争议，除《劳动争议调解仲裁法》另有规定的外，仲裁裁决为终局裁决，裁决书自作出之日起发生法律效力：

① 追索劳动报酬、工伤医疗费、经济补偿或者赔偿金，不超过当地月最低工资标准 12 个月金额的争议；

② 因执行国家的劳动标准在工作时间、休息休假、社会保险等方面发生的争议。

（四）起　诉

当事人对仲裁裁决终局以外的其他劳动争议案件的仲裁裁决不服的，可以自收到仲裁裁决书之日起十五日内向人民法院提起诉讼；期满不起诉的，裁决书发生法律效力。一方当事人在法定期限内既不起诉又不履行仲裁裁决的，另一方当事人可以申请人民法院强制执行仲裁裁决。

（五）其　他

发生劳动争议，当事人对自己提出的主张，有责任提供证据。与争议事项有关的证据属于用人单位掌握管理的，用人单位应当提供；用人单位不提供的，应当承担不利后果。

发生劳动争议的劳动者一方在 10 人以上，并有共同请求的，可以推举代表参加调解、仲裁或者诉讼活动。县级以上人民政府劳动行政部门会同工会和企业方面代表建立协调劳动关系三方机制，共同研究解决劳动争议的重大问题。

课后复习

【案例分析一】

甲为某公司技术部门的一名员工，与公司签订了无固定期限的劳动合同。近年来，由于市场竞争激烈，该公司逐渐陷入经营困难的状况。为摆脱困境，公司董事会决定采取减人增效的办法。经与企业工会协商，公司职代会通过了一项协商解除劳动合同的方案，其中规定：公司提出与员工协商解除劳动合同，员工在方案公布后一周内书面同意与公司协商解除劳动合同的，公司在法定经济补偿金之外再给予额外奖励金。

方案公布一周后，甲才向公司递交了协商解除劳动合同的意见书，并要求公司按规定支付法定经济补偿金和额外奖励金。公司表示甲提交协商解除劳动合同意见时超过了公司规定的期限，公司可以同意与甲协商解除劳动合同，但不同意支付经济补偿金和额外奖励金，双方于是发生争议。

请问：甲与公司的劳动合同协商解除后，甲是否可以要求公司支付额外奖励金和经济补偿金？

【案例分析二】

甲于2010年10月9日与某软件开发公司签订劳动合同，被聘为技术员，聘期两年。双方当事人在劳动合同中约定了竞业禁止：合同解除或终止后，甲三年内不得在本地区从事与该公司相同性质的工作，如违约，甲须一次性赔偿软件开发公司经济损失10万元。

因软件开发公司拖欠甲2011年9月、10月两个月的工资，2011年11月15日，甲向区劳动争议仲裁委员会申请仲裁，要求解除劳动合同；补发两个月工资，给付经济补偿金；确认劳动合同中的竞业禁止约定条款无效。

请问：本案如何处理？

【思考题】

1. 分析劳动关系、劳务关系和人事关系的区别。
2. 论述劳动合同当事人的权利义务关系。
3. 什么是无固定期限的劳动合同？
4. 阐述《劳动合同法》关于试用期条款和违约金条款的规定。
5. 论述劳动合同解除的情形。
6. 简述劳动关系中经济补偿的范围。
7. 简述集体合同与个别劳动合同的区别。
8. 论述劳务派遣各方的义务。
9. 简述非全日制用工的特点。
10. 简述加班加点的工资标准。
11. 什么是最低工资保障？
12. 法律对女职工和未成年工有哪些特殊的劳动保护规定？
13. 论述我国社会保险体系的构成。
14. 简述劳动争议的受案范围。
15. 论述劳动争议的解决途径及程序。

第十二章 经济纠纷的解决途径

本章概要

- 经济纠纷的解决途径
  - 第一节 协商和调解
    - 一、协商
    - 二、调解
  - 第二节 （商事）仲裁
    - 一、仲裁的概念及适用范围
    - 二、我国仲裁的基本制度
    - 三、仲裁的原则
    - 四、仲裁委员会
    - 五、仲裁协议
    - 六、仲裁程序
    - 七、涉外仲裁的特殊规定
    - 八、商事仲裁与民事诉讼的区别
  - 第三节 民事诉讼
    - 一、民事诉讼的概念
    - 二、民事诉讼的适用范围
    - 三、民事诉讼的基本原则和制度
    - 四、诉讼管辖
    - 五、民事诉讼证据
    - 六、民事诉讼程序
    - 七、诉讼时效

经济纠纷，又称经济争议，是指平等主体之间发生的，以经济权利义务为内容的社会纠纷。

随着我国市场经济建设的不断深入，以及国际交往的日益密切，主体的多元化、交易的复杂化使得经济纠纷的发生更加频繁。经济纠纷的解决途径主要有协商、调解、仲裁和诉讼四种，其中协商是双方当事人自行解决纠纷的方式，又叫私力救济；而调解、仲裁与诉讼均借助第三方的力量解决纠纷，但调解与仲裁属于社会救济，而诉讼则属于公力救济。

结合本门课程设计和培养目标，本章着重讲解的是民商事经济纠纷的解决途径，不涉及经济行政争议和经济犯罪的处理。

第一节 协商和调解

一、协 商

协商又称为谈判，是争议当事人在自愿互谅的基础上，按照有关法律和合同的规定，直接进行磋商，自行达成协议，从而解决争议的一种方式，由于这种方式是通过协商或谈判实现争议和解，故又称为和解。自古以来，协商就是争议解决的第一步。

（一）协商的优越性

（1）协商自始至终都是在自愿基础上进行的，因此，当事人一旦达成解决争议的协议，一般都能自愿遵守。

（2）协商一般是在当事人互谅互让的友好气氛中进行的，从而促进其合作关系进一步发展。

（3）协商不需要经过严格的法律程序，可以节省时间和费用，有利于及时解决争议。

（4）协商不必严格按照实体法规定作出决定，当事人可以根据实际情况灵活解决争议。

（5）协商中没有第三者参与，从而有效地保守了当事人的商业秘密。

（二）协商的局限性

（1）对当事人来说，协商并无达成协议的义务，所以有时争议会拖延甚久而无法解决。

（2）谈判往往取决于当事人各自讨价还价的力量，在当事人实力不对等的情况下，更增加达成协议的困难。

（3）协商的结果一般不具有法律约束力，任何一方事后反悔，则又回归纠纷之中。

但是，在诉讼或者仲裁过程中，当事人通过协商达成和解协议，并且由法院或者仲裁庭根据和解协议制成调解书的，就具有了法律约束力。

二、调 解

调解是当事人自愿将争议提交第三者，并在第三者的主持下，查清事实，分清是非，明确责任，通过第三者的劝说引导，促使当事人在互谅互让的基础上达成和解，从而解决争议的一种方法。调解和协商的相同之处在于两者都是在当事人自愿的基础上进行的，区别在于调解有第三者介入而协商没有。

（一）调解的类型

1. 民间调解

民间调解，指由争议当事人选任的非官方的第三者就当事人之间的争议所进行的调解。民间调解的调解书具有合同的法律效力，但一般不能以调解书为依据向法院申请强制执行。

2. 调解机构调解

比如中国的“北京调解中心”和美国的“纽约调解中心”的调解。

3. 仲裁机构调解

在国际上，各仲裁机构进行调解的做法有所不同。一种做法是把调解程序和仲裁程序分开，分别按照调解规则和仲裁规则进行；另一种做法是将调解纳入仲裁程序，由仲裁庭主持，在仲裁开始前或开始后征得当事人同意后进行调解，调解成功后即结案，调解不成时则继续仲裁。

中国国际经济贸易仲裁委员会和中国海事仲裁委员会均采用后一种做法。根据我国《仲裁法》和《中国国际经济贸易仲裁委员会仲裁规则》，经仲裁庭调解达成和解的，双方当事人应签订书面和解协议；除非当事人另有约定，仲裁庭应当根据当事人书面和解协议的内容作出裁决书结案。该项规定保证了调解书具有的强制执行力。

4. 法院调解

法院调解也必须遵守当事人自愿原则，依法院调解达成的协议而制作的调解书具有强制执行的法律效力。

（二）调解的优越性

（1）调解人可以灵活的方式调解争议，有利于争议的迅速解决；

（2）调解是在当事人自愿的前提下进行的，它可以平和地解决争议；

（3）调解人的介入及其专业性增加了争议解决的可能性；

（4）调解书对当事人有一定的法律约束力。

（三）调解的局限性

由于调解是以当事人的自愿为前提的，调解是否成功有赖于当事人的意愿。如果争议涉及利益重大，当事人双方分歧严重，那么，调解常难取得成功。另外，在调解过程中，任何当事人一方可以随时提出终止调解，而且，在调解书生效前，任何一方可以反悔，这也常常使调解前功尽弃，使各方浪费时间。

第二节　（商事）仲裁

一、仲裁的概念及适用范围

（一）概　念

仲裁是指当事人依据书面的仲裁协议，由约定的仲裁机构对其争议作出有约束力裁决的纠纷解决途径。

（二）特　点

1. 自愿性

当事人的自愿性是仲裁最突出的特点。仲裁以双方当事人的自愿为前提，即当事人之间的纠纷是否提交仲裁，交由谁仲裁，仲裁庭如何组成，由谁组成，以及仲裁的审理方式、开庭形式等都是在当事人自愿的基础上，由双方当事人协商确定的。因此，仲裁是最能充分体现当事人意思自治原则的争议解决方式。

2. 独立性

仲裁机构是民间组织，仲裁机构本身以及与行政机关之间无隶属关系。在仲裁过程中，仲裁庭独立地进行仲裁，不受任何机关、社会团体和个人的干涉，亦不受仲裁机构的干涉。并且，仲裁与诉讼是排斥关系，除涉及仲裁违法外，法院不得对仲裁进行任何干涉。

3. 专业性

民商事纠纷往往涉及专业知识领域，由于仲裁机构属于民间组织，仲裁员是由各领域的专家担任，使得仲裁裁决具有很强的专业权威性。

4. 灵活性

由于仲裁充分体现当事人的意思自治，仲裁中的诸多具体程序都是由当事人协商确定选择的，甚至包括裁决书的制作都可以由当事人选择。因此，与诉讼相比，仲裁程序更加灵活，更具有弹性。

5. 保密性

仲裁以不公开审理为原则，有关的仲裁法律和仲裁规则也同时规定了仲裁员及仲裁秘书人员的保密义务。因此当事人的商业秘密和贸易活动不会因仲裁活动而泄露，仲裁表现出极强的保密性。

6. 快捷性

仲裁实行一裁终局制，仲裁裁决一经仲裁庭作出即发生法律效力，这使得当事人之间的纠纷能够迅速得以解决。

7. 经济性

仲裁的经济性主要表现在：第一，时间上的快捷性使得仲裁所需费用相对减少；第二，仲裁无需多审级收费，使得仲裁费往往低于诉讼费；第三，仲裁的自愿性、保密性使当事人之间通常没有激烈的对抗，且商业秘密不必公之于世，对当事人之间今后的商业机会影响较小。

（三）我国仲裁的适用范围

1. 属于我国《仲裁法》调整的争议

限于平等主体之间的契约性和非契约性的财产权益纠纷，具体指由于合同、侵权或者根据有关法律的规定而产生的经济上的权利义务关系，也就是所谓的“商事关系”。例如，货物买卖、财产租赁、工程承包、合资或合作经营、保险、信贷等商事纠纷，但不包括外国投资者与东道国政府之间的争端，因此，又叫“商事仲裁”。

2. 不属于《仲裁法》调整的争议

（1）与人身有关的婚姻、收养、监护、抚养、继承纠纷；

（2）行政争议；

（3）劳动争议；

（4）农业承包合同纠纷；

（5）刑事案件。

二、我国仲裁的基本制度

1. 协议仲裁制度

当事人的仲裁协议是启动仲裁的前提。

2. 或裁或审制度

仲裁和诉讼是排斥的关系，当事人选择仲裁，除仲裁协议无效的外，不能再就该争议提交诉讼，法院也不予受理。

3. 一裁终局制度

仲裁庭作出的仲裁裁决为终局裁决，当事人不得再就同一争议另行提起仲裁或诉讼，一方不履行，他方可申请强制执行。

4. 调解制度

仲裁庭在作出裁决前，可以先行调解；当事人自愿调解的，仲裁庭应当调解。并且，仲裁庭可根据调解协议制作调解书，调解书和裁决书具有同等的法律效力。

5. 不公开审理制度

仲裁以不公开审理为原则，只有当事人协议公开的，才可以公开审理。

三、仲裁的原则

1. 自愿原则

当事人采用仲裁方式解决纠纷，应当双方自愿，达成仲裁协议。没有仲裁协议，一方申请仲裁的，仲裁委员会不予受理。

2. 公平合理原则

仲裁要坚持以事实为依据，以法律为准绳的原则。在法律没有规定或者规定不完备的情况下，仲裁庭可以按照公平合理的一般原则来解决纠纷。

3. 独立仲裁原则

仲裁机构不依附于任何机关而独立存在，仲裁依法独立进行，不受任何行政机关、社会团体和个人的干涉。

四、仲裁委员会

1. 仲裁委员会的独立性

仲裁委员会不按行政区划层层设立，仲裁委员会独立于行政机关，与行政机关没有隶属关系，仲裁委员会之间也没有隶属关系。

2. 仲裁委员会的组成

仲裁委员会由主任 1 人、副主任 2 ~ 4 人和委员 7 ~ 11 人组成，其中法律、经济贸易专家不得少于 2/3。

五、仲裁协议

仲裁协议是双方当事人同意将他们之间将可能发生的或已经发生的争议交付仲裁的协议，是启动仲裁的前提和依据，仲裁机构受理案件，必须基于双方当事人达成的协议。同时，仲裁协议也排除了法院的管辖权。

（一）仲裁协议应当具有的内容

（1）请求仲裁的意思表示；

（2）仲裁事项；

（3）选定的仲裁委员会。

（二）仲裁协议的效力及其认定

1. 仲裁协议的法律效力

（1）仲裁协议一经依法成立，即对当事人直接产生法律约束力。

（2）仲裁机构享有了管辖权从而排除了法院的管辖权。

（3）当事人一方不得再就仲裁协议中约定的仲裁事项提起诉讼。

（4）合同中仲裁条款的独立有效性原则。即当合同无效或终止时，合同中仲裁条款的效力并不受其影响，它仍是当事人解决约定争议的方式。

2. 仲裁协议无效的情形

（1）约定的仲裁事项超出法律规定的仲裁范围的；

（2）无民事行为能力人或者限制民事行为能力人订立的仲裁协议；

（3）一方采取胁迫手段，迫使对方订立仲裁协议的；

（4）以口头方式订立的仲裁协议。

（5）仲裁协议对仲裁事项或者仲裁机构没有约定或者约定不明确的，且不能达成补充协议的，仲裁协议无效。

3. 仲裁协议效力的认定

当事人对仲裁协议的效力有异议的，可以请求仲裁委员会作出决定或者请求人民法院作出裁定。一方请求仲裁委员会作出决定，另一方请求人民法院作出裁定的，由人民法院裁定。当事人对仲裁协议的效力有异议，应当在仲裁庭首次开庭前提出。

六、仲裁程序

（一）申　请

申请是仲裁机构受理的前提。《仲裁法》规定仲裁不实行级别管辖和地域管辖，当事人可以向双方约定的仲裁机构申请仲裁。

申请仲裁的条件：

（1）有仲裁协议；

（2）有具体的仲裁请求和事实、理由；

（3）属于本仲裁委员会的受理范围。

（二）受　理

仲裁委员会收到仲裁申请书之日起 5 日内，认为符合受理条件的，受理；认为不符合受理条件的，书面通知当事人不予受理及理由。

（三）组成仲裁庭

仲裁庭是审理并做出裁决的组织，案件裁决后即告解散，分为独任制仲裁庭（由 1 名仲裁员组成）和合议制仲裁庭（由 3 名仲裁员组成并设首席仲裁员）。合议庭的裁决由多数票决定。

（四）审理裁决

仲裁庭应开庭进行。当事人协议不开庭的，仲裁庭可根据仲裁申请书、答辩书等材料裁决。开庭分为公开与不公开两种，以不公开开庭为原则。

当事人申请仲裁后，可自行和解。达成协议的可申请仲裁庭作出裁决书，也可以撤回仲裁申请。裁决自作出之日起生效。

图 12.1 为仲裁程序示意图。

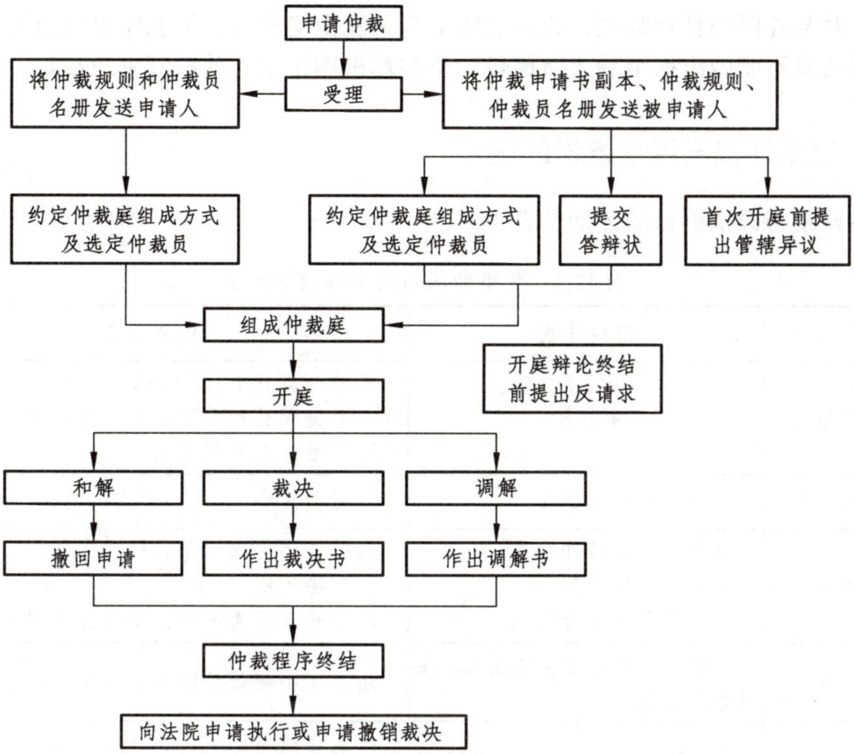

图 12.1　仲裁程序示意图

（资料来源：http：//czflfw.com/ssycz/zccxsyt.html）

七、涉外仲裁的特殊规定

（1）申请确认涉外仲裁协议效力的案件，由仲裁协议约定的仲裁机构所在地、仲裁协议签订地、申请人或者被申请人住所地的中级人民法院管辖。涉及海事海商纠纷仲裁协议效力的案件，由仲裁协议约定的仲裁机构所在地、仲裁协议签订地、申请人或者被申请人住所地的海事法院管辖；上述地点没有海事法院的，由就近的海事法院管辖。

（2）外国仲裁裁决在我国的承认与执行。

① 涉外仲裁协议的法律适用。适用的顺序：第一，意思自治；第二，仲裁地法；第三，法院地法。

② 由于我国在 1986 年加入了联合国经社理事会主持制定的《承认及执行外国仲裁裁决公约》（简称《纽约公约》），按照公约规定，我们有义务承认和执行外国仲裁裁决。但是，根据我国在加入《纽约公约》时所做的保留，我们只承认和执行外国商事仲裁裁决，并且是要在某一缔约国领土内作出的商事仲裁裁决。

（3）从程序上讲，承认和执行的法院是：中级人民法院。从时限上讲，请求以后 2 个月内做出承认与否的裁定。裁定承认的，之后 6 个月内执行完毕。裁定不承认的，逐级上报直到最高人民法院。

（4）对与外国的仲裁裁决，我国法院最多只能拒绝承认，不能作出撤销的裁定。比如，我国法院不能做出撤销瑞典斯德哥尔摩仲裁机构作出的仲裁裁决的裁定。

八、商事仲裁与民事诉讼的区别

商事仲裁与民事诉讼的区别见表 12.1。

表 12.1　商事仲裁与民事诉讼的区别

	商事仲裁	民事诉讼
审理期限	4 个月	普通一审 6 个月，特殊情况的，可延长两次，第一次由院长批准延长 6 个月，第二次由上级法院批准，无时间限制
当事人的称谓	申请人和被申请人	原告和被告
审理方式	由当事人选择仲裁委 实行一裁终局制 以不公开审理为原则	实行法定管辖 两审终审制 以公开审理为原则，不公开审理为补充
审理人员	仲裁员（可以是非本国人，由当事人选定）	法官（不能是外国人，由法院指派）
代理人	没有限制	只能聘请本国律师，外国律师只能以非律师的身份参加诉讼
文书的制作	裁决书可以依当事人的要求不写争议的过程，只写最终的裁决结果	判决书应当写明： （1）案由、诉讼请求、争议的事实和理由； （2）判决认定的事实、理由和适用的法律依据； （3）判决结果和诉讼费用的负担； （4）上诉期间和上诉的法院
执行	国内纠纷，判决和仲裁裁决的执行没有任何区别，执行力完全一样； 涉外纠纷，外国仲裁的执行比外国判决的执行更加容易	

第三节　民事诉讼

一、民事诉讼的概念

诉讼俗称打官司，是指国家审判机关（法院）依照法律规定，在当事人和其他诉讼参与人的参加下，依照法定程序处理纠纷的司法活动。根据所要解决的实体问题和所依据的实体法不同，分为民事诉讼、行政诉讼和刑事诉讼三大诉讼程序。对于经济纠纷而言，三类诉讼都可能涉及，但对于发生最普遍的平等主体之间的经济纠纷主要适用的是民事诉讼程序。

二、民事诉讼的适用范围

根据《民事诉讼法》的规定，凡公民之间、法人之间、其他组织之间以及他们相互之间因财产关系和人身关系发生纠纷都适用民事诉讼程序。具体包括：

（1）因民法、婚姻法、收养法、继承法等调整的平等主体之间的财产关系和人身关系发生的民事案件，如合同纠纷、房产纠纷、侵害名誉权纠纷等案件；

（2）因经济法、劳动法调整的社会关系发生的争议，法律规定适用民事诉讼程序审理的案件，如企业破产案件、劳动合同纠纷案件等；

（3）适用特别程序审理的选民资格案件和宣告公民失踪、死亡等非讼案件；

（4）按照督促程序解决的债务案件；

（5）按照公示催告程序解决的宣告票据和有关事项无效的案件。

三、民事诉讼的基本原则和制度

（一）基本原则

（1）当事人诉讼权利平等原则。

（2）辩论原则。适用于审判程序。当事人主张与辩论的事实与证据是法院裁判的依据，对于当事人无争议的事实，法院可以直接作为裁判的依据。

（3）处分原则。当事人可以处分民事权利与诉讼权利，对民事权利的处分一般通过处分诉讼权利来实现。处分原则贯穿于诉讼的全过程。

（4）诚实信用原则。

（二）基本制度

1. 合议制度

不同程序中合议庭的组成如表 12.2 所示。

表 12.2　不同程序中合议庭的组成

程　序	合议庭的组成
一审程序	审判员组成或者审判员与陪审员共同组成，并且陪审员与审判员有同等的诉讼权利
二审程序	审判员组成
重审程序	原审人民法院按照一审程序另行组成合议庭
再审程序	原来是一审的，按照一审程序另行组成合议庭； 原来是二审的或者上级法院提审的，按照二审程序另行组成合议庭

2. 回避制度

（1）回避的情形。

① 是本案当事人或者当事人、诉讼代理人的近亲属；

② 与本案有利害关系；

③ 与本案当事人、诉讼代理人有其他关系，可能影响对案件公正审理的。

（2）回避的决定权。

① 院长担任审判长，由审判委员会决定；

② 审判人员的回避由院长决定；

③ 其他人员的回避由审判长决定。

3. 公开审判

以公开审理为原则，不公开审理为例外。

不公开审理的案件：涉及国家秘密与个人隐私的案件属于法定不公开审理案件；离婚案件与涉及商业秘密案件属于当事人申请不公开审理案件。

不论是否公开审理，一律公开宣判。

4. 两审终审制度

一般的民事诉讼案件，当事人不服一审判决，允许上诉至二审法院，二审法院所作出的判决为生效的判决。

特殊的实行一审终审制度的案件：

（1）最高人民法院审理的案件；

（2）适用特别程序、督促程序、公示催告程序以及破产程序审理的案件；

（3）小额诉讼案件，是指基层人民法院和它派出的法庭审理事实清楚、权利义务关系明确、争议不大的标的额为各省、自治区、直辖市上年度就业人员年平均工资30%以下的简单的民事案件；

（4）确认婚姻效力的案件。

四、诉讼管辖

诉讼管辖是各级法院之间以及不同地区的同级法院之间，受理第一审民事案件、经济纠纷案件的职权范围和具体分工。管辖可以按照不同标准作多种分类，其中最重要、最常用的是级别管辖和地域管辖。

（一）级别管辖

根据案件性质、案情繁简、影响范围来确定上、下级法院受理第一审案件的分工和权限。大多数民事案件均归基层人民法院管辖。

中级人民法院管辖的第一审民事案件有：① 重大涉外案件；② 在本辖区有重大影响的案件；③ 最高人民法院确定由中级人民法院管辖的案件：专利纠纷案件、海事海商案件、认定仲裁协议效力的案件、撤销仲裁裁决的案件、仲裁裁决的执行案件、不予执行仲裁裁决的案件、涉外仲裁中的证据保全与财产保全。

（二）地域管辖

按照地域标准也即按照法院的辖区和民事案件的隶属关系，确定同级法院之间受理第一审民事案件的分工和权限，称地域管辖。

地域管辖分为：一般地域管辖、特殊地域管辖和专属管辖等。

1. 一般地域管辖

原则：原告就被告原则，即由被告所在地人民法院管辖。

2. 特殊地域管辖

特殊地域管辖确定的规律：其一，被告住所地人民法院有法定管辖权，海难救助费用案件与共同海损纠纷案件除外；其二，密切联系是确定特殊地域管辖的重要原则。

由于经济纠纷主要是合同纠纷，因此重点掌握合同纠纷案件管辖的法律规定：

（1）有效协议管辖优先于法定管辖适用。

（2）法定管辖（没有协议管辖或者协议管辖无效时适用）

① 被告住所地人民法院有法定管辖权；

② 合同履行地：第一，约定的履行地（包括交货地）是否明确；第二，约定履行地与双方当事人住所地的关系：在其中一方住所地，该履行地有管辖权；不在其中一方住所地，合同实际履行时有管辖权，没有实际履行时无管辖权。第三，当事人约定履行地后，以书面形式或者双方一致认可的方式变更约定履行地的，以变更后的地点为合同履行地。但是，就加工合同而言，以加工行为地为合同履行地，对履行地另有约定的除外。

3. 专属管辖

（1）因不动产纠纷提起的诉讼，由不动产所在地人民法院管辖。

（2）因港口作业中发生纠纷提起的诉讼，由港口所在地人民法院管辖。

（3）因继承遗产纠纷提起的诉讼，由被继承人死亡时住所地或者主要遗产所在地人民法院管辖。

另外，在涉外民事诉讼案件中，在中国境内履行的中外合资经营企业合同、中外合作经营企业合同、中外合作勘探开发自然资源合同应专属于中国法院。

五、民事诉讼证据

（一）证据的特性

（1）客观性。

（2）关联性。

（3）合法性。第一，形式合法。第二，收集手段合法，以侵害他人合法权益或者违反法律禁止性规定的方法收集的证据，不能作为认定案件事实的依据。

（二）民事证据的种类

（1）书证、物证、视听资料与电子数据。

（2）证人证言。

单位与个人都可以成为证人，但是，不能正确表达意志的人不能作为证人。并且，诉讼代理人、法官、书记员、鉴定人、翻译人员和检察人员不能作为证人。

（3）鉴定意见。

鉴定的启动：当事人申请、法院决定。

鉴定机构和鉴定人员的确定方式：当事人协商，协商不成的由人民法院指定。

申请重新鉴定的法定情形：① 鉴定机构或者鉴定人员不具备相关的鉴定资格的；② 鉴定程序严重违法的；③ 鉴定意见明显依据不足的；④ 经过质证认定不能作为证据使用的其他情形。对有缺陷的鉴定结论，可以通过补充鉴定、重新质证或者补充质证等方法解决，不予重新鉴定。

自行鉴定的效力：一方当事人自行委托有关部门作出的鉴定结论，另一方当事人有证据足以反驳并申请重新鉴定的，人民法院应予准许。

（4）当事人陈述。

在诉讼中，当事人为达成调解协议或者和解的目的作出妥协所涉及的对案件事实的认可，不得在其后的诉讼中作为对其不利的证据。

（5）不能单独作为定案依据的证据。

未成年人所作的与其年龄和智力状态不相当的证言；与一方当事人或者其代理人有利害关系的证人出具的证言；存有疑点的视听资料；无法与原件、原物核对的复印件、复制品；无正当理由未出庭作证的证人证言。

六、民事诉讼程序

（一）主要程序

民事诉讼的主要程序为一审普通程序、二审程序、审判监督程序和执行程序。其中，执行属于纠纷处理的后续活动，与当事人选择纠纷解决途径的关系不大，故不作详细讲解。审判监督程序是对确有错误的已生效判决、裁定进行再审的纠错程序，其适用程序取决于作出生效判决、裁定的程序。当然，若为上级法院提审的，按照第二审程序审理。因此，最重要的程序也就是一审普通程序和二审程序。

1. 一　审

（1）起诉。

起诉的条件：

① 原告是与本案有直接利害关系的公民、法人和其他组织。

② 有明确的被告。

③ 有具体的诉讼请求和事实、理由。

④ 属于人民法院受理民事诉讼的范围和受诉人民法院管辖。

（2）受理。

符合起诉条件的，应当在 7 日内立案，并通知当事人。经过审查，认为不符合起诉条件的，应当在7日内裁定不予受理。原告对不受理裁定不服的，可以在收到裁定书之日起10日内向上一级人民法院提起上诉。

（3）庭前准备。

送达起诉状副本（5 日）和提出答辩状（10 日）；直接交换证据；告知当事人诉讼权利义务和合议庭组成人员；认真审核诉讼材料；调查收集必要的证据；追加当事人；传唤、通知当事人和其他诉讼参与人，发布公告；查明当事人和其他诉讼参与人是否到庭；审判长核对当事人，告知当事人诉讼权利义务……

（4）开庭审理。

① 法庭调查：当事人陈述；告知证人的权利义务，证人作证，宣读未到庭的证人证言；出示书证、物证、视听资料和电子数据；宣读鉴定意见；宣读勘验笔录……

② 法庭辩论：原告及其诉讼代理人发言→被告及其诉讼代理人答辩→第三人及其诉讼代理人发言或答辩→互相辩论→最后陈述。

（5）宣判。

告知上诉权利、上诉期限和上诉的法院。

（6）一审的审限。

应当在立案之日起6个月内审结。有特殊情况需要延长的，由本院院长批准，可以延长6个月。如果在延长的6个月内仍不能审结，还需要延长的，报请上级人民法院批准。

2. 二　审

（1）上诉的提起。

上诉期间：不服裁定的上诉期为10天，不服判决的上诉期为15天。上诉期间从第一审法院的裁判送达之次日起算。诉讼参加人各自接收裁判的，从各自的起算日开始。

（2）上诉的受理。

二审法院收到上诉状后，应在5日内将上诉状副本送交被上诉人，并注明在法定期间内提出答辩。当然，在二审宣告判决以前，当事人可以撤回上诉。二审法院对上诉人撤回上诉的请求要加以审查。

（3）上诉的审理。

二审的审理分开庭审和书面审两种。在二审中，需要对上诉人的请求所涉及的事实与法律问题均作出审理，判定有关事实是否清楚，相应的证据是否充分，以及所适用的法律根据是否恰当。

（4）上诉的裁判。

上诉的裁判结果有：维持原判、依法改判和撤销原判发回重审三种。

（5）上诉的审限。

应当在第二审立案之日起3个月内审结。有特殊情况需要延长的，由本院院长批准。

图12.2为民事诉讼程序示意图。

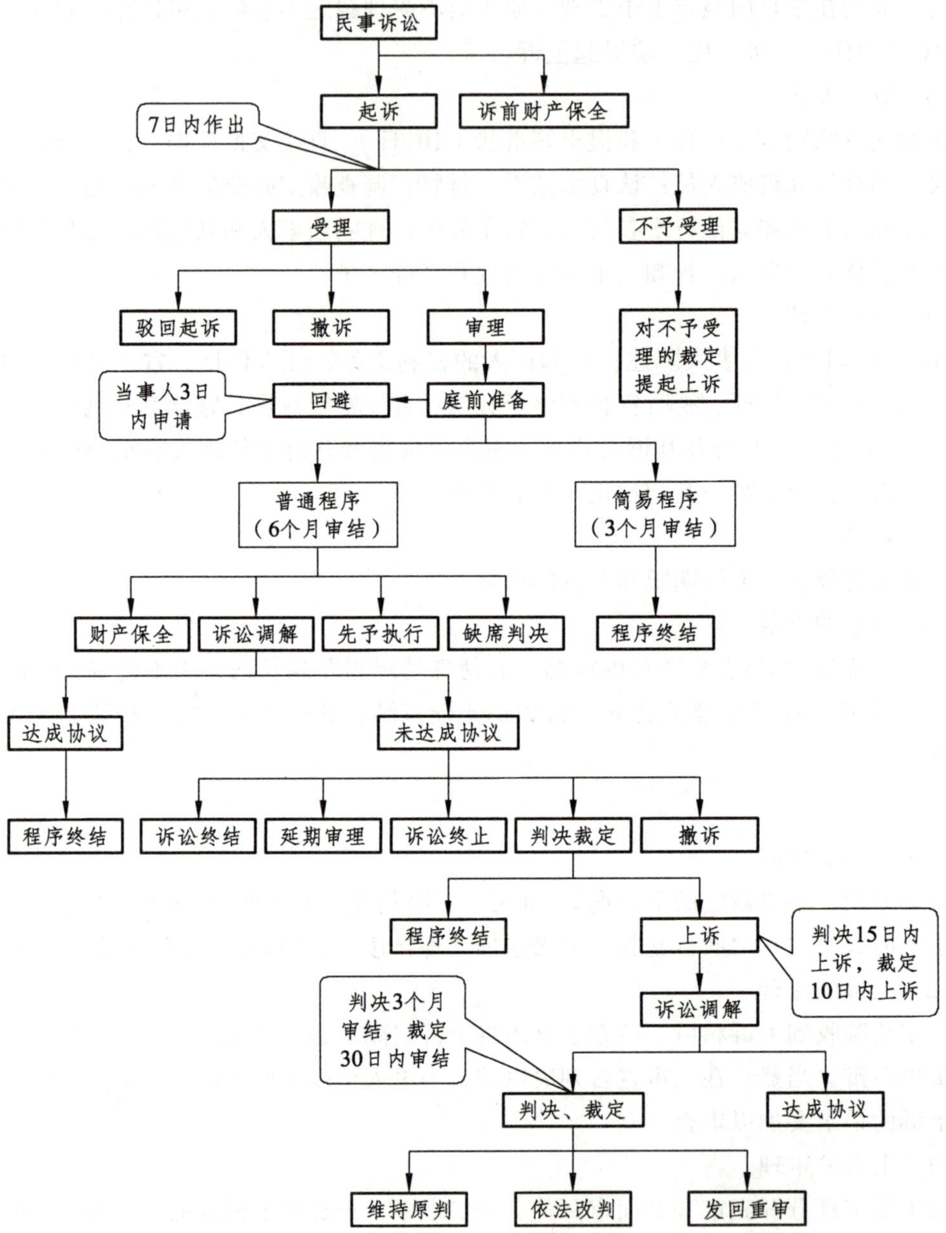

图 12.2　民事诉讼程序示意图

（资料来源：http：//www.zyflzx.cn/show.aspx？id＝60&cid＝5，以上流程图为一般诉讼程序图示，仅供参考。）

（二）与经济纠纷有关的特殊程序

1. 督促程序

（1）概念。

督促程序，是指人民法院根据债权人的申请，以支付令的方式，催促债务人在法定期间内向债权人履行给付金钱和有价证券义务，如果债务人在法定期间内未履行义务，且未提出书面异议，债权人可以根据支付令向人民法院申请强制执行的程序。

（2）支付令申请的条件：

① 债权人请求给付的只能是金钱或者有价证券；

② 支付令能够送达债务人。即债务人不在我国境内的，或者虽在我国境内但下落不明的，不适用督促程序。

（3）支付令的法律效力：

支付令自制作发出，即产生督促效力；但是强制执行力需债务人在收到支付令之日起 15 日内不提出异议时才能产生。

（4）对支付令的异议：

异议需在 15 日内以书面形式提出，口头异议无效。债务人针对债务是否存在以及债务数额大小的不同意见，构成异议。但是，债务人对债务本身没有异议，只是提出缺乏清偿能力的，或者债务人不在法定期间提出书面异议，而向其他人民法院起诉的，不影响支付令的效力。图 12.3 为督促程序示意图。

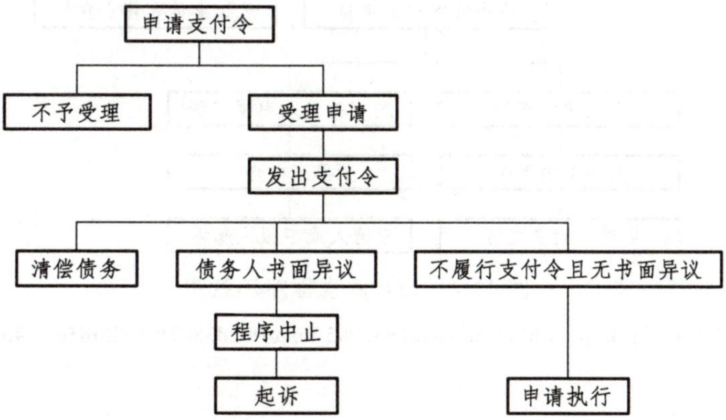

图 12.3 督促程序示意图

（资料来源：http：//hi.baidu.com/2995995/item/ffbcd38b1f93095f850fab4b。）

2. 公示催告程序

（1）概念。

公示催告程序，是指人民法院根据当事人的申请，以公示的方式催告不明的利害关系人，在法定期间内申报权利，逾期无人申报，作出宣告票据无效（除权）判决的程序。

（2）申请公示催告的条件：申请人是可以背书转让的票据或者其他事项被盗、遗失或者灭失前的最后持有人。

公示催告程序必须由票据支付地的基层人民法院管辖。

（3）公示催告案件的审理程序：受理案件的同时发出停止支付的通知，3 日内发出公示催告公告。

利害关系人申报权利的期间为除权判决作出之前。

除权判决：申请人应在公示催告期间届满后 1 个月内向发出公示催告的法院申请。未提出申请的，人民法院裁定终结公示催告程序。

审判组织：审理案件，可由审判员一人独任审理；判决宣告票据无效，应当组成合议庭审理。

（4）对利害关系人的救济：利害关系人因正当理由不能在判决前向人民法院申报的，自知道或者应当知道判决公告之日起一年内，向作出判决的人民法院起诉。图 12.4 为公示催告程序示意图。

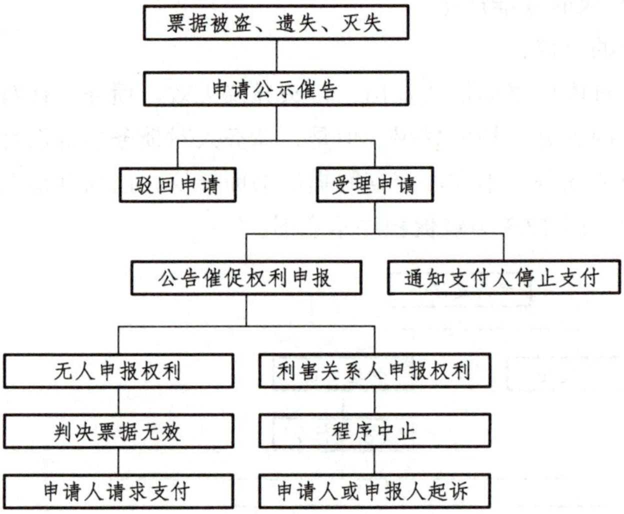

图 12.4　公示催告程序示意图

（资料来源：http：//hi.baidu.com/2995995/item/ffbcd38b1f93095f850fab4b。）

七、诉讼时效

（一）概念及性质

1. 概　念

诉讼时效，是指对在法定期间内不行使权利的权利人使其丧失在诉讼中胜诉权的法律制度。

因为诉讼时效制度本身是对当事人权利的限制，因此，法律规定人民法院不得主动适用诉讼时效的规定。并且，即使当事人超过诉讼时效期间起诉的，人民法院也应予受理。受理后对方当事人提出诉讼时效抗辩，人民法院经审理认为抗辩事由成立的，判决驳回原告的诉讼请求。

2. 性　质

诉讼时效制度属于法律的强制性规范，具体体现为：

（1）当事人排除诉讼时效的约定无效。包括：除法律另有规定外，约定彼此间的债权债务不适用诉讼时效；约定起诉期间的。

（2）当事人不得约定延长或者缩短诉讼时效期间。诉讼时效的期间、计算方法以及中止、中断的事由均由法律直接规定，当事人约定的无效。

（3）债务人不得预先处分时效利益。诉讼时效期间经过之前，债务人预先放弃时效利益的行为无效。但是，诉讼时效期间经过后，债务人获得时效利益（即诉讼时效抗辩权），此时，债务人可明示或者默示放弃时效利益。

（4）诉讼时效抗辩只能由当事人在一审期间提出，除非有新的证据能够证明对方当事人的请求权已过诉讼时效期间的，否则，在二审和再审程序中都不能再提。人民法院也不应对诉讼时效问题进行释明及主动适用诉讼时效的规定进行裁判。

（二）诉讼时效的适用对象

1. 诉讼时效仅适用于请求权

（1）支配权存在本身即为存在目的，故支配权不适用诉讼时效。

（2）抗辩权具有永续性，故抗辩权不适用诉讼时效。

（3）形成权适用除斥期间，故形成权不适用诉讼时效。

所谓除斥期间，又称“预定期间”“预备期间”，是指法律规定的某种民事权利有效存续的期间。除斥期间与诉讼时效的区别在于：① 适用对象不同，诉讼时效适用于请求权，而除斥期间消灭的是实体权利（非胜诉权）且一般适用于形成权，如追认权、撤销权、解除权等；② 期间性质不同，诉讼时效为可变期间，而除斥期间为不变期间，一般不发生期间中断、中止或延长问题；③ 期间起算不同，诉讼时效期间一般是自权利人知道或者应当知道权利受到损害以及义务人之日起计算；而除斥期间原则上自权利确立之日起算；④ 法律后果不同，诉讼时效期间经过，权利人丧失保护其权利的胜诉权，故诉讼时效旨在保护新形成的法律关系，而除斥期间是权利人依法可行使权利的期限，其本质是权利的存续期，除斥期间经过权利本身消灭，故维持的是持续到现在的过去的法律关系。

（4）请求权适用诉讼时效，但并非所有请求权都可适用诉讼时效，仅债权请求权、继承权回复请求权以及基于未登记的动产物权所生的返还原物请求权适用诉讼时效。

2. 不适用诉讼时效的请求权

下列四类请求权不适用诉讼时效的规定：

（1）请求停止侵害、排除妨碍、消除危险。比如，涉及环境污染侵权之诉中的相关请求权、占有返还请求权、知识产权请求权。

（2）不动产物权和登记的动产物权的权利人请求返还财产。

（3）请求支付抚养费、赡养费或者扶养费。

（4）依法不适用诉讼时效的其他请求权，比如：① 人格权请求权与身份权请求权；② 支付存款本金及利息请求权；③ 兑付国债、金融债券以及向不特定对象发行的企业债券本息请求权；④ 基于投资关系产生的缴付出资请求权，包括：公司请求瑕疵出资股东缴付出资的债权请求权；公司的债权人请求公司的瑕疵出资股东（在未出资本息范围内）对公司债务承担补充责任的债权请求权；公司的债权人请求抽逃出资的公司股东（在抽逃出资本息范围内）对公司债务承担补充责任的债权请求权。

（三）诉讼时效的类型

1. 普通诉讼时效

凡法律未特别规定的民事权利，均适用普通诉讼时效。此类诉讼时效自权利人知道或者应当知道权利受损害以及义务人之日起计算，期间为 3 年。

2. 特殊诉讼时效

特殊诉讼时效指法律对民事权利的保护期间的特殊规定。比如，国际货物买卖合同和技术进出口合同纠纷的诉讼时效期间为 4 年（《民法典》第五百九十四条）；人寿保险合同的被保险人或者受益人，请求保险人支付保险金的合同债权的诉讼时效期间为 5 年，自其知道或者应当知道保险事故发生之日开始计算（《保险法》第二十六条）

3. 最长时效期间

最长时效期间又称为绝对时效期间，即当事人行使权利的最长期间，其与前两类诉讼时效的区别在于：最长时效期间是自权利被侵害之日起计算，不管权利人是否知道或者应当知道其权利被侵害，且一般不能中止、中断、延长。如果权利人事后知道或者应当知道其权利被侵害，则按普通或者特殊诉讼时效开始计算。而普通和特殊诉讼时效均是从知道或者应当知道权利被侵害时起计算，并且，满足法定条件的，期间可以中止、中断和延长。

最长诉讼时效期间一般为 20 年，自权利受到损害之日起计算。例外为 10 年，自缺陷产品交付最初消费者之日起计算（但明示的安全使用期超过 10 年的，最长诉讼时效期间为该安全使用期）。

（四）诉讼时效的计算

1. 诉讼时效起算的一般规定

除最长时效期间外，普通诉讼时效期间与特殊诉讼时效期间的起算点相同（法律另有规定的除外），均自权利人知道或者应当知道权利受到损害以及义务人之日起计算。即从权利人“能够”行使权利之日起计算。权利人只知道权利被侵害，不知侵害人是谁，应当自知道侵害人是谁之日起算。

对于一般债权，有履行期限的，应当从期限届满之日起算；未约定履行期限的，依照《民法典》第五百一十条与第五百一十一条可以确定履行期限的，从履行期限届满之日起计算；不能确定履行期限的，从债权人要求债务人履行义务的宽限期届满之日起计算；但债务人在债权人第一次向其主张权利之时明确表示不履行义务的，从债务人明确表示不履行义务之日起计算。

按照年、月、日计算期间的，开始的当日不计人，自下一日开始计算。

2. 诉讼时效起算的特殊规定

（1）最长时效期间是自权利被侵害之日起计算。

（2）当事人约定同一债务分期履行的，诉讼时效期间从最后一期履行期限届满之日起计算。

（3）侵权行为持续发生，则从行为实施终了之日起算。请求他人不作为的债权请求权，从义务人违反不作为义务之日起计算。

（4）人身损害赔偿的诉讼时效期间，伤害明显的，从受伤害之日起算；伤害当时未曾发现，后经检查确诊并能证明是由侵害引起的，从伤势确诊之日起算。

（5）无民事行为能力人或者限制民事行为能力人对其法定代理人的请求权的诉讼时效期间，自该法定代理终止之日起计算。

（6）未成年人遭受性侵害的损害赔偿请求权的诉讼时效期间，自受害人年满十八周岁之日起计算。

（7）融资租赁合同中，出租人请求承租人支付租金的 3 年诉讼时效期间，均自租赁期届满之日起计算。

（8）第三者责任保险的保险合同，请求保险人支付保险金的诉讼时效期间自保险事故发生之日起计算。

（9）可撤销的合同被撤销后，请求返还不当得利、承担缔约过失责任的 3 年诉讼时效期间从合同被撤销之日起计算。

（10）无民事行为能力人或者限制民事行为能力人对其法定代理人的请求权的诉讼时效期间，自该法定代理终止之日起计算。

（11）返还不当得利请求权的诉讼时效期间，从当事人一方知道或者应当知道不当得利事实及对方当事人之日起计算。

（12）管理人因无因管理行为产生的给付必要管理费用、赔偿损失请求权的诉讼时效期间，从无因管理行为结束并且管理人知道或者应当知道本人之日起计算。

本人因不当无因管理行为产生的赔偿损失请求权的诉讼时效期间，从其知道或者应当知道管理人及损害事实之日起计算。

（五）诉讼时效期间的中止和中断

1. 诉讼时效期间的中止

（1）概念。

诉讼时效的中止，指在普通或者特殊诉讼时效期间的最后 6 个月内，因发生了债权人不能主张债权的客观障碍（出现法定中止事由），停止计算诉讼时效期间，待中止时效的原因消除之日起，一律继续计算 6 个月的时效期间。

注意：① 最长诉讼时效期间不发生中止，仅普通和特殊诉讼时效期间发生中止。② 中止无次数限制。

（2）诉讼时效中止的法定事由。

在诉讼时效期间的最后6个月内，因下列障碍，不能行使请求权的，诉讼时效中止：

① 不可抗力。

② 无民事行为能力人或者限制民事行为能力人没有法定代理人，或者法定代理人死亡、丧失民事行为能力、丧失代理权。

③ 继承开始后未确定继承人或者遗产管理人。

④ 权利人被义务人或者其他人控制。

⑤ 其他导致权利人不能行使请求权的障碍。比如，夫妻之间或者家庭成员之间的请求权，因夫妻关系或者家庭关系不能行使的，时效中止。

（3）诉讼时效中止的法律效果：

① 停止计算诉讼时效期间。

② 待中止的事由消除之日起，继续计算六个月的诉讼时效期间。

2. 诉讼时效期间的中断

（1）概念。

诉讼时效期间的中断，指在普通诉讼时效期间或者特殊诉讼时效期间内，出现法定的中断事由的，自中断事由出现之日，此前已经开始计算的期间不再计算，自“中断事由消除之日”或者“有关程序终结时起”重新计算原来长度的时效期间的制度。

注意：① 最长诉讼时效期间不发生中断，仅普通和特殊诉讼时效期间发生中断。② 在最长诉讼时效期间内，普通或特殊诉讼时效可以多次中断，没有次数限制。③ 权利人对同一债权中的部分债权主张权利，诉讼时效中断的效力及于剩余债权，但权利人明确表示放弃剩余债权的情形除外。④ 对连带债权人或者连带债务人中的一人发生诉讼时效中断的，中断的效力及于全部连带债权人或者连带债务人。⑤ 债权人提起代位权诉讼的，应当认定对债权人的债权和债务人的债权均发生诉讼时效中断的效力。

（2）诉讼时效中断的法定事由。

有下列情形之一的，诉讼时效中断，从中断、有关程序终结时起，诉讼时效期间重新计算：

① 权利人向义务人提出履行请求的。

具有下列情形之一的，应当认定为“权利人向义务人提出履行请求”，产生诉讼时效中断的效力：

第一，当事人一方直接向对方当事人送交主张权利文书，对方当事人在文书上签名、盖章、按指印或者虽未签名、盖章、按指印但能够以其他方式证明该文书到达对方当事人的；

注意：对方当事人为法人或者其他组织的，签收人可以是其法定代表人、主要负责人、负责收发信件的部门或者被授权主体；对方当事人为自然人的，签收人可以是自然人本人、同住的具有完全行为能力的亲属或者被授权主体。

第二，当事人一方以发送信件或者数据电文方式主张权利，信件或者数据电文到达或者应当到达对方当事人的；

第三，当事人一方为金融机构，依照法律规定或者当事人约定从对方当事人账户中扣收欠款本息的；

第四，当事人一方下落不明，对方当事人在国家级或者下落不明的当事人一方住所地的省级有影响的媒体上刊登具有主张权利内容的公告的，但法律和司法解释另有特别规定的，适用其规定。

② 义务人同意履行义务的。

义务人作出分期履行、部分履行、提供担保、请求延期履行、制定清偿债务计划等承诺或者行为的，应当认定为“义务人同意履行义务”。

③ 权利人提起诉讼或者申请仲裁的。

当事人一方向人民法院提交起诉状或者口头起诉的，诉讼时效从提交起诉状或者口头起诉之日起中断。

④ 与提起诉讼或者申请仲裁具有同等效力的其他情形。

下列事项之一，人民法院应当认定与提起诉讼具有同等诉讼时效中断的效力：

第一，申请支付令；

第二，申请破产、申报破产债权；

第三，为主张权利而申请宣告义务人失踪或死亡；

第四，申请诉前财产保全、诉前临时禁令等诉前措施；

第五，申请强制执行；

第六，申请追加当事人或者被通知参加诉讼；

第七，在诉讼中主张抵销；

第八，其他与提起诉讼具有同等诉讼时效中断效力的事项。比如，权利人向人民调解委员会以及其他依法有权解决相关民事纠纷的国家机关、事业单位、社会团体等社会组织提出保护相应民事权利的请求，诉讼时效从提出请求之日起中断。权利人向公安机关、人民检察院、人民法院报案或者控告，请求保护其民事权利的，诉讼时效从其报案或者控告之日起中断。上述机关决定不立案、撤销案件、不起诉的，诉讼时效期间从权利人知道或者应当知道不立案、撤销案件或者不起诉之日起重新计算；刑事案件进入审理阶段，诉讼时效期间从刑事裁判文书生效之日起重新计算。

课后复习

【案例分析一】

甲房地产开发公司（简称甲公司），在以出让方式有偿取得某块土地的使用权之后，由于资金困难，与乙公司签订了合作开发合同，约定由双方共同投资并分享该开发项目的利润，但双方未实际履行。随后，丙公司就同一块土地以更优惠的条件与甲公司签订了一份合作开发合同并开始实际履行。三方之间由此发生纠纷。丙公司根据其与甲公司签订的合同中的仲裁条款申请仲裁，请求裁决确认其与甲公司签订的合同有效，并裁决甲公司继续履行。双方在仲裁委员会受理后自行达成了继续履行合同的和解协议，请求仲裁委员会根据和解协议制作裁决书。仲裁庭三名仲裁员中一名认为应当制作调解书，一名认为应当否定和解协议，首席仲裁员认为应当制作裁决书，最后按仲裁庭首席仲裁员的意见，根据和解协议的内容作出了裁决书并送达给了双方当事人。此后乙公司向法院起诉，请求确认本公司与甲公司签订的合同有效并履行该合同。

根据以上条件，回答下列问题：

1. 乙公司在得知丙公司申请仲裁后，能否申请参加甲公司与丙公司正在进行的仲裁程序？为什么？

2. 丙公司在仲裁裁决书生效后，能否在甲公司与乙公司的诉讼中成为当事人？为什么？

3. 仲裁委员会制作裁决书在程序上是否合法？为什么？

4. 在仲裁裁决已确认甲公司与丙公司的合同有效的情况下，法院能否判决甲公司与乙公司之间的合同有效？为什么？

5. 乙公司是否有权以仲裁的程序违反法定程序为由申请法院撤销仲裁裁决？为什么？

6. 对仲裁裁决中已经认定的事实，甲公司在诉讼中能否免除举证责任？为什么？

【案例分析二】

位于某市 A 区的甲公司与位于 B 区的乙公司签订合同，约定乙公司承建甲公司位于 C 区的新办公大楼，合同中未约定仲裁条款。新办公大楼施工过程中，甲公司与乙公司因工程增加工作量、工程进度款等问题发生争议。双方在交涉过程中通过电子邮件约定将争议提交某仲裁委员会进行仲裁。其后甲公司考虑到多种因素，向人民法院提起诉讼，请求判决解除合同。

法院在不知道双方曾约定仲裁的情况下受理了本案，乙公司进行了答辩，表示不同意解除合同。在一审法院审理过程中，原告申请法院裁定被告停止施工，法院未予准许。开庭审理过程中，原告提交了双方在履行合同过程中的会谈录音带和会议纪要，主张原合同已经变更。被告质证时表示，对方在会谈时进行录音未征得本方同意，被告事先不知道原告进行了录音，而会议纪要则无被告方人员的签字，故均不予认可。一审法院经过审理，判决驳回原告的诉讼请求。原告不服，认为一审判决错误，提出上诉，并称双方当事人之间存在仲裁协议，法院对本案无诉讼管辖权。

二审法院对本案进行了审理。在二审过程中，乙公司见一审法院判决支持了本公司的主张，又向二审法院提出反诉，请求甲公司支付拖欠的工程款。甲公司考虑到二审可能败诉，故提请调解，为了达成协议，表示认可部分工程新增加的工作量。后因调解不成，甲公司又表示对已认可增加的工作量不予认可。二审法院经过审理，判决驳回上诉，维持原判。

根据上述条件，回答下列问题：

1. 何地法院对本案具有诉讼管辖权？

2. 假设本案起诉前双方当事人对仲裁协议的效力有争议，可以通过何种途径加以解决？

3. 一审法院未依原告请求裁定被告停工是否正确？为什么？
4. 双方的会谈录音带和会议纪要可否作为法院认定案件事实的根据？为什么？
5. 原告关于管辖权的上诉理由是否成立？为什么？
6. 假设二审法院认为本案不应由人民法院受理，可以如何处理？
7. 对于乙公司提出的反诉，人民法院的正确处理方式是什么？
8. 甲公司已经认可增加的工作量，法院在判决中能否作为认定事实的根据？

【思考题】

1. 简述对比协商、调解、仲裁和诉讼的优越性和局限性。
2. 简述我国仲裁的基本制度。
3. 阐述仲裁协议的效力及其认定。
4. 论述仲裁的程序。
5. 阐述外国仲裁裁决在我国的承认与执行。
6. 对比商事仲裁与民事诉讼的区别。
7. 论述诉讼管辖。
8. 简述民事证据的种类。
9. 阐述民事诉讼程序。
10. 简述督促程序的效力。
11. 简述公示催告程序的适用。
12. 区分诉讼时效的中止和中断。

参考文献

[1] 周枏. 罗马法原论[M]. 北京：商务印书馆，2004.
[2] 史际春. 企业和公司法[M]. 北京：中国人民大学出版社，2008.
[3] 范健. 商法[M]. 2 版. 北京：高等教育出版社，北京大学出版社，2003.
[4] 刘天善. 经济法辅导与实训[M]. 北京：清华大学出版社，北京交通大学出版社，2009.
[5] 王传辉. 新编商法教程[M]. 北京：清华大学出版社，2005.
[6] 吕春燕. 经济法律原理与实务[M]. 北京：清华大学出版社，2002.
[7] 龙翼飞. 民法案例分析[M]. 北京：中国人民大学出版社，2000.
[8] 谈萧，刘政. 中国企业经典法律案例报告[M]. 北京：中国社会科学出版社，2003.
[9] 李艳芳. 经济法案例分析[M]. 北京：中国人民大学出版社，2000.
[10] 华本良，王凯宏. 经济法概论[M]. 大连：东北财经大学出版社，2009.
[11] 肖江平. 经济法案例教程[M]. 北京：北京大学出版社，2004.
[12] 徐杰. 经济法（修订第四版）[M]. 北京：首都经济贸易大学出版社，2003.
[13] 曾咏梅，王峰. 经济法[M]. 武汉：武汉大学出版社，2003.
[14] 鲁叔媛. 民法案例教程[M]. 北京：法律出版社，2005.
[15] 杨士富，刘晓善. 经济法原理与实务[M]. 2 版. 北京：北京大学出版社，2013.
[16] 王利明. 合同法[M]. 北京：中国人民大学出版社，2002.
[17] 郭明瑞. 新合同法原理[M]. 北京：中国人民大学出版社，2000.
[18] 江平，王洪亮. 合同法难点、疑点、热点理论研究[M]. 北京：人民公安出版社，2000.
[19] 韩世远. 合同法总论[M]. 北京：法律出版社，2004.
[20] 彭隋生. 合同法要义[M]. 北京：中国政法大学出版社，2003.
[21] 崔建远. 合同法（九五规划教材）[M]. 修订本. 北京：法律出版社，2000.

[22] 杨立新. 合同法总则[M]. 北京：法律出版社，1999.
[23] 曹祖平. 新编国际商法[M]. 2 版. 北京：中国人民大学出版社，2004.
[24] 唐德华. 合同法审判事务[M]. 北京：人民法院出版社，2000.
[25] 孔祥俊. 合同法教程[M]. 北京：人民公安出版社，1999.
[26] 林宝清. 编著保险法原理与案例[M]. 北京：清华大学出版社，2006.
[27] 朱锦清. 公司法学[M]. 北京：清华大学出版社，2016.
[28] 法律出版社法规中心. 新编公司法小全书[M]. 北京：法律出版社出版，2020.
[29] 刘俊海. 公司法学[M]. 3 版. 北京：北京大学出版社，2020.
[30] 朱锦清. 公司法学[M]. 修订版. 北京：清华大学出版社，2019.
[31] 王欣新. 破产法[M]. 4 版. 北京：中国人民大学出版社，2019.
[32] 王欣新，王斐明. 破产法原理与案例教程[M]. 2 版. 北京：中国人民大学出版社，2015.
[33] 许德风. 破产法论——解释与功能比较的视角[M]. 北京：北京大学出版社，2015.
[34] 许胜锋. 人民法院审理企业破产案件裁判规则解析[M]. 北京：法律出版社，2016.
[35] 杜万华. 最高人民法院企业破产与公司清算案例审判指导[M]. 北京：中国法制出版社，2017.
[36] 张晶，潘昱. 新编实用经济法[M]. 成都：西南交通大学出版社，2015.
[37] 刘宁，张庆. 公司破产重整法律实务全程解析[M]. 2 版. 北京：北京大学出版社，2014.
[38] 最高人民法院民事审判第二庭. 最高人民法院关于企业破产法司法解释（三）理解与适用[M]. 北京：人民法院出版社，2019.
[39] 徐根才. 破产法实践指南[M]. 北京：法律出版社，2016.
[40] 程品方. 人民法院企业破产审判实务疑难问题解析[M]. 北京：法律出版社，2016.